대학연의보【10】大學衍義補

권76~권84

대학연의보【10】大學衍義補

1판 1쇄 인쇄　2022년 4월 20일
1판 1쇄 발행　2022년 4월 29일

—

저　자 | 구　준
역주자 | 정재훈
발행인 | 이방원

—

발행처 | 세창출판사
신고번호 · 제1990-000013호 | 주소 · 서울 서대문구 경기대로 58 경기빌딩 602호
전화 · 02-723-8660 | 팩스 · 02-720-4579
http://www.sechangpub.co.kr | e-mail: edit@sechangpub.co.kr

—

ISBN 979-11-6684-102-6 94150
979-11-6684-099-9 (세트)

—

· 이 책은 한국연구재단의 지원으로 세창출판사가 출판, 유통합니다.
· 잘못된 책은 구입하신 서점에서 바꾸어 드립니다.

—

이 번역서는 2015년 대한민국 교육부와 한국연구재단의 지원을 받아 수행된 연구임 (NRF-2015S1A5A7016334).

대학연의보 大學衍義補

권76~권84

A Translation of "**Daxue Yanyi Bu**"

【10】

구준邱濬 저
정재훈 역주

세창출판사

【머리말】

구준(邱濬)이 지은 《대학연의보(大學衍義補)》는 일반에게 잘 알려진 책은 아니다. 그러나 정주학(程朱學) 혹은 성리학(性理學)에 관심이 있거나 중국의 경세학(經世學)에 약간의 상식이 있는 사람이라면 이 거대한 저작에 대해 조금이라도 귀동냥을 했을 법한 나름은 유명한 책이기도 하다.

주지하다시피 성리학은 한때 지나친 관념주의로 치부되어 비판받기도 하였다. 하지만 송대에 주희(朱熹)가 정리한 이래 중국의 역사에서 가장 핵심적인 사상으로서 기능했으며, 또 현실을 움직였던 학문으로 두루 인정된 것은 또한 사실이다. 특히 주희가 주목한 경전으로서의 《대학》은 그 분량이 대단히 적음에도 불구하고 이전의 유학과는 다른 신유학의 핵심 경전이다. 그 《대학》의 순서에 따라 역사적 사실을 결합하여 경사(經史) 일치의 경세학으로서 《대학》과 관련된 여러 저작이 등장하였다.

그 대표적인 것으로 꼽을 수 있는 책이 진덕수(眞德秀)의 《대학연의(大學衍義)》(43권)와 구준의 《대학연의보》(160권)이다. 남송대와 명대를 대표하는 이 두 책은 모두 제왕학에 핵심적인 교재로서 원나라 이후에 경연에서도 읽힐 만큼 경세와 깊은 관련이 있었다. 송나라 후기와 원나라를 거치며, 명과 청 제국에서도 성리학적 사고와 이에 기반한 실천은 중국의 역사를 설명하는 가장 중요한 요소가 되었다.

《대학연의보》는 양명학이 발전한 명에서 주목이 되었던 경세서이다. 주희의 재전(再傳) 제자였던 진덕수는 《대학연의》에서 국가의 통치를 위해서 원칙을 중시하였고, 특히 황제의 개인적인 수양(修養)이 국가의 안녕과 경세의 기초가 됨을 강조하였다. 구준은 여기에 황제 개인의 수양만이 아니라 제도적인 정비와 개선의 노력이 또한 중요함을 《대학연의보》에서 수많은 역사적인 사례를 들어서 설득하려고 시도하였다.

황제 개인에게 권력이 집중됨으로써 황제독재체제를 유지하였던 명조의 상황에서 황제를 향한 이러한 제안은 군주의 마음을 바르게 하는 것에서 출발하여 조정과 백관, 만민과 나아가 사방(세계)을 안정시키는 유일한 경세의 대안이었다. 이전에 군주의 마음 수양에 강조를 두던 경향에 더하여 국가 경영과 민생에 필요한 분야는 모두 망라한 내용은 매우 실용적이고 객관적이며 실천가능한 내용을 포함한 것이었다.

이 때문에 이 책은 성리학으로 국가를 경영하였던 비슷한 처지의 조선에서도 주목이 되었던 것이다. 따라서 《대학연의보》의 번역은 단지 중국의 고전, 경세서로서만이 아니라 많은 문화를 공유하였던 중국과 한국, 특히 명, 청과 조선의 역사와 문화를 이해하는 데에도 매우 큰 시사점을 줄 수 있다.

이 책의 번역은 한국연구재단의 동서양학술명저번역사업의 지원으로 가능하였다. 160권에 달하는 엄청난 분량을 번역하기 위해 고 윤정분 덕성여대 교수를 연구책임자로 번역팀을 구성하여 2015년부터 번역이 시작되었다. 하지만 번역작업을 마쳐 가던 2017년 12월 불의의 사고로 인해 윤 교수님이 유명을 달리하시게 되어서 불가피하게 번역이 지체되어 이제야 간행에 이르게 되었다. 국내에서 《대학연의보》와 명대 정치사의 최고 권위자였던 윤 교수님께서 평생 소원이었던 이 책의 번역과 간행을 미처 보시지 못한 점을 우리 번역팀 모두는 매우 안타깝게 여기면서 윤 교수님의 영전에 이 책을 바친다.

2022년 4월

번역팀 일동

【차 례】

일러두기

1. 이 책의 번역 저본은 1506년 명(明) 정덕(正德) 원년(元年)에 주홍모(周洪謨) 등이 교감한 정덕본이다. 소장처는 동경대학 동양문화연구소이다.
2. 1559년 명(明) 가정(嘉靖) 38년(1559) 길징(吉澄) 등이 교감한 가정본, 청의 《사고전서》에 수록된 사고전서본을 참고하여 원문을 교감했다.
3. 번역 저본은 주제별로 경전(經傳)과 사서(史書)에서 발췌한 본문, 본문에 대한 여러 학자들의 해설, '신안(臣按)'으로 표시된 구준(邱濬)의 의견으로 구성되어 있다. 본문과 해설, 구준의 의견은 각기 번역문 하단에 원문을 부기하였다.
4. 원문은 읽기 쉽도록 표점하였으며, 한국고전번역원 표점 지침(2014)을 준용했다.
5. 본문을 비롯한 여러 글의 원주(原註)는 번역문의 중간에 【 】로 표시하고 번역했다.
6. 번역은 원주(原註)를 최대한 반영하였으며, 그러므로 현재 통용되는 해석과는 차이가 있을 수 있다.
7. 역자 주는 각주를 원칙으로 하되, 10자 안팎의 간단한 내용이면 본문 속에 한 포인트 작은 글자로 설명하였다.
8. 번역문은 한글 쓰기를 원칙으로 하되, 필요하면 한글(한자)로 병기했다.
9. 책은 《 》, 편장은 〈 〉으로 표시했다.
10. 책의 이해를 돕기 위하여 160권 말미에 전체 해제를 실었다.
11. 인명·지명·서명·고유명사는 현대 한국어표기법을 따랐다.
12. 각 권별로 번역 책임을 맡은 역자를 책의 첫머리에 밝혀 두었다.

대학연의보
大學衍義補

대학연의보

(大學衍義補)

—

권76

교화를 숭상함 [崇教化]

경술에 근본하여 가르침을 삼음(중) [本經術以爲教(中)]

정이(程頤)가 말하였다.[1]

"《예기(禮記)》는 한(漢)나라의 유학자들에게서 섞여 나왔으나, 그 가운데에는 성인(聖人) 문하의 남은 가르침과 격언(格言)을 전하는 것이 매우 많다. 〈악기(樂記)〉·〈학기(學記)〉와 같은 것들은 말할 필요도 없으며, 〈단궁(檀弓)〉·〈표기(表記)〉·〈방기(坊記)〉와 같은 것들은 매우 지극한 이치를 담고 있으니, 오직 글을 아는 자가 그것을 가려냈기 때문이다. 〈왕제(王制)〉·〈예운(禮運)〉·〈예기(禮器)〉와 같은 편 또한 옛 뜻을 전하는 것이 많다."

程頤曰: "《禮記》雜出於漢儒, 然其間傳聖門緒餘及格言甚多, 如《樂記》·《學記》之類無可議者, 《檀弓》·《表記》·《坊記》之類亦甚有至理, 惟知言者擇之, 如《王制》·《禮運》·《禮器》, 其書亦多傳古意."

1 《예기집설(禮記集說)》〈총론(總論)〉, 《예기대전(禮記大全)》〈총설(總說)〉에 나온다.

정이(程頤)가 또 말하였다.[2]

"《예기(禮記)》에서 《중용(中庸)》과 《대학(大學)》 외에 오직〈악기(樂記)〉가 가장 도(道)에 가깝다. 배우는 자들이 깊이 생각하여 스스로 터득해야 할 것이다. 〈표기(表記)〉도 역시 도에 가깝구나! 그 말이 바른 것이."

又曰: "《禮記》除《中庸》《大學》, 惟《樂記》爲最近道, 學者深思而自得之, 《表記》其亦近道矣乎, 其言正."

주희(朱熹)가 말하였다.[3]

"《예기(禮記)》는 반드시 《의례(儀禮)》를 겸하여 읽어야 한다. 관례(冠禮), 상례(喪禮), 향음주례(鄕飮酒禮)와 같은 것들은 (《의례》에) 그 일들이 모두 실려 있다. 《예기》는 다만 그 이치를 밝힌 것일 뿐이니, 《예기》만 읽고서 《의례》를 읽지 않으면 많은 이치들이 모두 편안하게 자리 잡을 곳이 없다."

朱熹曰: "《禮記》要兼《儀禮》讀, 如冠禮·喪禮·鄕飮酒禮之類皆載其事. 《禮記》只發明其理, 讀《禮記》而不讀《儀禮》, 則許多理俱無安著處."

주희(朱熹)가 또 말하였다.[4]

"어떤 이[허순(許順)]가 《예기(禮記)》는 곧 한(漢)나라 유학자들의 설이라고

2 《예기집설(禮記集說)》〈총론(總論)〉, 《예기대전(禮記大全)》〈총설(總說)〉에 나온다.

3 《주자어류(朱子語類)》 권87 〈소대례(小戴禮) 총론(總論)〉에 나온다.

말하였으나, 그렇지 않다. 한나라 유학자들 가운데 가장 정통한 자로 동중서(董仲舒)만한 이가 없고, 동중서의 글 가운데 가장 좋은 것으로는 〈천인삼책(天人三策)〉[5]만한 것이 없는데, 어찌 일찍이 《예기》 가운데의 말에서 온 것이겠는가. 〈악기(樂記)〉에서 이른바 '하늘은 높고 땅은 낮으며, 만물이 흩어지고 달라져서 예제(禮制)가 행해졌다. 흐르면서도 쉬지 않으며 부합하면서도 변화하여 악(樂)이 일어났다'라고 하였으니, 동중서가 어찌 여기에 도달할 수 있었겠는가. 반드시 예로부터 전해져 오던 이 글을 얻어서 이와 같이 된 것이다."

又曰: "或謂《禮記》乃漢儒說, 恐不然. 漢儒最純者莫如董仲舒, 仲舒之文最純者莫如三策, 何曾有《禮記》中說話來? 如《樂記》所謂'天高地下·萬物散殊而禮制行矣, 流而不息·合同而化而樂興焉', 仲舒安能到此? 必是古來流傳得此文字如此."

신은 이렇게 생각합니다. 《예기(禮記)》 한 책이 한(漢)나라의 유학자들에게서 섞여 나왔으나, 이는 한나라 유학자들이 지을 수 있었던 것이 아니라 곧 전해지던 바를 기록한 것입니다. 〈대학(大學)〉은 증자(曾子)가 지었고 〈중용(中庸)〉은 자사(子思)가 지었으며, 〈치의(緇衣)〉는 공

4 《주자어류(朱子語類)》 권87 〈소대례(小戴禮) 총론(總論)〉에 나온다.

5 〈천인삼책(天人三策)〉: 전한(前漢) 때 동중서(董仲舒)가 한 무제(漢武帝)의 '현량문학지사(賢良文學之士)'에 답한 책문(策問)이다. 천인감응설(天人感應說)에서 출발하여 '천(天)'은 '인(人)'의 품성을 갖추고 있으며, 그 의지에 따라서 객관적인 세계를 조정할 수 있다고 생각하였다. 《전한서(前漢書)》 〈동중서전(董仲舒傳)〉에 나온다.

손니자(公孫尼子)[6]가 지었고 〈월령(月令)〉은 여불위(呂不韋)[7]가 지었으며, 〈왕제(王制)〉는 한 문제(漢文帝) 때에 박사(博士) 자경(刺經)이 지었습니다. 신은 《주역(周易)》, 《서경(書經)》, 《시경(詩經)》, 《춘추(春秋)》 네 경전 이외에 제왕(帝王)의 훌륭한 법과 성현(聖賢)의 격언이 《예기》 49편의 가운데에서 섞여 나온 것이 상세하다고 생각합니다. 이것이 진실로 배우는 자들이 앎을 이루는 요체이고 임금이 다스리는 법입니다.

《주역》에서는 음양(陰陽)을 말하고 《서경》에서는 정사(政事)를 말하고 《시경》에서는 성정(性情)을 말하고 《춘추》에서는 명분(名分)을 말하였습니다. 그러나 모두 한 가지 일만을 주로 합니다. 오직 《예기》라는 책은 실려 있지 않은 것이 없어서 크게는 삼재(三才), 오전(五典)과 작게는 온갖 종류와 일, 다스리는 도리의 일정함과 예절의 변화가 바르게 갖추어져서 두루 통하지 않음이 없습니다. 신이 나라를 다스리고 천하를 평안하게 하는 요체를 여러 책에서 뽑아 모았는데, 이 책에서 취한 것이 많습니다.

---

6 공손니자(公孫尼子): 중국 전국시대(戰國時代) 초기의 사람이다. 공자의 재전제자(再傳弟子)로, 복자천(宓子賤), 칠조개(漆雕開) 등과 함께 성유선유악(性有善有惡)을 주장하였다.

7 여불위(呂不韋, ?~기원전 235): 전국시대 말기 위(衛)나라 복양(濮陽) 사람으로 원래는 양적(陽翟)의 상인이었는데, 우연히 조(趙)나라에 인질로 잡혀와 있던 진공자(秦公子) 이인(異人, 子楚)이 가난하게 지내는 것을 보고는 많은 돈을 투자하여 그의 환심을 샀다. 또한 진(秦)나라의 태자인 안국군(安國君)과 자식이 없는 안국군의 부인인 화양부인(華陽夫人)을 설득하여 서자인 자초(子楚)를 양자로 삼게 했다. 그 뒤 임신한 애첩을 자초에게 바쳐 아내로 삼게 한 다음, 자초가 장양왕(莊襄王)이 되자 막후 권력자로 진나라의 정치를 좌우했다. 진시황(秦始皇) 영정(嬴政)이 즉위하자 상국(相國)을 지내면서 중부(仲父)로 존중되었다. 진왕 10년 진시황이 친정을 시작한 뒤 면직되어 촉(蜀)으로 쫓겨났는데, 후환이 두려워 자살했다. 일찍이 빈객(賓客)을 모아 《여씨춘추(呂氏春秋)》를 편찬했다.

臣按:《禮記》一書雜出於漢儒, 然非漢儒所能作, 乃其所傳記者也.《大學》曾子作,《中庸》子思作,《緇衣》公孫尼子作,《月令》呂不韋作,《王制》文帝時博士刺經作. 臣竊以爲,《易》《書》《詩》《春秋》四經之外, 帝王之良法·聖賢之格言雜出於四十九篇之中詳矣, 是誠學者致知之要·人君爲治之法也.《易》言陰陽,《書》言政事,《詩》言性情,《春秋》言名分, 然皆主於一事, 惟禮之爲書無所不載, 大而三才·五典, 細而庶類萬事, 與夫治道之常·禮節之變, 無不典備而旁通焉. 臣於'治國平天下之要'采輯諸書, 而於是書所取爲多.

주희(朱熹)가 또 말하였다.

"만일 예(禮)를 살펴보고자 한다면 모름지기 장차 《예기(禮記)》의 절목에서 끄집어내되, 평상시 항상 행하는 것들 중 절실한 것들을 보아야 한다."

又曰: "若欲觀禮, 須將《禮記》節出, 切於日用常行者看."

신은 이렇게 생각합니다. 《예기(禮記)》 한 책은 비록 오로지 예(禮)로만 이름 붙인 것이지만, 예라는 것이 한 가지에만 한정되는 것은 아닙니다. 읽는 자들이 마땅히 예를 주로 하면서도 네 분야로 나누어서 비슷한 것들끼리 살펴보아야 합니다. 선대의 유학자가 말하기를 "네 분야는 예(禮)·의(儀)·악(樂)·제도(制度)이다. 길흉군빈가(吉凶軍賓嘉)는 큰 절목이니 예에 속하고, 응대(應對)·진퇴(進退)·좌립(坐立)·취행(趨行)은 큰 절목이니 의에 속하고, 성률(聲律)·가무(歌舞)·음용(音容)[8]·절주(節奏)는 악에 속하고, 봉정(封井), 종학(宗學), 궁실(宮室), 기복(器服)은 제도에 속하니, 이 네 분야로 《예기》 47편을 읽으면 절반 이상은 안 것이다."라고 하였습니다.

臣按: 《禮記》一書雖專以禮名, 而禮之爲禮不止於一, 讀者當以禮爲主而分四科以類考之, 先儒謂四科禮也·儀也·樂也·制度也, 以吉·凶·軍·賓·嘉節目之大者歸之禮, 以應對·進退·坐立·趨行節目之大者歸之儀, 聲律·歌舞·音容·節奏歸之樂, 封井·宗學·宮室·器服歸之制度, 以此四科讀此四十七篇, 思過半矣.

주행기(周行己)[9]가 말하였다.[10]

"성인(聖人)이 관혼상제(冠婚喪祭)·조빙(朝聘)·향사(鄕射)의 예(禮)를 만들어서 군신(君臣)·부자(父子)·형제(兄弟)·부부(夫婦)·붕우(朋友)의 의리를 행하였다. 그 형이하(形而下)의 것은 음식(飮食)과 기복(器服)의 쓰임에서 드러나고, 그 형이상(形而上)의 것은 소리도 없고 냄새도 없는 은미함에서 지극해진다. 사람들이 그것에 힘쓰고 현인(賢人)들이 그것을 행하며 성인(聖人)들

8 음용(音容): 음성(音聲)과 용모(容貌)를 말한다.

9 주행기(周行己, 1067~1129?): 북송 온주(溫州) 영가(永嘉) 사람. 자는 공숙(恭叔)이고, 호는 부지(浮沚)다. 정이(程頤)와 여대림(呂大臨)의 문하에서 수학했고, 장재(張載)의 영향도 받았다. 저서에 《부지집(浮沚集)》이 있다.

10 《부지집(浮沚集)》 권4 〈예기강의서(禮記講義序)〉에 나온다.

이 그것에서 말미암는다. 그러므로 그 자신과 집안, 국가와 천하를 다스림에, 예(禮)가 다스려지면 잘 다스려지고 예가 어지러워지면 어지러워지며, 예가 보존되면 보존되고 예가 없어지면 망하는 것이다."

周行己曰: "聖人制爲冠·昏·喪·祭·朝聘·鄕射之禮, 以行君臣·父子·兄弟·夫婦·朋友之義, 其形而下者見於飮食·器服之用, 其形而上者極於無聲無臭之微, 衆人勉之, 賢人行之, 聖人由之, 故所以行其身與其家與其國與其天下者, 禮治則治, 禮亂則亂, 禮存則存, 禮亡則亡."

주행기(周行己)가 또 말하였다.[11]

"진(秦)나라 때에 전적(典籍)을 모두 불태워 없애 삼대(三代)의 예문(禮文)이 크게 무너졌다. 한(漢)나라가 일어나 책들을 사서 모으자 《예기(禮記)》 49편이 여러 유학자들이 전하여 기록한 것에서 섞여 나왔으나 성인(聖人)의 뜻을 다 얻을 수는 없었고, 그 글 뜻을 살펴보면 때때로 서로 어긋나는 것이 있었다. 그러나 그 문장이 많고 뜻이 넓은 것을 학자들이 널리 배우고 요약하였으니, 또한 크게 어긋나지 않을 수 있었다. 대개 그 설이 대략은 응대(應對)하고 진퇴(進退)하는 가운데에 있으며 상세하게는 도덕(道德)과 성명(性命)의 요체에 있으니, 어릴 적에 익히는 것으로부터 시작하여 성인이 되는 것에서 끝마친다."

又曰: "秦氏焚滅典籍, 三代禮文大壞, 漢興購書, 《禮記》四十九篇雜出諸儒

11 《부지집(浮沚集)》 권4 〈예기강의서(禮記講義序)〉에 나온다.

傳記, 不能悉得聖人之旨, 考其文義時有牴牾, 然而其文繁其義博, 學者博而約之, 亦可以弗畔. 蓋其說也粗在應對·進退之間, 而精在道德·性命之要, 始於童幼之習而卒於聖人之歸."

신은 이렇게 생각합니다. 《예기(禮記)》라는 책은 천하(天下)의 일이 담겨 있지 않은 것이 없는데도, 오로지 예(禮)만으로 이름 붙인 것은 그 큰 요체가 예에 있기 때문입니다. 비록 그러하나 천하의 일 가운데 어느 것이 예가 아니겠습니까. 대개 유학자의 일은 하나도 예가 아닌 것이 없으니, 배우고도 예가 아니면 이단(異端)이 되고, 다스리고도 예가 아니면 패도(伯道)가 됩니다. 사람에게 예가 있으면 편안해지고 예가 없으면 위태로워지며, 나라에 예가 있으면 잘 다스려지고 없으면 어지러워집니다. 일에 예가 있으면 일은 중심이 있게 되고, 그렇지 않으면 흩어집니다. 물건에 예가 있으면 그 물건은 유용한 물건이 되고 그렇지 않으면 폐해집니다.

사람은 한번이라도 예(禮)가 없을 수 없으니, 예가 없으면 인(仁)이 아닙니다. 인이라는 것이야말로 사람입니다. 사람이고서 인이 없다면 사람이 아닙니다. 공자(孔子)가 말하기를 "자신의 사욕(私欲)을 이기고 예를 회복하는 것이 인이 된다."[12]라고 하였으며, 장자(張子)가 말하기를 "예의(禮儀) 3백과 위의(威儀) 3천에 하나라도 인이 아닌 것이 없다."[13]라고 하였습니다. 이를 통해 살펴본다면 사람이 사람다운 까닭

12 자신의 … 된다: 《논어(論語)》 〈안연(顏淵)〉에 나온다.

은 그가 인을 소유하고 있기 때문임을 알 수 있습니다. 인을 행하는 것은 예에서 말미암고 예를 행하는 것은 경(敬)에서 말미암습니다. 이는 성인(聖人)이 마음을 전한 요체이니, 나라를 다스리고 천하(天下)를 평안하게 하는 기반이 이것으로 말미암아 세워지는 것입니다.

臣按:《禮記》之書, 天下之事無所不載, 而專以禮[14]者, 其大要在禮也. 雖然, 天下之事何者而非禮哉? 蓋儒者之事無一而非禮, 學而非禮則爲異端, 治而非禮則爲伯道, 人有禮則安, 無禮則危, 國有禮則治, 無禮則亂, 事有禮則事爲有紀, 否則散, 物有禮則物爲成器, 否則廢, 人無一而可無禮, 無禮則非仁矣, 仁也者人也, 人而無仁則非人矣. 孔子曰 "克己復禮爲仁", 張子曰 "禮儀三百·威儀三千, 無一而非仁也", 由是觀之, 則知人之所以爲人者, 以其有仁也. 爲仁由禮, 爲禮由敬, 此則聖人傳心之要, 治國平天下之基所由建立者也.

오징(吳澂)[15]이 말하였다.[16]

"한(漢)나라가 일어남에' 선대의 유학자들이 기록한 예서(禮書) 200여 편

---

13 예의(禮儀) … 없다:《장자전서(張子全書)》 권2 〈정몽(正蒙) 천도편(天道篇)〉에 "예의(禮儀) 3백과 위의(威儀) 3천에 일물(一物)도 인(仁)이 아닌 것이 없다[禮儀三百·威儀三千, 無一物而非仁也]."라고 하였다.

14 禮:《대학연의보(大學衍義補)》 사고전서본에는 뒤에 "名"이 더 있어 번역에서는 이를 따른다.

15 오징(吳澂, 1249~1333): 오징(吳澄)이다. 원나라 무주(撫州) 숭인(崇仁) 사람으로 자는 유청(幼清) 또는 백청(伯清)이고, 학자들은 초려선생(草廬先生)이라 부르며, 시호는 문정(文正)이다. 경전(經傳)에 정통했다. 요로(饒魯)의 제자인 정약용(程若庸)에게 배웠고, 그 후 정소개(程紹開)를 사사했다. 주희의 사전제자(四傳弟子)로, 이학(理學)을 위주로 하면서 심학(心學)도 아울러 취

을 얻었다. 대대씨(大戴氏)[17]가 산삭하여 85편을 만들었으며, 소대씨(小戴氏)[18]가 또 더하고 덜어서 43편을 만들었고, (그중에서)〈곡례(曲禮)〉·〈단궁(檀弓)〉·〈잡기(雜記)〉는 상하(上下)로 나누었다. 마씨(馬氏)[19]가 〈월령(月令)〉·〈명당위(明堂位)〉·〈악기(樂記)〉를 더하였고, 정씨(鄭氏)[20]가 주석을 붙여 총

하여 주륙이가(朱陸二家)의 사상을 조화시켰다. 허형(許衡), 유인(劉因)과 더불어 원나라의 저명한 학자다. 저서에 《오경찬언(五經纂言)》이 있는데, 그중 《서찬언(書纂言)》에서 오역(吳棫)과 주희(朱熹)의 설을 따라 《고문상서(古文尙書)》와 《공전(孔傳)》의 의심스러운 부분은 모두 위서(僞書)라고 했다. 그 밖의 저서에 《의례일경전(儀禮逸經傳)》과 《역찬언(易纂言)》, 《예기찬언(禮記纂言)》, 《오문정집(吳文正集)》 등이 있다.

16 《예기찬언(禮記纂言)》 서문에 나온다.

17 대대씨(大戴氏): 대덕(戴德)이다. 서한 양(梁, 하남성 商丘) 사람으로 자는 연군(延君)이다. 금문예학(今文禮學)인 대대학(大戴學)의 개창자이다. 형의 아들 대성(戴聖)과 함께 후창(后蒼)에게 《예(禮)》를 배웠다. 선제(宣帝) 때 경학박사(經學博士)가 되어 대성, 경보(慶普)와 함께 예학의 삼가(三家)를 이루었다. 보통 대대(大戴)로 불린다. 진한(秦漢) 이전의 각종 고대 예의에 관한 문헌에서 85편을 선정하여 《대대례(大戴禮)》를 만들었는데, 대성(大聖)의 예학과 구분하기 위해 당시 《대대례》라 불렀다. 그 후 서량(徐良)에게 전수했다. 뒤에 46편이 망실되고, 지금은 39편의 《대대례기(大戴禮記)》만 전한다.

18 소대씨(小戴氏): 대성(戴聖)이다. 전한 양(梁, 하남성 商丘) 사람으로 자는 차군(次君)이다. 숙부 대덕(戴德)과 함께 후창(后蒼)에게 《예(禮)》를 배웠고, 소대(小戴)로 불린다. 금문예학(今文禮學)인 소대학(小戴學)의 개창자다. 대덕의 《대대례기(大戴禮記)》중에서 고대의 각종 예의(禮儀)와 관련된 논술 49편을 뽑아 《소대례기(小戴禮記)》를 편찬했는데, 이것이 지금의 《예기(禮記)》다. 학문은 교인(橋仁)과 양영(楊榮)에게 전수되었다.

19 마씨(馬氏, 79~166): 마융(馬融)을 말한다. 후한 부풍(扶風) 무릉(茂陵) 사람으로 자는 계장(季長)이고, 마엄(馬嚴)의 아들이다. 노식(盧植)과 정현(鄭玄) 등을 가르쳤다. 《춘추삼전이동설(春秋三傳異同說)》을 짓고, 《효경》과 《논어》, 《시경》, 《주역》, 《삼례(三禮)》, 《상서》, 《열녀전(列女傳)》, 《노자》, 《회남자》, 《이소(離騷)》를 주석했다. 문집 21편이 있었지만 지금은 그 단편만 남아 있다.

20 정씨(鄭氏, 127~200): 정현(鄭玄)을 말한다. 후한 말기 북해(北海) 고밀(高密) 사람으로 자는 강성(康成)이다. 경학(經學)의 대성자다. 제오원선(第五元先)을 스승으로 《경씨역(京氏易)》과 《공양춘추(公羊春秋)》에 정통했다. 다시 장공조(張恭祖)에게 《주례》와 《좌씨춘추》, 《고문상서》를 배웠다. 시종 재야의 학자로 지냈고, 제자들에게는 물론 일반인들에게서도 훈고학과

49편이니, 자세하고 대략적인 것을 섞어 기록하여 있지 않은 것이 없다. 진(秦)나라가 불태운 나머지를 하찮은 것까지 수습해도 겨우 천에 열, 백에 하나가 보존되었다고 하니, 비록 모두 온전하다고는 할 수 없으나 선왕(先王)이 남긴 제도와 성현(聖賢)의 격언(格言)이 부분마다 이에 의지하여 보존되었다."

吳澂曰: "漢興, 得先儒所記禮書二百餘篇, 大戴氏刪爲八十五, 小戴氏又損益爲四十三, 《曲禮》《檀弓》《雜記》分爲上下, 馬氏增以《月令》《明堂位》《樂記》, 鄭氏從而爲注, 總四十九篇, 精粗雜記靡所不有. 秦火之餘, 區區掇拾, 所謂存十一於千百, 雖不能以皆醇, 然先王之遺制·聖賢之格言, 往往賴之而存."

신은 이렇게 생각합니다. 《예기(禮記)》 49편에서 송대(宋代)의 유학자가 《대학(大學)》·《중용(中庸)》을 구분하여 드러내었으며, 《논어(論語)》·《맹자(孟子)》와 더불어 사서(四書)를 만들었습니다. 지금 보존된 것이 47편이니, 오징(吳澂)이 그 비슷한 것들끼리 서로 취합하여 《예기찬언

경학의 시조로 깊은 존경을 받았다. 북해상(北海相) 공융(孔融)이 깊이 존경하여 고밀현에 특별히 정공향(鄭公鄕)을 세우고, 문을 넓게 열고 통덕문(通德門)이라 했다. 그 후 마융(馬融) 등에게 사사하여, 《주역》과 《상서》, 《춘추(春秋)》 등의 고전을 배운 뒤 40살이 넘어서 귀향했다. 돌아와서 학생을 모아 강학했는데, 제자가 천 명에 이르렀다. 낙양을 떠날 때 마융이 "나의 학문이 정현과 함께 동쪽으로 떠나는구나." 하고 탄식했을 만큼 학문에 힘을 쏟았다. 저서 가운데 현존하는 것은 《모시전(毛詩箋)》과 《주례》, 《의례》, 《예기》에 대한 주해뿐이고, 나머지는 단편적으로 남아 있다. 고문경학(古文經學)을 위주로 하면서 금문경설(今文經說)도 채용하여 일가를 이루었는데, 이를 일러 정학(鄭學)이라 부른다.

(禮記纂言)》[21]을 지었으나, 옛 경전의 본래 모습은 아니었습니다.

대저 경문(經文)은 번잡하여 비록 한결같지 않은 듯하지만 자신의 마음은 하나입니다. 자신의 순일한 마음으로 한결같지 않은 말을 정밀하게 가려서 한결같이 우리 성인(聖人)의 도(道)로 저울질한다면 이른바 그것이 '대중지정(大中至正)'입니다. 그것에 근본하여 마음을 바르게 하고 자신을 수양하며, 그것에 근거하여 일정함을 따르고 변화에 대응하며, 그것을 써서 집안을 가지런히 하고 나라를 다스리며 천하를 평안하게 한다면 육경(六經)의 도는 같은 곳으로 귀결될 것입니다. 【이상 《예기》를 논하였다.】

臣按: 《禮記》四十九篇, 宋儒表章《大學》《中庸》, 與《論語》《孟子》並爲四書, 今其所存者四十七篇, 吳氏以其類相從以爲《纂言》, 然非古經之舊也. 夫經文繁雜, 雖若不一而吾之心則一焉, 以吾純一之心而精擇夫不一之言, 一權衡之以吾聖人之道, 所謂大中至正焉者本之以正心修身, 據之以循常應變, 用之以齊家治國平天下, 六經之道同歸矣. 【以上《禮記》】

《논어(論語)》〈술이(術而)〉에서 말하였다.

공자(孔子)가 평소에 늘 말한 것은 《시(詩)》·《서(書)》와 지켜야 하는【집

21 《예기찬언(禮記纂言)》: 중국 원대(元代)의 학자인 오징(吳澄)이 찬한 《예기(禮記)》의 주석서이다. 오징은 《예기》의 경문이 번잡하고 착간이 많다고 여겨 내용별로 다시 편집하고 해설하였다. 통례(通禮) 9편, 상례(喪禮) 11편, 제례(祭禮) 4편, 통론(通論) 11편 등 총 36편으로 정리하였다.

(執)은 지킴[守]이다.】 예(禮)이니, 모두 평소에 늘 하는 말이었다.

子所雅【常也】言,《詩》《書》· 執【守也】禮皆雅言也.

《논어집주(論語集註)》〈술이(術而)〉에서 주희(朱熹)가 말하였다.

"《시경(詩經)》은 성정(性情)을 다스리는 것이고 《서경(書經)》으로 정사(政事)를 말한 것이고 예(禮)는 절문(節文)을 삼가는 것이니, 모두 일상생활의 실제에 절실하다. 그러므로 평소에 항상 이것을 말한 것이다. 예에만 유독 '지킨다[執].'라고 말한 것은 사람들이 잡아서 지켜야 함을 가지고 말한 것이지, 다만 외우고 말로만 하는 것이 아니기 때문이다."

朱熹曰: "《詩》以理性情,《書》以道政事, 禮以謹節文, 皆切於日用之實, 故常言之. 禮獨言執者, 以人所執守而言非徒誦說而已也."

신은 이렇게 생각합니다. 선대의 유학자가 말하기를 "이 장은 곧 성인(聖人)이 말하는 예절로 그 가르침을 세우는 법을 드러낸 것이다. 《시경(詩經)》·《서경(書經)》과 지켜야 하는 예[執禮]는 공자(孔子)가 항상 말한 것이고, 이로움[利]·명(命)·인(仁)은 공자가 드물게 말하던 것이며,[22] 괴력난신(怪力亂神)은 공자가 말하지 않은 것이다.[23] 공자가 평소

22 이로움[利] … 것이며:《논어집주(論語集註)》〈자한(子罕)〉에 나온다.

에 하던 말이 이와 같은 경지에 머물렀고, 본성[性]·천도(天道)와 같은 것은 (제자들이) 들을 수 없는 것이었으니, 요컨대 이것들은 묵묵히 깨닫는 것에 달려 있을 뿐이다."[24]라고 하였습니다. 아! 사람을 낳는 덕(德)이 인보다 큰 것이 없고 하늘이 부여한 이치는 본성보다 우선인 것이 없으니, 인은 곧 성인이 드물게 말하던 것이고 본성은 큰 현인(賢人)도 들을 수 없는 것이었습니다. 지금 세상에서는 삼척동자(三尺童子)도 책을 읽음에 부수(部首, 偏旁)도 알지 못하면서 입을 열면 성명(性命)을 이야기하니, 성인 문하의 가르침이 어찌 이와 같겠습니까.

臣按: 先儒謂此章卽聖人言語之節, 而見其立敎之法, 《詩》·《書》·執禮是夫子所常言, 曰利·曰命·曰仁是夫子所罕言, 怪·力·亂·神是夫子所不言, 夫子雅素之言止於如此, 若性與天道則有不可得而聞者, 要在默而識之也. 噫! 生人之德莫大乎仁, 天賦之理莫先乎性, 仁乃聖人所罕言, 性則大賢所不得聞者也. 今世三尺童子讀書未識偏旁, 開口便談性命, 聖門之敎豈若是哉?

《논어(論語)》〈태백(泰伯)〉에서 공자(孔子)가 말하였다.

"시(詩)에서 흥기시키며, 예(禮)에서 서며, 악(樂)에서 완성한다."

---

23 괴력난신(怪力亂神)은 … 것이다: 《논어(論語)》〈술이(述而)〉에 나온다.

24 공자가 … 뿐이다: 《주자어류(朱子語類)》 권34 〈논어(論語) 자소아언장(子所雅言章)〉에 정이(程頤)의 말로 나온다.

子曰: "興於《詩》, 立於禮, 成於樂."

《논어집주(論語集註)》〈태백(泰伯)〉에서 주희(朱熹)가 말하였다.

"홍(興)은 일어남[起]이다. 시(詩)는 성정(性情)에 근본을 두니, 사(邪)도 있고 정(正)도 있어서 그 말이 이미 알기 쉽고, 읊는 가운데 높낮이가 있고 반복되어 사람을 쉽게 감동시킬 수 있다. 그러므로 배우는 초기에 선(善)을 좋아하고 악(惡)을 미워하는 마음을 홍기하여 저절로 그칠 수 없게 하는 것을 반드시 여기[詩]에서 얻게 되는 것이다.

예(禮)는 공경(恭敬)과 사양(辭讓)을 근본으로 삼고 절문(節文)과 횟수[度數]의 상세함이 있어서, 사람에게서 살과 피부의 모임과 힘줄과 뼈의 묶임을 견고하게 할 수 있다.[25] 그러므로 배우는 중간에 우뚝 자립하여 사물에 흔들리고 빼앗김을 당하지 않는 것을 반드시 여기[禮]에서 얻게 되는 것이다.

악(樂)에는 오성(五聲)과 십이율(十二律)이 있어 번갈아 노래하고 번갈아 화답하여 가무(歌舞)와 팔음(八音)의 절도(節度)를 삼으니, 사람의 성정(性情)을 함양해서 간사하고 더러운 것을 깨끗이 씻어내고 찌꺼기를 말끔히 녹여 낸다. 그러므로 배우는 마지막에 의(義)가 정밀해지고 인(仁)이 완숙해져서 저절로 도덕(道德)에 조화롭고 순조로워지는 것을

25 사람에게서 … 있다: 《예기(禮記)》〈예운(禮運)〉에 "예의(禮義)는 사람의 큰 단서이니, 신의(信義)를 강(講)하고 화목(和睦)을 닦으며 사람의 기부(肌膚)의 총회(總會)와 힘줄과 뼈의 묶음을 견고히 하는 것이며, 산 사람을 봉양(奉養)하고 죽은 사람을 장송(葬送)하며 귀신(鬼神)을 섬기는 큰 단서요, 천도(天道)를 통달하고 인정(人情)을 순히 하는 큰 구멍이다."라고 하였다.

반드시 여기[樂]에서 얻게 되는 것이다. 이것이 학문의 완성이다."

朱熹曰: "興, 起也. 《詩》本性情, 有邪有正, 其爲言旣易知, 而吟詠之間抑揚反覆, 其感人又易入, 故學者之初所以興起其好善惡惡之心而不能自已者, 必於此而得之. 禮以恭敬·辭遜爲本, 而有節文·度數之詳, 可以固人肌膚之會·筋骸之束, 故學者之中所以能卓然自立而不爲事物之所搖奪者, 必於此而得之. 樂有五聲十二律, 更唱迭和以爲歌舞, 八音之節可以養人之性情而蕩滌其邪穢·消融其查滓, 故學者之終所以至於義精仁熟而自和順於道德者, 必於此而得之, 是學之成也."

《논어집주(論語集註)》〈태백(泰伯)〉에서 주희(朱熹)가 또 말하였다.

"《예기(禮記)》〈내칙(內則)〉을 살펴보면, '10세에 어른을 섬기는 예의를 배우고 13세에 음악을 배우고 시(詩)를 외며, 20세가 된 뒤에야 예(禮)를 배운다.'라고 하였다. 그렇다면 이 세 가지는 소학(小學)에서 가르치는 차례가 아니고, 곧 대학(大學)에서 종신토록 터득하는 바의 쉽고 어려움·선후(先後)·얕고 깊음인 것이다."

又曰: "按《內則》, 十歲學幼儀, 十三學樂誦《詩》, 二十而後學禮, 則此三者非小學傳授之次, 乃大學終身所得之難易·先後·淺深也."

《논어집주(論語集註)》〈태백(泰伯)〉에서 정이(程頤)가 말하였다.

"천하(天下)에 영재(英才)가 적진 않으나 다만 도학(道學)이 밝지 못하기 때문에 성취하지 못하였다. 옛사람들의 시(詩)는 지금 사람들의 가곡(歌曲)과 같아 비록 마을의 어린아이들도 모두 익히 들어서 그 내용을 알고 있었다. 이 때문에 선한 마음을 흥기할 수 있었는데, 지금은 노숙한 선생과 유학자들도 오히려 옛 시의 뜻을 깨닫지 못하니, 하물며 배우는 자들이겠는가. 이는 시에서 흥기하지 못한 것이다.

옛사람들은 물 뿌리고 청소하며 응대하는 것으로부터 관혼상제(冠婚喪祭)에 이르기까지 모두 예(禮)가 있지 않은 것이 없었는데, 지금은 모두 폐지되고 파괴되었다. 이 때문에 인륜(人倫)이 밝지 못하고 집안을 다스림에 법도가 없으니, 이는 예에서 서지 못한 것이다.

옛사람의 음악은, 소리는 귀를 기르고 채색(采色)은 눈을 기르고 읊음은 성정(性情)을 기르고 춤[舞蹈]은 혈맥(血脈)을 기르는 것이었는데 지금은 모두 없으니, 이는 악(樂)에서 완성하지 못한 것이다. 이 때문에 옛날에는 인재를 완성시키기 쉬웠고 지금은 인재를 완성시키기 어려운 것이다."

程頤曰: "天下之英才不爲少矣, 特以道學不明, 故不得有所成就. 夫古人之詩如今之歌曲, 雖閭裏童稚皆習聞之而知其說, 故能興起, 今雖老師宿儒尙不能曉其義, 況學者乎? 是不得興於《詩》也. 古人自灑掃·應對以至冠·昏·喪·祭莫不有禮, 今皆廢壞, 是以人倫不明, 治家無法, 是不得立於禮也. 古人之樂, 聲音所以養其耳, 采色所以養其目, 歌詠所以養其性情, 舞蹈所以養其血脈, 今皆無之, 是不得成於樂也. 是以古之成材也易, 今之成材也難."

진덕수(眞德秀)가 말하였다.[26]

"주(周)나라가 쇠퇴하면서부터 예악(禮樂)이 붕괴되었으나 예(禮)에 관련된 책들 가운데 보존된 것이 있어서 제도와 문물을 아직 참고하여 찾아볼 수 있다. 악(樂)에 관련된 책은 모두 없어져서 보존되지 못하였다. 이후 예를 행하는 자들은 이미 선왕(先王)의 제도에 부합하지 못하였으며, (그중에서도) 악(樂)은 더욱 심하였다. 지금 세상에서 쓰는 것은 대저 정(鄭)나라와 위(衛)나라의 소리에 오랑캐의 소리가 섞여 있을 뿐이어서 마침 사람의 마음을 쓸어버리고 풍속을 무너뜨리기에 충분하니, 어찌 보탬이 될 것이 있겠는가.

그러나 예악의 제도가 비록 없어졌더라도 예악의 이치는 남아 있으니, 그러므로 《예기(禮記)》에서 말하기를 '예를 다하여 자신을 다스리고 악(樂)을 다하여 마음을 다스린다. 외모가 엄숙하고 공경스럽지 못하면 오만하고 경솔한 마음이 들어갈 수 있으며, 마음이 조화롭고 즐겁지 못하면 비루하고 거짓된 마음이 들어갈 수 있다. 엄숙하고 공경스러운 것은 예의 근본이고, 조화롭고 즐거운 것은 악의 근본이다.'[27]라고 하였다. 배우는 자들이 진실로 엄숙함과 공경으로 그 자신을 다스리고 조화와 즐거움으로 그 마음을 기를 수 있으면 예악의 근본에서 터득할 수 있을 것이고, 또한 자신을 세우고 덕(德)을 완성하기에도 충분할 것이다.

300편의 시는 비록 이해하기 어렵다고 말하나, 지금 여러 유학자들이 그 뜻을 드러내어 밝혀 분명하게 알 수 있다. 만약 반복하여 푹 잠

26 《서산문집(西山文集)》 권31 〈문답(問答) 문흥립성(問興立成)〉에 나온다.

27 예(禮)를 … 근본이다: 《예기(禮記)》 〈악기(樂記)〉에 나온다.

기고 느낌이 일어 흥기할 수 있다면 이른바 '시에서 일으킨다'는 것도 역시 보존되지 않은 적이 없는 것이다."

眞德秀曰: "自周衰, 禮樂崩壞, 然禮書猶有存者, 制度文爲尙可考尋, 樂書則盡缺不存, 後之爲禮者旣不合先王之制而樂尤甚, 今世所用大抵鄭衛之音, 雜以夷狄之聲而已, 適足以蕩人心·壞風俗, 何能有補乎? 然禮樂之制雖亡, 而禮樂之理則在, 故《禮記》謂 '致禮以治身, 致樂以治心, 外貌斯須不莊不敬而慢易之心入之矣, 中心斯須不和不樂而鄙詐之心入之矣. 莊敬者禮之本也. 和樂者樂之本也.' 學者誠能以莊敬治其身, 和樂養其心, 則於禮樂之本得矣, 亦足以立身而成德也. 三百篇之《詩》雖雲難曉, 今諸儒發明其義了然可知, 如能反覆涵泳, 其可以感發興起, 所謂興於《詩》者, 亦未嘗不存也."

신은 이렇게 생각합니다. 선대의 유학자[호병문(胡炳文)[28]]가 말하기를 "정씨(程氏)의 설이 없었다면 후세에 인재를 완성시키기 어려운 이유를 알지 못하였을 것이고, 진씨(眞氏)의 설이 없었다면 후세에 끝내 과연 인재를 완성시키는 것이 어렵다고 여겼을 것이다."[29]라고 하였습

28 호병문(胡炳文, 1250~1333): 원나라 휘주(徽州) 무원(婺源) 사람으로 자는 중호(仲虎)고, 호는 운봉(雲峰)이다. 주희(朱熹)의 종손(宗孫)에게 《주역》과 《서경》을 배워 주자학에 잠심했으며, 특히 《주역》에 뛰어났다. 저서에 《주역본의통석(周易本義通釋)》과 《서집해(書集解)》, 《춘추집해(春秋集解)》, 《예서찬술(禮書纂述)》, 《사서통(四書通)》, 《대학지장도(大學指掌圖)》, 《오경회의(五經會義)》, 《이아운어(爾雅韻語)》 등이 있다.

29 정씨(程氏)의 … 것이다: 《논어통(論語通)》 권4에 나온다.

니다. 그렇다면 인재를 완성시키는 것은 과연 어려운 것이겠습니까, 쉬운 것이겠습니까. 윗사람이 가르침을 세워 그를 완성시킨다면 쉽고, 아랫사람이 뜻을 분발하여 그것을 한다면 쉽습니다. 위로는 그 가르침이 없고 아래로는 그 뜻이 없으면서 인재를 완성시키고자 한다면 어려운 것입니다. 이와 같다면 세상에는 좋은 인재가 적어지고 나라는 잘 다스려지지 못할 것이니, 후세가 예전만 못한 까닭이 여기에 있군요!

臣按: 先儒謂無程氏之說, 後世不知所以成材之難; 無眞氏之說, 後世遂果以成材爲難矣. 然則人材之成, 果難乎易乎? 曰上之人立教以成之則易, 下之人奮誌以爲之則易, 上無其教·下無其志而欲人材之成難矣. 如此, 則世乏良材·國無善治, 後世所以不如古, 其在此歟.

《논어(論語)》〈계씨(季氏)〉에서 말하였다.

"진강(陳亢)[30]이 백어(伯魚)[31]에게 묻기를 "그대는 역시 특별히 들은 것이 있는가?"라고 하자, 백어가 대답하기를 "없었다. 일찍이 홀로 서 계실 적에 내가 종종걸음으로 뜰을 지나가는데, '시(詩)를 배웠느냐?'라고 물으시

30 진강(陳亢, 기원전 511~?): 춘추시대 말기 진(陳)나라 사람으로 자는 자원(子元) 또는 자항(子亢), 자금(子禽)이다. 공자(孔子)의 제자다. 송나라 진종(眞宗) 대중상부(大中祥符) 2년(1009) 남돈후(南頓侯)에 추봉되었다. 《논어(論語)》〈자장(子張)〉, 〈계씨(季氏)〉에 그에 관한 기록이 보인다.

31 백어(伯魚, 기원전 532~기원전 481): 공자(孔子)의 아들이며 이름은 공리(孔鯉)이고, 자가 백어(伯魚)이다. 태어날 때 노 소공(魯昭公)이 공자에게 한 마리의 잉어[鯉魚]를 하사하여 '리(鯉)'라고 이름 지었다. 공리는 공자보다 먼저 세상을 떠났다. 아들은 공급(孔伋)이다.

기에 '아직 배우지 못하였습니다.'라고 대답하였더니, '시를 배우지 않으면 말을 할 수 없다.'라고 하시므로 내가 물러나와 시를 배웠다. 다른 날에 또 홀로 서 계실 적에 내가 종종걸음으로 뜰을 지나가는데, '예(禮)를 배웠느냐?'라고 물으시기에 '아직 배우지 못하였습니다.'라고 대답하였더니, '예를 배우지 않으면 설 수 없다.'라고 하시므로 내가 물러나와 예를 배웠다."라고 하였다."

陳亢問於伯魚曰: "子亦有異聞乎?" 對曰: "未也. 嘗獨立, 鯉趨而過庭, 曰: '學《詩》乎?' 對曰: '未也.' '不學《詩》, 無以言.' 鯉退而學《詩》. 他日, 又獨立, 鯉趨而過庭, 曰: '學禮乎?' 對曰: '未也.' '不學禮, 無以立.' 鯉退而學禮."

《논어집주(論語集註)》〈계씨(季氏)〉에서 주희(朱熹)가 말하였다.

"(시를 배우면) 사리(事理)에 통달하고 심기(心氣)가 화평해지므로 말을 잘하는 것이다. (예를 배우면) 품절(品節)에 자세하고 밝아지며 덕성(德性)이 굳게 정해지므로 설 수 있는 것이다."

朱熹曰: "事理通達而心氣和平, 故能言; 品節詳明而德性堅定, 故能立."

신은 이렇게 생각합니다. 성인(聖人)의 문하의 가르침은 시(詩)와 예(禮)를 우선으로 삼습니다. 대개 입에서 읊는 것은 온화하고 부드러우며 돈독하고 중후한 말이고, 몸을 단속하는 것은 공손하고 검소하며 엄숙하고 공경스러운 모습입니다. 이와 같이 한다면 덕(德)을 완성하고 재주를 통달하게 하는 경지에 나아갈 것입니다. 성인이 그의 아들과 문인들을 가르치는 방법이 모두 여기에서 벗어나지 않습니다.

臣按: 聖門之教以詩·禮爲先, 蓋口之所諷詠者溫柔敦厚之言, 身之所檢束者恭儉莊敬之體, 如此則可以造於成德達材之地矣. 聖人所以教其子與其門人, 皆不外乎此也.

《예기(禮記)》〈경해(經解)〉에서 공자(孔子)가 말하였다.

"그 나라에 들어가면 그 가르침을 알 수 있다. 그 사람됨이, 온화하고 유순하며 돈독하고 중후한 것은 《시경(詩經)》을 가르쳤기 때문이고, 탁트이고 통달하며 멀리까지 내다보는 것은 《서경(書經)》을 가르쳤기 때문이고, 넓으면서 평이(平易)하고 진실한 것은 악(樂)을 가르쳤기 때문이고, 깨끗하고 고요하면서 정밀하고 은미한 것은 《주역(周易)》을 가르쳤기 때문이고, 공손하고 검소하며 엄숙하고 공경하는 것은 예(禮)를 가르쳤기 때문이고, 말과 사물을 모아 비교하고 판단하는 것은 《춘추(春秋)》를 가르쳤기 때문이다. 그러므로 《시경》의 뜻을 잃으면 어리석어지고, 《서경》의 뜻을 잃으면 거짓되게 되고, 악(樂)의 뜻을 잃으면 사치스러워지고, 《주역》의 뜻을 잃으면 법을 어기게 되고, 예의 뜻을 잃으면 번거로워지고, 《춘추》의 뜻을 잃으면 어지러워진다."

《經解》: 孔子曰: "入其國其教可知也, 其爲人也, 溫柔敦厚, 《詩》教也; 疏通知遠,《書》敎也; 廣博易良, 樂敎也; 潔靜精微,《易》敎也; 恭儉莊敬, 禮敎也; 屬辭比事,《春秋》敎也. 故《詩》之失愚,《書》之失誣, 樂之失奢,《易》之失賊, 禮之失煩,《春秋》之失亂."

진덕수(眞德秀)가 말하였다.[32]

"옛날에 임금과 신하, 윗사람과 아랫사람이 모두 육경(六經)의 도(道)에서 말미암았으니, 위에서 가르침으로 삼은 것도 이것이고 아래에서 배움으로 삼은 것도 이것이다. 위에서는 본성을 따라 가르침으로 삼고 아래에서는 또한 배움을 통해 풍속[俗]을 삼았으니, 그러므로 그 나라의 풍속을 살펴보면 그 임금의 가르침을 알 수 있다.

《시경(詩經)》을 배운다면 그 성정(性情)의 바름을 감동시켜 일으킬 수 있으니, 그러므로 그 사람됨이 온화하고 유순하며 돈독하고 중후해진다. 《서경(書經)》을 배운다면 고금(古今)의 잘 다스려지거나 어지러워진 이치를 꿰뚫어 알 수 있으니, 그러므로 사람됨이 탁 트이고 밝으며 막힘이 없고 멀리까지 내다보게 된다. 악(樂)은 도로써 조화롭게 하니, 그러므로 그것을 배우는 자들이 열려서 넓고 널리 커지며, 평이하면서도 온화하고 진실하게 된다. 《주역(周易)》의 도는 간결하면서도 정밀하고 깊으며, 예(禮)는 공손하고 검소하며 엄숙하고 공경스러운 것을 주로 하니, 그러므로 배우는 자들이 각각 그것을 터득하여 그 덕(德)을 완성시킨다. 《춘추(春秋)》는 단어를 늘어놓아 그 뜻을 비교하

32 《서산독서기(西山讀書記)》 권24 〈육경지교(六經之敎)〉에 나온다.

여 시비(是非)와 포폄(褒貶)의 뜻을 부여하였으니, 그러므로 무릇 이와 같이 할 수 있는 자는 반드시 《춘추》에서 터득함이 있는 자이다.

옛날의 배우는 자들은 하나의 경전을 배움에 반드시 하나의 경전을 활용할 수 있게 되어서야, '그 사람됨이, 기질이 모두 변화하고 습관이 본성에서 완성되었다'라고 말하였다. 그 후세의 경전에 통달한 선비를 보면 한갓 장구(章句)와 훈의(訓義)만을 익히고 성정과 심술(心術)에 유익함이 없는 것은 어째서인가. 사람은 각각 치우치는 바가 있으니, 순후(醇厚)한 자는 지혜가 간혹 부족하므로 어리석음에 빠지고, 탁 트이고 통달한 자는 말을 간혹 쉽게 하므로 거짓에 빠지고, 넓고 큰 자는 지나치게 커지기 쉬우며, 높고 깨끗한 자는 심각하기 쉬우며, 공경스러운 자는 간혹 번거로울 정도로 수고스러워서 편안하고 즐겁지 않으며, 말과 사물을 모아 비교하고 판단하는 것에 지극하지 못한 자는 선악(善惡)이 간혹 어긋나고 어지러워진다. 그러므로 반드시 그 잘못을 바로잡은 이후에 그 터득한 것을 온전히 할 수 있다. 또한 옛날에 맏아들을 가르친 뜻과 같으니, 《시경》의 뜻을 잃어버렸다고 한 것과 《서경》의 뜻을 잃어버렸다고 한 것은 대개 경전(經典)을 잘못 배운 것이지 경전에 잘못된 것이 있음을 말한 것은 아니다."

眞德秀曰: "古者君臣上下共由六經之道, 上之所以爲教者此也, 下之所以爲學者此也, 上因性以爲教, 下亦因學以爲俗, 故觀其國之俗卽知其君之教. 學《詩》則能感發其性情之正, 故其爲人溫和而柔順·敦篤而厚重; 學《書》則通知古今治亂之理, 故其爲人疏明不滯而所見者遠; 樂以道和, 故學之者開廣而博大·平易而溫良; 《易》道簡潔精深, 禮主於恭儉莊敬, 故學之者各得之而成其德; 《春秋》連屬其辭, 比次其義, 以寓是非褒貶之旨，故凡能如是者，必有得於《春秋》者也．古之學者學一經必得一經之用，其曰[33]爲人則氣質俱化，習與性成，其視後世通經之士徒習章句訓義而無益於性情心術者何如哉？然人各有所偏，醇厚者於智或不足，故其失愚；疏達者於言或易發，故其失誣；博大者易以奢廣，峻潔者易以深刻，恭敬者或煩勞而不安樂，屬辭比事而不至者善惡或至繆亂，故必矯其失而後有以全其得，亦如古者敎胄子之意也．曰《詩》之失·《書》之失云者，蓋言學經者之失，非謂經之有失也."

신은 이렇게 생각합니다. 진덕수(眞德秀)가 또 말하기를 "이 경전을 배우는 자들은 마땅히 경전(經典)에서 얻는 것이 어떠한지를 생각해야 한다. 《시경(詩經)》을 배움에 내 덕(德)이 과연 온화하고 유순하며 돈독하고 중후한가. 《서경(書經)》을 배움에 내 덕(德)이 과연 탁 트이고 통달하며 멀리까지 내다보는가. 반드시 이와 같이 깊게 생각하고 이와 같이 스스로 힘쓴다면 경전을 잘하는 것에 가까워질 것이다. 그렇지 않다면 장구(章句)만 욀 뿐이고 뜻만 새길 뿐이니, 무슨 이로움이 있겠는가."[34]라고 하였습니다. 그 말이 경계하는 것이 간절하니, 경전을 읽는 자들은 마땅히 스스로 살펴야 하며, 경전을 가르치는 자들도 마땅히 가르침을 보여야 하며, 다른 사람을 살피는 자들도 마땅히 기준

33 其曰: 《대학연의보(大學衍義補)》 사고전서본에는 '曰其'로 되어 있어, 번역에서는 이를 따른다.

34 이 경전을 … 있겠는가: 《서산독서기(西山讀書記)》 권24 〈육경지교(六經之敎)〉에 나온다.

으로 삼아야 합니다.

臣按: 眞氏又言: "學此經者當思有以得於經者何如, 學《詩》矣, 吾之德果溫柔敦厚矣乎? 學《書》矣, 吾之德果疏通知遠矣乎? 必如是而深思焉, 如是而自勉焉, 庶乎爲善於經者, 不然則章句而已耳, 訓義而已耳, 其何益哉?" 其言警切, 讀經者當以自察, 敎經者當以示訓, 觀人者當以爲徵.

순자(荀子)[35]가 말하였다.[36]

"《서경(書經)》은 정사를 기록한 것이고, 《시경(詩經)》은 알맞은 소리가 그곳에 머무르는 것이고, 예(禮)는 법의 큰 본분이며 여러 가지 일의 기강(綱紀)이다. 그러므로 배움은 《예기(禮記)》에 이르러서야 그치는 것이니, 이것이야말로 도덕(道德)의 극치라 말할 수 있다. 《예기》의 공경[敬]과 절차[文], 《악경(樂經)》의 중화(中和), 《시경》과 《서경》의 넓음, 《춘추(春秋)》의 은미함이 천지(天地) 사이에 있는 것을 다 갖추었다."

荀子曰: "《書》者政事之紀也, 《詩》者中聲之所止也, 《禮》者法之大分·

35 순자(荀子, 기원전 298?~기원전 238?): 전국시대 말기 조(趙)나라 사람이다. 성은 순(荀)이고, 이름은 황(況)이다. 순경(荀卿) 또는 손경자(孫卿子) 등으로 불린다. 50살(일설에는 15살) 무렵 제(齊)나라에 유학하고, 진(秦)나라와 조나라에서 살았다고 한다. 제나라 왕건(王建) 때 최장로(最長老)로 존경받았고, 초(楚)나라 춘신군(春申君)의 천거로 난릉(蘭陵)의 수령이 되었다. 기원전 238년 춘신군이 암살되자 벼슬에서 물러나 문인교육과 저술에 전념하며 여생을 마쳤다.

36 《순자(荀子)》 권1 〈권학편(勸學篇)〉에 나온다.

類[37]之綱紀也, 故學至乎《禮》而止矣, 夫是之謂道德之極. 《禮》之敬文也, 樂之中和也, 《詩》《書》之博也, 《春秋》之微也, 在天地之間者畢矣."

순자(荀子)가 또 말하였다.[38]

"《예기(禮記)》와 《악경(樂經)》은 원칙을 보여 주는 것으로 설명하지 않고, 《시경(詩經)》과 《서경(書經)》은 옛일만 기재한 것으로 절실하지 않으며, 《춘추(春秋)》는 말이 축약된 것으로 빨리 이해할 수 없다."

又曰: "禮樂法而不說, 《詩》《書》故而不切, 《春秋》約而不速."

양량(楊倞)[39]이 말하였다.[40]

"이는 육경(六經)의 뜻을 해설한 것이다. 《서경(書經)》은 정사를 기록한 것이다. 《시경(詩經)》은 악장(樂章)이라고 말하니, 음절(音節)이 중(中)을 주로 하면서 거기에 머물러 음탕함으로 흐르지 않게 하는 것이다. 《예기(禮記)》는 전법(典法)의 큰 본분이며 여러 가지 일의 기강(綱紀)이다.

---

37 類: 《순자(荀子)》에는 '群類'로 되어 있다.

38 《순자(荀子)》 권1 〈권학편(勸學篇)〉에 나온다.

39 양량(楊倞): 당(唐)나라 홍농(弘農, 지금의 하남성 영보현) 사람으로, 당 헌종(憲宗) 때의 사람으로 알려져 있으며, 양여사(楊汝士)의 아들이다. 현존하는 《순자(荀子)》 20권 32편은 유향(劉向)이 당시 있었던 322편을 편집하여 《손경신서(孫卿新書)》 32편으로 편찬한 것을, 양량(楊倞)이 순서를 바꾸고 주를 붙여 《손경자(孫卿子)》라 했고, 나중에 간단히 《순자》라 불렀다.

40 《순자(荀子)》 권1 〈권학편(勸學篇)〉 양량(楊倞)의 주(註)에 나온다.

사람들은 예(禮)와 법(法)이 사람들과 접촉하여 확장된다고 말한다."

楊倞曰: "此說六經之意. 《書》所以紀政事, 《詩》謂樂章, 所以節音生[41]乎中而止, 不使流淫, 《禮》所以爲典法之大分·統類之綱紀. 類謂禮法所觸類而長者."

진덕수(眞德秀)가 말하였다.[42]

"'원칙을 보여 주는 것으로 설명하지 않는다'는 것은 그 원칙을 늘어놓아 사람들에게 스스로 깨닫게 하여 논설(論說)에 의지하지 않게 하려는 것이다. '옛일만 기재한 것으로 절실하지 않다'는 것은 다만 이미 그러한 것의 득실(得失)을 서술하여 사람들에게 거울로 삼을 것을 알게 하여 절박해지기를 기다리지 않게 하려는 것이다."

眞德秀曰: "法而不說, 謂陳列其法, 使人自悟而無待於論說; 故而不切, 謂但述已然之得失, 使人視[43]以爲監而不待於迫切."

장자(莊子)[44]가 말하였다.[45]

---

41 生: 《대학연의보(大學衍義補)》 사고전서에는 '主'로 되어 있어, 번역에서는 이를 따른다.

42 《서산독서기(西山讀書記)》 권24 〈육경지지(六經之旨)〉에 나온다.

43 視: 《대학연의보(大學衍義補)》 사고전서본에는 '知'로 되어 있어, 번역에서는 이를 따른다.

44 장자(莊子, 기원전 369~기원전 289?): 전국시대 송나라 몽현(蒙縣) 사람으로, 도가(道家)의 대표자다. 맹자(孟子)와 비슷한 시대에 활약한 것으로 전해진다. 노자(老子)를 근원으로 하고 '도

“《시경(詩經)》은 뜻[志]을 말하고, 《서경(書經)》은 일[事]을 말한다. 악(樂)은 조화[和]를 말하고, 《역경(易經)》은 음양(陰陽)을 말하고, 《춘추(春秋)》는 명분(名分)을 말한다.”

莊子曰: “《詩》以道志, 《書》以道事, 樂以道和, 《易》以道陰陽, 《春秋》以道名分.”

주희(朱熹)가 말하였다.[46]
“장자(莊子)의 이 말을 후대의 사람들이 어떻게 미칠 수 있겠는가.”

朱熹曰: “莊子此語, 後來人如何可及.”

신은 이렇게 생각합니다. 순자[荀況]는 성인(聖人)의 도(道)를 배움에 아직 이르지 못한 자이지만, 그의 말은 오경(五經)과 비슷합니다. 장자[莊周]는 성인의 도가 아니지만 스스로 일가(一家)를 이루어 말한 자이니, 역시 성인의 경(經)을 존숭함이 이와 같습니다. 또한 그 말은 간략하

법자연(道法自然)'의 이론을 발전시켰으며, 물아(物我)가 동등하며 시세에 안주하고 순리에 처할 것을 주장했다. 저서 《장자》는 원래 52편이었다고 하는데, 현존하는 것은 진(晉)나라 곽상(郭象)이 정리한 《장자주(莊子注)》 33편(內篇 7, 外篇 15, 雜篇 11)이다. 그중에서 내편이 원형에 가장 가깝다고 한다.

45 《장자(莊子)》 〈천하(天下)〉에 나온다.

46 《주자어류(朱子語類)》 권125 〈노씨(老氏) 노장(老莊)〉에 나온다.

나 이치는 다하여서, 후대의 경을 총괄하여 논하는 자들이 모두 미치지 못하였습니다.

그러나 육경(六經)을 말하면서 예(禮)를 언급하지 않았으니, 저 노자[老聃]를 배운 자들은 진실로 예가 충(忠)·신(信)을 가볍게 한다고 여겨 예법(禮法)의 밖에서 제멋대로 하는 자들이군요![47] 순자의 말은 예를 중요하게 여기고 장자의 말은 예를 버렸습니다. (여기에서) 유학(儒學)이 노장(老莊)과 다른 까닭을 볼 수 있으니, 그것을 판단하는 기준은 예에 있을 뿐입니다.

臣按: 荀況, 學聖人之道未至者, 其言五經似矣, 莊周則非聖人之道, 而自爲一家言者, 而亦尊崇聖人之經如此, 且其言簡而理盡, 後之總論經者皆莫及焉. 然言六經而不及禮, 則彼學老聃者, 則固以禮爲忠信之薄, 而放蕩於禮法之外者乎? 荀之言則重乎禮, 莊之言則遺乎禮. 可見儒學所以異於老莊者, 其辨在乎禮而已矣.

양자(揚子)[48]가 말하였다.[49]

"하늘을 말하는 것은 《주역(周易)》만한 것이 없고, 일을 말하는 것은

---

47 저 노자[老聃]를 … 자들이군요!: 《도덕경(道德經)》 38장에 "대저 예라는 것은 속 깊이 우러나는 참된 마음과 믿음이 엷어지게 만들어 혼란의 단초가 된다[夫禮者, 忠信之薄, 而亂之首]."는 구절이 있다.

48 양자(揚子, 기원전 53~18): 양웅(揚雄, 楊雄)이다. 전한 촉군(蜀郡, 사천성) 성도(成都) 사람으로, 자는 자운(子雲)이다. 40여 살 때 처음으로 경사(京師)에 가서 문장으로 부름을 받아, 성제의 여행에 수행하며 〈감천부(甘泉賦)〉와 〈하동부(河東賦)〉, 〈우렵부(羽獵賦)〉, 〈장양부(長楊賦)〉 등을 썼다. 학자로서 각 지방의 언어를 집성한 《방언(方言)》과 《역경(易經)》에 기본을 둔 철학

《서경(書經)》만한 것이 없고, 근본을 말하는 것은 《예기(禮記)》만한 것이 없고, 뜻을 말하는 것은 《시경(詩經)》만한 것이 없고, 예를 말하는 것은 《춘추(春秋)》만한 것이 없다."

《揚子》曰: 說天者莫辯乎《易》, 說事者莫辯乎《書》, 說體者莫辯乎《禮》, 說志者莫辯乎《詩》, 說禮者莫辯乎《春秋》.

진덕수(眞德秀)가 말하였다.[50]

"전국시대 이래 변사(辯士: 말을 잘 하는 사람)의 말은 뛰어나기는 하지만 이치에 근본을 둔 것이 아니다. 유행하는 풍속으로 사람들을 미혹하게 하고, 한(漢)나라에 이르러서도 여전히 그러하였으니, 그러므로 양자(揚子)가 이 논의를 일으켰다. 그러나 오경(五經)의 뜻에서는 크게 드러내어 밝힐 수는 없었다."

眞德秀曰: "戰國以來, 辯士之說勝, 而不根諸理, 流俗惑之, 至漢猶然. 故揚子發此論, 然於五經之旨, 未能有大發明也."

반고(班固)[51]가 말하였다.[52]

서 《태현경(太玄經)》, 《논어》의 문체를 모방한 《법언(法言)》, 《훈찬편(訓纂篇)》 등을 저술했다. 나중에 왕망(王莽) 밑에서도 일해 대부(大夫)가 되었다.

49 《법언(法言)》 〈과견(寡見)〉에 나온다.

50 《서산독서기(西山讀書記)》 권24 〈육경지지(六經之旨)〉에 나온다.

"육예(六藝)[53]의 글에서 《악경(樂經)》은 신(神)과 화합하니, 인(仁)의 표상이다. 《시경(詩經)》은 말을 바르게 하니, 의(義)의 쓰임이다. 《예기(禮記)》는 본체를 밝게 하니, 밝게 한다는 것은 드러내어 보이는 것이므로 가르치지 않는 것이다. 《서경(書經)》은 견문(見聞)을 넓게 하니, 앎의 방법이다. 《춘추(春秋)》는 일을 결단하니, 믿음의 증거이다. 이 다섯 가지는 오상(五常)[54]의 도(道)를 다하고 서로 구하여 갖추어지니, 그러므로 《주역(周易)》이 근원이 되는 것이다."

班固曰: "六藝之文, 樂以和神, 仁之表也; 《詩》以正言, 義之用也; 《禮》以明體, 明者著見, 故無訓也; 《書》以廣聽, 知之術也; 《春秋》以斷事, 信之符也. 五者盡五常之道, 相須而備, 故《易》爲之原."

진덕수(眞德秀)가 말하였다.[55]

"육경(六經)은 오상(五常)의 도(道)에 포함되지 않음이 없다. 지금은

51 반고(班固, 32~92): 후한 초기 부풍(扶風) 안릉(安陵) 사람이다. 자는 맹견(孟堅)이다. 《사기후전(史記後傳)》과 《한서(漢書)》의 편집에 종사했고, 20여 년이 걸려서 《한서》를 완성했다. 건초(建初) 4년(79) 여러 학자들이 백호관(白虎觀)에서 오경(五經)의 이동(異同)을 토론할 때, 황제의 명령을 받아 《백호통의(白虎通義)》를 편집했다. 저서에 〈양도부(兩都賦)〉와 〈유통부(幽通賦)〉, 〈전인(典引)〉, 《반난대집(班蘭臺集)》이 전한다.

52 《전한서(前漢書)》 권30 〈예문지(藝文志)〉에 나온다.

53 육예(六藝): 여기에서 말하는 육예(六藝)는 육경(六經)이다. 《시경(詩經)》, 《서경(書經)》, 《예기(禮記)》, 《악경(樂經)》, 《주역(周易)》, 《춘추(春秋)》이다.

54 오상(五常): 유교에서 말하는 사람이 지켜야 할 다섯 가지 기본적인 덕목이다. 인(仁), 의(義), 예(禮), 지(智), 신(信)을 말한다.

55 《서산독서기(西山讀書記)》 권24 〈육경지지(六經之旨)〉에 나온다.

오상(五常)으로써 육예(六藝)에 나누어서 속하게 하니, 이 《악경(樂經)》은 인(仁)이 있으나 의(義)가 없고, 《시경(詩經)》은 의는 있으나 인이 없으니 옳은 것이겠는가. 대개 한(漢)나라 유학자들이 경(經)을 논함에 그 중요한 뜻을 얻는 자가 드물게 있었으니, 도리어 장자[莊生]가 이치에 마땅한 것만 못하다."

眞德秀曰: "六經於五常之道無不包者, 今以五常分屬於六藝, 是樂有仁而無義·《詩》有義而無仁也可乎哉? 大率漢儒論經, 鮮有得其指要者, 反不若莊生之當於理也."

정이(程頤)가 말하였다.[56]

"무릇 책을 읽음에 각각 들어가는 문이 있으니, 《시경(詩經)》·《주역(周易)》·《춘추(春秋)》는 구절만 따라 보아서는 안 되고, 《상서(尙書)》·《논어(論語)》는 구절만 따라서도 볼 수 있다. 성인이 마음을 깊게 쓴 곳이 《주역》의 〈계사(繫辭)〉에 온전히 있고, 《시경》·《서경(書經)》은 바로 격언(格言)이다."

程頤曰: "凡看書各有門庭, 《詩》《易》《春秋》不可逐句看, 《尙書》《論語》可以逐句看, 聖人用意深處全在《繫辭》, 《詩》《書》乃格言."

---

56 《이정외서(二程外書)》 권6 〈나씨본습유(羅氏本拾遺)〉에 나온다.

주희(朱熹)가 말하였다.[57]

"상고(上古) 시기의 책은 《역경(易經)》보다 존귀한 것이 없고, 중고(中古) 이후의 책은 《춘추(春秋)》보다 큰 것이 없다. 그러나 이 두 책은 모두 쉽게 볼 수 없다."

朱熹曰: "上古之書莫尊乎《易》, 中古後書莫大於《春秋》, 然此兩書皆未易看."

주희(朱熹)가 또 말하였다.[58]

"공자가 평소에 늘 말한 것은 《시경(詩經)》·《서경(書經)》·지켜야 하는 예[執禮]이고, 처음부터 《주역(周易)》에는 미치지 않았다. 공자는 일찍이 사람을 가르칠 때에 단지 이와 같이 하였으나, 지금 사람들은 곧 추상적이고 오묘한 말을 우선시한다."

又曰: "子所雅言《詩》《書》·執禮, 未始及《易》, 夫子嘗以教人, 只是如此, 今人便先爲玄妙之說."

신은 이렇게 생각합니다. 옛날에 육경(六經)이 있었으니, 《주역(周易)》·《시경(詩經)》·《서경(書經)》·《춘추(春秋)》·《예경(禮經)》·《악경(樂

57 《주자어류(朱子語類)》 권67 〈독역지법(讀易之法)〉에 나온다.

58 《주자어류(朱子語類)》 권34 〈논어(論語) 술이편(述而篇) 자소아언장(子所雅言章)〉에 나온다.

經)》입니다. 《역경(易經)》·《시경(詩經)》·《서경》·《춘추》 네 책은 공자가 직접 수정하여 정리한 것입니다. 그러나 《예경》과 《악경》은 온전한 책이 없습니다. 후세에 이른바 《예경》이라는 것은 《의례(儀禮)》·《주례(周禮)》·《예기(禮記)》입니다. 세책은 모두 한(漢)나라 때 나왔는데, 《의례》와 《주례》는 온전한 책이 있었으나 《예기》는 한나라 유학자들의 기록에서 섞여 나왔습니다. 악서(樂書)는 전해지지 않았으나, 〈악기(樂記)〉 한 편이 《예기》안에 섞여 있었습니다. 그 문장이 기품이 높고 점잖으며 또한 격언(格言)이 많으니, 한나라 유학자가 언급한 것이 아니라 대개 역시 옛 경전 가운데 남은 것입니다. 송(宋)나라 왕안석(王安石)[59]부터 《의례》로는 선비를 뽑지 않았으니, 세상이 마침내 그것을 따랐습니다.

지금 이른바 오경(五經)이라는 것은 《주역》·《서경》·《시경》·《춘추》·《예기》입니다. 배우는 자는 각각 하나의 경전을 오로지 하여 본래의 경전 외에도 잘하였고, 널리 다른 경전에까지 미쳤습니다. 바야

59 왕안석(王安石, 1021~1086): 송나라 무주(撫州) 임천(臨川) 사람이다. 신법당(新法黨)의 영수로, 자는 개보(介甫)고, 소자(小字)는 환랑(獾郎)이며, 호는 반산(半山)이다. 북송(北宋) 시대의 정치가이자 문학가, 사상가이다. 희녕(熙寧) 2년(1069) 참지정사(參知政事)가 되어 변법(變法)을 강력하게 주장한 것이 신종의 뜻과 일치해, 과거(科擧)와 학교 제도 등 역사적으로 유명한 파격적인 개혁정책을 실시하였다. 그러나 수구파(守舊派)의 반대로 인해 무산되고 벼슬에서 물러났다. 원풍(元豊) 3년(1080) 형국공(荊國公)에 봉해지고, 시호는 문(文)이다. 이 때문에 '왕문공(王文公)' 혹은 '왕형공(王荊公)'으로도 일컬어진다. 경학(經學)에 정통하여 '통유(通儒)'로 일컬어졌고, 산문(散文) 방면에서 걸출한 성취를 이뤄서 한유(韓愈), 유종원(柳宗元), 구양수(歐陽修), 소철(蘇轍), 소식(蘇軾), 소순(蘇洵), 증공(曾鞏)과 더불어 '당송팔대가(唐宋八大家)'로 일컬어진다. 저서에 《왕임천선생집(王臨川先生集)》과 《임천집습유(臨川集拾遺)》, 《주관신의(周官新義)》, 《상서신의(尙書新義)》, 《시경신의(詩經新義)》, 《시의구침(詩義鉤沈)》, 《도덕경주(道德經注)》 등이 있다.

흐로 천지(天地)의 순전(純全)함과 고인(古人)의 큰 요체를 보고, 그런 후에 전체대용(全體大用)의 배움을 얻습니다. 만일 장구(章句)와 훈의(訓義)의 말단에만 얽매여서 과거급제자를 취하여 관직에 진출하게 한다면 한쪽으로 치워 놓고 쓰지 않으니,[60] (그렇게) 활용하는 것은 배운 바가 아닙니다. 이는 진실로 성인이 학문을 가르치는 도(道)가 아니니, 역시 어찌 조종(祖宗)에서 선비를 양성하는 뜻이겠습니까. 【이상 육경을 논하였다.】

臣按: 古有六經, 《易》《詩》《書》《春秋》·禮·樂也. 《易》《詩》《書》《春秋》四者親經孔子所刪定者也, 而禮與樂無全書, 後世所謂禮經者, 《儀禮》《周禮》《禮記》也, 三書者皆出於漢世, 《儀禮》《周禮》有成書而《禮記》則雜出於漢儒之所記, 樂書無傳而《樂記》一篇雜於《禮記》中, 其文雅馴, 又多格言, 非漢儒所及, 蓋亦古經之遺也. 自宋王安石棄《儀禮》不以取士, 世遂因之, 今所謂五經者, 《易》《書》《詩》《春秋》《禮記》也. 學者各專一經, 能於本經之外旁及他經, 方見天地之純全·古人之大體,

60 한쪽으로 … 않으니: '물건을 시렁에 꽁꽁 묶어 두다[束之高閣].'라는 뜻으로 어떤 물건을 방치해 둔 채 사용하지 않는 것을 비유하는 말이다. 동진(東晉) 때의 유능한 장수였던 유익(庾翼)은 동진의 원로인 유량(庾亮)의 동생이다. 당시 유익은 무창의 수비를 담당하는 것 외에도 강주, 형주, 사주, 옹주, 양주, 익주 등 여섯 주의 도독에 형주자사를 겸하고 있었다. 당시 장강 상류와 황하 유역은 오호십육국(五胡十六國)의 지배하에 있었는데, 유익은 이들의 침입을 막는 데 많은 공을 세웠다. 그런데 선비 출신인 임의(林義), 은호(殷浩) 등은 국가의 안위에 대해서는 조금도 신경을 쓰지 않았다. 유익은 이런 선비들을 증오하면서, "이런 무리들은 시렁에 꽁꽁 묶어 두었다가 천하가 태평해지기를 기다려 그때 가서 그들이 할 일을 논해야 한다[此輩宜束之高閣, 候天下太平, 然後議其任耳]."라고 늘 말하였다. 《진서(晉書)》 〈유익전(庾翼傳)〉에 나온다. '속지고각'은 '속저고각(束諸高閣)'이라고도 한다.

然後得爲全體大用之學，苟拘拘於章句訓義之末，以取一第以爲進身之階，卽束之高閣而所用者非所學，是固非聖賢敎學之道，亦豈祖宗所以造士之意哉？【以上六經】

하안(何晏)[61]이 말하였다.[62]

"노(魯)나라 《논어(論語)》는 20편이고, 제(齊)나라 《논어》는 별도로 〈문왕(問王)〉과 〈지도(知道)〉편이 있어서 모두 22편이다. 그 20편 가운데 장구(章句)도 자못 노나라 《논어》보다 많다. 옛 《논어》는 공안국(孔安國)[63] 집의 벽 안에서 나왔는데, 〈요왈(堯曰)〉 아래 장의 '자장문(子張問)' 이하를 나누어 한 편으로 만들어 두 〈자장(子張)〉편이 있으니 모두 21편이고, 편의 차례도 제(齊)나라나 노나라 논어(論語)와 같지 않다."

---

61 하안(何晏, 193?~249): 삼국 시대 위(魏)나라 남양(南陽) 완현(宛縣) 사람이다. 자는 평숙(平叔)이고, 하진(何進)의 손자다. 왕필과 더불어 위진(魏晉) 시대 현학(玄學)의 시조로 받들어진다. 《논어(論語)》와 《역경(易經)》, 《노자(老子)》를 통하게 하여 유교의 도(道)와 성인관(聖人觀)을 노장풍(老莊風)으로 해석했다. 저서에 《논어집해(論語集解)》가 있다.

62 《논어집주(論語集註)》 〈서설(序說)〉에 나온다.

63 공안국(孔安國): 전한 노(魯, 산동성 曲阜)나라 사람이다. 자는 자국(子國)이고, 공자의 11대손이며, 공충(孔忠)의 아들이다. 《상서(尙書)》고문학의 시조다. 무제(武帝) 때 박사(博士)를 지내고, 간대부(諫大夫)와 임회태수(臨淮太守)에 이르렀다. 《시(詩)》는 신공(申公)에게 배우고, 《상서》는 복생(伏生)에게 받았다. 노공왕(魯共王)이 공자의 옛집을 헐었을 때 과두문자(蝌蚪文字)로 된 《고문상서(古文尙書)》와 《예기(禮記)》, 《논어》, 《효경(孝經)》이 나왔다. 아무도 이 글을 읽지 못한 것을 금문(今文)과 대조하여 고증, 해독하여 주석을 붙여 《상서공씨전(尙書孔氏傳)》[《공전상서(孔傳尙書)》]을 지었다. 이 일에서 고문학(古文學)이 비롯되었다고 한다. 현전하는 《상서공씨전》은 명나라 학자들의 고증에 의해 위탁(僞托)된 것으로 확인되었다.

何晏曰: “魯《論語》二十篇, 齊《論語》則有〈問王〉〈知道〉凡二十二篇, 其二十篇中章句頗多於魯《論》. 古《論》出孔氏壁中, 分〈堯曰〉下章子張問以爲一篇, 有兩〈子張〉, 凡二十一篇, 篇次不與齊·魯《論》同.”

주희(朱熹)가 말하였다.[64]

“하안(何晏)이 서술한 편의 수를 살펴보면, 지금의 《논어(論語)》는 진실로 노(魯)나라 《논어》이다.”

朱熹曰: “以何晏所敍篇數考之, 則今之《論語》, 信爲魯《論》矣.”

김이상(金履祥)[65]이 말하였다.[66]

“이 부분은 하안(何晏)이 진술한 《논어집해(論語集解)》[67]의 소문(疏文)[68]

64 《논어집주대전(論語集註大全)》〈서설(序說)〉 주(註)에 나온다.

65 김이상(金履祥, 1232~1303): 송말원초 때 절강(浙江) 난계(蘭溪) 사람이다. 이름은 상(祥) 또는 개상(開祥), 이상(履祥)이고, 자는 길보(吉父)며, 호는 차농(次農)이고, 시호는 문안(文安)이다. 왕백(王柏)과 하기(何基)에게 배웠다. 주돈이(周敦頤)와 정호(程顥)의 학문을 조종으로 삼아 의리(義理)를 궁구했다. 왕백의 의경정신(疑經精神)을 계승하여 《시경》과 《서경》을 의심했는데, 공자가 3000편을 300편으로 산정(刪定)했다는 설을 부정했고, 《고문상서(古文尙書)》는 후한 때 유자(儒者)들이 위작(僞作)한 것이라 주장했다. 저서에 《상서주(尙書注)》와 《상서표주(尙書表注)》, 《논어맹자집주고증(論語孟子集注考證)》, 《대학장구소의(大學章句疏義)》, 《중용표주(中庸標注)》, 《자치통감전편(資治通鑑前編)》 등이 있다.

66 《논어집주고증(論語集註攷證)》 권1전(前) 〈서설(序說)〉에 나온다.

67 《논어집해(論語集解)》: 중국 위(魏)나라 하안(何晏)이 저술하였는데, 정확하게는 하안과 순

이니, 주자(朱子)가 구절을 인용하였다. 그러나 노(魯)나라 《논어(論語)》와 제(齊)나라 《논어》는 장우(張禹)[69]에 이르러 비로소 합쳐졌고, 정강성(鄭康成)[70]에 이르러 노나라 《논어》를 고찰하여 제나라 《논어》와 옛 《논어》로 주(注)를 달았다. 세 《논어》가 비로소 합쳐져 지금의 정본(定本)이 되었다."

> 金履祥曰: "此段何晏進《論語集解》之疏文也, 朱子節入, 然魯《論》·齊《論》至張禹始合, 至鄭康成則以魯《論》考之齊《論》·古《論》爲之注, 三論始合爲今定本."

유종원(柳宗元)[71]이 말하였다.[72]

"여러 유학자들은 모두 《논어(論語)》가 공자의 제자들이 기록한 것이

의(荀顗)·조희(曹羲)·정충(鄭沖)·손옹(孫邕)의 공저(共著)이다. 한(漢)·위(魏)의 공안국(孔安國)·포함(包咸)·주씨(周氏)·마융(馬融)·정현(鄭玄)·진군(陳群)·왕숙(王肅)·주생렬(周生烈) 등 여러 학자의 《논어》 주석 중에서 잘 정리된 것을 모아 여기에 독자적인 견해를 덧붙여 만들었다.

68 소문(疏文): 경전의 원문을 알기 쉽게 풀이한 글로, 소(疏)는 주(註)를 다시 해설한 것이다.

69 장우(張禹, ?~기원전 5): 전한 하내(河內) 지현(軹縣) 사람이다. 자는 자문(子文)이고, 시호는 절후(節侯)다. 원제(元帝) 때 태자에게 《논어》를 가르쳤다. 시수(施讎)에게 《주역》을 배웠고, 《제논어(齊論語)》 전수자인 왕양(王陽)과 공안국(孔安國)의 제자 용생(庸生)에게 《논어》를 배웠다. 노론(魯論)에 근본하고 제론(齊論)을 가미한 《논어장구(論語章句)》를 저술했는데, 《장후론(張侯論)》이라 부르기도 한다. 현존하는 《논어》는 정현(鄭玄)이 《장후론》과 고론(古論)을 혼합한 것이다.

70 정강성(鄭康成): 《대학연의보》 권76 주) 20 정씨(鄭氏) 참조.

71 유종원(柳宗元, 773~819): 당나라 하동해(河東解) 사람이다. 자는 자후(子厚)고, 유하동(柳河東) 또는 유유주(柳柳州)로도 불린다. 고문(古文)의 대가로 한유와 병칭되었지만 사상적 입장에

라고 하는데 그렇지 않다. 공자의 제자인 증삼(曾參)[73]은 가장 어리고 또한 늙어서 제 명에 죽었으며 이 책에 '장차 죽을 적에' 라는 말이 기록되어 있으니,[74] 공자 때와의 거리가 매우 멀고 당시의 제자들도 거의 살아 있는 자가 없었다. 내 생각으로는, 공자의 제자들이 일찍이 그 말을 섞어 기록하였지만, 마침내 그 책을 만든 것은 증자[曾參]의 제자인 악정자 춘(樂正子春)[75]과 자사(子思)[76]의 무리이다.

서는 서로 대립되어 합리주의적 입장을 취했다. 〈천설(天說)〉과 〈비국어(非國語)〉, 〈봉건론(封建論)〉 등이 대표작으로 꼽힌다. 또 풍자문(諷刺文)과 산수를 묘사한 산문에도 능했다. 저서에 《유하동집(柳河東集)》 45권과 《외집(外集)》 2권, 《보유(補遺)》 1권 등이 있다.

72 《유하동집(柳河東集)》 권4 〈의변(議辨) 논어변(論語辨)〉에 나온다.

73 증삼(曾參, 기원전 505~기원전 436): 노(魯)나라 남무성(南武城) 사람이다. 자는 자여(子輿)이고, 증점(曾點)의 아들이다. 공자의 수제자로 효심이 두텁고 내성궁행(內省躬行)에 힘썼으며, 노나라에서 제자들의 교육에 주력했다. 《효경(孝經)》의 작자라고 전해지지만 확실한 근거는 없다. 《대학(大學)》을 지었다고 하며, 사상은 자사(子思)에게 전해졌고, 자사의 제자가 다시 맹자(孟子)에게 전했다. 후세에 '종성(宗聖)'으로 불린다. 저서에 《증자》 18편 가운데 10편이 《대대례기(大戴禮記)》에 남아 전하는데, 효(孝)와 신(信)을 도덕행위의 근본으로 삼았다.

74 이 책에 … 있으니: 《논어(論語)》 〈태백(泰白)〉에 나온다. 3장에서 "증자가 병이 있자, 문하의 제자들을 불러 말하기를 '나의 발과 손을 보아라. 《시경(詩經)》에 「전전긍긍하여 깊은 못에 임한 듯이 하고 얇은 얼음을 밟는 듯이 하라.」라고 하였으니, 이제야 나는 (이 몸이 상할까 봐 하는 근심에서) 면한 것을 알겠노라. 제자들아!'[曾子有疾 召門弟子曰 啓予足 啓予手 詩云 戰戰兢兢 如臨深淵 如履薄氷 而今而後 吾知免夫 小子]"라고 하였다. 4장에서는 "증자가 병이 있자, 맹경자(孟敬子)가 문병을 갔는데, 증자가 말하기를 '새가 장차 죽을 적에 그 울음소리가 애처롭고, 사람이 장차 죽을 적에 그 말이 착한 법이다. 군자가 도를 귀하게 여기는 것이 세 가지이니, 용모를 움직일 때에는 거칠고 태만함을 멀리하며, 얼굴빛을 바룰 때에는 성실함에 가깝게 하며, 말과 소리를 낼 때에는 비루함과 도리에 위배되는 것을 멀리하여야 한다. 제기를 다루는 소소한 일은 담당자가 있는 것이다.'라고 하였다[曾子有疾, 孟敬子問之. 曾子言曰 '鳥之將死, 其鳴也哀, 人之將死, 其言也善. 君子所貴乎道者三, 動容貌, 斯遠暴慢矣; 正顔色, 斯近信矣; 出辭氣, 斯遠鄙倍矣, 籩豆之事則有司存']."라고 하였다.

75 악정자 춘(樂正子春): 노(魯)나라 사람이다. 성이 낙정(樂正)이고, 이름은 자춘(子春)이다. 증삼(曾參)의 제자다. 공자(孔子) 이후 유가의 여덟 학파 중 낙정씨지유(樂正氏之儒)의 대표적 인물

그러므로 이 책의 기록에서 여러 제자들이 반드시 자(字)를 썼으나 증자(曾子)는 그렇지 않았으니, 이는 그 제자들이 그를 그렇게[자(子)로] 불렀을 뿐이다. 그리고 유자(有子)[77] 역시 자(子)라고 칭한 것은, 공자가 죽은 후에 여러 제자들이 일찍이 공자와 닮아서 그를 스승으로 섬기려고 하자 (유자가) 곧 꾸짖고 피하면서 물러났으니 진실로 스승이라고 불렸던 적이 있었기 때문이다."

柳宗元曰: "諸儒皆以《論語》孔子弟子所記, 不然也. 孔子弟子曾參最少, 又老乃死, 而是書記其將死之言, 則其去孔子之時甚遠, 而當時弟子略無存者矣. 吾意, 孔子弟子嘗雜記其言, 而卒成其書者, 曾子弟子樂正子春·子思之徒也, 故是書之記諸弟子, 必以字, 而曾子不然, 蓋其弟子號之云耳, 而有子亦稱子者, 孔子之歿, 諸弟子嘗以似夫子而師之, 乃叱避而退, 則固嘗有師之號矣."

이다. 공자의 효사상(孝思想)을 계승했다. 《효경(孝經)》을 편찬하는 데 참여했다고 전한다.

76 자사(子思, 기원전 483?~기원전 402?): 이름은 급(伋)이고, 자사는 자(字)이다. 공자의 손자이며, 4서의 하나인 《중용(中庸)》의 저자로 전한다. 주로 고향인 노나라에 살면서 증자(曾子)의 학(學)을 배워 유학의 전승에 힘썼다. 맹자는 그의 제자의 제자이며, 공자-증자-자사-맹자로 이어지는 이 학통(學統)은 송학(宋學)에서 특히 존중된다. 《한서(漢書)》〈예문지(藝文志)〉에 자사학파의 사상을 전하는 책인 《자사자(子思子)》가 있지만 현재는 전해지지 않으며, 《중용》이 이 중 일부라는 설이 있다.

77 유자(有子, 기원전 518~?): 노(魯)나라 사람이다. 이름은 약(若)이고, 자는 자유(子有)이다. 공문십철(孔門十哲)은 아니고, 공자보다 43살 연하다. 공자가 죽은 뒤 공자의 모습을 닮았다고 해서 그를 공자처럼 섬기려고 했지만 증자의 반대로 이루어지지 않았다. 공자 사후 가장 존경받던 제자 가운데 한 사람이었다. 외모는 공자와 닮았지만 지혜는 그에 미치지 못했던 듯하다. 송나라 진종(眞宗) 대중상부(大中祥符) 2년(1009) 평음후(平陰侯)에 추봉되었다.

주희(朱熹)가 말하였다.[78]

"유종원(柳宗元)의 말에서 증자를 논한 것은 적절하지만, 유자(有子)가 꾸짖고 피하였다는 말은 사관[史氏]의 비루하고 터무니없는 말에 유종원이 미혹된 것이다. 《맹자(孟子)》로 그것을 살펴보니, 당연히 증자가 불가하다고 하여 그 논의를 잠재웠는데, 유자가 어찌 일찍이 공자의 지위에 따라 (스승으로) 불렀겠는가."

朱熹曰: "柳氏之言, 其論曾子者得之, 而有子叱避之說, 則史氏之鄙陋無稽而柳氏惑焉, 以孟子考之, 當以曾子不可, 而寢其議, 有子曷嘗據孔子之位而有其號哉?"

정이(程頤)가 말하였다.[79]

"《논어(論語)》의 글은 유자(有子)와 증자(曾子)의 문인이 완성한 것이므로, 그 책에서는 두 사람만을 자(子)로써 칭하였다."

程頤曰: "《論語》之書成於有子·曾子之門人, 故其書獨二子以子稱."

주희(朱熹)가 말하였다.[80]

78 《논어집주대전(論語集註大全)》 〈서설(序說)〉에 나온다.

79 《논어집주(論語集註)》 〈서설(序說)〉에 나온다.

80 《논어집주대전(論語集註大全)》 〈서설(序說)〉 세주에 나온다.

"정자(程子)는 유종원(柳宗元)의 말을 따라 판단하여 이 설을 말하였다. 양시(楊時)[81]가 또한 말하기를 "이 책은 먼저 공자의 말을 기록하고, 두 사람[유자(有子), 증자(曾子)]의 말은 그다음으로 하여 대개 그들을 높인 것이 공자에 버금간다."[82]라고 하였으니, 이것이 더욱 분명한 증거이다. 민손(閔損)[83]과 염구(冉求)[84]의 경우에도 간혹 자(子)라고 칭하니, 그 문인들이 기록한 것을 따랐기 때문에 잘못된 것을 고치지 않았구나."

朱熹曰: "程子因柳氏之說斷而裁之, 以爲此說, 楊氏又謂此書首記孔子

81 양시(楊時, 1053~1135): 북송 말기 검남(劍南) 장락(長樂) 사람이다. 자는 중립(中立)이고, 호는 구산(龜山)이다. 왕안석(王安石)의 학문을 극력 배척했다. 정호(程顥)와 정이(程頤) 형제에게 사사(師事)했는데, 특히 형 정호의 신임을 받았다. 동생 정이가 귀양지에서 돌아왔을 때 제자들 대부분이 영락했지만, 오직 그와 사량좌(謝良佐)만이 학문에 장족의 발전을 보였다고 칭찬했다. 정호가 그를 중히 여기고, 정이가 사량좌를 중히 여긴 까닭은 그의 기질이 자신과 닮았기 때문이라 일컬어진다. 이정자(二程子, 정호와 정이)의 도학을 발전시켜 낙학(洛學)의 대종(大宗)이 되었고, 문하에서 주자(朱子)와 장식(張栻), 여조겸(呂祖謙) 등 뛰어난 학자가 많이 배출되었다. 유초(游酢), 여대림(呂大臨), 사량좌와 함께 정문사선생(程門四先生)으로 불렸다. 시호는 문정(文靖)이다. 저서에 《구산집(龜山集)》 42권과 《구산어록(龜山語錄)》 4권, 《이정수언(二程粹言)》 2권 등이 있다.

82 이 책은 … 버금간다: 《논어해(論語解)》에 나온다.

83 민손(閔損): 노(魯)나라 사람이다. 자는 자건(子騫)이다. 공자(孔子)의 제자였으며, 공자보다 15살 연하다. 효성과 덕행으로 유명하다. 효도를 극진히 하여 부모를 감동시켰고, 권력 앞에서 굽히지 않는 의기를 지녔다. 송나라 진종(眞宗) 대중상부(大中祥符) 2년(1009) 낭야공(琅邪公)에 추봉(追封)되었다.

84 염구(冉求, 기원전 522~?): 노(魯)나라 사람이다. 자는 자유(子有) 또는 염유(冉有)며, 염옹(冉雍), 염경(冉耕)과 친족이다. 공자(孔子)의 제자다. 공문십철(孔門十哲)의 한 사람이고, 정사(政事)에 밝아 계손씨(季孫氏)의 가신(家臣)이 되었다. 공자는 제자들에게 그를 성토하게 했다. 송나라 진종(眞宗) 대중상부(大中祥符) 2년(1009) 팽성공(彭城公)에 추봉되었다.

之言而以二子之言次之, 蓋其尊之, 亞於夫子, 尤爲明驗, 至於閔損·冉求亦或稱子, 則因其門人所記而失之不革也歟."

정이(程頤)가 또 말하였다.[85]

"《논어(論語)》라는 책은 도(道)를 전하고 말을 세워 성인의 학문을 깊이 얻은 책이다.[86] 어떤 이가 묻기를 '《논어》는 무엇으로 요체를 삼습니까?' 라고 하자, 대답하기를 '요체는 지(知)와 인(仁)에 있다. 공자가 인(仁)을 말한 부분을 가장 마땅히 완미해야 할 것이다.'라고 하였다. 어떤 이가 묻기를 '공자가 인을 말한 부분은 매우 많으니, 더욱 적당한 것은 어느 부분입니까?'라고 하자, 대답하기를 '모두 적당하다. 다만 그 문인의 수준이 같지 않으므로, 그 대답 역시 다르다.'라고 하였다."

又曰: "《論語》爲書, 傳道立言深得聖人之學. 或問《論語》以何爲要? 曰: 要在知仁. 孔子說仁處最宜玩味. 曰: 孔子說仁處甚多, 尤的當是何語? 曰: 皆的當, 但其門人所至有不同, 故其答之亦異."

신은 이렇게 생각합니다. 인(仁)이라는 한 글자는 선내의 유학자가 "마음의 덕이고 사랑의 이치"라고 풀이하였습니다.[87] 신의 생각으로,

85 《구산집(龜山集)》 권10에 나온다.

86 《논어(論語)》라는 … 책이다: 《이정유서(二程遺書)》 권2 상(上)에 나온다.

인(仁)이 인이 되는 것은 곧 인심(人心)의 온전한 덕(德)이고 도리(道理)의 총체적인 이름 때문이니, 인의예지(仁義禮智)의 인은 원형이정(元亨利貞)[88]의 원(元)과 같습니다. 오로지 원으로 말한다면 원은 봄[春]에 속하는 것이지만, 통틀어 원으로 말한다면 형(亨)·이(利)·정(貞) 어느 것이라도 한 원의 기(氣)가 아니겠습니까. 인이 의(義)·예(禮)·지(智)에 대해서도 또한 이와 같습니다.

이러한 이유로 안자(顏子)[89]가 인(仁)을 물으니, 공자가 말하기를 "자신을 이기고 예를 회복하는 것이 인이다."[90]라고 하였습니다. 중궁(仲弓)[91]이 인을 물으니, 공자가 말하기를 "경(敬)을 주로 하고 서(恕)를 행하는 것이 인이다."[92]라고 하였습니다. 번지(樊遲)[93]가 인을 물으니, 공

87 인(仁)이라는 … 풀이하였습니다: 《맹자집주(孟子集註)》〈양혜왕장구 상(梁惠王章句上)〉에 나온다.

88 원형이정(元亨利貞): 하늘이 갖추고 있는 4가지 덕 또는 사물의 근본 원리를 말한다. 《주역(周易)》의 〈건괘(乾卦)〉에서 유래되었다. 여기에서 "건은 원형이정이다[乾, 元亨利貞]."라고 하였다. 여기서 원은 만물이 시작되는 봄[春]에, 형은 만물이 성장하는 여름[夏]에, 이는 만물이 이루어지는 가을[秋]에, 정은 만물이 완성되는 겨울[冬]에 해당된다. 원형이정은 각각 인(仁)·의(義)·예(禮)·지(智)를 뜻하기도 한다.

89 안자(顏子, 기원전 521~기원전 490): 춘추시대 말기 노(魯)나라 사람이다. 이름은 회(回)이고, 자가 자연(子淵)이라 안연(顏淵)으로도 불린다. 공자가 가장 신임했던 제자로, 공자보다 30살 어렸지만 공자보다 먼저 죽었다. 《논어》에 〈안연〉이 있고, 그 외 몇몇 서적에도 그를 현자(賢者) 또는 학문을 좋아하는 사람으로, 덕행(德行)이 뛰어난 사람이라고 전하는 구절이 보인다.

90 안자(顏子)가 … 인(仁)이다: 《논어(論語)》〈안연(顏淵)〉에 나온다.

91 중궁(仲弓, 기원전 522~?): 노(魯)나라 사람이다. 이름은 염옹(冉雍)이다. 공자(孔子)보다 29살 연하였다. 공자는 특히 그의 재능을 칭송하면서 혈통상 다소 문제가 있는 점을 두고 "얼룩소의 새끼라도 털이 붉고 뿔이 곧다면, 사람들이 비록 쓰지 않고자 해도 산천의 신들이 그냥 두겠는가?[犁牛之子 騂且角 雖欲勿用 山川其舍諸]." 하여 능력에 따른 인재 등용의 필요성을 주장했다.

자가 말하기를 "평소에 지낼 때는 공손하고, 일을 할 때에는 경하며, 남과 더불어 사귐에 충성스러운 것[忠]이 인이다."[94]라고 하였습니다. 자장(子張)[95]이 인을 물으니, 공자가 말하기를 "공손하고, 너그럽고, 신의가 있고, 민첩하고, 은혜롭게 하는 것이 인이다."[96]라고 하였습니다. 사마우(司馬牛)[97]가 인을 물으니, 공자가 말하기를 "인한 사람은 그 말이 적다."[98]라고 하였습니다.

무릇 이와 같은 것은 모두 한 사람의 질문에 따라 하나의 이치로 답한 것입니다. 번지 한 사람은 무릇 세 번 질문을 하였는데, 먼저 공(恭)·경·충(忠)을 말해 주었고,[99] 다음에는 어려운 일은 먼저 하고 이

---

92 중궁(仲弓)이 … 인(仁)이다: 《논어(論語)》 〈안연(顔淵)〉에 나온다.

93 번지(樊遲, 기원전 515~?): 노(魯)나라 사람이다. 제(齊)나라 사람이라고도 한다. 공자(孔子)의 제자로, 이름은 수(須)이고, 자는 자지(子遲)다. 공자보다 36살 연하로, 공자의 측근이었다. 송나라 진종(眞宗) 대중상부(大中祥符) 2년(1009) 익도후(益都侯)에 추봉되었다.

94 번지(樊遲)가 … 인(仁)이다: 《논어(論語)》 〈자로(子路)〉에 나온다.

95 자장(子張, 기원전 503~?): 진(陳)나라 사람이다. 이름은 전손사(顓孫師)이고, 자가 자장이다. 공자(孔子)보다 48살 연하다. 《논어》에서 공자가 그를 다른 제자들과 견주면서 독특한 성격을 말하였다. 공자가 죽은 뒤 공문(孔門)은 8개 유파로 갈렸는데, 자장을 중심으로 한 학파는 다른 유가 학파보다 의협(義俠)의 성격을 크게 띠어 맹자(孟子) 이후로는 정통 학파와는 거리가 멀어졌다.

96 자장(子張)이 … 인(仁)이다: 《논어(論語)》 〈자로(子路)〉에 나온다.

97 사마우(司馬牛): 공자의 제자이다. 사마우에게는 형 환퇴가 있었는데 송(宋)나라에서 모반을 꾀하다가 실패하여 도망쳤다. 그는 자신이 혼자인 것 같아서 괴로워하였는데, 자하(子夏)는 이에 대해 걱정하지 말라는 뜻으로, "사람이 사는 것과 죽는 것은 자신의 명(命)에 달려 있고, 부귀는 하늘에 달려 있으며, 군자가 공경하여 실수가 없고 사람을 사귀는 데 공손하고 예절을 갖추면 세상 사람들이 다 형제라 하니 군자가 어찌 형제가 없음을 근심하겠소[死生有命 富貴在天 君子敬而無失 與人恭而有禮 四海之內 皆兄弟也 君子何患乎無兄弟也]."라고 대답하였다.

98 사마우(司馬牛)가 … 적다: 《논어(論語)》 〈안연(顔淵)〉에 나온다.

99 공(恭) … 말해 주었고: 《논어(論語)》 〈자로(子路)〉에 나온다.

득을 얻음을 뒤로 하는 것을 말해 주었고,[100] 마지막에는 사람을 사랑하라는 것을 말해 주었습니다.[101] 이것이 인(仁)의 인 됨이니, 가는 곳마다 있지 않은 곳이 없습니다.

무릇 천하의 이치와 인심(人心)의 덕은 한 가지의 일도 인이 아님이 없습니다. 대저 이른바 "문을 나가면 손님을 대하듯 하고 일에 임해서는 제사를 받들 듯이 해야 한다."[102], "내가 하고 싶지 않은 것은 남에게 시키지 말아야 한다."[103], "그 말이 적은 것," "어려운 일은 먼저 하고 이득을 얻음을 뒤로 하는 것", "사람을 사랑하라는 것"은 모두 일을 말한 것입니다.

이른바 예·충·경·공(恭)·관(寬)·신(信)·민(敏)·혜(惠)는 모두 인(仁)이 됩니다. 인이 인이 되는 이유를 하나의 덕이 그치지 않는 것에서 볼 수 있으니, 대개 여러 이치의 총체적인 이름이고 여러 덕의 중요한 방법입니다. 만약 인을 오로지 한 가지 덕(德)으로만 여겨서 가리켜 한 가지 일만을 삼는다면 인의 도는 작습니다.

그러므로 "인(仁)이라는 것은 사람이다."[104]라고 하였습니다. 사람이 사람다운 까닭을 드러내어서 이 인의 이치를 온전히 다해야 합니다. 다만 가장 먼저 드러나는 것은 측은지심(惻隱之心)이 그 단서가 될 뿐입니다. 선대의 유학자가 그것을 풀이하기를, "인이라는 것은 천리의 지극한 공(公)이요, 인심의 온전한 덕이다."[105]라고 하였으니, 마땅

100 어려운 … 말해 주었고: 《논어(論語)》 〈옹야(雍也)〉에 나온다.
101 사람을 … 말해 주었습니다: 《논어(論語)》 〈자로(子路)〉에 나온다.
102 문을 … 한다: 《회암집(晦庵集)》 권84 〈경재잠(敬齋箴)〉에 나온다.
103 내가 … 한다: 《논어(論語)》 〈안연(顏淵)〉에 나온다.
104 인(仁)이라는 … 사람이다: 《맹자(孟子)》 〈진심장구 하(盡心章句下)〉 에 나온다.

히 이 말이 핵심이 됩니다.

臣按: 仁之一字, 先儒以心之德·愛之理爲訓, 臣竊以爲仁之爲仁, 乃人心之全德·道理之總名, 仁義禮智之仁如元亨利貞之元也, 專以元言則元屬乎春, 統以元言則亨利貞, 何者而非一元之氣乎? 仁之於義禮智亦猶是也. 是故顔子問仁, 子曰 "克己複禮爲仁"; 仲弓問仁, 子曰 "主敬行恕爲仁"; 樊遲問仁, 子曰 "居處恭, 執事敬, 與人忠爲仁"; 子張問仁, 子曰 "恭寬信敏惠爲仁"; 司馬牛問仁, 子曰 "仁者其言也訒". 凡若此者, 皆因一人之問, 而告之以一理也. 若夫樊遲一人, 則凡三問焉. 首告之以 '恭敬忠', 次告之以 '先難後獲', 終告之以 '愛人', 是仁之爲仁, 無往而不在. 凡夫天下之理·人心之德, 無一事之非仁也. 夫其所謂 '出門如賓·承事如祭'·'己所不欲, 勿施於人' 與夫 '其言也訒'·'先難後獲' 及 '愛人'者, 皆就事而言也. 若夫所謂禮·所謂忠·所謂敬·所謂恭·所謂寬·所謂信·所謂敏與惠, 皆以爲仁. 可見仁之爲仁, 不止於一德. 蓋衆理之總名·諸德之要道. 若專以爲一德·指爲一事, 則仁之道小矣, 故曰, 仁也者, 人也. 以見人之所以爲人, 以其全盡此人之理也, 但其發之最先者, 則以惻隱爲之端耳. 先儒解之曰, 仁者天理之至公·人心之全德, 當以此言爲中的.

정이(程頤)가 또 말하였다.[106]

---

105 인(仁)이라는 … 덕이다: 《논어(論語)》 〈태백(泰伯)〉에 나온다.

106 《논어집주대전(論語集註大全)》 〈서설(序說)〉 세주에 나온다.

"《논어(論語)》라는 책은 그 말은 일상적이나 그 뜻은 멀고, 말은 다함이 있으나 뜻은 끝이 없다. 다함이 있다는 것은 훈고(訓詁)를 구하는 것이고, 끝이 없다는 것은 정신[神]으로 이해해야 한다."

又曰: "《論語》之書, 其辭近, 其指遠, 辭有盡, 指無窮, 有盡者索之訓詁, 無窮者要當會之以神."

이통(李侗)[107]이 말하였다.[108]

"사람의 몸가짐은 마땅히 공자(孔子)를 본받아야 한다. 공자와는 천여 년이나 떨어져서 이미 직접 볼 수는 없고, 볼 수 있는 것은 다만 《논어(論語)》일 뿐이다. 《논어》는 대개 당시의 문인들이 공자의 언행을 기록한 것이다. 매번 읽어서 음미하고, 완미하면서 근원을 찾고, 미루어 실천한다면, 비록 당에 오르고 집에 들어갈 정도[升堂入室][109]는 되지 못하더라도 역시 사군자(士君子)가 되기에는 실패하지 않을 것이다."

---

107 이통(李侗, 1093~1163): 남송 남검주(南劍州) 검포(劍浦, 복건성 南平) 사람이다. 자는 원중(願中)이고, 호는 연평(延平)이며, 시호는 문정(文靖)이다. 나종언(羅從彦)에게 정자(程子)의 이학(理學)을 배워 이정(二程)의 삼전제자(三傳弟子)가 되었다. 그의 문하에서 주희(朱熹)와 나박문(羅博文), 유가(劉嘉) 등이 배출됨으로써 이정의 학문이 주희에게 이어지는 교량적 역할을 했다. 저서에는 주희가 편찬한 《이연평집(李延平集)》이 있다.

108 《논어집주대전(論語集註大全)》 〈서설(序說)〉 세주에 나온다.

109 당에 오르고 집에 들어갈 정도[升堂入室]: 《논어(論語)》 〈선진(先進)〉에 나온다. "자로(子路)가 비파를 타는 소리를 듣고 공자가 말하기를 '유(由)는 어찌하여 나의 집에서 비파를 타는 것인가?'라고 하였다. 이 말을 듣고 다른 제자들이 자로를 공경하지 않게 되었다. 이에 공자는 그들을 타일러 말하기를 '유(由)는 대청에는 올라섰지만, 아직 방안에는 들어오지 못한 것이다.'라고 하였다[子曰由之瑟, 奚爲於丘之門? 門人不敬子路. 子曰由也升堂矣, 未入於室也]."

李侗曰: "人之持身當以孔子爲法, 孔子相去千餘載, 旣不可得而親之, 所可見者獨《論語》耳. 《論語》蓋當時門人所記孔子言行也, 每讀而味之·玩而繹之·推而行之, 雖未升堂入室, 亦不失爲士君子也."

주희(朱熹)가 말하였다.[110]

"공자 문하에서의 문답은, 증자(曾子)가 들은 말을 안자(顔子)가 반드시 함께 들은 것은 아니고, 안자가 들은 말을 자공(子貢)이 반드시 함께 들은 것은 아니다. 지금에는 《논어(論語)》 한 책으로 합쳐져 있으니, 후세의 학자들에게 어찌 다행한 일이 아니겠는가. 단지 스스로 마음을 쓰지 못할까 걱정스럽다."

朱熹曰: "孔門答問, 曾子聞的話顔子未必與聞, 顔子聞的話子貢未必與聞, 今卻合在《論語》一書, 後世學者豈不是幸事? 但患自家不去用心."

주희(朱熹)가 또 말하였다.[111]

"공자가 사람을 가르침에 소소한 것을 자주 말하고 자주 부합하도록 해서 합하여 하나의 큰 사물을 이루게 하였다."

110 《주자어류(朱子語類)》 권19 〈논어(論語) 어맹강령(語孟綱領)〉에 나온다.

111 《주자어류(朱子語類)》 권19 〈논어(論語) 어맹강령(語孟綱領)〉에 나온다.

又曰: "夫子教人零零星星, 說來說去·合來合去, 合成一個大事物."

신은 이렇게 생각합니다. 주희가 일찍이 말하기를 "처음 배울 때는 즉《논어(論語)》를 읽고 그 후에 천하의 책들을 모두 읽어야 한다."라고 하니,《논어》처럼 뛰어난 책은 보지 못했습니다. 대개 여러 성인의 경우 한 사람이 하나의 성인(聖人)일 뿐인데 공자는 여러 성인들을 합하여 큰 성인이 되었고, 여러 책은 한 책이 하나의 책일 뿐인데《논어》는 여러 책들을 합하여 하나의 책이 되었습니다. 공자의 말은 명백하고 정대(正大)하여 모두 인륜과 일상적인 것을 말한 것으로, 이른바 대중지정(大中至正)의 이치이고, 중용(中庸)의 도(道)입니다.

비유하자면, 공자의 말은 사람이 평지에 있거나 위로 올라가는 것이 여유 있고 자유로운 것과 같지만, 후세 사람들의 말은 사람이 평지를 가는 것도 싫어하면서 도리어 높은 산에 올라가고 큰 바다를 건너는 것과 같습니다. 비록 이것이 높고 깊다 하더라도 험한 곳이 많아 평지에서 편안하고 막힘없이 다니는 것만 못합니다. 이른바 높은 산과 큰 바다가 길이 아니라고 할 수는 없지만, 평탄하지 않으면 원대함에 이르는 데에 장애가 될까 봐 두렵습니다.[112]

배움을 하는 방법은 마땅히 책을 읽어야 하는 것인데, 진실로《논어》보다 중요한 것이 없습니다. 독서하는 사람은《논어》를 위주로

112 원대함에 … 두렵습니다:《논어(論語)》〈자장(子張)〉에 "자하가 말하기를 '비록 작은 도라도 반드시 볼 만한 것이 있으나 원대함에 이르는 데 장애가 될까 두렵다.'"

하여 천하의 책을 저울질하고 여러 유학자의 설을 절충하여 그 자질에 가깝고 비슷한 것을 따라 한 마디 말의 분명한 곳을 통해 성인의 전체에 도달합니다. 그런 후에 그것을 미루어 천하에 사용합니다.

《대학(大學)》 경문(經文) 한 장은 유학자들의 전체대용(全體大用)의 학문입니다. 비록 《논어》 안에 기록되지 않았지만, 진실로 공자의 말입니다. 배우는 자가 대대로 그것을 지켜서 집안 대대로 전해주는 심법(心法)으로 삼아야 합니다. 【이상 《논어》를 논하였다.】

臣按: 朱熹嘗言初入學卽讀《論語》, 其後讀盡天下書, 不見有一書勝如《論語》者. 蓋諸聖人, 一人是一聖人, 孔子則合衆聖人以爲大聖人, 諸書一書是一書, 《論語》是合衆書以爲一書. 孔子之言明白正大, 皆就人倫日用上說, 所謂大中至正之理·中庸之道也. 孔子之說, 譬如人在平地上行, 從容自在, 後人之說如人厭行平地, 卻上高山·泛大海, 雖是高深, 然多崎嶇險阻, 不若平地之可, 以常行無礙也. 所謂高山大海, 謂之非地不可, 然非其平坦者, 致遠恐泥, 爲學之道, 所當讀之書, 誠無有要於《論語》者, 讀書者, 以《論語》爲主, 以權衡天下之書·以折衷諸儒之說, 隨其資質之近似, 而因其一言之明處, 以達聖人之全體, 然後推之以用於天下. 《大學》經之一章, 儒者全體大用之學也, 雖不記之《論語》書中, 然眞孔子之言也, 學者所當世守之, 以爲家傳之心法. 【以上《論語》】

이상 경술에 근본하여 가르침을 삼음(중)

以上本經術以爲敎(中)

대학연의보
(大學衍義補)

—

권77

교화를 숭상함[崇教化]

경술에 근본하여 가르침을 삼음(하)[本經術以爲教(下)]

정이(程頤)가 말하였다.[1]

"《대학(大學)》은 공자(孔子)가 남긴 책이니, 처음 배우는 자가 덕(德)으로 들어가는 문이다. 지금 옛사람이 학문하는 차례를 볼 수 있는 것은 오직 이 책이 있음에 힘입으며, 《논어(論語)》와 《맹자(孟子)》는 그다음이다. 배우는 자가 반드시 이 책으로 말미암아 배우면 거의 어긋나지 않는다."

程頤曰:《大學》, 孔氏之遺書, 而初學入德之門也. 於今可見古人爲學次第者, 獨賴此篇之存. 而《論》《孟》次之. 學者必由是而學焉, 則庶乎其不差矣."

소신(邵申: 新定邵氏)이 말하였다.[2]

"다른 책에서 평천하(平天下)는 치국(治國)에 근본하고, 치국은 제가

1 《대학장구(大學章句)》에 나온다.

2 《대학장구대전(大學章句大全)》에 나온다.

(齊家)에 근본하고, 제가는 수신(修身)에 근본한다고 말하는 것이 있고, 수신은 정심(正心)에 근본하는 것이라고 말하는 것도 역시 있다. 그런데 정심은 성의(誠意)에 근본하고 성의는 치지(致知)에 근본하고, 치지는 격물에 달려있다고 확장한 것은 다른 책에서 말하지 않은 것이다. 여섯 경전 가운데 오직 이 책뿐이다."

邵甲[3]曰: "他書言平天下本於治國, 治國本於齊家, 齊家本於修身者有矣, 言修身本於正心者, 亦有矣. 若夫推正心本於誠意, 誠意之本於致知, 致知之在於格物, 則他書未之言. 六籍之中, 惟此篇而已."

정복심(程復心)[4]이 말하였다.

"여기에 말미암지 않고서 배운다면 암기하여 입으로 외우고 시가(詩歌)와 문장을 다듬는 학문의 뜻, 도교[虛無]와 불교[寂滅]의 가르침, 권모술수, 여러 학파와 많은 기예가 모두 어지럽게 섞여 나오니, 이것이 어긋나게 되는 이유이다."

程復心曰: "不由是而學, 則記誦詞章之旨, 虛無寂滅之敎, 與夫權謀術數, 百家衆技, 皆紛然雜出, 此其所以差也."

3 甲: 《대학연의보(大學衍義補)》 사고전서본에는 '申'으로 되어 있어, 번역에서는 이를 따른다.

4 정복심(程復心, 1255~1340): 정복심은 원대(元代)의 학자로서 주자(朱子) 철학이 강하게 전승되고 있던 신안(新安) 지역에서 활동하였다. 호는 임은(林隱)이다. 저서에 《사서장도(四書章圖)》와 《사서찬석(四書纂釋)》이 있다.

주희(朱熹)가 말하였다.[5]

"하남(河南)의 정씨(程氏) 두 선생(程顥, 程頤)이 나와서 실제로는 처음 이 편을 높이 신뢰하여 그것을 드러내어 강조하였다. 이미 또한 그렇게 한 다음에 그 순서를 바로잡고 그 뜻을 드러내었다. 그 후에 옛날에 대학에서 사람을 가르치는 법과 성현이 경전(經傳)에서 말한 뜻이 찬란하게 다시 세상에 밝아졌다. 비록 내가 영민하지 못하나 또한 다행히 사숙(私淑)하여 들었다. 다만 그 책을 만들면서 아직도 자못 잘못된 것이 있어 나의 고루함을 잊고 뽑아 편집하였으며, 그 사이에 또한 나의 의견을 붙여 빠진 부분을 보충하고 뒷날의 군자를 기다리니, 주제넘고 죄를 피할 수 없음을 잘 안다. 그러나 국가에서 백성을 교화하고 풍속을 이루려는 뜻과 배우는 자가 자신을 닦고 다른 사람을 가르치는 방법에 반드시 약간의 보탬이 없다고는 할 수 없을 것이다."

朱熹曰: "河南程氏兩夫子出, 實始尊信此篇, 而表章之. 旣又爲之次其簡編, 發其歸趣, 然後古者大學教人之法, 聖經賢傳之指, 粲然復明於世. 雖以熹之不敏, 亦幸私淑而與有聞焉. 顧其爲書, 猶頗放失, 是以忘其固陋, 米[6]而輯之, 間亦竊附已意, 補其闕略, 以俟後之君子, 極知僭逾, 無所逃罪. 然於國家化民成俗之意, 學者修已治人之方, 則未必無小補云."

5 《대학장구(大學章句)》 서문에 나온다.

6 米: 《대학연의보(大學衍義補)》 사고전서본에는 '采'로 되어 있어, 번역에서는 이를 따른다.

신은 이렇게 생각합니다. 《대학(大學)》은 《예기(禮記)》 가운데에 있었는데, 정씨(程氏) 형제가 처음으로 그것을 따로 드러내었고, 주희(朱熹)가 또 《대학장구(大學章句)》와 《대학혹문(大學或問)》을 지었습니다.

臣按: 《大學》在《禮記》中, 程氏兄弟始表章之. 朱熹又爲之《章句》《或問》.

주희(朱熹)가 또 말하였다.[7]

"《대학(大學)》은, 공자(孔子)가 말했던 학문을 하는 큰 방법에 대하여 증자(曾子)가 기술하였고, 또 문인들이 전해 기술하여 그 요지를 밝힌 것이다. 앞뒤가 서로 기인하고 체통이 모두 갖추어졌다. 이 책을 완미하여 옛 사람이 학문할 때의 방향을 알고, 《논어(論語)》와 《맹자(孟子)》를 읽으면 이해하기가 쉬우니, 다음의 공부가 비록 많기는 하나 대체(大體)가 이미 선 것입니다."

又曰: "《大學》是曾子述孔子說爲學之大方. 而門人又傳述以明其旨, 前後相因, 體統都具. 玩味此書, 知得古人爲學所向, 卻讀《語》《孟》, 便易入. 後面功夫雖多, 而大體已立矣."

주희(朱熹)가 또 말하였다.[8]

---

7 《대학장구(大學章句)》 〈독대학법(讀大學法)〉에 나온다.

"《대학(大學)》은 학문을 하는 강령(綱領)이다. 먼저 《대학》을 읽고 강령을 세워서 정하고 나면 다른 책은 모두 그 안에서 설명될 수 있다. 《대학》을 통달하고 나서 다른 경전을 보아야 비로소 이것이 격물(格物)·치지(致知)의 일이며, 이것이 성의(誠意)·정심(正心)의 일이며, 이것이 곧 수신(修身)의 일이며, 이것이 제가(齊家)·치국(治國)·평천하(平天下)의 일임을 알게 될 것이다."

又曰: "《大學》是爲學綱領. 先讀《大學》, 立定綱領, 他書皆雜說在裏許. 通得《大學》了, 去看他經, 方見得此是格物致知事, 此是誠意正心事, 此是修身事, 此是齊家治國平天下事."

주희(朱熹)가 또 말하였다.[9]

"지금 우선 《대학(大學)》을 익숙히 읽어서 큰 틀[間架]을 만들어 놓고 다른 책으로 채워 가도록 하라."

又曰: "今且熟讀《大學》作間架, 卻以他書填補去."

주희(朱熹)가 또 말하였다.[10]

8 《주자어류(朱子語類)》 권14 〈대학(大學) 강령(綱領)〉에 나온다.

9 《주자어류(朱子語類)》 권14 〈대학(大學) 강령(綱領)〉에 나온다.

10 《주자어류(朱子語類)》 권14 〈대학(大學) 강령(綱領)〉에 나온다.

"《대학(大學)》은 마음속의 빈 공간이니 다른 것으로 메워 채워야 한다."

又曰: "《大學》是個腔子, 要塡敎他實."

신은 이렇게 생각합니다. 이 두 조항은 진덕수(眞德秀)가 《대학연의(大學衍義)》를 지은 이유이니, 여기에 근본을 둔 것입니다.

臣按: 此二條, 眞德秀所以作《大學衍義》本諸此.

주희(朱熹)가 또 말하였다.[11]

"《대학(大學)》을 볼 때는 우선 장(章)을 따라가면서 이해해야 한다. 먼저 본문을 가지고 생각해서 터득하고, 다음으로 《장구(章句)》를 가지고 본문을 해석하고, 또 《혹문(或問)》을 가지고 《장구》를 참고하여 모름지기 하나하나 좇아서 기억하고, 반복해서 탐구하되, 생각이 물에 젖듯이 깊게 하기를 기다려 이미 단락마다 깨우쳤으면 다시 통합하여 보고 살아야 한다."

又曰: "看《大學》且逐章理會, 先將本文念得, 次將《章句》來解本文. 又將《或問》來參《章句》, 須逐一令記得, 反覆尋究, 待念得浹洽, 旣逐段

11 《주자어류(朱子語類)》 권14 〈대학(大學) 강령(綱領)〉에 나온다.

曉得, 卻統看溫尋過."

주희(朱熹)가 또 말하였다.[12]

"《대학(大學)》 한 책은 정경(正經)이 있고 《장구(章句)》가 있고 《혹문(或問)》이 있으니, 계속 보면 《혹문》을 쓰지 않고 다만 《장구》만 보아도 될 것이다. 오래 하면 다만 정경(正經)만을 보아도 될 것이고, 또 오래 하면 저절로 한 권의 《대학》이 자신의 가슴 속에 있게 된다."

又曰: "《大學》一書, 有正經, 有《章句》, 有《或問》, 看來看去, 不用《或問》, 只看《章句》便了. 久之, 亦只看正經便了. 又久之, 自有一部《大學》在我胸中."

주희(朱熹)가 또 말하였다.[13]

"《대학(大學)》은 비유하자면, 사람이 집을 짓는 데에 여기에 하나의 큰 대지를 획정하는 것이다. 이것을 이해하게 된 다른 날에 만약 재료가 있으면 이것을 가지고 세우는 것이다."

又曰: "《大學》之書, 譬如人起屋, 是畫一個大地盤在這裏, 會得這個了,

12 《주자어류(朱子語類)》 권14 〈대학(大學) 강령(綱領)〉에 나온다.

13 《주자어류(朱子語類)》 권14 〈대학(大學) 강령(綱領)〉에 나온다.

他日若有林[14]料, 卻依此起將去."

신은 이렇게 생각합니다. 주희(朱熹)가 말하기를 "내가 일생 동안 이 문자를 보고 꿰뚫어서 예전 현인들이 도달하지 못한 곳을 알게 되었다. 사마온공(司馬溫公) 이 《통감(通鑑)》을 짓고 '평생의 정력이 다 이 책에 있다'고 말하였는데, 나도 역시 《대학(大學)》에 대해서 그러하다. 먼저 모름지기 《대학》을 통달해야만 비로소 다른 책을 읽을 수 있다."라고 하였습니다. 또 말하기를 "나의 허다한 공부가 쓰이지 않는다면 또한 (사람들은) 내가 나오지 않았다고 여길 것이고, 성현(聖賢)의 허다한 공부가 쓰이지 않는다면 역시 (사람들은) 성현이 출현하지 않았다고 여길 것이다."라고 하였습니다.

신이 생각하기로는, 주희는 성현의 문하에 공력을 들인 것이 다만 한 부분은 아니지만 그 가장 크게 공력을 들인 곳이 《대학》 한 책에 있었습니다. 이 책은 《예기(禮記)》가운데 있었는데, 정자(程子)가 처음으로 밖으로 드러내었는데, 그러나 오히려 세상에 크게 알려지지는 못했습니다. 주희가 《장구(章句)》와 《혹문(或問)》을 내니 천하에 집집마다 신에기고 사람들이 그것을 외워서 모두 성인 문하에 전체대용(全體大用)의 학문이 있음을 알았습니다. 배우는 자는 여기에서 벗어나서 성현의 도(道)를 구할 수 없고, 다스리는 자는 여기에서 벗어나서 제왕의 공업(功業)을 이룰 수 없습니다. 다스리되 여기에서 벗어나면

14 林: 《대학연의보(大學衍義補)》 사고전서본에는 '材'로 되어 있어, 번역에서는 이를 따른다.

패도(伯道)가 되니, 쓰임[用]이 그 올바른 쓰임이 아닌 것은 체(體)가 없기 때문입니다. 배우되 여기에서 벗어나면 이단(異端)이 되니, 체가 그 올바른 체가 아닌 것은 쓰임이 없기 때문입니다.

주희가 말하기를 "평생의 정력이 이 책에 다 있다."라고 하였으니, 가려서 정밀하게 한 것은 《장구》에 있고, 말하여 상세하게 한 것은 《혹문》에 있군요! 이른바 분석하는 것이 지극히 정밀하면서도 어지럽지 않고, 종합하는 것이 큰 것을 다 포함하면서도 남김이 없으니, 그 주자가 스스로 말한 대로군요!【이상은 《대학》을 말하였다.】

臣按: 朱熹謂, "某一生看得這文透, 見得前賢所未到處. 溫公作《通鑒》, 言'平生精力, 盡在此書'. 某於《大學》亦然. 先須通此, 方可讀他書." 又謂: "不用某許多工夫, 亦看某的不出. 不用聖賢許多工夫, 亦看聖賢的不出." 臣按, 朱子有功於聖門, 非止一端. 然其最大者, 在《大學》一書. 是書在《禮記》中, 程子始表章之, 然猶未大明於世也. 朱子《章句》《或問》一出, 天下家傳, 而人誦之. 皆知聖門有全體大用之學, 爲學者不能外此, 以求聖賢之道. 爲治者, 不能外此, 以成帝王之功. 治而外此, 則爲伯道. 用非其用, 無體故也. 學而外此, 則爲異端. 體非其體, 無用故也. 朱子謂, "平生精力, 盡在此書", 擇焉而精. 其在《章句》, 語焉而詳, 其在《或問》乎. 所謂析之極其精而不亂, 合之盡其大而無餘. 其朱子自道歟.【以上《大學》】

정이(程頤)가 말하였다.[15]

치우치지 않는 것을 중(中)이라고 하고, 변하지 않는 것을 용(庸)이라고 한다. 중이라는 것은 천하의 정해진 도(道)이고, 용이라는 것은 천하의 정해진 이치이다. 이 편은 공자 문하에서 전하고 받은 심법(心法)이니 자사(子思)가 그것이 오래됨에 차이가 있을까 염려하였다. 그러므로 이것을 책에 써서 맹자(孟子)에게 주었다. 그 책은 처음에는 한 가지 이치를 말하였는데 중간에는 흩어서 만사(萬事)가 되었고, 끝에는 다시 합하여 한 가지 이치가 되었으니, 이것을 풀어놓으면 우주[六合]에 가득하고 거두어들이면 물러가 은밀한 데 감추어져서 그 맛이 무궁하니, 모두 실학(實學)이다. 잘 읽는 자가 완미하여 터득함이 있으면 종신토록 쓰더라도 다 쓸 수 없을 것이다.

程頤曰: 不偏之謂中, 不易之謂庸. 中者, 天下之正道, 庸者, 天下之定理. 此篇乃孔門傳授心法. 子思子恐其久而差也, 故筆之, 書以授孟子. 其書始言一理, 中散爲萬事, 未[16]復合爲一理, 放之則彌六合, 卷之則退藏於密. 其味無窮, 皆實學也. 善讀者, 玩索而有得焉. 則終身用之, 有不能盡者矣.

주희(朱熹)가 말하였다.[17]

중(中)은 편벽되지 않고 치우치지 않고 지나침과 미치지 못함이 없음의 이름이고, 용(庸)은 평상(平常)이다.

---

15 《중용장구(中庸章句)》에 나온다.

16 未: 《대학연의보(大學衍義補)》 사고전서본에는 '末'로 되어 있어, 번역에서는 이를 따른다.

17 《중용장구(中庸章句)》에 나온다.

朱熹曰: 中者, 不偏不倚, 無過不及之名. 庸, 平常也.

진순(陳淳)[18]이 말하였다.[19]

주문공(朱文公: 朱熹)이 용(庸)을 평상(平常)으로 해석하였으니 중(中)의 밖에 별도로 '용'이 있는 것이 아니다. 다만 이 중은 곧 일용평상(日用平常)의 도리이니, 평상은 괴이(怪異)라는 글자와는 상반된다.

陳淳曰: 文公解庸爲平常, 非於中之外, 別有所謂庸, 只是這中的, 便是日用平常道理, 平常與怪異字相對.

진력(陳櫟)[20]이 말하였다.[21]

편벽되지 않고 치우치지 않음[不偏不倚]은 아직 발현하지 않은 중(中)

18 진순(陳淳, 1159~1223): 남송 장주(漳州) 용계(龍溪) 사람. 자는 안경(安卿)이고, 호는 북계(北溪)며, 시호는 문안(文安)이다. 황간(黃幹)과 함께 주희(朱熹)의 고제(高弟)로 일컬어진다. 육구연(陸九淵)의 심학을 배척하고 주자학을 선양하는 데 힘썼다. 저서에 《북계자의(北溪字義)》 등이 있다.

19 《북계자의(北溪字義)》 권 하(下) 〈중용(中庸)〉에 나온다.

20 진력(陳櫟, 1252~1334): 송말원초 때 문인이자 학자로 휘주(徽州) 휴녕(休寧) 사람이다. 자는 수옹(壽翁), 회지(徽之)이고, 호는 신안(新安) 또는 정우(定宇), 동부노인(東阜老人)이다. 학문 성향은 주희(朱熹)의 학문을 위주로 하면서 육구연(陸九淵)의 심학(心學)을 아울러 취하려 했다. 송나라가 망하자 은거하며 독서하였다. 저서로는 주희 및 제가의 설을 채집하고 자신의 견해를 덧붙인 《상서집전찬소(尙書集傳纂疏)》를 비롯해 《역대통략(歷代通略)》, 《근유당수록(勤有堂隨錄)》, 《정우집(定宇集)》, 《사서발명(四書發明)》, 《서전찬소(書傳纂疏)》, 《예기집의(禮記集義)》

이니, 마음으로 논한 것이고 중의 본체이다. 지나치거나 미치지 않음이 없음[無過不及]은 때에 맞은 중이니, 일[事]로 논한 것이고 마음의 쓰임[用]이다.

陳櫟曰: 不偏不倚, 未發之中, 以心論者也. 中之體也. 無過不及, 時中之中, 以事論者也, 心之用也.

신은 이렇게 생각합니다. 주희(朱熹)가 말하기를 "용(庸)은 본분에 따르는 것이지 괴이한 일을 하는 것은 아니니, 요순(堯舜)과 공자(孔子)는 용이고, 백이(伯夷)와 숙제(叔齊)가 행한 바는 모두 용은 아니다."라고 하였습니다.[22] 자사(子思)가 책을 지음에 이것으로 이름을 삼았으니, 사람들이 마음을 보존하고 일을 행함에 모두 편벽되거나 치우치지 않고 지나치거나 미치지 않음이 없음으로 준칙을 삼을 것을 드러낸 것이니, 이것을 행하는 것은 모두 일용평상의 일입니다. 그러므로 이 책을 씀에 다만 중(中)이라고 하지 않고 또 용(庸)자를 더하였으니, 배우는 자들이 중용(中庸)을 행하기 어려운 일로 여길까 봐 염려하여, 그 중이 바로 용이고, 용하지 않으면 중이 아님을 알게 하려는 것입니다.

등이 있다.

21 《중용장구대전(中庸章句大全)》에 나온다.

22 주희(朱熹)가 … 하였습니다: 《주자어류(朱子語類)》 권33 〈논어(論語) 옹야편(雍也篇) 중용지위덕장(中庸之爲德章)〉에 나온다.

臣按: 朱熹謂, 庸是依本分, 不爲怪異之事. 堯舜孔子隻是庸, 夷齊所爲, 都不是庸了. 子思作書, 以是爲名, 以見人之存心行事, 一切以不偏不倚, 無過不及爲準則 而其所以爲是者, 皆是日用平常之事也. 故其爲書, 不徒謂之中, 而又加以庸焉. 恐學者以中庸爲難行之事, 使知其中卽是庸, 不庸則非中矣.

주희(朱熹)가 또 말하였다.[23]

증자(曾子)는 공자(孔子)에게 배워서 그 전함을 얻었고, 자사(子思)는 또 증자에게 배워서 공자로부터 전해진 바를 얻었다. 이윽고 전해진 것이 멀고 오래되어서 간혹 그 참됨을 잃어버릴까 봐 염려되어 이에 이 책을 지은 것이다.

又曰: 曾子學於孔子, 而得其傳. 子思又學於曾子, 而得其所傳於孔子者. 旣而懼夫傳之久遠, 而或失其眞也, 於是作爲此書.

주희(朱熹)가 또 말하였다.[24]

《중용(中庸)》 한 편은 내 생각으로 장구(章句)를 나누었는데, 이 책이 어찌 장구를 나누는 것으로 (뜻을) 구할 수 있는 것이겠는가. 그러나

23 《회암집(晦庵集)》 권75 〈서(序) 중용집해서(中庸集解序)〉에 나온다.

24 《회암집(晦庵集)》 권81 〈발(跋) 서중용후(書中庸後)〉에 나온다.

배우는 자가 경(經)에 대해 말을 이해하지 못하고서 그 뜻에 능통한 자는 있지 않다.

又曰: 《中庸》一篇, 某以己意分其章句. 是書豈可以章句求哉? 然學者之於經, 未有不得於辭, 而能通其意者.

황간(黃幹)[25]이 말하였다.

《중용(中庸)》은 다른 책과 같지 않다. 《논어(論語)》는 바로 한 장(章)이 하나의 일[事]을 말하고, 《대학(大學)》 역시 그러하다. 《중용(中庸)》은 큰 단락을 우선 물 흐르듯이 읽고 비로소 처음과 끝을 안 후에 단락마다 해석하면 이치가 통한다. 지금 또 《중용》을 물 흐르듯이 읽어서 장구(章句)를 일일이 자세하게 완미한 후에 처음과 끝을 관통하는 것이 가장 좋다.

黃幹曰: 《中庸》與他書不同. 《論語》是一章說一事. 《大學》亦然. 《中庸》則大片段, 須是滾讀, 方知首尾. 然後逐段解釋, 則理通矣. 今莫若且以《中庸》滾讀, 以《章句》仔細一一玩味, 然後首尾貫通.

---

25 황간(黃幹, 1152~1221): 남송 복주(福州) 민현(閩縣, 복건성 福州) 사람으로 자는 직경(直卿)이고, 호는 면재(勉齋)며, 시호는 문숙(文肅)이다. 젊어서 주희(朱熹)에게 배웠는데, 주희가 딸을 시집보냈다. 백록동서원(白鹿洞書院)에서 강학했다. 처음엔 스승의 학설을 고수했지만, 나중에는 육학(陸學)과 조화시키려 했다. 저서에 《서설(書說)》과 《면재집(勉齋集)》, 《육경강의(六經講義)》, 《예기집주(禮記集注)》, 《논어통석(論語通釋)》 등이 있다.

진덕수(眞德秀)가 말하였다.[26]

《중용(中庸)》은 처음에 '천명지성(天命之性)'[27]을 말하였고, 마지막에 '무성무취(無聲無臭)'[28]를 말하였으니, 미땅히 높고 묘한 듯하다. 그러나 경계하여 삼감[戒愼]을 말하고 몹시 두려워함[恐懼]을 말하고, 마음을 삼감[謹獨]을 말하고, 공경을 독실히 함[篤恭]을 말한 것은 모두 사람들에게 노력하는 방법을 보여 준 것이다. 이는 반드시 경계하고 두려워하며 마음을 삼간 후에 본성의 선함을 온전히 할 수 있고, 반드시 공경을 독실하게 한 후에 '무성무취'의 경지에 도달할 수 있으니, 사람들에게 마음을 아득한 곳으로 가게 해서 실천하지 못하게 하려는 것은 아니다.

眞德秀曰:《中庸》始言天命之性, 終言無聲無臭, 宜若高妙矣. 然曰戒愼, 曰恐懼, 曰謹獨, 曰篤恭, 則皆示人以用力之方. 蓋必戒懼謹獨, 而後能全夫性之善. 必篤恭, 而後造無聲無臭之境. 未嘗使人馳心窈冥, 而不踐其實也.

---

26 《서산문집(西山文集)》 권31 〈문답(問答) 문태극중용지의(問太極中庸之義)〉에 나온다.

27 천명지성(天命之性):《중용장구(中庸章句)》 1장에 "하늘이 명한 것은 성(性)이라 말하고, 성을 따름을 도(道)라 말하고, 도를 닦음을 교(敎)라 말한다[天命之謂性, 率性之謂道, 修道之謂敎]."라고 하였다.

28 무성무취(無聲無臭):《중용장구(中庸章句)》 33장에 "시경에 이르기를 '나는 밝은 덕이 음성과 얼굴빛을 대단찮게 여김을 생각한다'라고 하였는데, 공자가 말하기를 '음성과 얼굴빛은 백성을 교화시킴에 있어 지엽적인 것이다.'라고 하였다. 시경에 이르기를 '덕은 가볍기가 터럭과 같다'라고 하였는데, 터럭도 오히려 비교할 만한 것이 있으니, '상천의 일은 소리도 없고 냄새도 없다'는 표현이어야 지극하다 할 것이다[詩云予懷明德, 不大聲以色. 子曰聲色之於以化民末也. 詩曰德輶如毛, 模猶有倫, 上天之載, 無聲無臭至矣]."라고 하였다.

신은 이렇게 생각합니다. 《중용(中庸)》 한 책은 《예기(禮記)》가운데 섞여 있었는데, 정씨(程氏)가 처음으로 드러내었고 주희에 이르러 《중용장구(中庸章句)》와 《중용혹문(中庸或問)》을 만들어 비로소 세상에 크게 밝아졌습니다. 대개 중(中)이라는 말은 〈우서(虞書)〉에서 처음 드러났고, 용(庸)이라는 말은 《주역(周易)》에 처음으로 있었습니다.

요임금이 이것을 순에게 전하고, 순임금이 이것을 우(禹)·탕(湯)·문(文)·무(武)·주공(周公)에게 전하니 모두 듣고 이 도(道)를 알았습니다. 공자(孔子)는 여러 성인의 큰 이룸을 모아서 육경(六經)을 산삭하거나 지었으니, 대개 그 전해 주고 받은 말이 이 책들에 실려 있습니다. 문인들이 또 일찍이 말한 것을 노(魯)나라 《논어(論語)》의 마지막 편에 기록하였으니, 중의 도가 이에 이르러 크게 드러났습니다.

비록 그러나 중(中)이 사람에게 있고 비록 마음에서 나오지만, 사람이 믿고 지키는 것은 말과 행동에 불과할 뿐입니다. 그러므로 《역(易)》의 〈건괘(乾卦) 문언(文言)〉에서 한번 용(庸)자를 드러내어 말하기를 "떳떳한 말을 믿고, 떳떳한 행동을 삼간다[庸言之信, 庸行之謹]."라고 하였습니다. 일찍이 그 문인에게 말하기를 "중용의 덕(德)이 지극함이여! 사람들이 이를 소홀히 한 지 너무도 오래되었구나[中庸之爲德也, 其至矣乎, 民鮮久矣]!"[29]라고 하였으니, 문인이 이미 《논어》에 실었습니다.

자사(子思)는 공자의 손자로서 증자(曾子)에게 직접 배웠습니다. 증자는 그 스승이 입으로 전하고 대면하여 명한 것을 직접 받은 사람입니다. 그 받은 것으로 이 책을 만들었으니, 중과 용 두 글자를 합하여 그 책의 이름으로 삼았습니다. 성조(聖祖)가 일찍이 말한 바는 제2장

29 중용의 … 되었구나: 《논어(論語)》 〈옹야(雍也)〉에 나온다.

과 제3장에 실었으니 만세 성학(聖學)의 표준을 세운 것입니다. 그 뜻은 다음과 같습니다.

성인 문하의 학문에서는 반드시 중(中)이고, 중은 또 반드시 용입니다. 이는 인륜(人倫)에서 매일 쓰는 평상의 것이지 괴이하고 행하기 어려운 일은 아닙니다. 이 이치는 하늘이 명한 바이고 사람과 물(物)이 따르는 바이고 성인이 가르치는 바이고 배우는 자가 배우는 바이고 제왕이 다스리는 바이고 백성이 행하는 바입니다. 한결같이 이 중용(中庸)으로 기준을 삼아서 이쪽으로 치우쳐서는 안 되고 또한 저쪽으로 치우쳐서도 안 되며, 미치지 않아서도 안 되고 역시 과도하게 지나쳐서도 안 됩니다. 평평(平平)하여 위태롭거나 기울어짐이 없고, 상상(常常)하여 괴상하거나 기이하지 않은 것입니다.

가르치는 자가 반드시 여기에서 기필하여야 그 가르침을 받아 배우는 자도 역시 여기에서 기필할 수 있게 되고, 다스리는 자가 반드시 여기에서 기필하여야 백성들도 역시 여기에서 기필할 수 있는 것입니다. 배우는 자가 이와 다르면 이단(異端)이라는 차이가 생길 것이고, 다스리는 자가 이와 다르면 패도(伯道)가 섞이게 될 것입니다. 선대의 유학자[정이(程頤)]는 이것이 '공자 문하에서 심법(心法)을 전수한 것'이라고 하였고, 신 또한 '자사가 만세 성학(聖學)의 표준을 세운 것'이라고 하였으니, 이것입니다. 【이상 《중용(中庸)》을 말하였다.】

臣按: 《中庸》一書, 雜在《禮記》中. 程氏始表出之, 至朱熹爲之《章句》《或問》始大明於世. 蓋中之爲言, 始於《虞書》, 庸之言, 則昉於《易》也. 堯以是傳之舜, 舜以是傳之禹, 湯·文·武·周公, 皆聞而知是道者也. 孔子集群聖之大成, 刪述六經, 旣載其授受之言於《書》, 門人又記其所嘗言者於魯《論》之終篇, 中之道, 至是大著矣. 雖然, 中之在人, 雖出於心, 而人之所以信執之者, 不過言與行而已. 故於《易》之《乾·文》, 言又著一庸字焉. 日 "庸言之信, 庸行之謹". 嘗以語其門人曰: "中庸之爲德也, 其至矣乎, 民鮮久矣." 門人旣載之《論語》中, 子思以孔子之孫, 而親受業於曾子. 曾子親受其師之口傳麵命者也, 有所受而爲此書, 乃合中·庸二字, 以爲其書之名. 而載其聖祖所嘗語者於第二·第三章, 所以立萬世聖學之標準也. 其意若曰, 聖門之學必中, 而中又必庸. 乃人倫日用之常, 非詭異難行之事也. 是理也, 乃上天之所命, 人物之所率, 聖人之所以敎, 學者之所以學, 帝王之所以治, 百姓之所以行, 一皆以是中庸爲準則, 不可偏於此, 亦不可倚於彼. 不可以不及, 亦不可以太過. 平平焉, 以無險無陂, 常常焉, 以不怪不奇. 敎者必於是而受其敎, 以爲學者, 亦必於是. 治者必於是而奉其治, 以爲生者, 亦必於是. 爲學者異乎此, 則爲異端之差, 爲治者異乎此, 則爲伯道之雜. 先儒謂此爲孔門傳授心法. 而臣亦曰, 子思所以立萬世聖學之標準者, 此也.

【以上言《中庸》】

사마천(司馬遷)[30]이 말하였다.[31]

"맹가(孟軻: 孟子)가 요순[唐虞]과 삼대(三代)의 덕(德)을 서술하였는데, 이 때

30 사마천(司馬遷, 기원전 145?~기원전 86?): 전한(前漢) 시기의 역사가이다. 태사령(太史令)을 지낸 사마담(司馬談)의 아들로 후에 아버지의 관직을 이어받았다. 흉노에게 패전한 장군 이릉(李陵)을 변호하다가 궁형(宮刑)을 받았다. 《사기(史記)》 130권을 편찬하였다.

31 《사기(史記)》 권74 〈맹자순경열전(孟子荀卿列傳)〉에 나온다.

문에 가는 곳마다 맞지 않았다. 물러나 만장(萬章)의 무리와 함께 《시경(詩經)》과 《서경(書經)》을 차례대로 정리하고, 공자[仲尼]의 뜻을 서술하여 《맹자(孟子)》 7편을 지었다."

司馬遷曰: "孟軻述唐虞三代之德, 是以所如者不合, 退而與萬章之徒序《詩》《書》, 述仲尼之意, 作《孟子》七篇."

주희(朱熹)가 말하였다.[32]

"《맹자(孟子)》 7편을 자세히 읽어 그 문장의 기세를 살펴보니, 쇳물을 녹여 만드는 것과 같아서 엮고 모아서 만들 수 있는 것은 아니다. (이에 반해) 《논어(論語)》는 행한 바를 기록하여 엮어 모은 것이니, 한 번에 써내려간 글이 아니다."

朱熹曰: "熟讀七篇, 觀其筆勢, 如鎔鑄而成, 非綴緝可就也.《論語》便是記錄綴緝所爲, 非一筆文字矣."

한유(韓愈)[33]가 말하였다.[34]

"공자(孔子)의 도(道)는 크고 넓힐 수 있어서, 문하의 제자들이 두루 살

32 《회암집(晦庵集)》 권52 〈서(書) 답오백풍(答吳伯豊)〉에 나온다.

33 한유(韓愈, 768~824): 당나라 하남(河南) 하양(河陽) 사람으로 자는 퇴지(退之)고, 창려선생(昌黎先生)으로도 불린다. 원화(元和) 12년(817) 오원제(吳元濟)의 반란 평정에 공을 세워 형부시랑(刑部侍郎)이 되었지만, 14년(819) 헌종(憲宗)이 불골(佛骨)을 모신 것을 간하다가 조주자사(潮

펴 다 알 수가 없었다. 그러므로 배웠어도 모두 자기 본성에서 가까운 것만을 얻었다. 그 후에 흩어져서 제후국에 나누어 거처하면서 또 각각 그 잘하는 것만을 제자에게 전수하였으니, 근원에서 멀어질수록 말단은 더욱 나누어졌다. 오직 맹가(孟軻)가 자사(子思)를 스승으로 섬겼는데, 자사의 학문은 증자(曾子)에게서 나온 것이다. 공자가 세상을 떠난 뒤부터 오직 맹가가 전한 것만이 그 근본을 얻었다. 그러므로 성인(聖人)의 도를 구하여 살피는 자는 반드시 맹자로부터 시작해야 한다."

韓愈曰: "孔子之道大而能博, 門弟子不能遍觀而盡識也, 故學焉而皆得其性之所近, 其後離散分處諸侯之國, 又各以其能授弟子, 源遠而末益分, 惟孟軻師子思而子思之學出於曾子, 自孔子沒, 獨孟軻氏之傳得其宗, 故求觀聖人之道者必自孟子始."

한유(韓愈)가 또 말하였다.[35]

"양자운[揚子雲: 양웅(揚雄)]이 말하기를 '옛날에 양주(楊朱)와 묵적(墨翟)이 길을 막으니, 맹자가 말하여 물리쳐서 넓게 열어 놓았다'[36]라고 하였다.

州刺史)로 좌천되었다. 이듬해 소환되어 국자좨주(國子祭酒)에 임명되고, 나중에 이부시랑(吏部侍郎)과 경조윤(京兆尹)까지 올랐다. 시호가 문(文)이라, 한문공(韓文公)으로 불린다. 유가의 사상을 존중하고 도교와 불교를 배격했으며, 송나라 이후의 도학(道學)의 선구자가 되었다. 저서에 《창려선생집(昌黎先生集)》 40권과 《외집(外集)》 10권, 《유문(遺文)》 1권 등이 있다. '당송팔대가(唐宋八大家)' 가운데 한 사람이다.

34 《창려선생집(昌黎先生集)》 권20 〈송왕훈수재서(送王塤秀才序)〉에 나온다.

35 《창려선생집(昌黎先生集)》 권18 〈여맹간상서서(與孟簡尙書書)〉에 나온다.

36 옛날에 … 열어 놓았다: 《양자법언(揚子法言)》 권2 〈오자(吾子)〉에 나온다.

대저 양주와 묵적의 도(道)가 행해지면 정도(正道)가 폐하여진다. 맹자가 비록 현성(賢聖)이라도 지위를 얻지 못하여 빈말이 되고 시행되지 않았다. 비록 절실하였지만 무슨 보탬이 되었겠는가. 그러나 그 말에 힘입어 지금 배우는 자들이 아직도 공자[孔氏]를 종통(宗統)으로 삼고 인의(仁義)를 높이며, 왕도(王道)를 귀하게 여기고 패도(霸道)를 천하게 여기는 것을 알게 되었을 따름이다.

그 공정하고 떳떳한 원리와 법칙[大經大法]은 모두 없어져 구원하지 못하고 무너져서 수습하지 못하였으니, 이는 이른바 천에서 십, 백에서 일만 남아 있다는 것이다. '환하게 열어 놓았다'는 말이 어디에 있는가. 그러나 맹자[孟氏]가 없었다면 모두 오랑캐와 같이 옷은 왼쪽으로 여미고 말뜻이 통하지 않았을 것이다. 그러므로 내가 일찍이 맹자를 추존하여 공(功)이 우(禹)임금에 못지않다고 하였으니, 이 때문이다."

又曰: "揚子雲曰: '古者楊墨塞路, 孟子辭而闢之廓如也.' 夫楊墨行, 正道廢, 孟子雖賢聖, 不得位, 空言無施, 雖切何補? 然賴其言而今之學者尚知宗孔氏·崇仁義·貴王賤霸而已, 其大經大法皆亡滅而不救·壞爛而不收, 所謂存十一於千百, 安在其能廓如也? 然向無孟氏則皆服左衽而言侏離矣, 故愈嘗推尊孟氏以爲功不在禹下者, 爲此也."

진력(陳櫟)[37]이 말하였다.[38]

"맹자가 양주(楊朱)와 묵적(墨翟)을 물리친 공이 우(禹)임금이 홍수를

37 진력(陳櫟): 《대학연의보》 권77 주) 20 참조.

다스린 일에 못지않다고 하였다. 그 이유는 홍수는 사람의 몸을 빠지게 하고 이단은 사람의 마음을 빠지게 하는 것이어서, 마음을 빠지게 하는 화가 몸을 빠지게 하는 화보다 심하기 때문이다."

陳櫟曰: "孟子闢楊墨, 功不在禹治洪水下者, 洪水溺人之身, 異端陷溺人心, 心溺之禍甚於身溺故也."

정이(程頤)가 말하였다.[39]

"맹자(孟子)가 세상에 큰 공이 있는 것은 본성의 선함[性善]을 말하였기 때문이다."

程頤曰: "孟子有大功於世, 以其言性善也."

정이(程頤)가 또 말하였다.[40]

"맹자의 성선(性善)과 양기(養氣)의 논의는 모두 이전의 성인(聖人)이 말하지 않은 것이다."

又曰: "孟子性善·養氣之論皆前聖所未發."

---

38 《맹자집주대전(孟子集註大全)》〈서설(序說)〉에 나온다.

39 《맹자집주(孟子集註)》〈서설(序說)〉에 나온다.

40 《맹자집주(孟子集註)》〈서설(序說)〉에 나온다.

주희(朱熹)가 말하였다.[41]

"사설(邪說)이 제멋대로 흘러서 사람의 심술(心術)을 무너뜨리는 것이 홍수와 맹수의 재해보다 심하고, 오랑캐가 되거나 임금을 시해하는 화보다 참혹하다. 그러므로 맹자가 깊이 막고 힘써 구원하였다. '어찌 변론하기를 좋아하겠는가. 내가 부득이해서이다'라고 두 번이나 말한 것은 깊이 뜻을 다한 것이다. 그러나 도(道)를 아는 군자(君子)가 아니면, 누가 진실로 그 부득이한 까닭을 알 수 있겠는가."

朱熹曰: "邪說橫流, 壞人心術, 甚於洪水猛獸之災, 慘於夷狄簒弑之禍, 故孟子深拒而力救之, 再言豈好辯哉·子不得已也, 所以深致意焉. 然非知道君子, 孰能眞知其所以不得已之故哉?"

주희(朱熹)가 또 말하였다.[42]

"맹자가 성선(性善)을 말하고 요순(堯舜)을 칭하여 천하(天下)가 분명히 인의(仁義)가 있는 것을 알게 하였다. 이는 인심을 바르게 하는 것이 사설(邪說)을 그치고 치우친 행동을 막는 근본[本, 體]으로 여겼기 때문이다. (맹자가) 위아(爲我)와 겸애(兼愛)를 배척하여 천하(天下)가 분명히 사설(邪說)을 말미암아서는 안 됨을 알게 하였다. 이는 사설을 그치고 치우친 행동을 막는 것을 인심을 바르게 하는 쓰임으로 삼았기 때문이다. 대개 그 체(體)와 용(用)이 편벽되지 않고 처음과 끝이 서로 응하는 것이 이와 같아진 이후

41 《맹자집주(孟子集註)》〈등문공장구 하(滕文公章句下)〉에 나온다.

42 《사서혹문(四書或問)》 권31 〈맹자(孟子)〉에 나온다.

에야 난세를 다스리고 바른 것으로 돌이킬 수 있다. 이것이 비록 근본을 얻었을지라도 말이 많은 것을 면치 못했던 이유이다. 그러나 어찌 그 마음이 좋아한 것이었겠는가. 또 '천명을 두려워하고, 사람의 곤궁함을 슬퍼한다'는 것은 부득이하여 그러했을 뿐이다."

又曰: "孟子道性善, 稱堯舜, 使天下曉然知仁義之所在者, 此所以正人心以爲息邪說·距詖行之本也. 排爲我·斥兼愛使天下曉然知邪之不可由者, 此所以息邪距詖而爲正人心之用也. 蓋其體用不偏, 首尾相應, 如此然後足以撥亂世而反之正, 此所以雖得其本而不免於多言也. 然豈其心之所好哉? 亦畏天命·悲人窮, 不得已而然耳."

신은 이렇게 생각합니다. 육경(六經) 외의 서적으로 세상에 있는 것은 《논어(論語)》외에 《맹자(孟子)》가 있습니다. 그러므로 선대의 유학자가 유도(儒道)의 책을 논할 때 반드시 《논어》와 《맹자》를 아울러 말했습니다. 대개 이 두 책은 육경(六經)의 골수(骨髓)이고, 유도(儒道)의 근본(根本)입니다. 학문하는 요체와 다스리는 방법이 모두 여기에서 벗어나지 않습니다. 육경은 비유하자면 바다와 산이고, 《논어》는 비유하자면 바다에 뜨는 배이고 산을 오르는 계단이며, 《맹자》는 바다로 들어가는 못이고 산을 오르는 길이 아니겠습니까. 그러므로 요(堯)·순(舜)·우(禹)·탕(湯)·문(文)·무(武)·주공(周公)의 도(道)를 배우려는 자는 반드시 공자(孔子)로부터 들어가야 하고, 공자의 문하에 들어가려는 자는 반드시 맹자(孟子)로부터 시작해야 합니다. 【이상 《맹자》를 말함.】

臣按: 六經之外, 書籍之在天地間者, 《論語》之外有《孟子》, 故先儒論儒道之書必以《論》《孟》並言, 蓋此二書六經之骨髓·儒道之根本也, 爲學之要·出治之法皆不外乎此. 六經譬則海也·山也, 《論語》譬則泛海之航·上山之階也, 《孟子》其入海之潢·登山之徑乎? 故學堯·舜·禹·湯·文·武·周公之道者, 必自孔子入, 而入孔子之門者必自孟子始. 【以上言《孟子》】

정이(程頤)가 말하였다.[43]

"배우는 자는 마땅히 《논어(論語)》와 《맹자(孟子)》를 근본으로 삼아야 하니, 《논어》와 《맹자》를 이미 익히면, 육경(六經)은 익히지 않아도 (뜻이) 밝아진다."

程頤曰: "學者當以《論語》《孟子》爲本, 《論語》《孟子》既治則六經可不治而明矣."

정이(程頤)가 또 말하였다.[44]

"배우는 자는 모름지기 《논어(論語)》 가운데 여러 제자들이 묻는 곳에서는 곧 자기가 묻는 것처럼 하고, 성인이 답하는 곳에서는 곧 오늘날 귀

43 《논맹정의(論孟精義)》 〈강령(綱領)〉에 나온다.

44 《논맹정의(論孟精義)》 〈강령(綱領)〉에 나온다.

로 듣는 것처럼 하면, 자연히 얻게 되는 것이 있다. 비록 공자와 맹자가 다시 태어나도 이 방법으로 사람들을 가르치는 것에 불과할 것이다. 만약 《논어》와 《맹자(孟子)》 가운데서 탐구하고 완미(玩味)함을 잘한다면 장래에 함양이 이루어지고 대단하게 기질을 낼 수 있을 것이다."

又曰: "學者須將《論語》中諸弟子問處便作自己問, 聖人答處便作今日耳聞, 自然有得, 雖孔·孟復生不過以此教人, 若能於《語》《孟》中深求玩味, 將來涵養成甚生氣質."

정이가 또 말하였다.[45]

"무릇 《논어(論語)》와 《맹자(孟子)》를 볼 때는 또 모름지기 자세히 읽고 완미(玩味)해야 한다. 모름지기 성인의 말을 가져다가 자신에게 절실하게 할 것이고, 하나의 이야깃거리로 여겨서는 안 된다. 사람들이 다만 이 두 책을 보아 자기에게 절실하게 하면 종신토록 다해도 유익함이 많을 것이다."

又曰: "凡看《語》《孟》且須熟讀玩味, 須將聖人言語切己, 不可只作一場話說, 人只看此二書切己, 終身儘多也."

정이(程頤)가 또 말하였다.[46]

---

45 《논맹정의(論孟精義)》〈강령(綱領)〉에 나온다.

"공자의 언어는 구절마다 자연스럽고, 맹자의 언어는 구절마다 실제의 일이다."

又曰: "孔子言語句句是自然, 孟子言語句句是實事."

신은 이렇게 생각합니다. 정이(程頤)가 또 말하기를 "배우는 사람은 먼저 《논어(論語)》와 《맹자(孟子)》를 읽어야 한다. 이는 자[尺度]와 저울[權衡]과 서로 비슷하여 이것으로 사물의 길이를 재고 무게를 달면 자연히 길고 짧음과 가볍고 무거움을 알 수 있는 것과 같다."[47]라고 하였습니다. 주희(朱熹) 역시 말하기를 "먼저 《논어》와 《맹자》 두 책을 읽어서 충분히 마음속에 자리 잡으면 그 나머지 서적은 모두 힘쓰지 않아도 볼 때마다 알게 된다."[48]라고 하였습니다.

이를 말미암아 그것을 관찰하면, 성현(聖賢)의 수없이 많은 말이 공자와 맹자가 말한 바에서 벗어나지 않고, 경서(經書)에 가득 찬 글들이 《논어》와 《맹자》에서 벗어나지 않습니다. 배우는 자가 진실로 이 두 책에 전심하여 뜻을 다하면 그것을 사용하여 일을 바로잡고, 그것을 미루어 다른 사람을 가르치고, 그것에 근본하여 임금을 섬기고, 그것을 시행하여 정치를 하니, 학문의 공(功)이 여기에서 이르고 성현의 일이 여기에서 마치게 됩니다.

46 《논맹정의(論孟精義)》 〈강령(綱領)〉에 나온다.

47 배우는 … 같다: 《논맹정의(論孟精義)》 〈강령(綱領)〉에 나온다.

48 먼저 … 된다: 《주자어류(朱子語類)》 권19 〈논어(論語) 어맹강령(語孟綱領)〉에 나온다.

臣按: 程頤又言: “學者先讀《論語》《孟子》, 如尺度權衡相似, 以此去量度事物, 自然見得長短輕重.” 朱熹亦謂: “先讀得《語》《孟》二書十分透徹, 其他書都不費力, 觸處便見.” 由是觀之, 聖賢千言萬語不出乎孔孟之所言, 經籍積案盈箱不出乎《語》《孟》之所載, 學者苟能專心致志於此二書, 用之以制事, 推之以敎人, 本之以事君, 施之以爲政, 學問之功於是乎至, 聖賢之事於是乎畢矣.

주희가 말하였다.[49]

“《논어(論語)》의 말은 포함하지 않는 것이 없으니, 사람에게 보여 준 것은 보존하고 함양하는 요체가 아닌 것이 없다. 《맹자(孟子)》 7편의 뜻은 말하지 않은 것이 없으니, 사람에게 보여 준 것은 대체로 체험하고 확충하는 단서가 많다.”

朱熹曰: “《論語》之言無所不包, 而其所以示人者莫非操存涵養之要; 七篇之旨無所不說, 而其所以示人者類多體驗擴充之端.”

어떤 이가 주희에게 묻기를 “배우는 자가 《논어(論語)》와 《맹자(孟子)》를 공부하려면 어떻게 하여야 합니까?”라고 하자, 주희가 말하기를 “순서대로 점차 나아가고, 자세히 읽고 정밀하게 생각하는 것이 좋습니다.”라고

49 《논어정의(論語精義)》 서문에 나온다.

하였다.

어떤 이가 묻기를 "그렇다면 순서대로 점차 나아간다는 말씀에 대해 묻기를 청합니다."라고 하자, 주희가 말하기를 "두 책으로 말한다면, 《논어》가 먼저이고 《맹자》가 뒤이니, 한 책을 통달한 이후에야 다른 책에 이릅니다. 한 책으로 말한다면 그 편장(篇章)과 문구(文句)의 처음과 끝의 차례에 역시 각각 순서가 있으니 어지럽혀서는 안 됩니다. 힘이 닿을 수 있는 바를 헤아리고 그 과정을 요약하여 삼가 지킵니다. 글자에서 그 뜻[訓]을 구하고 구절에서 그 뜻[旨]을 찾되, 앞에서 할 수 없으면 그 뒤를 구할 수 없고, 여기에서 통하지 않으면 저기에 감히 뜻을 두지 않습니다. 이와 같이 하면서 순서대로 점차 나아가면 뜻이 정해지고 이치가 밝아져서 엉성하고 소홀하며 등급을 뛰어넘는 근심은 없을 것입니다. 이것은 독서하는 방법일 뿐만 아니라 곧 마음을 잡는 요체이니, 더욱 배우기를 시작하는 자가 알지 않아서는 안 됩니다."라고 하였다.

어떤 이가 묻기를 "익숙히 읽고 정밀하게 생각하는 것은 어떠한 것입니까?"라고 하자, 주희가 말하기를 "《논어》의 한 장(章)은 불과 몇 구절이니, 쉽게 외울 수 있습니다. 외울 수 있게 된 이후에 한가롭고 고요한 가운데에 반복하여 완미해서 모름지기 푹 젖어드는 것이 좋습니다. 《맹자》 매 장(章)은 혹 천백(千百)글자라서 반복해서 논변하면 비록 헤아릴 수 없는 것 같아도 그 조리가 서로 통하고 말뜻이 밝고 깨끗합니다. 천천히 읽어서 뜻을 따라 수십 수백 번 거듭하면 그 헤아릴 수 없는 것도 장차 손바닥을 가리키는 사이에서 터득함이 있을 것입니다."라고 하였다.[50]

50 어떤 이가 … 하였다: 《회암집(晦庵集)》 권74 〈잡저(雜著) 독서지요(讀書之要)〉에 나온다.

> 或問於朱熹曰: "學者之於《論》《孟》, 其用功也奈何?" 曰: "循序而漸進, 熟讀而精思可也." 曰: "然則請問循序漸進之說." 曰: "以二書言之則先《論》而後《孟》, 通一書而後及一書; 以一書言之則其篇章文句 · 首尾次序亦各有序而不可亂也. 量力所至, 約其程課而謹守之, 字求其訓 · 句索其旨, 不得乎前則不得求其後, 不通乎此則不敢志乎彼. 如是而循序漸進焉, 則意定理明而無疏易陵躐之患矣. 是不惟讀書之法, 是乃操心之要, 尤始學者之不可不知也." 曰: "其熟讀精思者何邪?" 曰: "《論語》一章不過數句, 易以成誦, 成誦之後反覆玩味, 於燕閒靜一之中以須其浹洽可也.《孟子》每章或千百言, 反覆論辯, 雖若不可涯者, 然其條理疏通, 語意明潔, 徐讀而以意隨之, 出入往來以十百數, 則其不可涯者將有以得之於指掌之間矣."

신은 이렇게 생각합니다. 주희(朱熹)가 또 말하기를 "대저 책을 볼 때 먼저 모름지기 뜻을 새겨 읽어서 그 말이 모두 자신의 입에서 나온 것과 같게 해야 한다. 이어서 정밀하게 생각하여 그 뜻이 모두 자신의 마음에서 나온 것과 같게 해야 한다. 그런 후에야 터득하는 것이 있을 뿐이다. 천천히 가다가 멈추어 서며 고요한 곳에서 움직임을 관찰하고, 견고한 나무를 다듬듯이 먼저 그 쉬운 것을 하고 그 후에 그 절목(節目)에 미치며, 어지러이 얽힌 노끈을 풀듯이 통하지 않는 곳이 있으면 잠시 두고 천천히 그것을 궁리한다."[51]라고 하였습니다. 이것은 주자(朱子)가 독서하는 방법입니다.

---

51 대저 … 궁리한다: 《회암집(晦庵集)》 권74 〈독서지요(讀書之要)〉에 나온다.

정자(程子)가 또한 말하기를 "책을 읽는 자는 마땅히 성인(聖人)이 경(經)을 지은 뜻을 살펴 성인(聖人)이 마음 쓰는 것과 함께해야 한다. 성인이 성인에 이른 까닭과 자신이 이르지 못한 까닭과 자신이 터득하지 못한 까닭을 마디마디에서 그것을 구하고, 낮에는 외우며 그것을 음미(吟味)하고 밤에는 그것을 생각하여, 그 마음을 고르게 하고 그 기운을 평온하게 하고 그 의심되는 것을 뚫으면, 성인의 뜻을 볼 수 있다."[52]라고 하였습니다. 이것은 정자가 독서하는 방법입니다.

배우는 자가 책을 읽음에 진실로 이 두 현인(賢人)의 말을 법칙으로 삼으면 무릇 성현(聖賢)이 책을 쓰고 말을 세운 까닭과 마음을 세우고 행동을 제어하여 성현의 경지에 이를 수 있었던 까닭을 모두 말과 뜻을 넘어서는 것에서 얻을 수 있습니다. 마음에서 그 말을 터득하여 그것에 근본하여 행동을 제어하고, 그것에 근본하여 일을 처리하고, 그것에 근본하여 학문을 하고, 그것에 근본하여 정치를 하니, 한갓 입에서 나와 귀로 들어갈 뿐만 아니라 모두 자신에게 두어서 실제로 행하고 일에 드러내어 실제로 쓰면 성현의 지위에 도달하기가 어렵지 않을 것입니다.

臣按: 朱熹又言: "大抵觀書先須熟讀, 使其言皆若出於吾之口, 繼以精思, 使其意皆若出於吾之心, 然後可以有得耳. 徐行却立, 處靜觀動, 如攻堅木, 先其易者, 然後及其節目, 如解亂繩, 有所不通姑置而徐理之." 此朱子讀書法也. 程子亦曰: "讀書者當觀聖人所以作經之意與聖人所以用心, 聖人之所以至於聖人而吾之所以未至者·所以未得者, 句句而

52 책을 … 있다: 《이정유서(二程遺書)》 권25 〈창잠도본(暢潛道本)〉에 나온다.

求之, 晝誦而味之, 中夜而思之, 平其心·易其氣·闕其疑, 則聖人之意可見矣." 此程子讀書法也. 學者讀書誠以此大[53]賢之言爲法則, 凡聖賢之所以著書·立言與其所以立心制行而至於爲聖爲賢者, 皆可於言意之表得之矣. 得其言於心, 本之以行, 本之以處事, 本之以爲學, 本之以爲政, 不徒出口入耳而皆有諸己以爲實行·措諸事以爲實用, 聖賢地位不難到矣.

주희(朱熹)가 또 말하였다.[54]

"《논어(論語)》 공부는 적게 해도 효과가 많고, 육경(六經) 공부는 많이 해도 효과가 적다."

朱熹又曰: "《論語》工夫少得效多, 六經工夫多得效少."

주희(朱熹)가 또 말하였다.[55]

"천하의 물(物)에는 이치가 있지 않음이 없고, 그 정밀히 온축된 것은 이미 성현(聖賢)의 책에 갖춰져 있다. 그러므로 반드시 여기에서 말미암아 그것을 구한다. 그러나 간략히 하여 쉽게 알고 요약하여 쉽게 지키고

53 大: 《대학연의보(大學衍義補)》 사고전서본에는 '兩'으로 되어 있어, 번역에서는 이를 따른다.

54 《주자어류(朱子語類)》 권19 〈논어(論語) 어맹강령(語孟綱領)〉에 나온다.

55 《회암집(晦庵集)》 권59 〈서(書) 답조원가(答曹元可)〉에 나온다.

자 한다면, 《대학(大學)》·《논어(論語)》·《중용(中庸)》·《맹자(孟子)》만한 것이 없다."

又曰: "天下之物莫不有理, 而其精蘊則已具聖賢之書, 故必由是而求之, 然欲簡而易知·約而易守, 則莫若《大學》·《論語》·《中庸》·《孟子》也."

주희(朱熹)가 또 말하였다.[56]

《대학(大學)》을 우선하지 않으면 강령(綱領)을 세워서 《논어(論語)》와 《맹자(孟子)》의 정미(精微)함을 다할 수 없다. 《논어》와 《맹자》를 살피지 않으면 도리와 사리에 통달하여 《중용(中庸)》의 귀결되는 뜻을 극진히 할 수 없다. 그러나 그 표준이 《중용》에 맞지 않으면 또 어떻게 큰 근본을 세우고 큰 경전을 경륜(經綸)하여 천하의 책을 읽고 천하의 일을 논하겠는가.

又曰: "不先乎《大學》無以提挈綱領而盡《論》《孟》之精微, 不參之《論》《孟》則無以融貫會通而極《中庸》之歸趣, 然不會其極於《中庸》, 則又何以建立大本·經綸大經而讀天下之書·論天下之事哉?"

신은 이렇게 생각합니다. 공자(孔子)와 맹자(孟子)의 시대에는 이미 육경(六經)이 있었지만, 사서(四書)의 이름은 송(宋)나라에서 시작됩니다. 이른바 사서(四書)라는 것은 《논어(論語)》·《대학(大學)》·《중용(中庸)》·

56 《사서혹문(四書或問)》 권1 〈대학(大學) 경일장(經一章)〉에 나온다.

《맹자(孟子)》입니다. 이 몇 책은 이른바 '천지(天地)를 위하여 마음을 세우고 백성을 위하여 명(命)을 세우며, 지나간 성인을 위하여 끊어진 학문을 잇고 만세(萬世)를 위하여 태평(太平)을 여는 도구'입니다.

배우는 자는 반드시 먼저 사서를 읽은 이후에 육경에 미쳐야 합니다. 사서를 읽는 자는 또 반드시 《대학》으로 시작하여야 합니다. 정자는 그것을 "처음 배우는 자들이 덕(德)에 들어가는 문이 된다."[57]라고 하였습니다. 주자는 그것을 "옛날에 대학(大學)에서 사람을 가르치는 법이 된다."[58]고 하였습니다. 진덕수[眞氏]는 그것을 "성학(聖學)의 연원, 다스림을 행하는 밑바탕, 천하를 다스리는 임금의 율령(律令)과 격례(格例)가 된다."[59]라고 하였습니다. 이것으로 유자(儒者)의 책에서 《대학(大學)》 한 책과 같이 절실하고 요긴한 것은 없다는 것을 알 수 있습니다.

소학(小學)에서는 이것으로 말미암아 덕(德)에 들어가고, 대학(大學)에서는 여기에 근본하여 가르침으로 삼으니, 성인(聖人)의 도와 제왕(帝王)의 다스림이 모두 여기에서 벗어나지 않습니다. 이렇다면 《주역(周易)》·《서경(書經)》·《시경(詩經)》·《춘추(春秋)》·《예기(禮記)》와 《논어》·《맹자(孟子)》·《중용》은 모두 《대학》 한 책을 메우고 채우는 것입니다.

오늘날 학교에 있으면 그것을 읽어서 격물치지(格物致知)의 바탕으로 삼고, 다른 날에 관직에 있으면 그것을 사용하여 집안을 가지런히

57 처음 … 된다: 《대학장구(大學章句)》에 나온다.

58 옛날에 … 된다: 《대학장구(大學章句)》 서문에 나온다.

59 성학(聖學)의 … 된다: 《대학연의(大學衍義)》 서문에 나온다.

하고 나라를 다스리며 천하를 평안하게 하는 도구로 삼습니다. 우리 나라[明]에서는 학교로 인재를 기르고 경술(經術)로 선비를 양성하니, 학교에서 가르치는 것은 이 경서(經書)이고 과거시험 과목으로 취하는 것도 이 경서(經書)입니다. 대개 장차 그것을 바탕으로 하여 다스림을 돕는 도구로 삼고, 이 경서에 실린 것을 천하에 베풀어 이 세상의 백성들이 밝고 화목하며 태평한 지경에 있게 합니다. 그렇다면 오늘날 가르침을 베풀고 배움을 잇는 것에서 어찌 그 유래를 알지 않을 수 있겠습니까. 【이상 사서를 겸하여 말하였다.】

臣按: 孔孟之時已有六經之說, 而四書之名則始於宋焉. 所謂四書者, 《論語》《大學》《中庸》《孟子》也. 此數書者, 所謂爲天地立心·爲生民立命·爲往聖繼絶學·爲萬世開太平之具也. 學者必先讀四書而後及於六經, 而讀四書者又必自《大學》始. 程子謂其爲初學入德之門, 朱子謂其爲古者大學敎人之法, 眞氏謂其爲聖學之淵源·爲治之根柢·君天下之律令格例, 是知儒者之書莫切要如《大學》一書, 《小學》由是而入德, 《大學》本是以爲敎, 聖人之道·帝王之治皆不出乎是焉. 則《易》也·《書》也·《詩》也·《春秋》與《禮》也·《論》《孟》之與《中庸》也, 皆所以塡實乎《大學》一書. 令[60]日在學校則讀之以爲格物致知之資, 他日有官守則用之以爲齊治平均之具. 我祖宗以學校育才, 以經術造士, 敎之於學校者以此經此書, 取之於科目者以此經此書. 蓋將資之以爲輔治之具而以是經是書之所載者以敷布乎天下, 使斯世斯民皆皥皥乎雍熙泰和之域也, 然則凡今日所施敎而承學者, 烏可不知其所自哉? 【以上兼言四書】

60 令: 《대학연의보(大學衍義補)》 사고전서본에는 '今'로 되어 있어, 번역에서는 이를 따른다.

이상 경술에 근본하여 가르침으로 삼음(하)

以上本經術以爲敎(下)

대학연의보
(大學衍義補)

—

권78

교화를 숭상함[崇教化]

도덕을 하나로 하여 풍속을 같게 함[一道德以同俗]

《주역(周易)》〈동인(同人)〉 상전(象傳)에서 말하였다.

하늘과 불이 동인(同人)이니, 군자(君子)가 보고서 유족(類族)으로 사물을 분별한다.

《易》象曰: 天與火, 同人. 君子以類族辨物.

정이(程頤)가 말하였다.[1]

"불이 하늘과 함께하므로 동인(同人)의 뜻이 된 것이다. 군자(君子)는 동인괘(同人卦)의 상(象)을 관찰하여 유족(類族)으로 사물을 분별하니, 각기 그 유족으로 물건의 같고 다름[同異]을 분별하는 것이다. 예를 들면 군자(君子)·소인(小人)의 당(黨), 선악(善惡)·시비(是非)의 이치, 물정(物情)의 이합(離合), 사리(事理)의 이동(異同)과 같은 것이다. 무릇 다름[異]과 같음[同]을 군자가 분별하여 밝힐 수 있으므로 사물을 대처함에 그 방

1 《역전(易傳)》〈동인(同人)〉에 나온다.

법을 잃어버리지 않는 것이다."

程頤曰: "火與天同, 故爲同人之義. 君子觀同人之象而以類族辨物, 各以其類族辨物之同異也. 若君子小人之黨·善惡是非之理·物情之離合·事理之異同, 凡異同者君子能辨明之, 故處物不失其方也."

주희(朱熹)가 말하였다.[2]

"하늘이 위에 있는데 불꽃이 타 올라가니【(上은) 상성(上聲)이다.】, 그 성질이 같은 것이다. 족(族)으로 분류하고 사물을 분별함은 다른 것을 살펴서 같게 만드는 것이다."

朱熹曰: "天在上而火炎上【上聲】, 其性同也. 類族辨物, 所以審異而致同也."

신은 이렇게 생각합니다. 천하의 사리(事理)는 같은 것도 있고, 다른 것도 있습니다. 같다면 하나이고 다르면 둘이니, 오직 그 둘을 하나로 한 후에야 다른 것을 합하여 같게 할 수 있습니다. 이 때문에 이치가 하늘에서 나와 사람에게 갖추어진 것이 도(道)가 되고, 덕(德)이 되고 일[事]이 됩니다. 천하에 있는 일에는 족(族)이 있고 물(物)이 있으니, 족은 비슷한 것이 모인 것이고, 물은 무리로써 나눈 것입니다. 그 모

2 《주역본의(周易本義)》〈동인(同人)〉에 나온다.

임에 각각 비슷한 것끼리 합치고 그 나뉨에는 각각 형태대로 다릅니다. 만일 위에 있는 자가 도덕을 하나로 하지 않는다면 어찌 합친 것[合]이 같은 것[同]에 구애되지 않고, 다른 것[殊]이 다름[異]으로 끝나지 않게 할 수 있겠습니까. 모인 것[合]이 같은 것에 구애되지 않고, 다른 것이 다른 것[異]에서 끝나지 않는다면 모두 도덕(道德)으로 귀결되게 됩니다. 이것이 사람에게 다른 마음이 없는 이유이고, 가정에 다른 풍속이 없는 이유이고, 나라에 다른 정치가 없는 이유입니다. 하늘은 덮지 않은 곳이 없고 불은 하늘로 오르기 때문에 밝음이 미치는 곳은 넓고, 하늘이 덮은 곳에는 비추지 않음이 없으니 널리 사해구주(四海九州)에 문명의 교화가 함께 같아집니다.

臣按: 天下之事理有同有異, 同則一異則二, 惟有以一其二, 然後有以合其異而同焉. 是故理出於天而具於人者爲道·爲德·爲事, 事在天下者有族·有物, 族以類而聚, 物以群而分, 其聚也各以其類而合, 其分也各以其形而殊, 苟非在上者一之以道德, 安能使其合者不苟於同而殊者不終於異哉? 合者不苟於同, 殊者不終於異, 則鹹爲道德之歸, 此人所以無異心·家所以無殊俗·國所以無異政也. 天無不覆而火上於天, 故明之所及者廣, 於凡天之所覆者無不照燭, 蕩蕩乎四海九州同一, 文明之化也.

《모시(毛詩)》〈주남(周南) 관저(關雎)〉 서문(序文)에서 말하였다.

왕도(王道)가 쇠하여 예의(禮義)가 폐하여지고, 정교(政敎)가 잘못되어 나라마다 정사가 다르고 집안의 풍속이 달라졌다.

《詩序》曰: 王道衰, 禮義廢, 政教失, 國異政, 家殊俗.

주희(朱熹)가 말하였다.[3]

"천자(天子)가 제후(諸侯)를 통제할 수 없었기 때문에 나라마다 멋대로 정사를 하였고, 제후가 대부(大夫)를 통제할 수 없었기 때문에 집집마다 멋대로 풍속이 생겼다."

朱熹曰: "天子不能統諸侯, 故國國自爲政; 諸侯不能統大夫, 故家家自爲俗也."

신은 이렇게 생각합니다. 나라마다 멋대로 정사를 하고, 집안마다 멋대로 풍속이 있는 것은 도덕(道德)이 한결같지 않기 때문입니다. 도덕이 한결같지 않은 이유는 왕도(王度)가 쇠퇴하고 예의(禮義)가 폐해지고 정교(政教)가 잘못되었기 때문입니다. 문왕(文王)과 무왕(武王)에게 항상 보존하게 하여 도덕의 가르침이 끊이지 않고 예의가 왕성하게 행해지고 정교가 잘못되지 않았습니다. 위에서는 임금이 근거하는 바가 있어 다스림으로 삼고, 중간에서는 신하가 지키고 따르는 바가 있어 다스림을 보좌하고, 아래에서는 백성들이 제도를 지키지 않음이 없어서 감히 바꾸지 않고, 교화를 따르고 어기지 않습니다. 이

3 《시전대전(詩傳大全)》〈강령(綱領)〉에 나온다.

와 같다면 억조(億兆)의 집안이 하나의 집안과 같고 천백의 나라가 하나의 나라와 같고 천만 세대가 한 세대와 같습니다.

臣按: 國國自爲政·家家自爲俗者, 由道德之不一也. 道德之所以不一者, 由乎王道衰而禮義廢·政教失也. 使文武之君常存而道德之教不息, 禮義興行, 政教不失, 上焉而君有所依據以爲治, 中焉而臣有所持循而輔治, 下焉而民莫不守其制而不敢易·遵其化而不能違, 如此, 則億兆家如一家, 千百國如一國, 千萬世如一世矣.

《예기(禮記)》〈왕제(王制)〉에서 말하였다.

천자(天子)가 특별한 일 없이 제후와 함께 서로 만나는 것을 조(朝)라 하니 예(禮)를 고찰하고 형벌을 바로잡고, 덕(德)을 하나로 하여 천자를 높이는 것이다.

《王制》: 天子無事與諸侯相見曰朝, 考禮·正刑·一德以尊於天子.

진상도(陳祥道)[4]가 말하였다.[5]

"예(禮)를 고찰하는 것은 참람하고 편벽된 것을 막고, 형벌을 바로

---

4 진상도(陳祥道, 1053~1093): 북송(北宋) 철종(哲宗)대의 학자로 복주(福州) 민청(閩淸) 사람이다. 자는 용지(用之) 또는 우지(祐之)고, 진양(陳暘)의 형이다. 박학했고, 특히 예학(禮學)에 정통했다. 철종 대에 태상박사(太常博士)를 지냈다. 왕안석(王安石)이 재능을 듣고 상서급필찰(尙書給筆札)로 불러 국자감직강(國子監直講)에 임명했다. 왕씨의 학문을 전파하는 데 공헌한 인물

하는 것은 음탕하고 사나운 것을 막고, 덕(德)을 하나로 하는 것은 마음의 방향을 같게 한다. 이와 같다면 예와 형벌이 하나가 되어 정치를 달리하는 나라가 없고, 도덕이 하나가 되어 다른 가르침을 받는 백성이 없으니, 이는 천자(天子)의 도(道)를 높이는 것이다."

陳祥道曰: "考禮所以杜其僭僻, 正刑所以防其淫暴, 一德所以同其趣向, 如此, 則禮刑一而無異政之國, 道德一而無異敎之民, 此尊天子之道也."

신은 이렇게 생각합니다. 예(禮)와 형벌은 위에서 나와서 아래에서 행해집니다. 제후가 특별한 일이 없을 때에 내조(來朝)하는 예를 행하는 경우는 예가 제후의 나라에서 행해지는 것을 살피는 것이니, 혹시라도 어기거나 참람되는 바가 있겠습니까. 어기거나 참람된다면 곧바로 고칩니다. 형벌이 제후의 나라에서 쓰이는 것을 바로잡으니 혹 치우치거나 잘못되는 것이 있겠습니까. 치우치거나 잘못된다면 곧바로 바르게 합니다. 덕(德)의 덕됨은 상하(上下)가 함께 얻는 경우입니다. 위에서 이 덕을 근본으로 하여 정교(政敎)로 삼으니, 제후의 나라의 정교 또한 반드시 이를 따라서 행하게 됩니다. 만일 다르거나 같은 것이 있으면 하나가 아닙니다. 그러므로 반드시 하나로 하여 위에

이다. 저서로는 당시까지 전하는 예악에 관한 기록을 고정(考訂)하여 도설과 함께 논변한 150권의 《예서(禮書)》와 《논어전해(論語全解)》가 있다.

5 《예기집설(禮記集說)》 〈왕제(王制)〉에 나온다.

서 행하고 아래에서 따르는 것이 천리(天理)의 공변됨과 인도(人道)의 바름에 같도록 해야 합니다. 이와 같다면 천자(天子)의 명(命)을 높일 수 있습니다.

臣按: 禮刑出於上而行於下, 諸侯當無事之時而行來朝之禮, 則稽考其禮之行於侯國者, 恐其或有所違僭者乎, 違僭則亟改之; 質正其刑之用於侯國者, 恐其或有所偏枉者乎, 偏枉則亟正之. 若夫德之爲德, 則上下之所同得者也, 上本是德以爲政教, 而侯國之政教亦必率而行之, 苟有異同焉則非一矣, 故必一之使上之所行·下之所遵同一天理之公·人道之正也, 如是, 則是能尊崇天子之命矣.

《예기(禮記)》〈왕제(王制)〉에서 말하였다.

사도(司道)가 도덕을 하나로 하여 풍속을 같게 하였다.

司徒一道德以同俗.

정현(鄭玄)[6]이 말하였다.

도덕(道德)이 하나이면 세속의 습속과 숭상하는 것이 각각의 도(道)에서 도로 삼는 것을 도로 여기지 않고, 각각의 덕(德)에서 덕으로 삼는 것을 덕으로 여기지 않으니, 이른바 같게 한다는 것이다.

6 정현(鄭玄): 《대학연의보》 권76 주) 20 정씨(鄭氏) 참조.

鄭玄曰: "道德一, 則俗之習尙不各道其所道以爲道, 不各德其所德以爲德, 所謂同之也."

방각(方慤)[7]이 말하였다.[8]

"도(道)는 사람들이 공유하는 것이고, 덕(德)은 사람들이 함께 얻은 것인데 두 개가 될 수 있겠는가. 도덕을 하나로 하여 습속을 달리하지 않게 하는 것이니 그러므로 '풍속을 같게 한다[同俗].'라고 한 것이다."

方慤曰: "道人所共由, 德人所同得, 其可以二乎? 一道德而使之無異習, 故曰同俗."

신은 이렇게 생각합니다. 천지가 사람을 낳음에 비록 그 하늘은 같이 하나 그 땅은 각각 다릅니다. 오직 땅이 다르기 때문에 배우는 것에 다름이 없을 수 없으니, 이것이 다른 풍속이 있는 까닭입니다. 성인(聖人)이 천자(天子)의 지위에 있으면서 중앙에 자리하여 다스리기를 반드시 습속의 다름을 돌이켜서 같은 것으로 돌아가게 하니, 나라에 정사가 다르지 않고 가정에 풍속이 다르지 않습니다. 어째서입니까.

7 방각(方慤): 중국 송(宋) 나라의 학자이다. 저서로는 《예기해의(禮記解義)》 20권이 있다.

8 《예기집설대전(禮記集說大全)》 〈왕제(王制)〉에 나온다.

대개 어리석은 백성들이 땅에서 태어남에 그 기질이 비록 다르나 하늘에서 부여받은 것이 그 이치에서는 같습니다. 저들이 기질의 치우침에 따라 취향이 달라집니다. 우리는 천지(天地)의 바른 기운과 인심(人心)의 바른 도(道)를 근본으로 하여, 그 치우친 마음을 억제하여 바름[正]으로 되돌리고 다름을 합하여 동일한 것으로 돌아가서, 천하의 사람들로 하여금 취향을 같게 하고 저곳과 이곳의 차이가 없도록 하였습니다. 이것이 어찌 일종의 교묘한 방법을 별도로 만들어서 본성과 분수의 밖으로 벗어나는 것이겠습니까. 본래 가지고 있는 이치를 따라서 그 처음을 회복하게 하였을 뿐입니다.

이 때문에 하늘이 사람을 낳고 본성을 부여하니 사람들이 함께 말미암는 것을 도라 하고, 사람들이 함께 얻은 것을 덕(德)이라고 합니다. 각기 말미암는 바에 따라서 스스로 마땅하다고 여기고 각기 얻은 바에 따라서 스스로 옳다고 여기지만, 말미암는 것이 마땅히 말미암아야 할 것이 아니거나 얻은 것이 마땅히 얻어야 할 것이 아님을 알지는 못합니다. 사람들이 각각 옳다고 여기는 것을 옳게 여기고 그것이 그릇됨을 알지 못하니 이것이 천하의 풍속이 어지러워 같지 않은 까닭입니다.

성인이 윗자리에 있으면 학교를 설치하고 스승을 세우며, 의리를 근본으로 삼아 가르침의 조목으로 삼고, 경서를 저술하여 가르치는 법으로 삼습니다. 반드시 옛것을 본받고 반드시 선왕(先王)을 말하며, 반드시 성인의 도를 밝혀서 정성스럽게 가르침을 알리고, 간절하게 그 의리를 거듭 밝힙니다. 그래서 천하의 사람들에게 도는 하늘에서 나와 사람에게 행해지고, 덕은 도에서 근본하여 자신에게 얻음을 모두 알게 하였습니다. 하늘이 부여한 이치를 같게 하고 지니고 있는 떳떳한 하늘을 같게 함에, 감히 우리의 도가 아닌데도 그 도를 도라고 여기고 우리의 덕이 아닌데도 그 덕을 덕이라고 여긴다면, 정령(政令)이 반드시 금할 것이고 형벌이 반드시 더해질 것입니다.

이와 같다면 영동(營東)·빈서(邠西)·월남(越南)·기북(冀北)은 땅은 같지 않으나 모두 하늘이 같이 하고 사람들이 비록 다르나 행하는 것은 다르지 않을 것이니, 풍속이 어째서 같고 다름이 있겠습니까. 우리는 사람마다 행하는 것이 같고 집집마다 습속이 같으며 지역마다 숭상하는 것이 같음을 보았습니다. 풍속이 어찌 같지 않은 것이 있겠습니까. 그렇다면 풍속이 같은 것은 어찌 그 까닭이 없겠습니까. 바로 윗글에 "육예(六禮)를 다스려서 백성들의 성격을 조절하고, 칠교(七教)를 밝혀서 백성들의 덕을 흥하게 하고, 팔정(八政)을 가지런히 하여 음란함을 막는다."[9]라고 하였습니다. 육예는 관(冠)·혼(婚)·상(喪)·제(祭)·향(鄕)·상견(相見)이며, 칠교(七教)는 부자(父子)·형제(兄弟)·부부(夫婦)·군신(君臣)·장유(長幼)·붕우(朋友)·빈객(賓客)이며, 팔정(八政)은 음식(飮食)·의복(衣服)·사위(事爲)·이별(異別)·도(度)·량(量)·수(數)·제(制)입니다.

우리가 우리의 예(禮)를 닦는다면 우리들은 어려서부터 장성할 때까지, 늙어서부터 죽어서까지 모두 의지할 것이 있을 것이고, 부모의 장례를 엄숙히 하고 조상의 제사를 정성스럽게 하는 것[愼終追遠][10]으로 보이고 사귀게 되어, 저들이 제사를 지내거나[禱禳], 명복을 빌거나[追薦], 중이 되거나[髡首], 세속을 끊는 일[絶類] 같은 것은 저절로 하지 않을

9 육예(六禮)를 … 막는다: 《예기(禮記)》 〈왕제(王制)〉에 나온다.

10 신종추원(愼終追遠): 《논어(論語)》 〈학이(學而)〉에 나온다. "증자(曾子)가 말하기를 '초상[終, 初喪]을 삼가서 치르고 멀리 돌아가신 분[遠, 先祖]을 추모하면 백성의 덕이 후한 데로 돌아갈 것이다.'라고 하였다."

것입니다.

우리가 우리의 가르침을 밝힌다면 우리들은 가까운 것에서부터 먼 것까지 안으로부터 밖에까지 모두 이어져 높은 이를 존경하고[尊尊], 부모를 친애하고[親親], 어른을 높이고[長長], 아이를 사랑하는 것[幼幼]이 있어, 저들이 사적인 친분에 영합하여 인륜을 거부하고 도를 어그러뜨리는 일은 저절로 행하지 않을 것이니 예가 닦여지고 가르침이 밝아진다면 도덕이 하나가 됩니다.

그러나 사람들이 하는 것을 여기저기서 보면 한번 허물이 있으면 예를 어그러뜨리고 가르침을 상하게 하여 도덕을 오랫동안 보존하여 변하지 않게 할 수 없습니다. 그러므로 또 팔정으로 가지런히 함이 있습니다. 이 때문에 옷이 다르고 말이 다른 것은 금하고, 기이한 기술이나 음란하고 교묘한 자는 죽이고, 온갖 장인들의 기예는 모두 일정한 업을 두어 감히 이단을 익히지 못하게 하고, 일상생활의 기계는 모두 일정한 제도를 만들어서 감히 삿되거나 특이한 것을 만들지 못하게 하고, 자와 저울의 길이 무게는 반드시 같게 하여 사물·숫자·베의 폭·많고 적음·넓이를 반드시 정합니다. 이와 같다면 멀거나 가까움, 또는 크거나 작은 것이 모두 감히 다른 것을 세워 기준을 바꿀 수 없으며, 가지런하고 정확하여 모두 오직 도덕으로 돌아가게 되니, 이것이 천하의 풍속이 항상 같은 까닭입니다!

臣按: 天地之生人也, 雖同一其天而各異其地, 惟其地之異是以所習者不能無異焉, 此其所以有異俗也. 聖人居天子之位, 宅中以圖治, 必反其習之異以歸之同焉, 則國不異政·家不殊俗矣, 何也? 蓋蚩蚩之民所生於地者, 其氣雖異, 而所稟於天者其理則同, 彼以其氣之偏而異其趣向, 吾則本天地之正氣·人心之正道, 抑其偏而返之正, 合其異而歸之同, 使天下之人同其趣向而無彼疆此界之殊, 是豈別爲一種巧妙之法出於其性分之外哉? 無非因其固有之理使復其初而已. 是故天生人而與之以性, 人所共由者謂之道, 人所同得者謂之德, 各由其所由自以爲宜, 各得其所得自以爲是, 而不知其所由者非所當由·其所得者非所當得, 人人各是其所是而不知其爲非, 此天下之俗所以紛紛不同也. 聖人在上則設爲學校·建立師儒, 本義理以爲敎條, 著經書以爲敎法, 必則古昔, 必稱先王, 必明聖人之道, 諄諄然而播告之修, 切切然而申明其義, 使天下之人鹹知道出於天而行於人, 德本於道而得於已, 同一降衷之理, 同一秉彝之天, 敢有非吾之道而道其所道·非吾之德而德其所德, 則政令之所必禁·刑罰之所必加也. 如此, 則營東·邠西·越南·冀北, 地不同而皆同其天, 人雖異而不異其行, 風俗豈有異同者哉? 吾見人人同其所行, 家家同其所習, 處處同其所尙矣. 風俗豈有不同者哉? 然則風俗所以同者, 夫豈無其故哉? 上文有曰 "修六禮以節民性, 明七敎以興民德, 齊八政以防淫", 六禮冠·婿[11]·喪·祭·鄕·相見, 七敎父子·兄弟·夫婦·君臣·長幼·朋友·賓客, 八政飮食·衣服·事爲·異別·度·量·數·制. 吾修吾之禮, 則凡吾人自幼而長·自老而死皆有所據依, 以愼終追遠曾台父接, 而彼禱禳 追薦·髡首·絶類者自不爲矣; 吾明吾之敎, 則凡吾人由親而疏·由內而外皆有所聯比以尊尊·親親·長長·幼幼, 而彼假合私昵·反倫悖道者自不行矣, 禮修而敎明則道德一矣. 然其散見於人爲者, 一有過焉則有以悖禮而傷敎, 而道德不能保其久而不變矣,

11 婿: 《대학연의보(大學衍義補)》 사고전서본에는 '婚'으로 되어 있어, 번역에서는 이를 따른다.

故又有八政以齊之焉，是故異服異言者有禁，奇技淫巧者有誅，百工技藝皆有常業而不敢習爲異端，日用器械皆有定制而不敢作爲邪異，尺度權量長短·大小必同，物數布幅多寡·廣狹必定。如是，則若遠若近·日大日小皆不敢立異改常，均齊方正，鹹惟道德之歸，此天下風俗所以常同也歟.

《논어(論語)》〈위정(爲政)〉에서 공자(孔子)가 말하였다.
"이단을 전공하면 해로울 뿐이다."

子曰: "攻乎異端, 斯害也已."

범조우(範祖禹)[12]가 말하였다.[13]

"공(攻)은 전적으로 공부하는 것이다. 그러므로 나무와 돌, 금과 옥을 다스리는 일을 공(攻)이라 한다. 이단(異端)은 성인의 도(道)가 아니고 별도로 한 가지가 된 것이니, 양주(楊朱)와 묵적(墨翟) 같은 이가 이것이다. 그들은 천하를 거느리고 아버지도 없고 임금도 없는 데에 이

12 범조우(範祖禹, 1041~1098): 북송(北宋) 시대의 화양(華陽) 출신 역사가이다. 자는 순부(淳夫), 몽득(夢得)으로 진사(進士)에 합격하고 사마광(司馬光)을 따라서 《자치통감(資治通鑒)》을 편수하였다. 저서에 《당감(唐鑒)》 20권, 《제학(帝學)》 8권, 《인황정전(仁皇政典)》 6권, 《범태사집(範太史集)》 53권 등이 있다.

13 《논어집주(論語集註)》〈위정(爲政)〉에 나온다.

르게 하였으니 전적으로 연구하여 그것을 자세히 알고자 하면 해로움이 심하다."

> 範祖禹曰: "攻, 專治也, 故治木石金玉之工曰攻. 異端非聖人之道而別爲一端, 如楊墨是也. 其率天下至於無父無君, 專治而欲精之, 爲害甚矣."

정이(程頤)가 말하였다.[14]

"불씨(佛氏)의 말은 양주(楊朱)와 묵적(墨翟)에 비하면 더욱 이치에 가까우니 그 해로움이 더욱 심하다. 배우는 사람들은 마땅히 음탕한 소리와 아름다운 여색을 멀리해야 하니, 그렇지 않으면 차츰 그 속에 빠져 들어갈 것이다."

> 程頤曰: "佛氏之言比之楊墨尤爲近理, 所以其害尤甚, 學者當如淫聲·美色以遠之, 不爾則駸駸然入於其中矣."

사백선(史伯璿)[15]이 말하였다.[16]

전적으로 공부하여 정밀하게 하고자 함이니, 그 학문에 정밀하여

---

14 《논어집주(論語集註)》〈위정(爲政)〉에 나온다.

15 사백선(史伯璿): 원나라 온주(溫州) 평양(平陽) 사람. 자는 문기(文璣)다. 평생 은거하며 벼슬하지 않았다. 경사(經史)에 두루 정통했고, 학문은 주희(朱熹)를 종주로 삼았다. 저서에 주희의 사상을 계승한 《사서관규(四書管窺)》가 있고, 경서(經書)와 역사, 천문, 지리 및 고금의 제도를 변론한 《관규외편(管窺外編)》이 있다.

곧 이러한 해로움이 있음을 말한 것이지 그것을 정밀히 하고 다시 공교함을 더하여야 바야흐로 이러한 해로움이 있음을 말한 것은 아니다. 식가의 학문은 임금과 아버지를 버리고 사람의 도리를 멸하니 가르침을 세우는 초기에 곧 이러한 해로움이 있다."

史伯璿曰: "專治而欲精之, 言精於其學便有此害, 非謂精之而更加工巧方有此害, 佛氏之學能棄君父·滅綱常, 立教之初便有此害也."

하기(何基)[17]가 말하였다.

"사람이 이단의 말을 전공하여 공부하는 것이 깊은 고질적인 병폐가 되는 것은 진실로 논할 필요도 없다. 그 사이에 고명하고 현명한 선비가 있어서, 또한 그것을 배워서 저들의 단점과 장점이 있음을 말하고 우리가 다만 장점을 취하고 단점을 버려야 한다고 말하는 것에 불과하더라도, 본령이 이미 이른바 선이 아닌 것과 참으로 잘 전공하지 않더라도 전공하여 잘못됨이 심하며 해가 극심하게 되는 것을 알지 못한다. 그러므로 공자가 '해가 될 뿐이다'라는 한마디 말로 단언하였고, 정자[程頤]가 또 '이치에 가까우니 해가 됨이 더욱 심하다'라고

16 《사서관규(四書管窺)》〈논어(論語)〉에 나온다.

17 하기(何基, 1188~1269): 남송 무주(婺州) 금화(金華) 사람으로 자는 자공(子恭)이고, 호는 북산(北山)이다. 젊어서 진진(陳震)에게 배웠고, 나중에 주희(朱熹)의 문인 황간(黃幹)에게 수학한 뒤 은거해 강학에 전념했다. 학문은 주로 주희의 입장을 따랐지만 새로운 의견도 많이 내놓았다. 저서에 《대전발휘(大傳發揮)》와 《역계사발휘(易繫辭發揮)》, 《태극통서사명발휘(太極通書四銘發揮)》, 《편류대학발휘(編類大學發揮)》, 《하북산유집(何北山遺集)》 등이 있다.

말하여 더욱 마땅히 멀리하게 하였으니, 이는 모두 성현들이 불에 타고 물에 빠진 사람을 구원하는 마음을 미루어서 배우는 자를 어두운 지경에서 구한 것이니, 사람을 위하는 것이 절실하다."

何基曰: "人之所以攻治異端之說者, 其錮蔽之深者固無足論, 其間有高明賢智之士而亦學之者, 不過謂彼有所短亦有所長, 吾但取其所長而去其所短, 而不知本領旣非所謂善者, 非眞善攻而治之陷溺益深·爲害滋甚, 故夫子斷以一言曰 '斯害也已', 而程子又謂其近理者爲害益甚, 尤當遠之, 是皆聖賢推救焚拯溺之心, 援學者於顚冥之地, 其爲人切矣."

신은 이렇게 생각합니다. 풍속이 같지 않은 까닭은 도덕이 한결같지 않기 때문입니다. 도덕이 한결같지 않은 까닭은 이단이 도(道)라고 여기는 바가 도(道)가 되고, 덕(德)이라고 여기는 바가 덕(德)이 되기 때문입니다. 전국시대에 큰 이단으로는 양주(楊朱)와 묵적(墨翟)이 있었고, 진한(秦漢) 이래에 큰 이단으로는 불교(佛敎)와 도가(道家)가 있어서 반드시 천하의 풍속을 모두 같게 하여 도덕이 하나가 아님이 없고자 하였으나, 이단의 가르침을 끊어 제거하는 것이 아니면 할 수 없는 것입니다.

그러나 맹자(孟子)가 나타나 양주와 묵적을 물리쳤고, 한유(韓愈)·구양수(歐陽脩)·정이(程頤)와 정호(程顥)·주희(朱熹)가 나타나 불교와 도교를 물리쳤습니다. 그러나 끝내 어찌할 수 없는 것은 그 사람을 사람답게 하거나 그 책을 불태우거나 그 거처를 없애버릴 수 없을 뿐만이 아닙니다. 일찍이 물리쳐도 다시 크게 모이고 공격하여 잠시 물리쳐

도 더욱 견고하지거나 공격해도 멸하지 못하고 더욱 성하다고 말할 수 있는 것도 아닙니다.

저들이 성행하는 이유는 저들이 세운 법이 선해서가 아니고 저들의 사람들이 능숙해서도 아닙니다. 저들은 우리가 가진 것을 엿보아 도둑질하여 우리는 그것을 잃고 저들은 얻었으니, 우리가 다만 저들이 우리의 것을 훔쳐 갔음을 알지 못할 뿐만 아니라 때때로 단점을 비방하고 시비를 비교하여 저들이 하는 것이 우리에게 가깝다고 말하는 것은 잘못되었습니다.

아! 도리어 누가 저들이 우리에게 해를 끼치는 것이 곧 우리가 본래 가졌던 것임을 알겠습니까. 무릇 남의 물건을 훔쳐서 몰래 사용하는 것이니, 사이비에 가깝다는 것이 마땅합니다.

저들은 모여서 살고 함께 지내며 우리의 학교와 선비를 기르는 예를 훔쳤습니다. 저들은 경전을 외우고 법을 말하며 우리의 악기를 연주하고 글을 읽거나 선비를 가르치는 예를 훔쳤습니다. 저들의 제사[祈禳]는 우리의 제사의 예를 훔친 것입니다. 저들의 명복을 비는 것[追薦]은 우리의 빈우(賓虞)의 예를 훔친 것입니다. 우리가 참된 것을 쓴다면 저들의 가짜는 저절로 실현되지 않을 것입니다.

옛날에 안자(晏子)가 권신들의 분수에 넘치는 모습에 대해 말하기를 "오직 예(禮)만이 그치게 할 수 있다."[18]라고 하였으니, 신은 이단에 대해서 이와 같이 말하겠습니다. 예는 천하에 하루라도 존재하지 않을 수 없으니 예가 행해진다면 도덕이 하나가 되고 도덕이 하나가 된다면 풍속이 같습니다. 대개 도덕은 이치이나 예는 이치가 절문(節文)

18 오직 … 있다: 《안자춘추(晏子春秋)》 〈외편상(外篇上)〉에 나온다.

이 있어서 일에 드러나 행할 수 있는 것입니다. 이 때문에 우리는 학교에서 선비를 길렀으니 학교가 아니면 무리를 모을 수 없습니다. 우리는 경술(經術)을 통하여 사람들을 가르쳤으니 경서를 통하지 않으면 설명할 수 없습니다. 예로 신에게 제사지냈으니 적합한 귀신이 아니면 제사를 허락하지 않습니다. 제기로 장례를 치렀으니 할 수 있는 것이 아니면 허용하지 않습니다. 이와 같다면 저들이 우리가 사람들을 가르치는 것을 다만 감히 하지 못할 뿐만 아니라 또 거짓으로 하거나 우습게 여기지 못할 것이니, 도덕이 하나가 되지 않거나 풍속이 같지 않음이 있겠습니까.

臣按: 風俗之所以不同者, 以道德之不一也, 道德之所以不一者, 以異端道其所道·德其所德故也. 戰國之時, 異端之大者在楊墨, 秦漢以來異端之大者在佛老, 必欲天下之風俗皆同而道德無不一, 非絶去異端之教不可也. 然在孟子則辟楊墨, 在韓·歐·程·朱則辟佛老, 然而終莫如之何者, 非獨不能人其人·火其書·廬其居也, 非謂嘗去矣而復大·集攻之暫破而愈堅·撲之未滅而愈熾也. 蓋彼之所以盛行者, 非彼立法之善也, 亦非爲彼之人之能也, 彼竊吾之所有者而盜之, 吾失之而彼得之, 吾非獨不知彼竊吾之所有, 往往訐其所短而較以是非, 謂彼之所爲者近是於吾而非. 噫! 抑孰知彼之所以爲我害者, 卽我之所固有者哉? 大攬取人之物而竊用之, 宜其近是而非也. 彼之群居而聚食, 竊吾學校養士之禮也; 彼之誦經而說法, 竊吾弦誦教士之禮也; 彼之祈禳, 竊吾祭薦之禮也; 彼之追薦, 竊吾殯虞之禮也, 吾用其眞者則彼贗者自不售矣. 昔晏子之於權臣僭竊, 曰 "惟禮可以已之", 臣於異端亦雲. 夫禮之在天下不可一日無者, 禮行則道德一矣, 道德一則風俗同矣. 蓋道德其理也,而禮則其禮之有節文而見於事而可行者也, 是故吾有學校以養士, 非學校不得以聚徒; 吾有經術以教人, 非經術不得以駕說; 有禮以祭神, 非其鬼則不許祭; 有具以送終, 非得爲則不許用. 如是, 則彼之教吾之人, 非獨不敢爲, 且不暇爲而亦不屑爲矣, 道德其有不一·風俗其有不同也哉?

《전한서(前漢書)》〈동중서전(董仲舒傳)〉에서 말하였다.[19]

한(漢)나라 동중서(董仲舒)[20]가 무제(武帝)에게 말하기를 "《춘추(春秋)》의 대일통(大一統)은 천지(天地)의 떳떳한 경(經)이고 고금(古今)의 큰 마땅함입니다. 지금 스승들은 도(道)를 달리하고 사람들은 논의를 달리하며 백가(百家)들은 방법을 달리하여 뜻이 같지 않았습니다. 이 때문에 위에서는 일통(一統)을 가지지 못하여 법제(法制)가 자주 변하고, 아래에서는 지킬 바를 알지 못하였습니다. 신의 생각으로는 여러 가지 육예(六藝)의 과목과 공자(孔子)의 학문에 있지 않은 것들은 모두 그 도(道)를 끊어 버려서 아울러 나아가게 하지 말고 사벽(邪辟)의 설들을 없애고 그치게 해야 합니다. 그러한 후에야 근본이 되는 법칙이 하나가 될 수 있어서 법도(法度)가 밝아지고 백성들이 따를 바를 알게 될 것입니다."라고 하였다. 천자(天

19 《전한서(前漢書)》 권56 〈동중서전(董仲舒傳)〉에 나온다.

20 동중서(董仲舒, 기원전 170?~기원전 120?): 전한 신도(信都) 광천(廣川) 사람으로 경제(景帝) 때 박사(博士)가 되었다. 무제(武帝) 때 현량대책(賢良對策)으로 백가(百家)를 몰아내고 유술(儒術)만을 존중할 것을 주장했는데, 무제가 받아들여 이후 2천 년 동안 유학(儒學)이 정통 학술로 자리하는 계기를 만들었다.

子)가 그 대답을 좋게 여겨 동중서를 강도상(江都相)으로 삼았다. 승상(丞相) 위관(衛綰)[21]이 아뢰어, 천거한 현량(賢良) 가운데 혹 신불해(申不害)[22]와 한비자(韓非子),[23] 소진(蘇秦)[24]과 장의(張儀)[25]의 말을 공부하여 국정을 어지럽히

---

21 위관(衛綰, ?~기원전 131): 전한 대군(代郡) 대릉(大陵) 사람으로 희거(戲車)로 낭(郎)이 되었다. 문제(文帝)를 섬겨 중랑장(中郎將)으로 옮겼으며, 경제(景帝)가 즉위해서는 하간왕태부(河間王太傅)에 임명되었다. 나중에 태자태부(太子太傅)가 되고, 어사대부로 옮긴 뒤 승상(丞相)에까지 올랐다. 사람됨이 근신(謹愼)하고 분수를 지켜 큰 굴곡이 없었으며, 경제(景帝) 때 총애를 받았다. 무제(武帝)가 즉위하자 사직하고 물러났다.

22 신불해(申不害, ?~기원전 337?): 전국시대 정(鄭)나라 경(京, 하남성 滎陽縣) 사람이다. 법가(法家)를 대표하는 인물로, 한(韓)나라의 소후(昭侯)를 섬겨 재상으로 15년간 재직하면서 내치(內治)와 외교(外交)를 가다듬어 나라를 태평하게 다스렸다. 황로(黃老) 사상을 기본으로 삼아 신하들을 통제하는 방식을 강조했다. 즉 신하에게 관직을 맡기되 명분에 맞게 실효를 책임지게 하고, 군주는 신하를 감독하면서 생사여탈권(生死與奪權)을 쥐어 군주 전제 정치를 강화한다는 것이었다.

23 한비자(韓非子, 기원전 280?~기원전 233): 전국시대 말기 한(韓)나라 사람이다. 이사(李斯)와 함께 순자(荀子)에게 배워 뒷날 법가(法家) 사상을 대성시켰다. 덕(德)을 내세우기보다는 법(法)을 내세우고, 형벌은 대신(大臣)도 피하지 않으며 포상은 필부(匹夫)라도 놓쳐서는 안 된다고 주장했다. 학설은 상앙(商鞅)과 신불해(申不害), 신도(愼到)의 이론을 채용하여 법(法)·술(術)·세(勢)를 겸용할 것을 주장했고, 중앙집권과 군주전제정치를 내세웠다.

24 소진(蘇秦): 전국시대 중엽 동주(東周) 낙양(洛陽) 사람으로 자는 계자(季子)다. 장의(張儀)와 함께 귀곡자(鬼谷子)에게 가르침을 받았다. 강국인 진나라와 한(韓)나라 두 나라가 서로 교전하고 있어 산동(山東) 지방의 제후국들은 진나라의 침략을 두려워하고 있던 상황을 이용해 연(燕)나라의 문후(文侯)에게 6국 합종(合縱)의 이익을 설득하여 채택되었다. 다시 조(趙)나라와 한(韓), 위(魏), 제(齊), 초(楚)의 여러 나라를 설득하는 데도 성공하여, 기원전 333년 6국의 합종에 성공, 혼자 6국의 상인(相印, 재상의 인장)을 가지게 되었고, 스스로 무안군(武安君)이라 칭했다. 그러나 합종책은 장의 등이 내세운 연형책(連衡策, 連橫策)에 밀려 실패했다.

25 장의(張儀, ?~기원전 309): 전국시대 위(魏)나라 사람으로 소진(蘇秦)과 함께 귀곡자(鬼谷子)를 사사하면서 종횡술(縱橫術)을 배웠다. 진(秦)나라 혜문왕(惠文王) 9년 진나라에 들어가 재상이 되었다. 연횡책(連橫策)을 써서 진나라가 하서(河西)와 상군(上郡), 하동(河東) 등지를 차지하게 했다. 다음 해 위나라 또한 연횡을 실행해 혜시(惠施)를 쫓아내고 그를 재상으로 맞았

는 자가 있으면 모두 파직시킬 것을 청하니, 승낙하였다.

漢董仲舒言於武帝曰: "《春秋》大一統者, 天地之常經·古今之大誼也. 今師異道·人異論, 百家殊方, 指意不同, 是以上亡以持一統, 法制數變, 下不知所守. 臣愚以爲, 諸不在六藝之科·孔子之術者, 皆絶其道, 勿使並進, 邪僻之說滅息, 然後統紀可一而法度可明, 民知所從矣." 天子善其對, 以仲舒爲江都相, 丞相衛綰因奏所擧賢良或治申·韓·蘇·張之言亂國政者, 請皆罷. 奏可.

신은 이렇게 생각합니다. 다스리는 도(道)는 두 가지이니, 정치와 교화일 뿐입니다. 정치에는 기강(紀綱)이 있고 교화에는 요체가 있으니, 정치를 하여 그 기강을 떨치고 교화를 하여 그 요체를 모아야 다스리는 도가 펼쳐집니다. 대저 천하[四海]는 크고 백성들은 지극히 많은데, 사람은 각각 마음이 하나이고 마음은 각각 소견이 하나여서 사람마다 그 사사로움을 행하고자 하는 데에 뜻을 둡니다.

만일 윗자리에 있는 사람이 그 요체를 모아 거느려서 바로잡고 가지런히 하여 하나로 귀결되는 것이 아니라면, 사람마다 반드시 그 하고자 하는 바를 이루고 물건마다 반드시 그 사사로움을 이루고, 일마다 반드시 그 본 바를 행할 것이니, 천하가 무엇을 말미암아 한 가지로 합쳐지겠습니까.

다. 3년 뒤 위나라가 합종(合縱)을 써서 공손연(公孫衍)을 재상으로 임용하자 진나라로 돌아왔다. 진나라는 연횡책으로 인해 영토도 넓어졌고 강대국이 되었다.

성인(聖人)이 여기에 소견이 있어 이 때문에 한 가지 도덕(道德)의 설이 있게 되었습니다. 그러나 도덕의 본체는 한 가지일 뿐이지만 그 쓰임은 한 가지가 아닙니다. 사람마다 그 마음이 각기 다르고 마음도 그 본 바에 따라 각기 다르니, 스스로를 모두 도덕이라고 여깁니다. 하지만 모두 옳은 듯하여도 그른 것이니, 이 때문에 그릇된 것을 옳다고 여기는 것이 많은 것이 모두 이것입니다.

신불해(申不害)와 한비자(韓非子)를 배운 자들은 신불해와 한비자를 도덕으로 여기고, 양주(楊朱)와 묵적(墨翟)을 배운 자들은 양주와 묵적을 도덕이라고 여기며, 소진(蘇秦)과 장의(張儀)를 배운 자들은 소진과 장의를 도덕으로 여기고, 불교(佛敎)와 도교(道家)를 배운 자들은 불교와 도가를 도덕으로 여깁니다. 분분하고 어지러워 각각 그 도덕이라고 하는 바를 도덕으로 여기는 것은 공자와 맹자를 배우는 자들이 공자와 맹자의 도덕에 대하여와 다름이 없는 듯합니다. 저들은 각각 자신의 옳은 것을 옳게 여기고 다른 사람의 그릇됨을 그르다고 여겼으니, 윗사람이 참된 옳음으로 보여 주어 그것이 그릇된 까닭을 밝히는 경우가 아니라면 저들이 어찌 기꺼이 자신들이 옳게 여기는 것을 그르다고 여기고 다른 사람들이 그르다고 여기는 것을 옳게 여기겠습니까.

무제(武帝)가 즉위한 초기에 먼저 현량(賢良)으로 방정한 사람을 선거하여서 곧 동중서와 같은 진유(眞儒)를 얻었습니다. 동중서가 먼저 이것을 말하고 승상 위관이 또 이것을 아뢰니, 이에 백가(百家)가 파하여 물리쳐져 세상의 학문이 이로 인하여 공자(孔子)의 도를 높여야 할 것을 알았습니다. 이후에 태학(太學)이 세워지고 박사(博士)를 내세우며 경술(經術)을 밝혀 유학자들의 도가 천하에 크게 밝혀지게 하였습니다. 한번 진(秦)나라의 비루함을 씻어내어 지금 유도(儒道)가 성행하고 경술(經術)이 크게 밝아진 것은 모두 무제가 진작시킨 공(功)과 위관이 아뢰어 청한 업적과 동중서가 발양시킨 힘입니다. 아! 세도(世道)에 공(功)이 있는 것이 또한 어찌 작은 것이겠습니까.

臣按: 爲治之道二, 政與教而已. 政有紀綱, 教有樞要, 爲政而振其紀綱, 爲教而撮其樞要, 治道張矣. 夫以四海之大·兆民至衆, 人各一心, 心各一見, 人人有意欲行其私, 苟非上之人撮其樞要, 總攝而整齊之, 使一其歸, 人人必濟其所欲, 物物必遂其所私, 事事必行其所見, 天下何由而統於一也? 聖人有見於此, 所以有一道德之說焉. 然道德之體一而已矣, 而其爲用則不一焉, 人各其心, 心各其見, 自皆以爲道德也, 然皆似是而非是, 故以非爲是者滔滔皆是也. 習申韓者以申韓爲道德, 習楊墨者以楊墨爲道德, 習蘇張者以蘇張爲道德, 習佛老者以佛老爲道德, 紛紛籍籍, 各以其所道德者以爲道德, 其與學孔孟者之於孔孟之道德若無以異也, 彼各是其是而非人之非, 非上之人示之以眞是而明其所以爲非, 彼安肯非己之所是而是人之所非哉? 武帝卽位之初, 首擧賢良方正, 卽得董仲舒之眞儒者, 仲舒首以是爲言而丞相衛綰又以爲奏, 於是罷黜百家而世之學者因是而知尊孔氏之道, 自後建太學·立博士·明經術, 使儒者之道大明於天下, 一洗秦人之陋, 至今儒道盛行·經術大明, 皆武帝振作之功·衛綰奏請之績·仲舒發揚之力也. 嗚呼! 其有功於世道, 亦豈細哉?

《전한서(前漢書)》〈선제기(宣帝紀)〉에서 말하였다.[26]

한 선제(漢宣帝) 감로(甘露) 3년(51)에 여러 유학자(儒學者)들에게 조서를 내려 석거각(石渠閣)[27]에서 오경(五經)의 같은 점과 차이점을 논하게 하였다. 소망지(蕭望之)[28] 등이 분석하여 아뢰자 임금이 직접 명령을 내려 결정하여 양구(梁丘)[29]의 《역(易)》과 하후(夏候)[30]의 《상서(尙書)》와 곡량(穀梁)[31]의 《춘추(春秋)》에 박사(博士)를 세웠다.

---

26 《전한서(前漢書)》 권8 〈선제기(宣帝紀)〉에 나온다.

27 석거각(石渠閣): 중국 한나라 때 장서각(藏書閣)의 이름으로 소하(蕭何)가 만들었다. 각(閣)의 아래에 돌을 쌓아 거(渠)를 만들어 물을 끌어내기 때문에 이러한 이름이 붙여졌다. 주의(奏議), 도적(圖籍)을 비롯하여 각종 도서를 보관하였다. 선제(宣帝)가 유생들을 이곳에 모아 오경(五經)을 비롯하여 여러 서(書)를 강론하게 했다.

28 소망지(蕭望之, 기원전 109?~기원전 47): 전한 동해(東海) 난릉(蘭陵) 사람으로 자는 장천(長倩)이다. 후창(后蒼)에게 《제시(齊詩)》를 배웠고 하후승(夏侯勝)에게 《논어》와 예복(禮服)을 배웠으며, 백기(白奇)에게도 수학했다. 감로(甘露) 3년(기원전 51) 석거각회의(石渠閣會議)에 참석하여 여러 학자들과 오경(五經)의 동이(同異)에 대해 토론했다. 제시(齊詩)와 노논어(魯論語)를 전했으며, 《춘추곡량전》과 《춘추좌씨전》에도 밝았다.

29 양구(梁丘): 전한 낭야(琅邪) 제성(諸城, 산동성) 사람으로 성은 양구(梁丘)고, 이름은 하(賀)며, 자는 장옹(長翁)이다. 금문역학인 양구씨학(梁丘氏學)의 개창자로, 처음에는 양가(楊何)의 제자 태중대부 경방(京房)에게 《주역》을 배웠으며, 나중에는 전하(田何)의 재전제자(再傳弟子) 전왕손(田王孫)에게 배웠다. 석거각회의(石渠閣會議)에서 그의 학문이 학관(學官)에 세워지게 됨으로써 시수(施讎), 맹희(孟喜)의 역학과 함께 세상에 전해지게 되었다.

30 하후(夏候): 전한 동평(東平) 사람으로 성은 하후(夏侯)씨고, 이름은 건(建)이며, 자는 장경(長卿)이다. 금문상서소하후학(今文尙書小夏侯學)의 개창자로, '소하후(小夏侯)'로 불린다. 하후승(夏侯勝)과 구양고(歐陽高)를 사사하여 《상서(尙書)》를 배웠다. 감로(甘露) 3년(기원전 51) 석거각회의(石渠閣會議)에서 그의 상서학(尙書學)을 학관(學官)에 세우기로 했다. 또한 석거각회의에 참가하여 경전을 토론했다.

31 곡량(穀梁): 중국 전국시대 노(魯)나라 사람으로 성은 곡량(穀梁), 이름은 적(赤) 또는 숙(俶)이고, 자는 원시(元始)다. 공양고(公羊高)와 함께 자하(子夏)에게서 《춘추(春秋)》를 배웠다. 그의 구전된 《춘추(春秋)》는 전한(前漢) 때에 이르러 《춘추곡량전(春秋穀梁傳)》이라는 1권의 책으로 만들어졌다.

宣帝甘露三年, 詔諸儒論五經異同於石渠閣, 蕭望之等平奏, 上親稱制臨決, 立梁丘《易》·夏侯《尙書》·穀梁《春秋》博士.

《신당서(新唐書)》〈유학열전(儒學列傳)〉에서 말하였다.[32]

당 태종(唐太宗) 정관(貞觀) 14년(640), 국자좨주(國子祭酒) 공영달(孔穎達)[33] 등에게 명하여 《오경정의(五經正義)》를 만들게 하였다. 비록 다른 여러 설들을 포괄하여 꿰뚫고 있지만 그 사이에 잘못된 것이 없을 수 없었기 때문에, 박사(博士) 마가운(馬嘉運)[34]이 그 잘못을 논박하여 바로잡으니, 다시 헤아려 정하라는 조서가 있었다.

唐太宗貞觀十四年, 命國子祭酒孔穎達等撰《五經正義》, 雖包貫異家爲詳博, 其間不能無謬冗, 博士馬嘉運駁正其失, 有詔更令裁定.

32 《신당서(新唐書)》 권198 〈유학열전(儒學列傳)〉에 나온다.

33 공영달(孔穎達, 574~648): 당나라 기주(冀州) 형수(衡水) 사람으로 자는 충원(冲遠) 또는 중달(仲達)이고, 시호는 헌(憲)이다. 당시 유명한 경학자인 유작(劉焯)에게 배웠다. 당나라 건국 후 국자박사(國子博士)와 국자좨주(國子祭酒) 등을 역임했다. 《춘추좌씨전》, 《모시(毛詩)》, 《예기》와 정현주(鄭玄注)의 《상서(尙書)》, 왕필주(王弼注)의 《주역》에 밝았고, 역산(曆算)에도 뛰어났다. 당 태종의 명을 받아 안사고(顔師古), 사마재장(司馬才章), 왕공(王恭), 왕염(王琰) 등과 함께 남학파와 북학파의 경학을 절충하여 《오경정의(五經正義)》를 찬술했다. 이 책은 송나라 때 합간된 《십삼경주소(十三經注疏)》에 모두 수록되어 있다.

34 마가운(馬嘉運, ?~645?): 당나라 위주(魏州) 번수(繁水, 하북성 大名) 사람으로 젊었을 때 승려가 되었다가 나중에 환속하여 유학(儒學)을 공부했다. 태종 정관(貞觀) 11년(637) 부름을 받아 태학박사(太學博士)와 홍문관학사(弘文館學士) 등을 지냈다. 《문사박요(文思博要)》를 편찬했다. 공영달(孔穎達)이 편찬한 《오경정의(五經正義)》가 너무 번잡하다고 여겨 오류에 대해 항상 지적했는데, 정밀한 논의에 여러 학자들이 감복했다. 국자박사(國子博士)까지 올랐다.

여조겸(呂祖謙)[35]이 말하였다.[36]

"전주(傳註)의 학문은 한(漢)나라의 여러 유학자들이 전문하여 명가(名家)를 이루었지만, 위(魏)·진(晉)·양(梁)·수(隋)에 이르러 온전한 경(經)을 진실로 잃어버렸다. 그러나 정현(鄭玄)[37]과 왕숙(王肅)[38]의 무리들이 그 설을 보존하여 아직도 볼만한 아름다움이 있다. 공영달(孔穎達)이 제가(諸家)의 설들을 모아 《오경정의(五經正義)》[39]를 지었으나, 후에

35 여조겸(呂祖謙, 1137~1181): 남송 무주(婺州) 금화(金華) 사람으로 자는 백공(伯恭)이며, 호는 동래선생(東萊先生)이다. 여대기(呂大器)의 아들이다. 임지기(林之奇)와 왕응진(汪應辰) 등에게 사사했으며, 주희(朱熹), 장식(張栻) 등과 사귀며 폭넓은 학식을 갖추었다. 순희(淳熙) 2년(1175) 주희와 육상산(陸象山)의 학문 조정을 꾀하기 위해 아호(鵝湖)에서 모임을 주재했다. 저서에 《여동래선생문집(呂東萊先生文集)》 40권, 《역대제도상설(歷代制度詳說)》 등이 있으며, 주희와의 공저(共著)인 《근사록(近思錄)》은 특히 유명하다.

36 《좌씨전설(左氏傳說)》 권2 〈장공(莊公)〉에 나온다.

37 정현(鄭玄): 《대학연의보》 권76 주) 20 정씨(鄭氏) 참조.

38 왕숙(王肅, 195~256): 삼국 시대 위(魏)나라 동해담(東海郯) 사람으로 자는 자옹(子雍)이고, 시호는 경후(景侯)다. 왕랑(王朗)의 아들이고, 사마소(司馬昭) 부인의 아버지다. 가규(賈逵), 마융(馬融)과 사귀면서 그들의 고문경학을 존숭했고, 정현(鄭玄)에 대해서는 고문을 세운 점은 인정했지만 금문설(今文說)을 채용했다 하여 《성증론(聖證論)》을 지어 논박했다. 《상서박의(尙書駁議)》, 《모시박의(毛詩駁議)》, 《모시주사(毛詩奏事)》, 《모시문난(毛詩問難)》 등의 저술도 정현의 설을 논박한 것이다. 《위서(魏書)》에 따르면 그의 저술은 《상서(尙書)》와 《논어》, 삼례(三禮), 《춘추좌씨전(春秋左氏傳)》 등을 해석한 것이 있는데, 모두 당시 학관(學官)에 세워졌다고 한다. 《수서(隋書)》「경적지(經籍志)」에 실린 그의 저술은 대부분 없어졌고, 옥함산방집일서에 집록된 15종 20권만 전한다. 그 밖의 저서에 《공자가어(孔子家語)》와 《마왕역의(馬王易義)》, 《주역주(周易注)》, 《상서왕씨주(尙書王氏注)》, 《모시왕씨주(毛詩王氏注)》, 《예기왕씨주(禮記王氏注)》, 《논어왕씨주(論語王氏注)》, 《국어장구(國語章句)》, 《왕자정론(王子正論)》 등이 있다.

39 《오경정의(五經正義)》: 당 태종(唐太宗)의 명에 따라 공영달 등 21명이 편정(篇正)한 것으로 《주역(周易)》 14권, 《상서(尙書)》 20권, 《모시(毛詩)》 40권, 《예기(禮記)》 70권, 《춘추좌전(春秋左傳)》 36권 등 모두 180권이다. 남학(南學)과 북학(北學)을 절충하여 《주역》은 위(魏)나라 왕필(王弼)의 주(注)를 채택했으며, 《상서》는 공안국전(孔安國傳)을, 《모시》는 서한(西漢) 모공(毛公)의 전(傳)과 동한(東漢) 정현(鄭玄)의 전(箋)을, 《예기》는 정현의 주(注)를, 《춘추좌전》은 서

경(經)을 보는 자들은 다만 《오경정의》가 있는 것만을 알아서 여러 유학자의 설들이 다시 보존되지 못하였다."

呂祖謙曰: "傳註之學, 漢之諸儒專門名家, 以至魏晉·梁·隋全經固失, 然鄭玄·王肅之徒其說猶存, 猶有可見之美. 自孔穎達集衆家之說爲《正義》, 後之觀經者但知有《正義》而諸儒之說無復存矣."

신은 이렇게 생각합니다. 한 선제(漢宣帝)가 석거각(石渠閣)에서 여러 유학자들을 모아 오경(五經)의 같은 점과 다른 점을 논의하게 하였으나, 강의만 했을 뿐 책으로 만들지는 않았습니다. 당 태종(唐太宗)대에 이르러서야 비로소 공영달(孔穎達)에게 명하여 여러 유신(儒臣)들을 모아 《오경정의(五經正義)》를 편찬하였으니, 이 또한 한 가지 도덕의 하나의 단서입니다. 도덕(道德)이 비록 인심(人心)에 갖추어져 있고 천명(天命)에서 나온 것이긴 하나, 성현(聖賢)의 경전(經傳)을 살피지 않으면 옳은 것을 그르다고 여기거나 그른 것을 옳다고 여겨서는 안 됨을 어찌 알 수 있겠습니까.

이 때문에 옛 제왕들 가운데 삼대(三代)의 다스림에 뜻을 둔 자들부터 풍속을 같게 함에 힘쓰지 않음이 없었고, 풍속을 같게 하려는 자는 도덕을 하나로 하는 것에 우선하지 않음이 없었습니다. 도덕을 하나로 하려는 자가 만약 성현의 말에서 참고하여 바로잡지 않고 어찌 그렇게 된 까닭과 마땅히 그러한 법칙을 알아 시행하겠습니까. 비록

진 두예의 주를 각각 채택하였다.

도덕을 한 가지로 하고자 하여도 할 수 없는 것입니다. 성현의 말이 경전에 모두 갖추어져 있는데도 드러내어 발명하지 않으니, 윗사람은 무엇을 근거로 삼겠으며, 아랫사람들 가운데에는 믿지 못하는 자가 있을 것입니다. 이 때문에 제왕이 도덕을 하나로 하여 풍속을 같게 하려고 할 적에, 때때로 경적(經籍)에 뜻을 두어 여러 유학자들에게 명하여 고증하여 바로잡고 모아서 천하에 반포하여 집안에서 전하게 하고 사람들에게 외게 하였습니다. 그렇게 한다면 무릇 이 도덕을 지닌 자들은 모두 이와 같은 것이 도덕이 되고 이와 같지 않은 것은 그르다는 것을 알아서, 모두 도덕으로 돌아가고 풍속이 순정(醇正)해져서 저것과 이것의 다름이 없어질 것입니다.

당 태종이 여기에 소견을 두어 공영달에게 명하여 육경(六經)을 살펴보고 바로잡게 하였으나, 공영달이 임금의 뜻을 받들기에 부족하여 바로잡는 것에서 많이 잘못된 것이 있다면 무슨 보탬이 되겠습니까. 공영달의 학문이 비록 흠잡을 만한 곳이 있다고는 하나, 태종의 견해는 초연히 후세의 임금들이 생각지 못한 것에서 나왔으니 숭상할 만합니다.

우리 태조(太祖: 朱元璋)는 개국하자마자 먼저 학교를 세웠으며, 이윽고 조서를 내려 과거를 시행함에 한결같이 오경(五經)과 사서(四書)로 사람들을 가르치고 사대부를 뽑아서 각자 한 경전은 전공하게 하고는 사서를 겸하여 공부하게 하였습니다. 태종(太宗, 朱棣) 또한 여러 유학자들에게 명하여 《오경대전(五經大全)》·《사서대전(四書大全)》·《성리대전(性理大全)》을 편집하였습니다. 《주역(周易)》은 정자(程子)와 주자(朱子)를 주로 삼고 《서경(書經)》은 채침(蔡沈)[40]을 주로 삼고 《시경》은 주자를 주로 삼고 《춘추(春秋)》는 호안국(胡安國)[41]을 주로 삼고 《예기(禮

記)》는 진호(陳澔)[42]의 《집설》을 쓰되, 사서(四書)의 뜻은 한결같이 주자의 《집주(集註)》와 《장구(章句)》에 근본을 두었습니다.

대저 오경(五經)은 한(漢)나라 이래로 전문 명가(名家)가 각각 스스로 문하(門下)를 열었으나, 길을 달리하여 혹은 훈고(訓詁)에 빠지고 혹은 참위(讖緯)로 흘렀습니다. 송(宋)나라의 염락관민(濂洛關閩)[43]에 이르러 유학자들이 나온 후에 경전의 뜻이 세상에 크게 밝혀졌고 우리 열성(列聖)들이 또한 그것을 드러내어 드디어 천고에 깎을 수 없는 대전(大典)과 바꿀 수 없는 정론(定論)으로 삼았습니다. 이 때문에 도덕이 하나가 되어 여러 갈래로 어긋나던 것이 없어졌으며, 풍속이 같아져서 경

40 채침(蔡沈, 1167~1230): 남송 건주(建州) 건양(建陽) 사람이다. 자는 중묵(仲默)이고, 학자들 사이에 구봉선생(九峰先生)으로 불렸으며, 시호는 문정(文正)이다. 채원정(蔡元定)의 둘째 아들이다. 주희(朱熹)에게 배웠다. 아버지가 죽은 뒤 구봉(九峰)에 은거하면서 주희의 명령으로 《상서(尙書)》에 주를 달았고, 10여 년의 시간이 걸려 영종(寧宗) 가정(嘉定) 2년(1206)에 《서집전(書集傳)》을 완성했다. 그 밖의 저서에 《홍범황극(洪範皇極)》과 《채구봉서법(蔡九峰筮法)》 등이 있다.

41 호안국(胡安國, 1074~1138): 송나라 건주(建州) 숭안(崇安) 사람으로 자는 강후(康侯)고, 시호는 문정(文定)이며, 호연(胡淵)의 아들이다. 고종(高宗)이 즉위하자 급사중(給事中)과 중서사인(中書舍人)을 거쳤고, 시독(侍讀)을 겸하면서 《춘추》를 전강(專講)했다. 왕안석(王安石)이 《춘추》를 폐하여 학관(學官)에 끼지 못해 《춘추》의 학문이 쇠퇴한 것을 탄식하고, 20년을 연구하여 《춘추호씨전(春秋胡氏傳)》 30권을 저술했다.

42 진호(陳澔, 1260~1341): 중국 원대(元代)의 학자로 송나라 남강부(南康府) 도창현(都昌縣) 사람이다. 자는 가대(可大), 호는 운장(雲莊), 운주(雲住), 북산수(北山叟)이다. 진대유(陳大猷)의 아들이다. 송나라가 망한 이후 벼슬하지 않았다. 주자학 계통의 학자로 송나라 여러 학자들의 주설(注說)을 모아 《예기집설(禮記集說)》 10권을 지었다. 이 책은 명나라 영락 14년에 사서오경대전(四書五經大全)이 편찬될 때, 여기에 들어가 국가의 공인을 받아 과거 시험의 필독서가 되었다.

43 염락관민(濂洛關閩): 송(宋)나라의 유학자인 주돈이(周敦頤)·정호(程顥)·정이(程頤)·장재(張載)·주희(朱熹)를 말하는데 이들이 살던 지역의 명칭을 따 부르는 것이다.

계의 구별이 없어졌습니다. 이 세상, 이 백성들이 천지(天地)의 순전(純全)을 볼 수 있고 성현의 지극한 이치를 알 수 있으며, 제왕의 성대한 다스림을 누릴 수 있었으니, 이 무슨 행운입니까.

臣按: 漢宣帝會諸儒於石渠講論五經同異, 然惟講議之而已, 未有成書也, 至唐太宗始命孔穎達會諸儒臣撰《五經正義》, 是亦一道德之一端也. 蓋道德雖具於人心·出於天命, 然不考之聖賢之經傳, 安知其不以是爲非·以非爲是哉? 是以自古帝王有志於三代之治者, 莫不以同風俗爲務, 同風俗者莫不以一道德爲先, 一道德者苟不質正於聖賢之言, 何以知其所以然之故與其所當然之則而施行之哉? 雖欲道德之一不可得也, 聖賢之言具載經傳, 不有以表章而發明之, 上之人何以爲據, 下之人有不信者矣. 是以帝王欲一道德以同風俗, 往往留意於經籍而命諸儒考正而會稡之, 用以頒布天下, 使家傳而人誦之, 則凡有是道德者皆知如是則爲道德·不如是則非, 咸爲道德之歸而風俗醇正而無彼疆此界之殊矣. 唐太宗有見於此而命孔穎達以考正六經, 而穎達不足以承上意, 而所正者多有繆冗, 則亦何益之有哉? 穎達之學雖有可疵, 而太宗之見則超然出乎後世人君之表, 可尙也已. 我太祖開國之先, 首建學校, 未幾詔行科擧, 一以五經四書敎人取士, 士各專一經而兼治四書, 太宗又命諸儒輯《五經四書性理大全書》, 《易》主程朱·《書》主蔡氏·《詩》主朱氏·《春秋》主胡氏·《禮記》則用陳澔《集說》·四書之訓則一本朱子《集注》《章句》焉. 夫五經自漢以來專門名家, 各自開戶牖而殊軌轍, 或泥於訓詁, 或流於讖緯, 至於有宋濂·洛·關·閩諸儒者出, 然後經旨大明於世, 而我列聖又表章之, 遂爲千古不刊之大典·不易之定論, 是以道德一而無岐轍之差, 風俗同而無疆界之別, 斯世斯民得以見天地之純全·識聖賢之至理·享帝王之盛治, 一何幸歟!

《자치통감(資治通鑑)》〈진기(晉紀) 효종목황제 하(孝宗穆皇帝下)〉에서 말하였다.[44]

동진(東晉)의 범녕(範寧)[45]은 유학(儒學)을 좋아하고 성질이 곧았는데, 일찍이 왕필(王弼)[46]과 하안(何晏)[47]의 죄가 걸주(桀紂)보다 심하다고 말하였다. 어떤 사람이 폄하하는 것이 너무 지나치다고 하자, 범녕이 말하기를 "왕필과 하안은 전문(典文)을 멸하여 버리고 인의(仁義)를 감추어 두었으며, 뜬구름 같은 말로 후생(後生)들을 요동치게 하고 벼슬하는 무리들을 휩쓸어 진로를 바꾸게 하였다. 예악(禮樂)이 무너지고 중원(中原)이 기울어져 남아 있는 풍속이 지금에 이르러서는 근심이 되었다. 걸주(桀紂)가 한 시대 동안 제멋대로 하고 포악하게 한 것은 마침내 자신을 잃고 나라를 전복시키는 것으로 충분히 후세의 경계가 되었다. 어찌 백성들이 보고 들은 것을 돌릴 수 있겠는가. 그러므로 나는 한 시대의 재앙은 가볍지만 여

44 《자치통감(資治通鑑)》 권101 〈진기(晉紀) 효종목황제 하(孝宗穆皇帝下)〉에 나온다.

45 범녕(範寧, 339~401): 남양(南陽) 순양(順陽) 사람으로 범왕(範汪)의 아들이다. 동진(東晉) 시기의 대유학자(大儒學者)이자 경학가(經學家)이다. 일찍이 예장태수(豫章太守)를 지냈다. 그는 《후한서(後漢書)》의 작자인 범엽(範曄)의 조부이다.

46 왕필(王弼, 226~249): 삼국 시대 위(魏)나라 산음(山陰, 산동성) 사람으로 자는 보사(輔嗣)다. 하안(何晏) 등에게 인정받아 젊은 나이에 상서랑(尙書郞)에 등용되었고, 하안과 함께 위진(魏晉) 현학(玄學, 老莊學)의 시조로 일컬어진다. 저서 《노자주(老子注)》와 《주역주(周易注)》가 있는데, 육조 시대와 수당 시대 때 성행했다.

47 하안(何晏): 《대학연의보》 권76 주) 61 참조.

러 세대에 걸친 근심은 무거우며, 스스로를 잃은 죄는 작지만 여러 사람들을 헤매게 하는 죄는 크다고 한 것이다."라고 하였다.

東晉範寧好儒學, 性質直, 嘗謂王弼·何晏之罪深於桀·紂. 或以爲貶之太過, 寧曰: "王·何滅棄典文, 幽沉仁義, 遊辭浮說波蕩後生, 使縉紳之徒翻然改轍, 以至禮壞樂崩, 中原傾覆, 遺風餘俗至今爲患. 桀紂縱暴一時, 適足以喪身覆國, 爲後世戒. 豈能回百姓之視聽哉? 故吾以爲一世之禍輕·曆代之患重, 自喪之罪小·迷衆之罪大也."

신은 이렇게 생각합니다. 노장(老莊)의 설은 세속(世俗)에서 이익과 녹봉에 부지런떠는 것을 싫어하였으나, 그치게 할 방법은 알지 못하였습니다. 그러므로 제멋대로 논설하여 그것을 바로잡고자 하였으나, 스스로 그 말이 지나치다는 것을 알지 못하였습니다. 후대의 사람들은 그 말을 조종(祖宗)으로 여겨 하나의 설로 삼았는데, 그 말은 얻었으나 그것을 말한 까닭은 이해하지 못하였습니다.

그러므로 신불해(申不害)와 한비자(韓非子)가 그것을 써서 참혹하고 각박하게 되었으며, 왕필(王弼)과 하안(何晏)은 그것을 써서 허황하고 실체가 없게 되었습니다. 신불해와 한비자가 등용되어 영씨(瀛氏)의 진(秦)이 망하였고, 왕필과 하안이 제멋대로 해서 위(魏)·진(晉)이 멸망하였습니다. 이는 다름이 아니라 도덕(道德)이 천하(天下)에 밝혀지지 않아 설을 세운 자들이 각각 스스로의 도덕을 도덕이라고 여겼고, 그 설을 사용하는 자가 말한 도덕이 도덕이 아님을 알지 못했기 때문입니다. 만약 명철한 임금이 지위에 있으면서 정치를 도우는 자리에 그

적임자를 얻어서 스승이 위에서 세워지고 의리(義理)가 아래에서 밝아진다면 어찌 이러한 경우가 있겠습니까.

송(宋)나라 때에는 도학(道學)이 크게 밝혀졌으니, 그 말류의 폐단이 그 도학의 설을 빌려 사사로움을 이루고 일체 매사를 일삼지 않았습니다. 윗사람들이 따라서 그것을 믿어 마침내 의론(議論)이 많아지고 성공(成功)은 적어지며, 허문(虛文)이 이기고 실효(實效)가 미약해지는 데에 이르렀습니다. 한때의 사대부들이 숭상하는 것에서 비록 그 사정(邪正)이 진(晉)나라 사람들과는 같지 않으나 어지러움으로 귀결되는 것에서는 같습니다. 아! 임금이 좋아하고 숭상하는 것을 삼가 가려서 정밀하게 살피지 않을 수 있겠습니까.

臣按: 老莊之說, 疾世俗之孳孳於利祿而不知所底止, 故肆爲論說, 欲矯而正之而不自知其言之過也. 後之人祖其言以爲說, 得其言而不得其所以言, 故申·韓用之以爲慘刻, 王·何用之以爲浮蕩, 申·韓用而嬴秦亡, 王·何恣而魏晉滅, 此無他, 道德不明於天下, 立說者各自道德其道德, 而用其說者不知其所謂道德之非道德故爾. 向使明君在位, 而輔其政者有其人, 師表立於上, 義理明於下, 豈有是哉? 宋之時道學大明, 其末流之弊乃有假其說以濟其私, 一切不事事, 上之人從而信之, 遂至於議論多而成功少, 虛文勝而實效微, 一時士大夫其所崇尙者雖邪正與晉人不同, 而同歸於亂. 嗚呼, 人主之好尙可不愼擇而精察之哉.

한유(韓愈)[48]가 말하였다.[49]

"노자(老子)가 인의(仁義)를 하찮게 여긴 것은 그것을 헐뜯으려는 것이 아니라 그가 본 것이 작았기 때문이다. 우물에 앉아 하늘을 보고 하늘이 작다고 말하는 것은 하늘이 작은 것이 아니다. 그는 작은 은혜를 인(仁)이라고 여기고 작은 지조를 의(義)라고 여겼으니, 그가 하찮게 여긴 것이 마땅하다. 그들이 말하는 도(道)는 그들의 도를 도라 여기는 것이지 우리가 말하는 도는 아니며, 그들이 말하는 덕(德)은 그들의 덕을 덕이라 여기는 것이지 우리가 말하는 덕이 아니다. 무릇 우리가 말하는 도덕(道德)이라 하는 것은 인과 의를 합하여 말한 것이니 천하(天下)의 공적인 말이고, 노자가 말한 도덕이라 하는 것은 인과 의를 버리고 말하는 것이니 한 개인의 사사로운 말이다.

주(周)나라의 도가 쇠하고 공자(孔子)가 죽음에, 진(秦)나라에서는 [경서(經書)가] 불타고 한(漢)나라에서는 황로(黃老)가 성행하였으며 진(晉)·위(魏)·양(梁)·수(隋) 연간에는 불교(佛敎)가 성행하였다. 그래서 도덕과 인의를 말하는 자가 양주(楊朱)에 들어가지 않으면 묵적(墨翟)에게 들어가고, 노자(老子)에 들어가지 않으면 불교에 들어가서 저기로 들어가면 반드시 여기에서 나오게 되었다."

韓愈曰: "老子之小仁義, 非毁之也, 其見者小也. 坐井而觀天曰天小者, 非天小也, 彼以煦煦爲仁·孑孑爲義, 其小之也則宜. 其所謂道, 道其所道, 非吾所謂道也, 其所謂德, 德其所德, 非吾所謂德也. 凡吾所謂道德雲者, 合仁與義言之也, 天下之公言也; 老子之所謂道德雲者, 去仁與義言之也, 一人之私言也. 周道衰, 孔子沒, 火於秦, 黃老於漢·佛於晉·魏·梁·隋之間,

48 한유(韓愈): 《대학연의보》 권77 주) 33 참조.

49 〈원도(原道)〉에 나온다.

其言道德仁義者不入於楊則入於墨, 不入於老則入於佛, 入於彼必出於此."

한유(韓愈)가 또 말하였다.[50]

"옛날의 백성들은 네 종류였는데 지금의 백성들은 여섯 종류이며, 옛날의 가르침은 한 가지였는데 지금의 가르침은 세 가지나 된다. 농사짓는 집은 하나인데 곡식을 먹는 집은 여섯이며, 기물을 만드는 집은 하나인데 기물을 사용하는 집은 여섯이며, 장사하는 집은 하나인데 이용하는 집은 여섯이니, 어떤 백성인들 곤궁하고 도둑질하지 않겠는가."

又曰: "古之爲民者四, 今之爲民者六; 古之教者處其一, 今之教者處其三. 農之家一而食粟之家六, 工之家一而用器之家六, 商之家一而資焉之家六, 奈之何民不窮且盜也."

신은 이렇게 생각합니다. 옛날의 백성들은 네 종류였는데 그 가르침은 한 가지입니다. 당시 사람들에게는 이단(異端)의 습속이 없고 선비들에게는 이단의 학문이 없었으니, 이것이 풍속이 순후(醇厚)한 이유입니다. 대개 백성이 네 종류로 나눠진 것은 각각 일정한 직업(職業)이 있어서 의식(衣食)을 바꾸어 공급했던 것이고 가르침이 하나로 전일했던 것은 선비들에게 정해진 견해가 있어서 뜻한 바가 어긋나지 않았

---

50 〈원도(原道)〉에 나온다.

기 때문이니, 풍속이 어찌 같지 않을 수 있겠습니까.

불교(佛敎)와 노자(老子)의 가르침이 홍한 이후로 백성과 가르침이 모두 두 가지나 더하여서 의론(議論)은 이것이 옳고 저것이 그르며, 풍속은 날마다 달라지고 달마다 같지 않았습니다. 이는 다름이 아니라 각각 그 도(道)를 도라고 여기고 각각 그 덕(德)을 덕이라 여겨서 도덕(道德)이 하나가 아니었기 때문입니다.

臣按: 古之民四而其教一, 當是之時, 人無異習, 士無異學, 此風俗所以醇厚也. 蓋民分於四, 各有恒業而衣食易給, 教專於一, 士有定見而趣向不差, 風俗安得不同? 自佛老之教興而民與教皆增其二, 議論則此是而彼非, 風俗則日異而月不同, 此無他, 各道其道·各德其德, 道德不一之故也.

구양수(歐陽脩)[51]가 말하였다.[52]

"부처[佛]는 오랑캐여서 중국과의 거리가 가장 멀지만, 불교(佛敎)가 생겨난 지는 진실로 이미 오래되었다. 요(堯)·순(舜)·삼대(三代)의 시대에는

51 구양수(歐陽脩, 1007~1072): 송나라 길주(吉州) 여릉(廬陵) 사람으로 자는 영숙(永叔)이고, 호는 취옹(醉翁) 또는 육일거사(六一居士)며, 시호는 문충(文忠)이다. 가우(嘉祐) 2년(1057) 지공거(知貢擧)가 되어 고문(古文)을 제창하고 태학체(太學體)를 배척하자 문풍(文風)이 크게 변했다. 신종(神宗)이 즉위하자 자원하여 박주(亳州)와 청주(靑州), 채주(蔡州)의 지주로 나갔다. 왕안석(王安石)의 신법(新法)을 반대하여 치사(致仕)했다. 시사(詩詞) 각 체(體)에 능해 당시 고문운동(古文運動)의 영수(領袖)가 되었고, 당송팔대가(唐宋八大家)의 한 사람으로 손꼽힌다. 저서에 《구양문충공집(歐陽文忠公集)》 153권과 《육일사(六一詞)》, 《집고록(集古錄)》이 있다.

52 《문충집(文忠集)》 권17 〈논육도(論六道) 본론중(本論中)〉에 나온다.

왕정(王政)이 잘 닦여지고 밝았으며 예의(禮義)의 가르침이 천하에 가득 찼기 때문에, 이때에도 비록 불교가 있었으나 거쳐 들어올 수가 없었다. 삼대가 쇠퇴함에 왕정이 무너지고 예의가 폐해진지 200여 년 뒤에 불교가 중국에 이르렀다.

이로 말미암아 말해 본다면, 불교가 우리의 근심이 된 까닭은 그 왕정이 무너지고 예의가 폐해진 시기를 틈타서 온 것이니, 이것이 근심을 받아들이게 된 근본적인 원인이다. 그 무너진 것을 세우고 폐해진 것을 닦아 왕정이 밝아지고 예의가 채워진다면 비록 불교가 있다 하더라도 우리 백성들에게 베풀게 없을 것이니, 이 또한 자연스러운 흐름이다."

歐陽修曰: "佛爲夷狄, 去中國最遠, 而有佛固已久矣. 堯·舜·三代之際, 王政修明, 禮義之敎充於天下, 於此之時雖有佛無由而入, 及三代衰, 王政闕, 禮義廢, 後一[53]百餘年而佛至乎中國. 由是言之, 佛所以爲吾患者, 乘其闕廢之時而來, 此其受患之本也. 補其闕·修其廢, 使王政明而禮義充, 雖有佛無所施於吾民矣, 此亦自然之勢也."

신은 이렇게 생각합니다. 구양수의 이 말은 근본을 미루어 밝힌 논의입니다. 그러나 그것을 일러 '이 또한 자연스러운 흐름'이라고 하였는데, 신은 '이 또한 자연스러운 이치'라고 생각합니다. 어찌 다만 흐름일 뿐이겠습니까. 저 불교는 우리 중국과의 거리가 수만 리여서 그 형세로는 중국에 거쳐 들어올 수 없었으나, 그것을 인도하여 우리 중

53 一: 《대학연의보(大學衍義補)》 사고전서본에는 '二'로 되어 있어, 번역에서는 이를 따른다.

국에 들어오게 한 것은 중국 사람입니다.

지금 그 법이 중국에서 행해진 지 천여 년이니, 그 형세가 이미 굳건하여 동요시킬 수 없고, 그 말이 사람의 마음에 들어간 것이 이미 깊어졌으며, 그 상(像)을 집에 만들어 사람의 눈과 귀에 이미 익숙하게 하였습니다. 하루아침에 제거하고자 하여도 그 형세가 진실로 쉽지 않은 것이 있습니다.

구양씨(歐陽氏)가 우리의 무너진 왕정과 폐해진 가르침을 닦고 보완하고자 한 것은 진실로 근본을 돌이킨 논의입니다. 그러나 우리의 왕정과 가르침이 무너지고 폐해진 것이 하루 이틀 일이 아닙니다. 하루아침에 그 천년을 회복하는 일은 수십 수백 년을 빌리지 않고서는 할 수 없습니다. 수십 수백 년 동안 그 임금과 재상이 어찌 모두 뛰어나고 미혹되지 않아 그것을 할 수 있겠습니까.

신의 생각으로는 가향(家鄕)의 예(禮)를 정하여 천하에 반포하고 집집마다 고례(古禮)를 행하게 하여 그 형세를 점차 쇠하게 하는 것만 한 것이 없습니다. 이는 아침에 명령을 내려 저녁에 시행할 수 있는 것입니다. (이렇게 하여) 수십 년이 쌓이게 되면 사람마다 모두 우리 예가 간략한 것을 알고 저들의 법이 수고롭고 물리쳐야 하며 재물에 손해가 있고 일에는 무익하다는 것을 깨달아 자연스레 폐해져서 부진해질 것입니다.

영명한 임금과 올바른 임금 가운데 마땅히 물리쳐서 세교(世敎)를 북돋우고 사설(邪說)을 물리치는 데에 뜻을 둔 자가 그 사이에서 나와, 한자(韓子)가 말한 '사람마다 저들의 서적을 불태우고 저들의 사원을 편안한 집으로 만들자는 설[人人火書廬居之說]'을 들어 그 쇠함을 틈타 제거한다면 중국 삼대(三代) 도덕(道德)의 가르침과 예의(禮義)의 풍속(風俗)

이 어느 사이에 회복될 것입니다.

臣按: 歐陽修此言推本之論也, 然謂之曰此自然之勢也, 臣則以爲此自然之理也, 豈但勢哉? 彼佛者去吾中國數萬裏, 其勢無由至中國, 然其所以導之入吾中國者, 中國之人也, 今其法行乎中國千餘年, 其勢已堅牢不可動搖, 其言入人心也已深, 而其像設屋宇在人耳目者已稔熟, 一旦欲去之, 其勢誠有不易然者. 歐陽氏欲吾修補吾政教之闕廢者, 誠反本之論, 然吾政教之闕且廢非一日矣, 一旦復其千年之故, 非假之十百年不能也, 十百年之中, 其君其相豈能皆得卓然不惑者爲之哉? 臣愚以爲莫若定爲家鄉之禮, 頒布天下, 使家家行古禮, 其勢自衰, 此則朝令而夕可行也. 積數十年, 人皆知吾禮之簡徑而覺彼法之勞攘, 有損於財無益於事, 自然廢置而不振, 英君誼辟有志於扶世教·辟邪說者出於其間, 舉韓子所謂人人火書廬居之說, 乘其衰而去之, 則中國三代道德之教·禮義之俗頓然復矣.

구양수(歐陽脩)가 또 임금에게 말하였다.[54]

"선비가 근본을 둔 바는 육경(六經)에 있습니다. 포악한 진(秦)나라가 서적을 불태운 이후로 성인(聖人)의 도(道)가 중간에 끊어졌고, 한(漢)나라가 일어남에 없어지고 잃어버린 것들을 수습하였으나 보존된 것이 몇 없고 성인(聖人)과는 이미 멀리 떨어져서 고증할 수가 없었습니다. 치우친 학

---

54 《문충집(文忠集)》 권112 〈주의(奏議) 한원(翰苑) 논산거구경정의중참위차자(論刪去九經正義中讖緯箚子)〉에 나온다.

문과 이단의 학설들이 스스로 명가(名家)를 이루었으니, 전수하여 서로 전한 것에도 오히려 사법(師法)은 있었습니다. 진(晉)·송(宋) 이후로 사도(師道)가 점점 없어지다가, 당(唐)나라 때에 《구경정의(九經正義)》가 만들어졌는데 실린 것이 많고 가린 것이 정밀하지 않았으며, 참위서(讖緯書)을 많이 인용하여 서로 잡란해졌습니다.

청컨대 특별히 유신(儒臣)을 불러 참위서의 글들을 제거하여 배우는 자들이 괴이한 말에 미혹되는 바가 없게 하십시오. 그러한 후에야 경전의 뜻이 순일해지고 섞인 것이 없어질 것입니다. 신의 생각으로는 선비들이 옛것을 배워 힘써 행하고자 하여도 육경(六經)에 근본을 두지 않고, 육경을 배우고자 하여도 그 거짓과 이단의 학설을 제거하지 않으니, 일이 이루어지고 교화가 완성됨을 바라지만 할 수 없는 것입니다."

修又言於君曰: "士之所本在乎六經, 而自暴秦焚書, 聖道中絶, 漢興收拾亡逸, 所存無幾, 去聖旣遠, 莫可考證, 偏學異說因自名家, 然而授受相傳尙有師法. 曁晉宋而下, 師道漸亡, 至唐爲《九經正義》, 所載旣博, 所擇不精, 多引讖緯之書以相雜亂, 乞特詔儒臣刪去讖緯之文, 使學者不爲怪異之言所惑亂, 然後經義純一, 無所駁雜. 臣愚以謂, 欲使士子學古勵行而不本六經, 欲學六經而不去其詭異, 欲望功化之成不可得也."

신은 이렇게 생각합니다. 진(秦)·한(漢) 이래로 육경(六經)이 오늘날까지 이를 수 있었던 것은 진실로 공영달(孔穎達)의 《정의(正義)》에 힘입은 바이니, 그 각판은 아직도 복주(福州)의 부학(府學)에 보존되어 있습니다. 세상에서 경(經)을 배우는 자들이 이를 통해 옛사람들의 훈고(訓

詁)와 의례(儀例)를 살펴보고 그 명물(名物)과 도수(度數)의 상세함을 알 수 있었습니다. 비록 그 사이에 거짓되고 이단의 말들이 많이 섞여 있었던 것이 구양씨(歐陽氏)가 말한 것과 같습니다. 그러나 주자(朱子)가 말하기를 "한(漢)·위(魏)의 여러 유학자들이 음독(音讀)을 바로잡고 훈고를 통하게 하고 제도(制度)를 상고하고 명물을 분별하였는데, 배우는 자들이 만일 그 폐단을 제거하는 것을 우선하지 않는다면 또한 어찌 여기에 공력을 쓰겠는가."라고 하였습니다. 그렇다면 그 책 역시 세상에 없어서는 안 되는 것입니다. 다만 마음을 주로 하여서 택할 바를 알 것을 바랄 따름입니다.

대저 송(宋)나라에서 아홉 명의 유학자가 경(經)의 뜻을 강론하여 밝혀 한번 한(漢)·당(唐)의 비루함을 씻어내자, 육경의 문장은 하늘 안의 해와 같고 육경의 도(道)는 땅을 흐르는 물과 같아졌습니다. 삼척의 동자도 모두 본성이 본래 선하다는 것을 알았으나, 순황(荀況),[55] 양웅(楊雄)[56]과 같이 미치지 못하는 자들도 있었습니다. 그러나 그 도달하는 바를 살펴보면 입으로 내고 귀로 듣는 자는 전해 주는 것을 익히는 말에 불과하지만, 마음을 통해 뜻을 살피는 자는 비록 차이가 있는 듯하나 끝내는 적확한 견해가 있었습니다. 이는 옛 성현이 사람을 가르침에 모두 방법만을 가르치고 알려 주지 않는 것과 한 모퉁이를 들어

55 순황(荀況, 기원전 298?~기원전 238): 전국시대 말기 조(趙)나라 사람으로 성은 순(荀)씨고, 이름은 황(況)이다. 순경(荀卿) 또는 순자(荀子) 등으로 존칭된다. 진(秦)나라와 조나라에서 유세했다. 현존하는 《순자》 20권 32편은 유향(劉向)이 당시 있었던 322편을 편집하여 《손경신서(孫卿新書)》 32편으로 편찬한 것을, 당나라 양량(楊倞)이 순서를 바꾸고 주를 붙여 《손경자(孫卿子)》라 했고, 나중에 간단히 《순자》라 불리게 된 것이다.

56 양웅(楊雄): 《대학연의보》 권76 주) 48 양자(揚子) 참조.

세 모퉁이를 돌이켜보지 못한다면 다시 말해 주지 않는 것[57]이 이유가 있어서 그러한 것입니다.

지금 오경(五經)과 사서(四書)는 선대의 유학자가 뜻을 풀이한 것이 명백하여 의심할 나위가 없습니다. 배우는 자들이 입으로 외고 마음으로 이해하여 그 사이에서 다시 의심나지 않아야 합니다. 그러나 이른바 의심이 없다는 것이 어찌 진실로 의심할 부분이 없는 것이겠습니까. 주자가 말하기를 "지금의 배우는 자들은 말을 잘하는 것이 진실로 앵무새와 같다"라고 하니, 앵무새의 말은 사람의 소리를 흉내낸 것이지 그 마음에서 반드시 이해한 것이 있는 것은 아닙니다.

송원(宋元) 연간에 재야 유학자들의 해석이 이른바 오경과 사서에서 어지럽게 섞여 나왔습니다. 또한 각각 훈해(訓解)를 더하여 큰 뜻이 자기 설을 세우는 데에 주로 하더라도 경전을 풀이하는 것에서는 부진하였습니다. 그 사이에서 취할 만한 것이 몇 개의 학파에 불과하고 그 나머지는 모두 기이함을 자랑하고 승부를 다툴 뿐이었습니다. 경전을 풀이하면서 기이함을 자랑하고 승부를 다투는 것은 한(漢)나라 사람들이 전문적인 명가(名家)인 것과 비교한다면 또한 더욱 낮은 것입니다. 마땅히 경(經)을 배우는 자들로 하여금 오롯이 성경(聖經)에 마음을 궁구하게 한 이후에 송나라 유학자들의 전(傳)에 다가가 한결같이 이것으로 주를 삼게 하고, 그러한 후에 한(漢)·위(魏)의 여러 유학자들의 훈고·제도·명물을 널리 상고하며, 남은 힘이 있다면 널리 근세 여러 사람들의 훈설(訓說)을 보는 것이 좋을 것입니다.

청컨대 유학(儒學)의 신하들에게 칙서를 내려 정밀하게 더하고 고찰

57 한 모퉁이를 … 않는 것: 《논어(論語)》 〈술이(術而)〉에 나온다.

하여 가려서 배우는 자들에게 보이고 아울러 경(經)을 읽는 방법도 보여 주되, 반드시 경을 먼저하고 전(傳)을 뒤로 한 이후에 여러 설에 미치게 한다면 마음에 정해진 소견이 있어서 이단의 설들에 미혹되거나 어지럽혀지는 바가 없을 것입니다. 이것이 곧 도덕을 하나로 하는 문이자 지름길입니다.

臣按: 秦漢以來之六經所以至於今日者, 實賴孔穎達之《正義》, 其刻板尙存於福州府學. 世之學經者因得以考見古人之訓詁·義例而知其名物·度數之詳, 雖其間多駁雜詭異之言, 如歐陽氏所言者, 然朱子謂漢魏諸儒正音讀·通訓詁·考制度·辨名物, 學者苟不先涉其流則亦何以用功於此, 則其書亦世之不可無者也, 第欲中心有主而知所擇耳. 夫自有宋九儒講明經旨, 一洗漢唐之陋, 六經之文如日中天, 六經之道如水行地, 三尺童子皆知性之本善而有荀況·揚雄之所不及者, 然揆其所至出口入耳, 不過傳習之言, 而因心考義者雖若有差, 終有的然之見. 此古之聖賢其敎人皆隱而不發·擧一隅不以三隅反則不復者, 有由然也. 今五經四書, 先儒訓釋明白無疑矣, 學者口誦而心解, 不復致疑於其間, 然所謂無疑者, 豈眞無疑哉? 朱子謂今之學子能言眞如鸚鵡, 蓋鸚鵡之言效人聲耳, 其心未必有所解也. 宋元之間草澤之儒紛然雜出, 於所謂五經四書者又各加訓解, 大意主於立說而不盡以解經, 其間可取者不過數家, 其餘皆欲炫奇鬥勝耳. 解經而炫奇鬥勝, 其視漢人之專門名家則又益卑矣, 宜俾學經者專究心於聖經, 然後及於宋儒之傳, 一以是爲主, 然後博考漢魏諸儒之訓詁·制度·名物焉, 有餘力則旁及於近世諸人之訓說可也. 乞敕儒學之臣精加考擇以示學者, 並示以讀經之法, 必先經而後傳, 而後及乎諸說, 則心有定見不爲異說之所惑亂矣, 是乃一道德之門徑也.

증공(曾鞏)[58]이 말하였다.[59]

"옛날에 천하를 다스리는 자는 도덕(道德)을 하나로 하고 풍속(風俗)을 같게 하였으니, 이는 구주(九州)가 넓고 백성들이 많으며 천세(千歲)가 멀기 때문이다. 그 가르침이 이미 밝아지고 그 습속이 이미 이루어진 후에야 지키는 바가 하나의 도(道)이고, 전수하는 것이 하나의 설(說)이 될 뿐이다. 그러므로 《시경(詩經)》과 《서경(書經)》의 문장이 역대로 수십이고 지은 자도 하나가 아니나, 말이 서로 처음과 끝이 되지 않은 적이 없으니 교화가 이와 같이 지극한 것이다. 당시에 달리 행하는 자들은 죽임을 당하고 달리 말하는 것은 금지되었으니, 그것을 막은 것이 또한 이와 같이 갖추어졌던 것이다. 그러므로 이제(二帝)와 삼왕(三王)의 때에는 그 중간에 쇠란(衰亂)을 겪기도 했으나 남은 은택이 아직 사라지지 않은 때여서 백가의 많은 설들이 그 사이에서 잘 나올 수 없었다. 주(周)나라 말엽에 선왕들의 교화와 법도가 이미 폐해지고 남은 은택이 이미 사라져서, 세상에 방술을 다스리는 자들이 각각 한 무리를 이루었다. 그러므로 사람들은 그 사사로운 지혜를 떨치고 집집마다 그 사사로운 학문을 숭상하는 자들이 중국에서 봉기하여 모두 그 장점만을 밝히고 단점은 숨기며, 그 터득한 것을 자랑하고 그 잃어버린 것은 감추었다. 천하의 선비들이 각자 자기 말만 하여 서로 통할 수가 없어져서, 세상의 사람들이 다시는 학문에 통(統)이 있고 도(道)에 귀결점이 있는 것을 알지 못하였다."

---

58 증공(曾鞏, 1019~1083): 송나라 건창군(建昌軍) 남풍(南豊) 사람으로 자는 자고(子固)고, 세칭 남풍선생(南豊先生)으로 불린다. 당송팔대가(唐宋八大家)의 한 사람으로, 구양수(歐陽脩)의 인정을 받았으며, 일찍이 왕안석(王安石)과 교유했다. 일찍이 《전국책》과 《설원(說苑)》, 《신서(新序)》, 《열녀전(列女傳)》 등의 전적을 교정했다.

59 《원풍유고(元豐類藁)》 권11 〈서(序) 신서목록서(新序目錄序)〉에 나온다.

曾鞏曰: "古之治天下者, 一道德·同風俗, 蓋九州之廣·萬民之衆·千歲之遠, 其教已明·其習已成之後, 所守者一道·所傳者一說而已. 故《詩》《書》之文, 曆世數十·作者非一, 而言未嘗不相爲終始. 化之如此其至也, 當是之時, 異行者有誅·異言者有禁, 防之又如此其備也, 故二帝三王之際及其中間嘗更衰亂而餘澤未熄之時, 百家衆說未有能出於其間者也. 及周之末世, 先王之教化法度旣廢, 餘澤旣熄, 世之治方術者各得其一偏, 故人奮其私智家尙其私學者蜂起於中國, 皆明其所長而昧其所短, 矜其所得而諱其所失, 天下之士各自爲言而不能相通, 世之人不復知夫學之有統·道之有歸也."

신은 이렇게 생각합니다. 백가(百家)의 여러 방법은 눈·코·입·귀와 같아 각각 쓰이는 바가 있으나 서로 통하지는 않습니다. 그러나 성인(聖人)의 대학(大學)의 도(道)는 마음과 같아서 임금이 영대(靈台)의 가운데에 처함에 백해(百骸)의 주재가 되어 각각 쓰일 바에 따라 밝히고 통하여 그로 하여금 서로 쓰임이 되고 큰 이룸의 기초가 되게 합니다. 이와 같다면 학문에는 통(統)이 있고, 도(道)에는 귀결점이 있어서, 지키는 것이 동일한 도이고 전수한 것도 동일한 설(說)입니다.

臣按: 百家衆技如耳目口鼻, 各有所用而不能相通, 而聖人大學之道則如心, 君處靈台之中, 爲百骸之主宰, 各因其所用者明而通之, 使之互相爲用而底於大成焉. 如此, 則學有統·道有歸, 所守者同一道·所傳者同一說矣.

정호(程顥)[60]가 송 신종(宋神宗)[61]에게 말하였다.[62]

“천하(天下)를 다스리는 것은 풍속(風俗)을 바르게 하고 현명한 자와 능력 있는 사람을 얻는 것을 근본으로 합니다. 송(宋)나라가 일어난 지 백여 년이지만 교화(敎化)가 크게 순후해지지 못하고 인정(仁情)이 모두 아름다워지지 못하였으며, 선비들에게는 겸퇴(謙退)의 예절이 미약하고 향려(鄕閭)에는 염치(廉恥)의 행실이 없었습니다. 형벌이 비록 많으나 간사한 자들은 그치지 않고, 관리가 비록 남아돌지만 인재가 부족한 것은 학교(學校)가 닦여지지 않고 사유(師儒)가 높여지지 않아 교화하고 권면하며 기르고 힘씀이 그렇게 될 수 없었을 뿐입니다.

옛날에는 도덕(道德)을 하나로 하여 풍속을 같게 하였으니, 만일 스승으로 삼을 만한 학문이 바르지 않았다면 도덕이 무엇을 따라 하나가 될 수 있었겠습니까. 바야흐로 지금의 사람들은 사사로운 견해를 가지고

60 정호(程顥, 1032~1085): 북송 중기 낙양(洛陽) 사람이다. 자는 백순(伯淳)이고, 호는 명도선생(明道先生)이며, 시호는 순(純)으로, 정향(程珦)의 아들이다. 동생 정이(程頤)와 함께 이정자(二程子)로 알려졌다. 신종(神宗) 희녕(熙寧) 초에 태자중윤(太子中允)과 감찰어사리행(監察御史裏行)에 올랐다. 여러 차례 신종이 불러서 보자 그때마다 마음을 바르게 하고 욕심을 억누르며 어진 이를 발탁하고 인재를 기를 것을 강조했다. 일찍이 동생과 함께 주돈이(周敦頤)에게 공부하고, 이학(理學)의 기초를 닦았다. 생애는 《이락연원록(伊洛淵源錄)》에서, 저서는 《이정전서(二程全書)》에서 찾아볼 수 있다.

61 신종(神宗, 1048~1085): 중국 북송(北宋)의 6대 황제(재위 1068~1085)이다. 영종(英宗)의 큰 아들로, 송나라의 세력이 흔들리고, 주위에서는 요나라와 서하의 침입이 잦아 정치가 어지러울 때에 황제가 되었다. 나라의 세력을 다시 바로 세울 생각으로 왕안석(王安石)을 재상으로 뽑아 신법을 시행하게 하였다. 그는 밖의 여러 나라에 적극적인 정책을 써서 요와 서하를 누르려고 하였으나, 끝내 실패하고 말았다.

62 정호(程顥)가 … 말하였다: 《이정문집(二程文集)》 권2 〈주소표(奏疏表) 청수학교존사유취사차자(請修學校尊師儒取士劄子)〉에 나온다. 정호가 희녕(熙寧) 원년(元年, 1068)에 감찰어사이행(監察御史裏行)이 되어 상소하여 학교를 다스릴 것을 청한 것이다.

집집마다 이단의 설을 만들어서 경전(經典)의 뜻을 흩어 놓고 다시 통일시키지 않으니, 도(道)가 밝아지지 않고 행해지지 않는 것은 여기에 있습니다.

신의 생각으로는, 마땅히 우선 가까이 모시는 어진 유학자에게 예(禮)로 명하여 각각 동료들을 천거하게 하고, 무릇 집사(執事), 방악(方嶽), 주현(州縣)의 관리들이 마음을 다해서 선왕의 도를 밝히고 덕업(德業)을 갖추어 사표(師表)가 될 만한 사람을 찾게 하고, 그다음으로 뜻을 돈독히 하여 학문을 좋아하며 재질이 훌륭하고 행실이 닦여져서 모두 이름난 자를 찾게 합니다. 뛰어난 행실의 선비는 조정에서 마땅히 후한 예(禮)로 초빙하고, 그 나머지는 주현(州縣)에 명하여 힘써 보내어 서울[京師]로 모이게 합니다. 그리하여 넓고 한적한 곳에 머무르게 하고 늠료를 풍족하게 하여 그 집안의 없는 것을 구휼합니다. 현명한 대신으로 그 일을 담당하게 해서 여러 유학자들로 하여금 아침저녁으로 서로 함께 올바른 학문을 강론하여 밝히게 합니다.

그 도(道)는 반드시 인륜(人倫)에 근본하고 사물의 이치에 밝으며, 그 가르침은 《소학(小學)》의 쇄소응대(灑掃應對)로부터 나아가 효제충신(孝弟忠信)을 닦으며 예악(禮樂)에 맞게 행동하게 하는 것입니다. 그 인도하고 격려하며 점차 연마하여 성취하는 바의 도에는 모두 절목(節目)과 순서가 있습니다. 그 요점은 선(善)을 택하고 몸을 닦아서 천하를 교화하여 이루는 것이고, 향인(鄕人)부터 성인(聖人)의 도에 이를 수 있는 것입니다. 그 학문과 행실이 모두 이에 맞는 자는 덕(德)을 이룬 자[君子]가 되니, 그 다음인 재주와 식견이 밝고 통달하여 선에 나아갈 수 있는 자를 뽑아 날마다 그에게 수업을 받게 합니다. 점점 오래되면 그 현명하고 뛰어난 자를 천거하여 높은 직임을 맡기고, 그중에 학문이 크게 밝고 덕의(德義)가 높은 자를 뽑아 태학(太學)의 스승으로 삼고, 그다음은 천하의 학교에 나누어 보내서 가르치게 합니다.

처음에는 번부(藩部)로부터 여러 군(郡)에 이르기까지 배우기를 원하는 선비와 백성들 가운데 준수한 자를 뽑아 학교에 들어가게 하고, 점차 태학으로부터 주군(州郡)의 학교에 이르기까지 그 도업(道業)의 성취가 다른 사람의 스승이 될 만한 자를 뽑아 주군의 제도와 같이 현(縣)의 학교에서 가르치게 합니다. 이와 같다면 선비를 얻음이 점차 넓어져서 천하의 풍속이 장차 날로 순정한 데로 들어가니, 왕화(王化)의 근본입니다. 제왕(帝王)의 도(道)는 이보다 뛰어난 것이 없으니, 바라건대 전하께서는 특별히 유의하시어 만세토록 행하십시오."

程顥言於神宗曰: "治天下以正風俗·得賢才爲本, 宋興百餘年而敎化未大醇·人情未盡美, 士人微謙退之節, 鄕閭無廉恥之行. 刑雖繁而奸不止·官雖冗而材不足者, 此蓋學校之不修·師儒之不尊, 無以風勸養勵之使然耳. 古者一道德以同風俗, 苟師學不正則道德何從而一? 方今人執私見, 家爲異說, 支離經訓無復統一, 道之不明不行乃在於此. 臣謂宜先禮命近侍賢儒, 各以類擧, 及凡執事·方嶽·州縣之吏悉心推訪, 凡有明先王之道·德業充備足爲師表者, 其次有篤志好學·材良行修者, 皆以名聞. 其高蹈之士朝廷富厚禮延聘, 其餘命州縣敦遣, 萃於京師, 館之寬閑之宇, 豐其廩餼, 恤其家之有無, 以大臣之賢典領其事, 俾群儒朝夕相與講明正學. 其道必本於人倫·明乎物理, 其敎自小學灑掃·應對以往, 修其孝弟·忠信·周旋·禮樂, 其所以誘掖激厲漸摩成就之道皆有節序, 其要在於擇善修身, 至於化成天下, 自鄕人而可以至於聖人之道. 其學行皆中於是者爲成德, 又其次取材識明達可進於善者, 使日受其業, 稍久則擧其賢傑以備高任, 擇其學業大明·

德義可尊者爲大學之師, 次以分敎天下之學, 始自藩府至於列郡, 擇士之願學·民之俊秀者入學, 漸自大學及州郡之學, 擇其道業之成可爲人師者, 使敎於縣之學如州郡之制. 如此, 則得士浸廣, 天下風俗將日入醇正, 王化之本也. 帝王之道莫尙於此, 願陛下特留宸意, 爲萬世行之."

우집(虞集)[63]이 말하였다.[64]

"정호(程顥, 明道)가 태학(太學)에 현명하고 뛰어난 자들을 모아 가르치고 나누어서 천하(天下)를 가르치고자 하였으니, 이는 진실로 도덕(道德)을 하나로 하고 풍속(風俗)을 같게 하는 완성된 법입니다."

虞集曰: "明道欲聚賢能於大學而敎之, 使以分敎天下, 此誠一道德以同風俗之成法也."

신은 이렇게 생각합니다. 정자(程子)가 말하기를 "천하(天下)를 다스리는 것은 풍속(風俗)을 바르게 하고 현명한 자와 능력 있는 사람을 얻

63 우집(虞集, 1272~1348): 원나라 임천(臨川) 숭인(崇仁) 사람으로 자는 백규(伯生)고, 호는 도원(道園) 또는 소암(邵庵)이며, 시호는 문정(文靖)이다. 학문은 정주(程朱)의 이학(理學)을 종주로 했다. 주희(朱熹)의 이학을 관학(官學)으로 삼고, 주희의 설을 과거시험의 표준으로 삼자고 주장했다. 오징(吳澄)과 친하게 지냈으며, 그의 영향으로 주희와 육구연(陸九淵)의 학문을 종합하려는 성향을 보였다. 후대 전조망(全祖望)은 주자학을 근본으로 하면서 육구연의 학문을 겸했다고 평했다.

64 《도원학고록(道園學古錄)》 권5 〈서(序) 송이형부광주교수시서(送李亨赴廣州敎授詩序)〉에 나온다.

는 것을 근본으로 삼는다."라고 하였습니다. 신의 생각으로는 현명한 인재를 얻는 것 또한 풍속을 바르게 하는 근본입니다. 반드시 현명한 인재를 얻어서 풍속을 바르게 하고자 하면 도덕을 하나로 하는 것이 또한 그 근본입니다.

도덕(道德)을 하나로 하지 않으면 사람들이 사사로운 견해를 가지며 제가(諸家)가 이설(異說)을 만들어서 각각 자기 도(道)를 도라고 여기며 자기 덕(德)을 덕이라고 여겨 서로 통일되지 않습니다. 반드시 도덕을 하나로 하되 모두 오직 중정(中正)으로 귀결되게 하고자 한다면 또한 사도(師道)를 세우는 데에 달려 있습니다. 사도를 세워 학교의 정사를 닦아서 천하의 풍화(風化)를 담당하게 하고 천하의 인재를 가르치게 하며, 경전(經典)을 살펴 바루고 의리를 강론하고 밝혀서 한 사람의 마음이 지향하는 바가 하나의 도덕, 같은 풍속을 기약하게 한 뒤에 그칩니다. 그렇게 하는 것은 정자가 말한 '선왕(先王)의 도를 밝히고 덕업(德業)을 갖추어 사표(師表)가 될 만한 자'를 얻는 경우가 아니라면 누가 이 직임을 충분히 감당하겠습니까.

우리 조종(祖宗)에서는 학교를 만들고 스승을 세워 인재를 교육함에 한결같이 사서오경(四書五經)을 가르치고 배우는 도구로 삼았으니, 무릇 지금 안팎으로 포진된 자들이 누가 선왕의 도를 밝히는 선비가 아니겠습니까. 오늘날 반항(班行)의 가운데와 관리들의 반열에 그러한 사람이 반드시 없는 것은 아닙니다. 어찌하여 그 사이에 덕행(德行)과 문학(文學)이 있어 소문이 평소에 드러나서 일시에 으뜸이 되어 내외에서 추앙받고 중히 여기는 자를 찾아서 즉시 천거하여 알리고 사유(師儒)의 첫 등급으로 명하여 그에게 스스로 그 속한 바를 택하게 하지 않으십니까. 반드시 정자가 말한 '뜻을 돈독히 하여 학문을 좋아하며 재질이 훌륭하고 행실이 닦여진 자'를 얻어 그 선발을 채웁니다. 또 대신 가운데 한 사람에게 특별히 명하여 그 일을 담당하게 하여, 정자가 말한 바와 같은 자는 인장과 책을 주어 감독하고 진작시키는 책임을 맡기고, 여러 유학자들을 거느리게 하여 상세하게 규정을 세우되, 한결같이 정자가 올린 차자(箚子)에 근본하여 준칙과 근거로 삼습니다. 학교에서 시행하는 것은 반드시 태조황제(太祖皇帝)가 정한 학규(學規)이고 선비들이 외우고 익히는 것은 반드시 태종황제(太宗皇帝)가 반포한 서적이니, 고전에서 참고하고 당시의 제도를 고려한 것입니다. 무릇 학교에서 인도하고 격려하며 점차 연마하여 성취하는 바의 도의 절목과 순서에 문목을 나누고 조항을 갖추어 한 세대의 가르치고 기르는 법으로 삼으니, 이미 태학에서 시행한 것을 또 천하에 반포하는 것입니다. 이와 같이 한다면 가르침을 베푸는 것에 성과가 있으며, 가르침을 받는 것에도 덕을 이룸이 있으니, 그 얻은 바를 미루어서 가르침으로 삼은 것에 모두 성법(成法)이 있어서 써도 끝이 없습니다. 요컨대 반드시 많은 선비들을 가르치는 가운데에 나아가서는, 조금이나마 일을 진행하는 데에 결단력이 있는 자는 백사(百司)의 일을 다스리는 데에 씁니다. 도의(道義)에 깊은 자를 가려서 머무르게 하여 태학(太學)의 스승으로 삼고, 경전에 밝은 자들을 흩어서 주현(州縣)의 교육을 나누어 담당하게 합니다. 주현에서 가르침을 받은 선비들은 또 가르치는 자에게서 받은 가르침으로 태학에서 수업을 마치게 하여 유사(有司)의 직임을 나누어 맡기거나 다른 사람들에게 가르침을 전파하게 합니다.

저것과 이것이 전승되고 선배와 후배가 주고받음에 이 《시경(詩經)》과 《서경(書經)》의 배움을 같이 하고 이 도덕의 귀결점을 같이 하여 조정의 정교(正教)가 이 도(道)와 덕(德)이고, 관부의 금령이 이 도와 덕이며, 백관의 직업도 이 도와 덕이고, 학교의 공과도 이 도와 덕입니다. 도와 덕이 이미 하나이고 풍속이 절로 같아져서 덕을 세우는 자는 숨겨진 것을 찾아 괴이한 것을 행하지 않고, 일을 행하는 자는 이익을 도모하고 공을 계산하지 않으며, 배우는 자는 헛된 것을 타고 거짓을 돕지 않으며, 말을 닦는 자들은 일정한 것을 싫어하고 새로운 것에 기뻐하지 않으며, 관직에 있는 자는 같은 자들끼리 무리지어 다른 자들을 공격하지 않습니다. 그리하여 화평하고 온후함이 하늘에서 뒤섞이고 대중지정(大中至正)이 땅에서 넓어집니다. 세상의 도가 이러한 경지에 이르면 비록 당(唐)·우(虞)·삼대(三代)라 하더라도 이보다 더하지는 않습니다.

이로 말미암아 살펴본다면, 천하를 다스리는 도는 풍속을 바르게 하는 것보다 큰 것이 없으며, 풍속을 바르게 하는 요체는 도덕을 하나로 하는 것보다 간절한 것이 없습니다. 정호(程顥)는 한 시대의 큰 유학자로서 그 임금에게 말하여 특별히 천자(天子)가 뜻을 두게 하여 만세(萬世)에 시행하고자 하였습니다. 신이 감히 죽음을 무릅쓰고 정호의 말을 빌려 거듭 아룁니다.

臣按: 程子謂治天下以正風俗·得賢才爲本, 臣竊以謂得賢才又正風俗之本, 必欲得賢才以正風俗而一道德又其本也. 道德不一則人執私見·家爲異說, 各道其所道·德其所德, 不相統一矣. 必欲道德之一而咸惟中正之歸, 則又在師道之立焉. 立師道以修學校之政, 俾其掌天下之風化·教天下之人材, 考正經典, 講明義理, 以一人心之趨向, 期於道德之一·風俗之同而後已. 所以然者, 非得夫程子所謂明先王之道·德業充備足爲師表者, 曷足以當玆任哉? 惟我祖宗建學立師, 教育人材一以五經四書爲教學之具, 凡今布列中外者孰非明先王之道之士哉? 今日班行之中·縉紳之列, 未必無其人也, 盍加推訪其間有德行文學·聞望素著寇於一時爲內外所推重者, 卽僉擧以聞, 命以師儒之首秩, 俾之自擇其屬, 必得如程子所謂篤志好學·材良行修者以充其選, 而又於大臣中特命一人典領其事, 如程子所雲者, 授以璽書, 責以提督作興之任, 俾其率領群儒詳立規條, 一本程子所上劄子以爲準則根據, 學校所施行者必太祖皇帝所定之學規, 士子所講習者必太宗皇帝所頒之書籍, 參諸古典, 酌以時制, 凡夫學校所以誘掖激厲·漸摩成就之道, 節目次第, 門分條具, 以爲一代教養之法. 旣行之太學, 又頒之天下, 如此, 則施教者有成效·受教者有成德, 而推其所得以爲教者皆有成法而用之無窮矣. 要必就其所教多士之中, 差其果於行事者用以厘百司之務, 擇其深於道義者留以爲太學之師, 散其明於經訓者分以掌州縣之教, 而州縣受教之士又以其所受於教者之教以卒業於太學·以分任於有司·以推教於他人, 彼此承傳, 後先授受, 同此《詩》《書》之習, 同此道德之歸, 朝廷之政教此道此德也, 官府之禁令此道此德也, 百官之職業此道此德也, 學校之功課此道此德也. 道德旣一, 風俗自同, 立德者不索隱以行怪, 行事者不謀利而計功, 爲學者不駕虛而翼僞, 修辭者不厭常而喜新, 居官者不黨同而伐異, 渾渾乎和平溫厚之天, 坦坦乎大中至正之域. 世道至此, 雖唐·虞·三代不是過也. 由是觀之, 治天下之道莫大於正風俗, 正風俗之要莫切於一道德, 程顥一世大儒, 言於其君欲其特留宸意爲萬世行之, 臣敢昧死援程顥之言以爲九重告.

주희(朱熹)가 말하였다.[65]

"이단(異端)이 바름[正]을 해치는 것은 진실로 군자(君子)가 마땅히 물리쳐야 하는 것입니다. 그러나 모름지기 우리의 학문이 이미 큰 근본과 공통된 도(道)의 전체를 밝게 드러낸 후에 하늘의 이치에 의거하여 나에게 있는 사사로움을 열어 저들의 그릇됨을 통해 우리 도의 바름을 살핍니다. 의론(議論)의 사이에 저것과 이것이 사귐을 다하여 안팎의 도가 한결같이 그것을 꿰뚫습니다. 맹자(孟子)가 양기(養氣)를 논하여 고자(告子)의 의리 밖의 그릇됨에 이른 것[66]과 이자(夷子)로 인하여 하늘의 이치가 한 가지 큰 근본임을 말하는 것[67]과 같은 것이 어찌 한갓 저들의 잘못을 공격하는 것일 뿐이겠습니까. 우리 도의 극치(極致)와 본원(本原)을 미루어 밝히는 것이니, 또한 남음이 없다고 이를 만합니다."

朱熹曰: "異端害正, 固君子所當辟, 然須是吾學既明洞見大本·達道之全體, 然後據天理以開有我之私, 因彼非以察吾之正, 議論之間彼此交盡而內外之道一以貫之, 如孟子論養氣而及告子義外之非, 因夷子而發天理一本之大, 豈徒攻彼之失而已哉? 所以推明吾道之極致本原, 亦可謂無餘蘊矣."

신은 이렇게 생각합니다. 주자(朱子)의 말은 근본을 높이기는 논의이니, 이른바 최선의 방법은 스스로를 다스리는 것만한 것이 없다는 것

65 《회암집(晦庵集)》 권39 〈답범백숭(答范伯崇)〉에 나온다.

66 고자(告子)의 … 것: 《맹자(孟子)》 〈고자장구 상(告子章句上)〉에 나온다.

67 이자(夷子)로 … 것: 《맹자(孟子)》 〈등문공장구 상(滕文公章句上)〉에 나온다.

입니다. 우리가 오직 우리의 도덕(道德)을 밝힌다면 저들이 말한 도(道)가 아닌 도와 덕(德)이 아닌 덕이 모두 우리의 옳음을 따라 저들의 그릇됨을 드러내어, 정사(政事)에서 반드시 구구하게 저들과 승부를 겨룰 필요도 없습니다. 우리의 도가 이미 밝아지고 우리의 무리가 이미 많아진다면 자연히 풍속을 완성시키는 데에 도달하게 될 것이니, 하루도 되지 않아 옛 삼대(三代)를 회복할 수 있을 것입니다.

臣按: 朱子之言反本之論, 所謂上策莫如自治者也. 吾惟明吾之道德, 則彼所謂非道之道·非德之德皆因吾之是而見彼之非, 政不必拘拘然而與之較負勝也. 吾道旣明, 吾黨旣衆, 則自然所至成俗, 不日而復三代之舊矣.

이상 도덕(道德)을 하나로 하여 풍속(風俗)을 같게 함.

以上一道德以同俗

대학연의보
(大學衍義補)

—

권79

치국평천하의 요체[治國平天下之要]

교화를 숭상함[崇敎化]

효제(孝弟)를 몸소 행하여 깊이 있게 교화함[躬孝弟以敦化]

《상서(商書)》〈이훈(伊訓)〉에서 말하였다.

사랑을 일으키는 것은【(立은) 세움[植]이다.】 나의 부모를 사랑하는 것으로부터 시작하시고, 공경을 일으키는 일은 나의 어른을 공경하는 것으로부터 시작하십시오. 나의 집안과 나라에서부터 시작하여 온 천하에서 마치도록 해야 합니다.

《商書·伊訓》曰: 立【植也】愛惟親, 立敬惟長, 始于家邦, 終于四海.

채침(蔡沈)이 말하였다.[1]

---

1 《서집전(書集傳)》 권4에 나온다.

"효제(孝弟)는 사람의 마음에 공통되는 것이니, 반드시 사람마다 가르쳐야 하는 것은 아니다. 사랑과 공경을 자신에게서 일으킴에 사랑과 공경이 다른 사람에게서 나타나니, 내 부모를 친애하여 남의 부모에게 미치고 내 어른을 공경하여 남의 어른에게 미친다. 집안에서 시작하여 나라에 이르며 끝에 가서는 천하에 적용한다."

蔡沈曰: "孝弟者人心之所同, 非必人人敎詔之, 立愛敬於此而形愛敬於彼, 親吾親以及人之親, 長吾長以及人之長. 始于家, 達于國, 終而錯之天下矣."

신은 이렇게 생각합니다. 선대의 유학자[진아언(陳雅言)[2]]가 말하기를 "효제(孝弟)의 도(道)는 천하에 미치는 것이다. 그러므로 이것을 일으킨다[立]는 것은 내가 부모를 사랑하는 도를 자신부터 다하여 천하에서 부모를 사랑하는 자들이 나를 모범으로 삼지 않음이 없게 하려는 것이고, 내가 어른을 공경하는 도를 자신부터 다하여 천하에서 어른을 공경하는 자들이 나를 기준으로 삼지 않음이 없게 하려는 것이다. 이것이 바로 이른바 중(中)을 세우고 극(極)을 세우는 것이다. 사랑과 공경의 도를 이미 나 자신에게서 일으켰으면 사랑과 공경의 교화가 반드시 다른 사람에게서 나타난다. 처음에는 한 집안이고, 다음에는 한 나라이고, 끝내는 크나큰 천하이니, 각각 부모가 있고 각각 어른이

2 진아언(陳雅言, 1318~1385): 원말명초 때 강서(江西) 영풍(永豐) 사람이다. 명나라 초 홍무(洪武) 연간에 영풍현 향교(鄕校)에서 학생을 가르쳤다. 저서에 《서의탁약(書義卓躍)》만 전한다.

있어서 역시 사랑하고 공경하는 마음이 있지 않음이 없다. 이를 보고 느끼며 홍기하여서 효제(孝弟)의 마음이 구름처럼 일어나 생겨나서 각각 그 부모를 친애하고 각각 그 어른을 공경하니 천하가 평안해진다."라고 하였습니다.

신이 생각하건대 하늘이 임금을 낳아 (임금에게) 사람의 기강을 바로잡아 닦는 임무를 맡겼으니, 반드시 삼강(三綱)과 육기(六紀)[3]로 그 도를 모두 다하게 한 이후에야 비로소 하늘이 명한 것을 저버리지 않을 수 있습니다. 그러므로 이를 바로잡아 닦는 단서는 사랑과 공경에 달려 있습니다. 사랑과 공경이 이미 일으켜지면 집안으로부터 나라와 천하에까지 천하의 사람들이 그 부모를 사랑하지 않음이 없고 그 어른을 공경하지 않음이 없습니다. 또한 사람마다 부모를 친애하고 어른을 어른으로 대우하며, 집집마다 사랑할 수 있고 공경할 수 있으니, 천하의 사람들이 모두 우리 임금 한 사람이 (사랑과 공경을) 심어 일으킨 것으로 말미암아 감화된 것입니다.

臣按: 先儒有言, "孝弟之道, 達諸[4]天下, 而謂之立者, 盡吾愛親之道於此, 使天下之愛其親者, 莫不視我以爲法, 盡吾敬長之道於此, 使天下之敬其長者, 莫不視我以爲準, 此卽所謂建中建極也. 愛敬之道旣立於此, 則愛敬之化必形於彼, 始而一家, 次而一國, 終而四海之大, 莫不各有親也·各有長也, 亦莫不有愛敬之心也. 觀感興起, 孝弟之心油然而

---

3 삼강(三綱)과 육기(六紀): 군신(君臣)·부자(父子)·부부(夫婦)를 삼강이라 하고, 제부(諸父)·형제(兄弟)·족인(族人)·제구(諸舅)·사장(師長)·붕우(朋友)를 육기(六紀)라고 한다.

4 諸: 《대학연의보》 사고전서본에는 '之'로 되어 있어, 번역에서는 이를 따른다.

生, 則各親其親·各長其長而天下平矣." 臣惟天生人君, 而付之以肇修人紀之任, 必使三綱六紀, 皆盡其道, 然後不負上天之所命, 然其所以肇修之端, 則在乎愛敬焉. 愛敬旣立則由家而國而天下, 天下之人無不愛其親·敬其長, 人人親親而長長, 家家能愛而能敬, 天下之人皆由吾君一人植立以感化之也.

《예기(禮記)》〈제의(祭義)〉에서 공자(孔子)가 말하였다.

"사랑을 일으키는 것을 내 부모로부터 시작하여 백성에게 화목함을 가르친다. 공경을 일으키는 것을 내 어른으로부터 시작하여 백성에게 순종함을 가르친다. 자애로움과 화목함으로 가르치면 백성이 부모가 있는 것을 귀하게 여기고, 내 어른을 공경함으로써 가르치면 백성이 어른의 분부를 따르는 것을 귀하게 여긴다. 효도로 부모를 섬기며 순종으로 명령을 따르니, 이것을 천하에 시행하면 행하지 못할 것이 없게 된다."

《禮記》: 子曰: "立愛自親始, 教民睦也; 立敬自長始, 教民順也. 教以慈睦而民貴有親, 教以敬長而民貴用命, 孝以事親, 順以聽命, 錯諸天下, 無所不行."

섭몽득(葉夢得)[5]이 말하였다.[6]

5 섭몽득(葉夢得, 1077~1148): 송나라 소주(蘇州) 오현(吳縣) 사람이다. 자는 소온(少蘊)이고, 호는

"군자에게는 사랑하지 않는 대상이 없지만, 내 부모로부터 넓혀 가면 줄어드는 점이 있다. 그러므로 부모를 사랑하는 것을 시작으로 삼는다. 군자에게는 공경하는 않는 대상이 없지만, 내 어른으로부터 넓혀 가면 차등이 있다. 그러므로 내 어른을 공경하는 것을 시작으로 삼는다.

내 부모로부터 시작하여 그 가르침이 천하에 두루 퍼지게 되면 무릇 부모가 있는 자는 돈독히 사랑하여 서로 돌아보지 않음이 없게 된다. 그러므로 '자애로움과 화목함으로 가르치면 백성이 부모가 있는 것을 귀하게 여긴다.'라고 말하였다.

내 어른으로부터 시작하여 그 가르침이 천하에 두루 퍼지게 되면 무릇 윗사람이 있는 자는 명령에 따르며 서로 존중하지 않음이 없게 된다. 그러므로 '내 어른을 공경함으로써 가르치면 백성이 어른의 분부를 따르는 것을 귀하게 여긴다.'라고 말하였다.

부모를 친애하고 어른을 어른으로 대우하는 것은 군자로부터 세워진 것이고 그 효과는 천하를 평안하게 하는 데에 이른다. 그러므로 '천하에 시행하면 행하지 못할 것이 없게 된다.'라고 말하였다."

葉夢得曰: "君子無不愛也, 自親而推之則有殺, 故以愛親爲始; 君子無不敬也, 自長而推之則有等, 故以敬長爲始. 始乎親而達其教於天下,

---

석림(石林)이다. 《춘추》에 정밀하여 《춘추전(春秋傳)》과 《춘추고(春秋考)》, 《춘추얼(春秋讞)》, 《춘추지요총례(春秋指要總例)》, 《석림춘추(石林春秋)》 등을 저술했다. 그 밖에 《건강집(建康集)》과 《석림사(石林詞)》, 《피서록화(避暑錄話)》, 《석림연어(石林燕語)》, 《석림시화(石林詩話)》 등이 있다.

6 송(宋)나라 위식(衛湜)이 찬한 《예기집설(禮記集說)》 권111에 나온다.

凡有親者莫不敦愛而相顧也, 故曰 '教以慈睦而民貴有親'; 始乎長而達其教於天下, 凡有上者莫不用命而相尊也, 故曰 '教以敬長而民貴用命'. 親親·長長, 君子所自立而效至於天下平, 故曰 '錯諸天下無所不行'."

신은 이렇게 생각합니다. 임금이 그 부모에 대해 사랑하고 그 어른에 대해 공경하는 것은 나의 자식 됨과 연소함의 예(禮)를 다할 뿐이지, 다른 사람들에게 부모가 있음을 귀하게 여기게 하고 어른의 명을 따르는 것을 귀하게 여기게 하고자 해서 그렇게 하는 것은 아닙니다. 그런데 천하의 사람들이 (임금인) 자신이 자신의 부모를 사랑하고 자신의 어른을 공경하는 것을 보면, "천자의 높은 지위와 천하의 부(富)로써도 오히려 또한 자식 된 자의 예를 다하여 그 부모를 사랑하고, 연소한 자의 예를 다하여 그 어른을 공경하니, 하물며 우리들 같은 소인들이겠는가."라고 말할 것입니다.

이에 모두가 부모를 사랑함을 실천해야 하는 것을 알아서 그 귀함을 공경하고, 이에 자기 아버지의 부모로부터 넓혀 가니, 무릇 한 집안의 부모를 감히 사랑하지 않음이 없습니다. 모두 어른을 공경함을 실천해야 하는 것을 알아서 그 분부를 따르고, 이에 자기 형의 명(命)으로부터 넓혀 가니, 무릇 윗사람의 명에 따르지 않음이 없습니다.

이는 임금의 사랑과 공경이 한 집안에서 행해지면 자연히 큰 천하까지도 적용됨이 있는 것입니다. 이는 다름이 아니라, 마음으로 마음을 감동시켜 천하에 다른 마음이 없게 되고, 교화를 통해 교화를 이루어 천하에 다른 교화가 없게 되는 까닭입니다.

臣按: 人君之愛其親·敬其長, 盡吾爲人子·爲人少之禮耳, 而非欲人之貴有親·貴用命而爲之也, 然而天下之人見吾愛吾之親·敬吾之長, 則曰以 "萬乘之尊·四海之富, 猶且盡爲人子之禮, 以愛其親, 盡爲人少之禮, 以敬其長, 況吾儕小人哉?" 於是咸知以愛親爲事而敬其貴, 於是由己父之親而推之, 凡一家之親, 不敢以不愛焉; 咸知以敬長爲事而用其命, 於是由己兄之命而推之, 凡在上之命無不順焉, 是則人君之愛敬行之於一家, 自然有以錯之於天下之大. 此無他, 以心感心, 天下無異心; 因化致化, 天下無異化故也.

《효경(孝經)》〈개종명의장(開宗明義章)〉에서 공자가 말하였다.

"선왕(先王)에게는 지극한 덕(德)과 중요한 도(道)가 있어서 이것으로 천하가 순리대로 다스려졌다. 이로써 백성들은 화목하고 상하 사이에 원망이 없었다."

《孝經》: 子曰: "先王有至德要道以順天下, 民用和睦, 上下無怨."

《효경(孝經)》〈개종명의장(開宗明義章)〉에서 공자가 말하였다.

대저 효(孝)는 덕(德)의 근본이며, 가르침이 생겨나는 이유이다.

夫孝, 德之本也, 敎之所由生也.

《효경(孝經)》〈광요도장(廣要道章)〉에서 공자가 말하였다.

백성에게 친애(親愛)를 가르침에 효도보다 좋은 것이 없고, 백성에게 예(禮)와 순종[順]을 가르침에 공경보다 좋은 것이 없다.

教民親愛莫善於孝, 教民禮順莫善於弟.

《효경(孝經)》〈광요도장(廣要道章)〉에서 공자가 말하였다.

예(禮)는 공경[敬]일 뿐이다. 그러므로 그 아버지를 공경하면 자식이 기쁘고, 그 형을 공경하면 동생이 기쁘고, 한 사람을 공경하면 천만 사람이 기뻐한다. 공경하는 사람은 적으나 기뻐하는 사람은 많으니, 이를 일러 "중요한 도[要道]"라 한다.

禮者敬而已矣, 故敬其父則子悅, 敬其兄則弟悅, 敬一人而千萬人悅, 所敬者寡而悅者衆, 此之謂 '要道'.

《효경(孝經)》〈광지덕장(廣至德章)〉에서 공자가 말하였다.

군자(君子)가 효로 가르침에 (군자가) 집에 가서 날마다 그들을 보는 것은 아니다. 효를 가르친다는 것은 천하의 아버지 되는 자들을 공경하게 하는 것이고, 공경을 가르친다는 것은 천하의 형 되는 자들을 공경하게 하는 것이다.

君子之教以孝也, 非家至而日見之也, 教以孝所以敬天下之爲人父者, 教以悌所以敬天下之爲人兄者.

《효경(孝經)》〈광양명장(廣揚名章)〉에서 공자가 말하였다.

군자(君子)는 부모를 효로 섬기므로 충(忠)을 임금에게 옮겨 행할 수 있다. 형을 공경으로 섬기므로 순종함으로 어른에게 옮겨 행할 수 있다. 한 집안에 다스림이 있으므로 그 다스림을 관청[나라]에 옮겨 행할 수 있다.

君子之事親孝, 故忠可移於君; 事兄弟, 故順可移於長; 居家理, 故治可移於官.

《효경(孝經)》〈응감장(應感章)〉에서 공자가 말하였다.

그러므로 비록 천자라 할지라도 반드시 그보다 더 높은 사람이 있으니 그 아버지가 있음을 말하는 것이며, 반드시 우선하는 사람이 있으니 그 형이 있음을 말하는 것이다.

故雖天子必有尊也, 言有父也; 必有先也, 言有兄也.

《효경(孝經)》〈응감장(應感章)〉에서 공자가 말하였다.

효제(孝悌)를 지극히 하면 신명(神明)에 통하고 사방에 빛나서, 통하지 않는 것이 없을 것이다.

孝悌之至, 通於神明, 光於四海, 無所不通.

신은 이렇게 생각합니다. 《효경(孝經)》은 공자(孔子)와 증자(曾子)가 묻고 답한 말로, 증자의 문인들이 기록한 것입니다. 먼저 효(孝)가 지극한 덕(德)과 중요한 도(道)가 되어 가르침의 근본임을 말하고, 효에서부터 넓혀 공경함까지 언급하였습니다. 대개 효성스러운 자는 반드시 공경하니, 효성스러우면서도 공경하지 않는 자는 있지 않습니다. 효를 가르쳐서 천하의 아버지를 공경하게 하고, 공경함을 가르쳐서 천하의 형을 공경하게 합니다.

한 사람을 공경하면 많은 사람들이 기뻐하니, 그것을 끝까지 미루어서 신명에 통하고 천하를 밝히는 데에 이릅니다. 이것이 효제이니, 비록 다스림에 중요한 도라고 말하나 그 실제는 임금의 지극한 덕입니다. 덕이라는 것이 덕이 되는 까닭은 공경으로 근본을 삼기 때문입니다.

臣按: 《孝經》, 孔·曾問答之言而曾氏門人所記者也. 首言孝爲至德要道, 而教之所由生, 因孝而推言及悌. 蓋以孝者必悌, 未有孝而不悌者也. 教以孝以敬天下之父, 教以悌以敬天下之兄, 敬一人而千萬人悅, 推其極以至於通神明·光四海, 是則孝悌雖曰爲治之要道, 其實人君之至德也, 而德之所以爲德, 則以敬爲本焉.

《논어(論語)》〈학이(學而)〉에서 유자(有子)가 말하였다.

"그 사람됨이 효성스럽고 공경스러운데도 윗사람을 범하는 것을【(犯上은) 위에 있는 사람을 침범함을 말한다.】 좋아하는 사람은 드무니【(鮮은) 적음[少]이다.】, 윗사람을 범하는 것을 좋아하지 않고서 난【(作亂은) 거스르고 다투는 일을 말한다.】을 일으키기 좋아하는 사람은 있지 않았다. 군자는 근본에 힘쓰니 근본이 서야 도(道)가 생겨난다. 효제(孝弟)는 바로 인(仁)을 행하는 근본인 것이다."

《論語》: 有子曰: "其爲人也孝弟, 而好犯上【謂干犯在上】者鮮【少也】矣, 不好犯上而好作亂【謂悖逆爭鬪之事】者, 未之有也. 君子務本, 本立而道生, 孝弟也者, 其爲仁之本與!"

《논어집주(論語集註)》에서 주희(朱熹)가 말하였다.

"부모를 잘 섬기는 것을 효(孝)라 하고, 형과 어른을 잘 섬기는 것을 제(弟)라 한다. 사람이 효제(孝弟)할 수 있으면 마음이 온화하고 순하여 윗사람을 범하는 것을 좋아함이 드물고, 반드시 난을 일으키는 것을 좋아하지 않음을 말한 것이다.

인(仁)은 사랑의 이치이고 마음의 덕이니, 인을 한다는 것은 인을 행한다고 말하는 것과 같다. 여(與)는 의문사이니, 겸손하게 물러나서 감히 말을 캐묻지 않는 것이다.

군자는 모든 일에 오로지 근본에 힘을 쓰니, 근본이 이미 서면 그 도(道)가 자연히 생기기 때문이다. 윗글에 이른바 효제는 바로 인을 하는 근본이라고 한 것과 같으니, 배우는 사람이 이것에 힘쓰면 인의 도(道)가 이로부터 생긴다."

朱熹曰: "善事父母爲孝, 善事兄長爲弟. 言人能孝弟則其心和順, 少好犯上, 必不好作亂也. 仁者愛之理·心之德也, 爲仁猶曰行仁. 與者, 疑辭, 謙退, 不敢質言也. 言君子凡事專用力於根本, 根本旣立則其道自充[7], 若上文所謂孝弟乃是爲仁之本, 學者務此則仁道自此而生也."

신은 이렇게 생각합니다. 사람이 태어남에 천지의 이치를 얻어 본성으로 삼으니, 본성의 안에는 이러한 인(仁)이 갖추어져 있습니다. 이러한 인의 이치를 갖추면 자연히 곧 화순(和順)한 덕이 있게 됩니다. 그러므로 어린아이가 그 부모를 사랑하는 것을 알지 못함이 없고, 자라나서는 그 형을 공경하는 것을 알지 못함이 없으니, 이것이 이른바 효제(孝弟)입니다.

효제는 양심(良心)에서 나오니, 자연히 이치를 거스르고 항상 됨을 어지럽히는 일을 하지 않습니다. 군자(君子)는 그러한 것을 알아서 모든 일에서 반드시 근본에 힘씁니다. 근본이 이미 세워진 후에 그것을 넓혀서 백성을 사랑하고 물건을 아낍니다. 하나의 백성이라도 그 생명을 얻지 않음이 없고, 하나의 물건이라도 그 본성을 얻지 않음이 없습니다. 모두 하나의 인에서 비롯되니, 하나의 인은 부모를 사랑하고 형을 공경하는 데에서 일어납니다.

7 充: 《대학연의보(大學衍義補)》 사고전서본에는 '生'으로 되어 있어, 번역에서는 이를 따른다.

臣按: 人之生也, 得天地之理以爲性, 性之中則具此仁焉. 具此仁理自然便有此和順之德, 故孩提之童無不知愛其親, 及其長也無不知敬其兄, 是則所謂孝弟也. 孝弟出於良心, 自然不爲逆理亂常之事, 君子知其然, 凡事必務於根本. 根本旣立, 然後推之以仁民愛物, 無一民不得其生·無一物不得其性, 皆由乎一念之仁, 而一念之仁則起於愛親而敬兄也.

《대학(大學)》에서 말하였다.

윗사람이 자신의 노인을 노인【(老老는) 나의 노인을 노인으로 여기는 것이다.】으로 대우함【(興은) 느껴서 마음이 움직여서 흥기한다는 것이다.】에 백성들이 효(孝)를 일으키며, 윗사람이 자신의 어른을 어른으로 대우함에 백성들이 공경[弟]을 일으키며, 윗사람이 고아【(孤는) 어려서 아버지가 없는 아이를 말한다.】를 구휼함에 백성들이 배반하지 않는다. 이러므로 군자는 혈구【(絜은) 헤아림[度]이다.】【(矩는) 네모난 모양을 만드는 도구이다.】의 도[絜矩之道][8]가 있다.

《大學》曰: 上老老【所謂老吾老也】而民興【感發而興起】孝, 上長長而民興弟, 上恤孤【幼而無父之稱】而民不倍, 是以君子有絜【度也】矩【所以爲方之器】之道也.

---

8 혈구의 도[絜矩之道]: '곱자를 가지고 재는 방법'이라는 뜻으로, 자기의 처지를 미루어 남의 처지를 헤아리는 것을 비유한 것이다.

《대학장구(大學章句)》에서 주희(朱熹)가 말하였다.

“이 세 가지는 위에서 행하면 아래에서 본받는 것이 그림자와 메아리보다 빠름을 말함이니, 이른바 집안이 가지런해지고 나라가 다스려지는 것이다. 또한 이로써 사람의 마음이 같은 것을 볼 수 있고, 한 사람이라도 얻지 못하게 해서는 안 된다. 이 때문에 군자는 반드시 마땅히 그 같은 마음을 통해 미루어 물(物)을 헤아리고, 다른 사람과 나 사이에는 각각 분수에 따라 원하는 것을 얻게 한다면, 상하 사방이 고르게 가지런해지고 올바르게 되어서 천하가 평안해진다.”

朱熹曰: “言此三者上行下效, 捷於影響, 所謂家齊而國治也, 亦可以見人心之所同, 而不可使有一夫之不獲矣. 是以君子必當因其所同, 推以度物, 使彼我之間各得分願, 則上下四旁均齊方正而天下平矣.”

신은 이렇게 생각합니다. 주희(朱熹)가 일찍이 말하기를 “《대학(大學)》은 먼저 위에서 행하면 아래에서 본받는 것을 말하였으니, ‘혈구(絜矩)’ 부분은 정사(政事)와 관련해서 말한 것이다. 만약 다만 그 착한 마음을 일으키기만 하고 그 마음을 실행하게 하지 못한다면, 비록 일으킬 수는 있었더라도 역시 (실제는 없이) 마음만 일으킬 뿐이다. 만약 정사를 번거롭게 하고 부역을 무겁게 하면 부모를 봉양할 수 없고 아내와 자녀를 부양할 수 없으니, 어찌 그 착한 마음을 이룰 수 있겠는가. 그러므로 반드시 자신의 마음을 미루어 (이를) 다른 사람에게 미쳐서 저들이 우러러서는 충분히 봉양하고 굽어보아도 충분히 부양하게 할 수 있도록 하여서 바야흐로 사람을 흥기시킬 수 있는 것은 성인의 교화이다."[9]라고 하였습니다.

그러나 이들을 교화시켜서 미루어 그렇게 하도록 할 경우에 준칙[則]이 없을 수 있겠습니까. 이른바 준칙이라는 것은 곱자[矩]이니, 곱자는 네모난 모양을 만드는 도구입니다.

선대의 유학자인 요로(饒魯)[10]가 말하기를 "장인(匠人)이 네모를 만들고자 한다면 반드시 먼저 곱자로써 그것을 재야 한다. 천하를 평안하게 하려는 자가 어떤 물건으로 곱자로 삼아 그것을 할 수 있겠는가. 역시 오직 이 마음일 뿐이다."라고 하였습니다.[11]

나의 마음이 하고자 하는 것은 곧 다른 사람이 하고자 하는 것입니다. 내가 나의 노인을 노인으로 섬기고 나의 어른을 어른으로 섬기고자 한다면 다른 사람 역시 자신의 노인을 노인으로 대우하고 자신의 어른을 어른으로 대우하고자 합니다. 내가 곧 나의 노인을 노인으로 섬기고 어른을 어른으로 섬기고자 하는 마음을 넓혀서 천하 사람들의 마음을 헤아려 보면, 그들의 마음[天下之人心]에서 노인을 노인으로 섬기고 어른을 어른으로 섬기고자 하는 것이 나와 다름이 없음을 알 것입니다.

나의 마음으로 다른 사람의 마음을 헤아리니, 나의 노인을 내가 노

9 《대학(大學)》은 … 교화이다: 《주자어류(朱子語類)》 권16 〈대학(大學)〉에 나온다.

10 요로(饒魯): 남송 요주(饒州) 여간(餘干) 사람이다. 자는 백여(伯輿) 또는 중원(仲元)이고, 호는 쌍봉(雙峰)이며, 사시(私諡)는 문원(文元)이다. 황간(黃榦)과 이번(李燔)에게 배웠다. 경학(經學)에 전념했고 치지역행(致知力行)을 강조했다. 주희(朱熹)의 이학(理學)을 계승했는데, 만년에는 주정(主靜)에 치우친 경향을 보였다. 저서에 《오경강의(五經講義)》와 《춘추절전(春秋節傳)》, 《학용찬술(學庸纂述)》, 《학용십이도(庸學十二圖)》, 《논맹기문(論孟紀聞)》, 《태극삼도(太極三圖)》, 《서명도(西銘圖)》, 《근사록주(近思錄注)》 등이 있었지만 대부분 전하지 않는다.

11 선대의 … 하였습니다: 《대학장구대전(大學章句大全)》 〈대학전(大學傳)〉 10에 나온다.

인으로 섬겨 그로 하여금 그 늙음을 편안히 여기고, 나의 어른을 내가 어른으로 섬겨 그 어른됨을 이룰 수 있게 합니다. 내가 이미 노인으로 섬기고 어른으로 섬기는 마음을 얻었으니, 저들 가운데 노인이 있고 어른이 있는 자들도 또한 (자신들의 노인을) 노인으로 여기고 (자신들의 어른을) 어른으로 여기는 바람을 이룰 수 있게 합니다. 그 노인이 되고 어른이 됨에 또한 모두 그 늙음을 편안히 여기고 그 어른됨을 이루게 되어 한 사람이라도 그 제자리를 얻지 않음이 없고, 한 집안이라도 그 뜻과 같지 않음이 없으며, 폐하여져서 실천되지 않는 곳이 없고, 한쪽으로 치우쳐 균형 잡히지 않는 근심이 없습니다. 사람마다 모두 그러하고 집집마다 모두 그러하니, 그것을 나라에까지 미루어 나라도 또한 그러하고, 그것을 천하에까지 미루어 천하도 또한 그렇지 않음이 없습니다.

옛날에 이른바 '천하에 밝은 덕을 밝힌다[明明德於天下]'[12]라는 것은 그 단서가 실로 여기에 있습니다. 대개 덕(德)이라는 것은 사람이 하늘에서 얻는 것으로 허령(虛靈)하고 어둡지 않아서, 여러 이치를 갖추어 온갖 일에 응하는 것입니다. 심덕(心德)의 온전함은 인(仁)에 달려 있고, 인을 행하는 근본은 먼저 효제(孝弟)에 있습니다. 부모를 친애하고 나서 백성을 사랑하고 백성을 사랑하고 나서 만물을 사랑하니, 그것을 행하는 단서가 여기에서 열리고, 이를 실행하는 기준이 여기에서 두루 적용됩니다. 나라를 다스리고 천하를 평안하게 하는 중요한 도[治國平天下之要道]에서 무엇을 더하겠습니까.

---

12 천하에 … 밝힌다: 《대학》에 나온다.

臣按: 朱熹嘗言 “《大學》先說上行下效, 則絜矩處是就政事上說, 若但興起其善心, 不使得遂其心, 雖能興起亦徒然耳, 如政煩·賦重, 不得養其父母·畜其妻子, 安得遂其善心? 須是推己之心以及於彼, 使彼仰足以事·俯足以育, 方能使人興起者, 聖人之化也.” 然有以化之, 而所以推而處之者, 可無其則乎? 所謂則者, 矩也, 矩者所以爲方之器也. 先儒謂, “匠欲爲方, 必先度之以矩, 欲平天下者, 以何物爲矩而度之邪? 亦惟此心而已.” 我心所欲, 卽人心所欲, 我欲老吾老·長吾長而人亦欲老其老·長其長, 吾卽推吾之所以欲老老·長長之心而度天下之人心, 知其心所欲老老·長長而無異於我也. 以我之心度彼之心, 吾之老者, 吾老之, 使之得以安其老, 吾之長者, 吾長之, 使之得以遂其長. 吾旣得以遂吾老之·長之之心, 而彼之有老有長者, 亦得以遂其老之·長之之願, 而爲其老者·長者又皆安其老·遂其長, 無一人之不得其所, 無一家之不如其意, 無有廢而不擧之處, 無有偏而不均之患, 人人皆然·家家皆然, 推之於國而國亦然, 推之於天下而天下亦莫不然, 古之所謂明明德於天下者, 其端實在於此. 蓋德者, 人之所得乎天而虛靈不昧, 以具衆理而應萬事者也. 心德之全在於仁, 而行仁之本先乎孝弟, 親親而仁民, 仁民而愛物, 行之之端於是乎啓, 處之之則於是乎周, 治國平天下之要道, 孰有加於此哉?

맹자(孟子)가 말하였다.[13]

13 《맹자(孟子)》〈양혜왕장구 상(梁惠王章句上)〉에 나온다.

"상서(庠序)에서의 가르침을 삼가고 효제(孝悌)의 의리를 거듭 펼치면【(申은) 거듭함이니, 간곡하게 반복한다는 뜻이다.】, 반백【(頒은) 얼룩[班]과 같다. 노인의 머리카락이 반은 검고 반은 흰 것이다.】의 노인이 길에서 짐을 지거나【(負는) 짐이 등에 있는 것이다.】 이지【(戴는) 짐이 머리에 있는 것이다.】 않을 것이다."

孟子曰: "謹庠序之教, 申【重也, 丁寧反覆之意】之以孝弟之義, 頒【與班同, 老人頭半黑白者】白者不負【任在背】戴【任在首】於道路矣."

주희가 말하였다.[14]

"상(庠)과 서(序)는 모두 학교의 이름이다. 대저 백성들이 의식이 부족하면 예의를 차릴 겨를이 없다. 그러나 배부르게 먹고 따뜻하게 입으면서 가르침이 없으면 또한 금수(禽獸)에 가깝다. 그러므로 부유하게 된 뒤에 효제(孝弟)를 가르치면 사람들이 부모를 친애하고 어른을 공경하는 것을 알아서 그 수고로움을 대신하여 (반백의 노인들이) 길에서 짐을 이거나 지게 하지 않을 것이다."

朱熹曰: "庠·序皆學名也, 夫民衣食不足則不暇治禮義, 而飽暖無教則又近於禽獸, 故旣富而教以孝弟, 則人知愛親敬長而代其勞, 不使之負戴於道路矣."

---

14 《맹자집주(孟子集注)》〈양혜왕장구 상(梁惠王章句上)〉에 나온다.

신은 이렇게 생각합니다. 선대의 유학자 김이상(金履祥)이 말하기를 "옛날에 길에서는 가벼운 짐은 함께 들고 무거운 짐은 나누어 들어서 머리가 희끗한 노인은 (짐을) 몸에 지니지 않으며, 다만 자제(子弟)가 부형(父兄)의 수고로움을 대신할 뿐만 아니라 무릇 길은 가는 사람도 어린 자는 모두 늙은 자의 짐을 대신하여 나누었다. 길을 가는 자가 이와 같다면 집에 있는 자도 알 만하다. 집에서 이미 효제(孝弟)를 이와 같이 한다면 나라에서 반드시 임금을 존중하고 윗사람을 친애할 것이다."라고 하였습니다.

이와 같은 것이 어찌 상서(庠序)에서 가르침을 베푼 공이 아니겠습니까. 그런데 학교를 설치한 것은 인륜을 밝히기 위함이니, 인륜은 부모를 친애하고 어른을 어른으로 섬기는 데에서 그치는 것이 아닙니다. 성현(聖賢)이 가르침을 세우는 것을 논함에 효제(孝弟)를 우선으로 삼지 않은 것이 없습니다. 맹자가 제(齊)나라와 양(梁)나라 임금에게 고한 것 또한 효제의 뜻을 바란 것이니, 간곡하게 반복하여 뜻을 깊이 한 것입니다. 대개 효제라는 것은 인심(人心)이 같이하는 바이니, 사람마다 그 부모를 친애하고 그 어른을 어른으로 섬겨서 천하가 평안해지는 것입니다. 천하를 평안하게 하는 중요한 도(道)는 실로 여기에 달려 있습니다.

臣按: 先儒有言, "古者道路之間輕任並·重任分, 班白者不提挈, 不特子弟代父兄之勞, 凡行道之人少者皆分代老者之任. 行道者如此, 則居家者可知, 於其家者既能孝弟如此, 則其於國者必能尊君親上矣," 若是者豈非庠序設敎之功哉? 然學校之設所以明倫, 人倫非止於親長也, 而聖賢之論立敎者莫不以孝弟爲先焉, 孟子告齊梁之君又欲其於孝弟之義深致其丁寧反覆之意, 蓋以孝弟者人心之所同, 人人親其親·長其長而天下平, 平天下之要道實有在於斯焉.

맹자(孟子)가 말하였다.[15]

"도(道)는 가까운데 있으나 먼 곳에서 구하려 하며, 일은 쉬운 데에 있으나 어려운 것에서 구하려 한다. 사람마다 부모를 친애하고 어른을 어른으로 섬긴다면 천하가 평안해질 것이다."

孟子曰: "道在邇而求諸遠, 事在易而求諸難, 人人親其親·長其長而天下平."

주희(朱熹)가 말하였다.[16]

"부모와 어른은 사람에게 매우 가깝고, 친애하고 어른으로 섬김은 사람에게 매우 쉬우니, 도(道)는 처음부터 여기에서 벗어나지 않는다. 그런데 이것을 버리고 다른 데서 구하면 멀고 또 어려워서 도리어 잃게 된다. 다만 사람마다 각각 그 부모를 친애하고 그 어른을 어른으로 섬기면 천하가 저절로 평안해질 것이다."

朱熹曰: "親·長在人爲甚邇, 親之·長之在人爲甚易, 而道初不外是也.

15 《맹자(孟子)》〈이루장구 상(離婁章句上)〉에 나온다.

16 《맹자집주(孟子集注)》〈이루장구 상(離婁章句上)〉에 나온다.

舍此而他求, 則遠且難而反失之, 但人人各親其親·各長其長, 則天下自平矣."

장식(張栻)이 말하였다.[17]

"다른 사람들이 각각 그 부모를 친애하고 각각 어른을 어른으로 섬기게 하는 것은, 그 근본은 임금이 그 부모를 친애하고 어른을 어른으로 섬겨서 그들을 이끄는 데에 달려 있을 뿐이다. 이 몇 자의 말을 음미하면 요(堯)임금, 순(舜)임금, 삼왕(三王)의 다스림을 얻어 적용할 수 있는 것이다."

張栻曰: "使人各親其親·各長其長, 其本在人君親其親·長其長以倡率之而已, 味此數語, 堯·舜·三王之治可得而推矣."

신은 이렇게 생각합니다. 선대의 유학자가 말하기를 "인의(仁義)는 모든 사람들이 함께 가진 마음에서 근원하니, 그것을 행하는 것은 매우 가깝고 쉬우며, 그 요체는 부모를 친애하고 어른을 어른으로 섬기는 데에 달려 있다. 다만 사람들이 각자 부모를 친애하고 어른을 어른으로 섬기다면 인의가 천하에 두루 퍼져 행해질 것이니, 어찌 평안하지 않은 자가 있겠는가."라고 하였습니다. 장식(張栻)은 "이 몇 자의 말

17 《계사맹자설(癸巳孟子說)》 권4 〈이루 상(離婁上)〉에 나온다.

을 음미하면 요(堯)임금, 순(舜)임금, 삼왕(三王)의 다스림을 얻어 적용할 수 있는 것이다."라고 하였습니다. 이는 당(唐), 우(虞), 삼대(三代)의 다스림에 대해 후세에서 미칠 수 없었던 것이니, (이때에는) 모든 사람들이 사군자(士君子)의 행실을 가졌기 때문입니다. 모든 사람들이 사군자의 행실을 가진다면 넓은 하늘 아래에 한 사람도 효도하고 공경하지 않음이 없을 것입니다. 효제(孝弟)라는 것은 인의(仁義)를 행하는 근본이니, 인의가 천하에 가득차면 어찌 태평성대[雍熙泰和]가 아니겠습니까?

臣按: 先儒有言, "仁義根於人心所同, 有行之則甚近而易, 其要在乎親親·長長, 但人各自親親·長長, 則仁義流行天下, 豈有不平者乎?" 張栻謂"味此數語, 堯·舜·三王之治可得而推", 則是唐虞·三代之治所以後世不及者, 以人人有士君子之行也. 人人有士君子之行, 則溥天之下無一人而不孝不弟焉, 孝弟者行仁義之本, 仁義充塞於天下, 豈非雍熙泰和之世乎?

맹자(孟子)가 말하였다.[18]

"인(仁)의 실질은 부모를 섬김이 이것이다. 의(義)의 실질은 형을 따름이 이것이다."

孟子曰: "仁之實, 事親是也; 義之實, 從兄是也."

18 《맹자(孟子)》〈이루장구 상(離婁章句上)〉에 나온다.

주희(朱熹)가 말하였다.[19]

"인(仁)은 사랑을 주로 하니 사랑은 부모를 섬기는 것보다 절실한 것이 없다. 의(義)는 공경을 주로 하니 공경은 형을 따르는 것보다 우선하는 것이 없다. 그러므로 인과 의의 도리는 그 쓰임이 지극히 넓으나, 그 실질은 부모를 섬기고 형을 따르는 것을 벗어나지 않는다. 대개 양심(良心)의 발현이 가장 절실하고 가까우면서도 자세하고 실질적인 것이다. 유자(有子)가 효제(孝弟)를 인을 행하는 근본으로 삼았으니, 그 뜻이 또한 이와 같다."

朱熹曰: "仁主於愛而愛莫切於事親, 義主於敬而敬莫先於從兄, 故仁義之道其用至廣而其實不越於事親·從兄之間. 蓋良心之發最爲切近而精實者, 有子以孝弟爲爲仁之本, 其意亦猶是也."

신은 이렇게 생각합니다. 공자(孔子) 문하에서 전수한 것은 효제(孝弟)를 인의(仁義)의 실질로 삼는 것이었습니다. 그래서 정치에 시행하는 것은 반드시 인의를 근본으로 하고, 인의를 미루어 행하는 것은 반드시 효제에서 시작하였습니다. 공자는 "오직 효하며 형제간에 우애하여 정사에 펼친다."[20]라고 하였고, 증자(曾子)는 "효(孝)는 임금을 섬기는 것이고 제(弟)는 어른을 섬기는 것이다. 윗사람이 노인을 노인으로 섬기면 백성들의 효가 일어나며, 윗사람이 어른을 어른으로 섬기

19 《맹자집주(孟子集注)》〈이루장구 상(離婁章句上)〉에 나온다.

20 오직 … 펼친다: 《논어(論語)》〈위정(爲政)〉에 나온다.

면 백성들의 제가 일어난다."라고 하였습니다. 맹자가 이 두 가지에 대하여 더욱 절실하였으니, 한 가지로는 만족하지 않았습니다. 대개 부모를 친애하고 어른을 어른으로 섬기는 것이 천하에 통용되어 인의가 됩니다. 천하의 사람들이 각각 그 부모를 친애하고 각각 그 어른을 어른으로 섬긴다면 인의의 효과가 드러나 천하가 평안하게 다스려지지 않음이 없습니다.

臣按: 孔門傳授以孝弟爲仁義之實, 而施於政治者必本仁義, 而仁義之推行必始於孝弟, 孔子曰 "惟孝友於兄弟, 施於有政", 曾子曰 "孝者所以事君, 弟者所以事長, 上老老而民興孝, 上長長而民興弟", 而孟子於是二者尤切切焉不一而足. 蓋親親·長長達於天下而爲仁義, 天下之人各親其親·各長其長則仁義之效著而天下無不平治矣.

맹자(孟子)가 말하였다.[21]
"요순(堯舜)의 도(道)는 효제(孝弟)뿐이다."

孟子曰: "堯舜之道, 孝弟而已矣."

진씨(陳氏)【(陳氏는) 그 이름을 알 수 없다.】가 말하였다.[22]

---

21 《맹자(孟子)》〈고자장구 하(告子章句下)〉에 나온다.

22 《맹자집주(孟子集注)》〈고자장구 하(告子章句下)〉에 나온다.

"효제(孝弟)는 사람의 양지(良知)·양능(良能)으로 자연의 본성이다. 요(堯)임금과 순(舜)임금은 인륜이 지극한데도 역시 이 본성을 따랐을 뿐이다. 어찌 여기에 털끝만한 것이라도 더할 수 있겠는가."

陳氏【失其名】曰: "孝弟者人之良知良能, 自然之性也. 堯舜人倫之至, 亦率是性而已, 豈能加毫末於是哉?"

맹자(孟子)가 또 말하였다.[23]

"사람이 배우지 않고도 할 수 있는 것이 양능(良能)이고, 생각하지 않고도 아는 것이 양지(良知)이다. 어린아이가 그 부모를 사랑함을 알지 못함이 없고 자라서는 그 형을 공경함을 알지 못함이 없다. 부모를 친애함이 인(仁)이고, 어른을 공경하는 것이 의(義)이다. 이는 다름이 아니라 천하에 공통되기 때문이다."

又曰: "人之所不學而能者, 其良能也; 所不慮而知者, 其良知也. 孩提之童無不知愛其親也, 及其長也無不知敬其兄也. 親親, 仁也; 敬長, 義也. 無他, 達之天下也."

주희가 말하였다.[24]

23 《맹자(孟子)》〈진심장구 상(盡心章句上)〉에 나온다.

24 《맹자집주(孟子集注)》〈진심장구 상(盡心章句上)〉에 나온다.

"양(良)은 본연의 선(善)이다. 어린아이[孩提]는 두세 살 사이로 웃을 줄 알고 안을 수 있는 자이다. 어버이를 사랑하고 어른을 공경하는 것이 이른바 양지(良知), 양능(良能)이다. 어버이를 친하게 여기고 어른을 공경하는 것이 비록 한 사람의 사사로움이나, 천하(天下)에 통하여 같지 않음이 없으니 인의(仁義)가 되는 까닭이다."

朱熹曰: "良者, 本然之善也. 孩提, 二三歲之間知孩笑可提抱者也. 愛親·敬長, 所謂良知·良能也. 親親·敬長雖一人之私, 然達之天下無不同者, 所以爲仁義也."

신은 이렇게 생각합니다. 다스리는 도리는 인의(仁義)에서 벗어나지 않으며, 인의는 반드시 효제(孝弟)를 우선으로 합니다. 대개 사람마다 모두 부모를 사랑하는 마음이 있으니, 부모를 사랑하는 것이 곧 인(仁)입니다. 사람마다 모두 어른을 공경하는 마음이 있으니, 어른을 공경하는 것이 곧 의(義)입니다. 부모는 내 자신의 부모이니, 내가 나의 부모를 사랑하는 것은 사사로운 것입니다. 그런데 천하의 사람들은 공통되게 그 자신의 부모를 사랑하지 않음이 없으니, 내가 나의 부모를 사랑하는 것과 차이가 없습니다. 만일 한 사람이라도 (부모를) 사랑하지 않는다면 인이 아닙니다. 형(兄)은 내 자신의 어른이니, 내가 나의 형을 공경하는 것은 사사로운 것입니다. 그런데 천하의 사람들은 공통되게 그 개인의 형을 공경하지 않음이 없으니, 내가 나의 형을 공경하는 것과 같지 않음이 없습니다. 한 사람이라도 (형을) 공경하지 않는다면 의가 되지 않습니다. 아! 양심(良心)은 한 사람의 사사로움에서 나온 것이지만, 인의(人義)는 큰 천하에도 공통되는 것입니다. 따라서 마음을 통해 다스리니, 천하가 평안해지는 것은 그 단서가 여기에 달려 있습니다.

臣按: 爲治之道不外乎仁義, 而仁義必先於孝弟. 蓋人人皆有愛親之心, 所以愛親者卽仁也; 人人皆有敬長之心, 所以敬長者卽義也. 親者吾之私親, 吾愛吾之親若私也, 然而通之天下之人亦莫不愛其私親, 與吾之所以愛吾之親者無以異, 使有一人之不愛焉非所以爲仁也; 兄者吾之私長, 吾敬吾之兄若私也, 然而達之天下之人亦莫不敬其私兄, 與吾之所以敬吾之兄者無不同, 使有一人之不敬焉非所以爲義也. 噫, 良心出於一人之私, 仁義通之天下之大, 因心爲治, 天下之平其端在此矣.

《예기(禮記)》〈왕제(王制)〉에서 말하였다.

무릇 노인을 봉양함에 유우씨(有虞氏)는 연례(燕禮)를 하였고, 하후씨(夏后氏)는 향례(饗禮)를 하였고, 은(殷)나라 사람들은 식례(食禮)를 하였고, 주(周)나라 사람들은 조정하여 같이 사용하였다.

《王制》: 凡養老, 有虞氏以燕禮, 夏后氏以饗禮, 殷人以食禮, 周人修而兼用之.

공영달(孔穎達)이 말하였다.[25]

"임금의 양로(養老)에는 네 가지가 있으니, 첫째는 삼로오경(三老五

更)[26]을 봉양하는 것이고, 둘째는 자손이 국난(國難) 때문에 죽으면 그 부조(父祖)를 봉양하는 것이고, 셋째는 벼슬을 마치고 물러난 노인을 봉양하는 것이고, 넷째는 호별로 방문하고 나이에 따라 은사(恩賜)를 내려서 백성의 노인을 봉양하는 것이다."

孔穎達曰: "人君養老有四, 一是養三老五更, 二是子孫爲國難而死養其父祖, 三是養致仕之老, 四是引戶校年養庶人之老."

진상도(陳祥道)가 말하였다.[27]

"우씨(虞氏)의 연례(燕禮)는 은혜가 예보다 지나치고, 하후씨(夏后氏)의 향례(饗禮)는 예가 은혜보다 지나치며, 은(殷)나라 사람들의 식례(食禮)는 은혜와 예의 적절함을 넘었고, 주(周)나라는 문[文: 의식(儀式)]이 갖추어졌으므로 조정해서 같이 사용하였다."

陳祥道曰: "虞氏以燕則以恩勝禮, 夏后氏以饗則以禮勝恩, 殷人以食則超恩禮之中, 周則文備故修而兼用之."

《예기(禮記)》〈왕제(王制)〉에서 말하였다.

---

25 《예기집설(禮記集說)》〈왕제(王制)〉에 나온다.

26 삼로오경(三老五更): 삼덕(三德)과 오사(五事)를 잘 아는 노인. 삼덕은 정직(正直), 강(剛), 유(柔)이고, 오사는 모(貌), 언(言), 시(視), 청(聽), 사(思)이다.

27 《예기집설(禮記集說)》〈왕제(王制)〉에 나온다.

유우씨(有虞氏)는 국로(國老)에 대해 상상(上庠)에서 양로(養老)의 예(禮)를 거행하였고, 서로(庶老)에 대해서는 하상(下庠)에서 양로의 예를 거행하였나. 하우씨(夏后氏)는 국로에 대해 동서(東序)에서 양로의 예를 거행하였고, 서로(庶老)에 대해서는 서서(西序)에서 양로의 예를 거행하였다. 은(殷)나라 사람들은 국로에 대해 우학(右學)에서 양로의 예를 거행하였고, 서로(庶老)에 대해 좌학(左學)에서 양로의 예를 거행하였다. 주(周)나라 사람들은 국로에 대해 동교(東郊)에서 양로의 예를 거행하였고, 서로(庶老)에 대해서는 우상(虞庠)에서 양로의 예를 거행하였다.

有虞氏養國老於上庠, 養庶老於下庠; 夏后氏養國老於東序, 養庶老於西序; 殷人養國老於右學, 養庶老於左學; 周人養國老於東郊, 養庶老於虞庠.

진호(陳澔)가 말하였다.[28]

"양로(養老)의 예를 행하는 것은 반드시 학교에서 했으니, 그곳이 예의(禮義)를 강구하여 밝히는 곳이기 때문이다. 국로(國老)는 나이가 많고 덕이 있는 노인이고, 서로(庶老)는 서인(庶人) 및 순직한 자의 부모이다. 국로는 존귀하기 때문에 태학(太學)에서 행하고, 서로(庶老)는 (신분이) 낮으므로 소학(小學)에서 행한다."

陳澔曰: "行養老之禮必於學, 以其爲講明禮義之所也. 國老, 有齒有德之老; 庶老, 庶人及死事者之父母也. 國老尊, 故於大學; 庶老卑, 故於小學."

28 《예기집설(禮記集說)》〈왕제(王制)〉에 나온다.

신은 이렇게 생각합니다. 임금의 양로(養老)의 예(例)는 천하의 효(孝)를 가르치는 것입니다. 반드시 학교에서 거행하는 것은 학교에서 인륜을 밝히기 때문입니다. 인륜은 효제(孝弟)보다 우선하는 것이 없으니, 노인과 임금의 관계는, 덕으로는 임금이 높으나 나이로는 노인이 우선입니다. 임금이 그 부모와 어른에게 효제를 다하는 것은 아랫사람들이 볼 수 없습니다. 그러므로 학교에서 양로의 예를 행하여 귀로 듣고 눈으로 보고 느끼게 된 자가 "위에 있는 사람[임금]이 백성의 노인에게 오히려 이와 같이 공경을 다하니, 하물며 자신들의 친속에게는 어떠하겠는가."라고 할 것입니다. 존귀한 천자(天子)도 또한 이와 같으니, 저희 소인(小人)들은 마땅히 느껴 마음이 일어나 감동할 것입니다. 아! 나의 노인을 노인으로 섬겨서 다른 사람의 노인에게 미치고, 나의 어른을 어른으로 섬겨 다른 사람의 어른에게 미치면, 하나의 예를 행할 때 소비하는 것이 비록 하찮은 음식이지만 그 결과는 다스리는 효과가 클 것입니다.

臣按: 王者之養老所以敎天下之孝也, 而必於學者, 學所以明人倫也. 人倫莫先於孝弟, 老者之於君, 以德則君尊也, 以齒則老者先也, 人君致孝弟於其親長, 下之人無由以見也, 故於學校之中行養老之禮, 使得於聽聞觀感者, 曰上之人於夫人之老者尙致其敬如此, 矧其親屬乎? 萬乘之尊且如此, 吾儕小人所宜興起感發也. 噫, 老吾老以及人之老, 長吾長以及人之長, 一禮之行所費者飮食之微, 而所致者治效之大也.

《예기(禮記)》〈월령(月令)〉에서 말하였다.

중추(仲秋)의 달에는 쇠약한 노인을 봉양하고, 안석과 지팡이를 내리고 【(행은) 하사함[賜]이다.】 죽【미(糜) 또한 죽(粥)이다.】과 음식을 내린다.

《月令》: 仲秋之月, 養衰老, 授幾杖, 行【猶賜也】糜粥【糜亦粥也】飮食.

진호(陳澔)가 말하였다.[29]

"달이 8월[四陰][30]에 이르면 음(陰)이 매우 성하다. 때가 양(陽)이 쇠하고 음(陰)이 성하면 가을이 되고, 사람이 양이 쇠하고 음이 성하면 노인이 된다. (8월에) 쇠약한 노인을 봉양하는 것은 절기[時令]에 맞는 일이다. 안석과 지팡이는 그 몸[身]을 편안하게 하는 것이고, 음식은 그 체(體)를 봉양하는 것이다."

陳澔曰: "月至四陰, 陰已盛矣, 時以陽衰陰盛爲秋, 人以陽衰陰盛爲老. 養衰老, 順時令也. 幾杖所以安其身, 飮食所以養其體."

《예기(禮記)》〈제의(祭義)〉에서 말하였다.

---

29 《예기집설대전(禮記集說大全)》〈월령(月令)〉에 나온다.

30 8월[四陰]: 《주역(周易)》〈십이벽괘(十二辟卦)〉에 따르면, 음력 11월의 동지(冬至)가 되면 양(陽)이 하나가 생겨 복괘(復卦)로 1양(陽)이 되고, 12월은 임괘(臨卦)로 2양, 정월(正月)은 태괘(泰卦)로 3양, 2월은 대장괘(大壯卦)로 4양, 3월은 쾌괘(夬卦)로 5양, 4월은 건괘(乾卦)로 순양(純陽)이 된다. 음력 5월의 하지(下地)가 되면 음(陰)이 하나가 생겨 구괘(姤卦)로 1음(陰)이 되고, 6월은 돈괘(遯卦)로 2음이 되고 7월은 비괘(否卦)로 3음이 되고 8월은 관괘(觀卦)로 4음이 되고, 9월은 박괘(剝卦)로 5음이 되고, 10월은 곤괘(坤卦)로 순음(純陰)이 된다.

우(虞), 하(夏), 은(殷), 주(周)나라 때에는 천하의 성대한 임금들이었는데, 나이가 많은 사람을 버려둔 경우는 있지 않았다. 그러므로 나이가 천하에서 존귀하게 대접받은 것은 오래된 일이니, 부모를 섬기는 것에 버금간다.

《祭義》: 虞·夏·殷·周, 天下之盛王也, 未有遺年者, 年之貴乎天下久矣, 次乎事親也.

오징(吳澂)이 말하였다.

"연(年)은 곧 나이이다. 네 시대[虞, 夏, 殷, 周]에서 귀하게 여긴 것이 비록 같지 않으나, 그 나이를 높이고 숭상하는 것은 한 가지이다. 대개 나이가 천하에서 귀할 수 있는 것은 네 시대를 거쳐 지금에 이르기까지 변하지 않았기 때문이니, 그러므로 '오래되었다[久矣].'라고 하였다. 나이를 숭상하는 공경이 어버이를 섬기는 효(孝)에 버금간다."

吳澂曰: "年卽齒也. 四代之所貴雖有不同, 而其尊尙年齒則一, 蓋年齒之可貴於天下, 曆四代至於今不變, 故曰久矣. 尙齒之弟, 次乎事親之孝也."

《예기(禮記)》〈제의(祭義)〉에서 말하였다.

효제(孝弟)가 조정에서 시작하여 도로에서 행해지고 각 마을[州巷]에 이르며, 사냥터와 군대에서도 지켜지니, 사람들이 의리에 따라 죽음을 무릅쓰고 [효제(孝弟)하지 않는 일을] 감히 범하지 않는다.

孝弟發諸朝廷, 行乎道路, 至乎州巷, 放乎獀狩, 修乎軍旅, 衆以義死之而弗敢犯也.

공영달(孔穎達)이 말하였다.[31]

"위의 글은 다만 공경[弟]만을 말하였으나, 여기에서는 효(孝)를 겸하여 말하였다. 효를 했기에 공경할 수 있으므로 공경함은 효의 다음이다. 효제(孝弟)의 도리가 행해지지 않는 곳이 없으므로 사람들이 효제를 행하니, 비록 죽더라도 그것을 버리지 않는다."

孔穎達曰: "上文但言弟, 此兼云孝者, 以孝故能弟, 弟則孝之次也. 孝弟之道無處不行, 故衆行孝弟雖死不舍也."

오징이 말하였다.[32]

"조정(朝廷)은 정령(政令)이 나오는 곳이고, 하민(下民)은 (정령을) 보고 본받으니, 그러므로 조정이 우선이다. 도로(道路)는 백성들이 다니는 곳이고 주항(州巷)은 백성들이 사는 곳이며, 사냥은 나라 안에서 사람들을 쓰는 것이고, 군대는 나라 밖에서 사람들을 쓰는 것이다. 의(義)

31 《예기집설(禮記集說)》〈제의(祭義)〉에 나온다.

32 《예기의소(禮記義疏)》〈제의(祭義)〉에 나온다.

는 마땅히 행하여야 할 바이니, 여러 사람들이 이 효제(孝弟)를 마땅히 행하여야 할 바로 삼기 때문에, 차라리 죽을지언정 효제하지 않은 일을 범하지 않는다."

吳澂曰: "朝廷, 政令所自出, 下民所視效, 故先朝廷. 道路, 民所行之處; 州巷, 民所居之處; 蒐狩者, 用衆於內也; 軍旅者, 用衆於外也. 義謂所宜行, 衆人以此孝弟爲所宜行者, 故寧死而不敢犯不孝不弟之事也."

《예기(禮記)》〈제의(祭義)〉에서 말하였다.

명당(明堂)에서 제사를 지내는 것은 제후(諸侯)들이 지녀야 할 효(孝)를 가르치는 방법이다. 태학(太學)에서 삼로(三老)와 오경(五更)에게 음식을 대접하는 것은 제후들이 지녀야 할 공경[弟]을 가르치는 방법이다.

祀乎明堂所以教諸侯之孝也, 食三老五更於太學所以教諸侯之弟也.

《예기(禮記)》〈제의(祭義)〉에서 또 말하였다.

태학(太學)에서 삼로(三老)와 오경(五更)에게 음식을 대접할 때에는 천자가 소매【(袒은) 옷의 소매를 걷는 것이다.】를 걷고 희생을 베고【(割牲은) 희생의 몸을 잘라서 제기에 놓는 것이다.】, 장(醬)을 집어서 대접하고【(饋는) 음식을 드리는 것이다.】, 잔을 집어서 (술로) 입을 가시고【(酳은) 식사를 마치고 입을 깨끗이 하는 것이다.】, 면류관을 쓰고 방패를 들고 춤을 추었으니【(總幹은) 면류관을 쓰고 방패를 들고 무용수의 대열에 서는 것이다.】, 제후(諸侯)들이 지녀야 할 공경[弟]을 가르치는 방법이다. 이 때문에 향리(鄕里)에서는 나이가 들거나 곤궁한 자를 버려두지 않았고, 강한 자가 약한 자를 범하지 않았고, 다수가 소수에게 난폭하게 굴지 않았으니, 이것은 태학(太學)에서 유래한 것이다.

又曰: 食三老五更於太學, 天子袒【袒衣】而割牲【制牲體爲俎實】, 執醬而饋【進食也】, 執爵而酳【食畢以潔口】, 冕而總幹【總持幹盾立於舞位】, 所以教諸侯之弟也. 是故鄕里有齒而老窮不遺, 强不犯弱, 衆不暴寡, 此由太學來者也.

정현(鄭玄)이 말하였다.[33]

"삼로(三老)와 오경(五更)은 서로 말한 것뿐이니 모두 노인이니, 곧 삼덕(三德)과 오사(五事)를 아는 자이다."

鄭玄曰: "三老五更互言耳, 皆老人, 更知三德五事者也."

방각(方慤)이 말하였다.

"명당(明堂)에서 제사하여 제(帝)에게 흠향하는데, 흠향은 반드시 아버지를 짝하니, 효를 가르치는 방법이다. 태학에서 삼로오경(三老五更)으을 먹여서 노인을 귀하게 여기니 공경함을 가르치는 방법이다. 태학에서 유래하였다는 것은 교화의 근원이 태학(太學)에서 유래하여 나왔음을 말한 것이다."

33 《예기집설(禮記集說)》〈제의(祭義)〉에 나온다.

方慤曰: “祀明堂以享帝, 而享必配以父, 所以教孝也; 食三老五更於太學以貴老, 所以教弟也. 由太學來者, 言教化之原出自太學來也.”

신은 이렇게 생각합니다. 천자가 양로(養老)의 예를 행하면 아래에서는 사람들이 교화되어 비록 향리여항(鄕里閭巷)의 사이에서도 모두 나이 순서로 숭상하지 않음이 없습니다. 이 때문에 연로한 사람이 비록 늙어서 곤궁하여도 사람들이 위에서 공경하는 바가 노인에게 있음을 알아서 존중하고 받들며 공경하고 부양하지 않음이 없고, 감히 버려두지 않습니다. 이러한 마음을 들어 미루어 넓히면 강한 자가 약한 자를 범하지 않고, 다수가 소수에게 난폭하게 굴지 않는 데에 이르니, 모두 임금이 태학(太學)에서 삼로(三老)와 오경(五更)에게 양로의 예를 행한 데에서 유래한 것입니다. 이것은 다름이 아니라 효제(孝弟)의 마음을 근본으로 하여 확장한 것뿐입니다.

臣按: 天子行養老之禮則下之人化之, 雖以鄕里閭巷之間, 莫不皆以齒序爲尙也. 是以人之年老者雖耄耋困窮, 人知上之所敬在此也, 莫不尊奉敬養之而不敢遺棄, 擧斯心而推廣之, 至於强不犯弱·衆不暴寡, 皆自人君養三老五更於太學中來也, 此無他, 本孝弟之心之所推爾.

《주례(周禮)》〈지관(地官)〉에서 말하였다.

대사도(大司徒)는 여섯 가지 보호하고 휴식하는 방안으로 만민(萬民)을 길러 냄에, 그 두 번째가 양로(養老)이다.

《周禮·地官》: 大司徒以保息六養萬民, 二曰養老.

《주례(周禮)》〈하관(夏官)〉에서 말하였다.

나씨(羅氏)는 중춘(仲春: 2월)에는 봄새【(春鳥는) (겨울에) 숨었다가 처음 나온 것이다.】를 그물로 잡으니, 비둘기를 바쳐서 국로(國老)에게 양로(養老)의 예(禮)를 행하였다.

《夏官》: 羅氏, 中春羅春鳥【蟄而始出者】, 獻鳩以養國老.

신은 이렇게 생각합니다. 천자가 양로의 예를 행하는 노인은 두 경우가 있으니, 국로(國老)와 서로(庶老)입니다. 귀한 맏아들은 국자(國子)라 하니, 귀하면서 늙은 자를 국로라고 합니다. 천한 자는 서인(庶人)이라 하니, 천하면서 늙은 자를 서로라고 합니다. 나씨(羅氏)가 비둘기를 바쳐 봉양하는 자는 국로이고, 사도(司徒)가 보전하고 휴식하게 하는 것으로 봉양하는 자는 서로입니다.

臣按: 天子之養老有二, 有國老·有庶老, 貴胄謂之國子則貴而老者謂之國老, 賤者謂之庶人則賤而老者謂之庶老. 羅氏獻鳩以養之者, 國老也; 司徒以保息養之者, 庶老也.

한 명제(漢明帝) 영평(永平) 2년(59)에 황제가 여러 신하들을 이끌고 벽옹(辟雍)에서 삼로(三老)와 오경(五更)에게 양로연을 하였다. 덕행이 있고 나이가 많은 한 명을 노(老)로 삼고, 다음 한 명을 경(更)으로 삼았다. (삼로는) 아름다운 모시로 만든 대포단의(大袍單衣)와 깃과 소매를 검게 두른 중의(中衣)를 입고 진현관(進賢冠)을 쓰며 옥 지팡이를 짚는다. 오경도 역시 그와 같이 하나, 지팡이는 짚지 않는다. 모두 태학(太學)의 강당에 가지런히 있다. 그날에 천자가 타는 수레가 먼저 벽옹의 예전(禮殿)에 도착하여 동상(東廂)에 앉고, 사자(使者)를 보내어 편하게 오게 하여 삼로와 오경을 맞이한다. 천자가 문에서 맞이하여 교례(交禮)를 하고 동쪽 층계[阼階]를 오르면, 삼로가 서쪽 층계[賓階]를 오르며, 층계를 다 오르면 천자가 예로 읍(揖)한다. 삼로가 올라 동쪽을 바라보면 삼공(三公)이 궤(几)를 설치하고 구경(九卿)은 신을 정리한다. 천자가 친히 어깨를 드러내어 희생을 가르고 장을 집어 먹이고 술잔을 집어 입을 헹구게 한다. 축경(祝鯁: 고기에 가시가 없게 추리는 사람)은 앞에 서고, 축열(祝饐: 음식이 목에 메이지 않게 하는 사람)은 뒤에 선다. 오경이 남면하면 공(公)이 나아가 예를 행하니, 또한 노(老)의 경우와 같게 한다. 다음날 모두 궐에 가서 사은(謝恩)한다.[34]

漢明帝永平二年, 帝帥群臣養三老五更於辟雍, 用其德行年耆高者一人爲老, 次一人爲更, 服都鸞大袍·單衣·皂緣領袖·中衣, 冠進賢, 杖玉杖, 五更亦如之, 不杖. 皆齊於太學講堂, 其日乘輿先到辟雍, 禮殿禦坐東廂, 遣使者安車迎三老五更, 天子迎於門屏交禮, 道自阼階. 三老升自賓階, 至階,

34 한 명제(漢明帝) … 사은(謝恩)한다: 《후한서(後漢書)》 권14 〈예의지(禮儀志)〉에 나온다.

天子揖如禮. 三老升, 東麵, 三公設幾, 九卿正履, 天子親袒割牲, 執醬而饋, 執爵而酳, 祝鯁在前, 祝饐在後. 五更南麵, 公進供禮亦如之. 明日, 皆詣闕謝恩.

중원(中元) 원년(56)에 또 이 예를 행하고 조서(詔書)를 내렸다.

"아득히 작은 소자(小子)가 성업(聖業)을 이어서 2월[令月] 원일(元日)에 다시 벽옹(辟雍)에 나아가 삼로(三老)를 높이 섬기고 오경(五更)을 형으로 섬긴다. 수레로 편안히 모시고 공경히 이끌어 후왕(侯王)이 장(醬)을 차리고 공경이 진귀한 음식을 차리고 짐이 친히 소매를 걷어 희생을 자르고 잔을 집어 입을 가시게 한다. 당 위에서는 〈녹명(鹿鳴)〉을 노래하고 아래에서는 〈신궁(新宮)〉을 피리로 불며 팔일무(八佾舞)를 함께 정비하여 정(庭)에서 만무(萬舞)를 춘다. 삼로인 이궁(李躬)은 나이가 많고 학문에 밝으며, 오경인 환영(桓榮)은 짐에게 《상서(尚書)》를 가르친다. 이에 삼로와 오경은 이천석의 녹으로 종신토록 봉양하며, 천하의 삼로에게 사람마다 술 1석과 고기 40근을 하사하도록 한다. 유사(有司)가 노인을 돌보고 어린이와 고아를 구휼하고 홀아비와 과부를 돌보도록 한다. 이것이 곧 짐의 뜻이다."[35]

中元元年, 又行此禮, 乃下詔曰: "眇眇小子, 屬當聖業, 令月元日, 復踐辟

35 중원(中元) … 뜻이다: 《후한서(後漢書)》 권2 〈명제기(明帝紀)〉에 나온다.

雍, 尊事三老, 兄事五更, 安車而輪, 供綏執授, 侯王設醬, 公卿饌珍, 朕親袒割, 執爵而薦, 升歌《鹿鳴》, 下管新宮, 八佾具修, 萬舞於庭. 三老李躬年耆學明, 五更桓榮授朕《尙書》, 三老五更以二千石祿養終厥身, 其賜天下三老酒人一石·肉四十斤, 有司其存耆耄·恤幼孤·惠鰥寡, 稱朕意焉."

마단림(馬端臨)이 말하였다.[36]

"옛사람들의 양로(養老)의 예는 향(鄕)에서의 양로가 있었으니 이른바 50세에 향에서 양로의 예를 받는 것이다. 왕이 공작(公爵), 후작(侯爵), 백작(伯爵), 자작(子爵), 남작(男爵) 및 여러 관리에게 명하기를 '동서(東序)에서의 양로의 예를 되풀이하라'는 것이 이것이다. 국(國)에서의 양로가 있으니 천자가 태학(太學)에 나아가 삼로(三老)와 오경(五更), 여러 노인의 자리를 설치하여 장을 집어 친히 먹이고 잔을 집어 친히 권하는 것이 이것이다. 한(漢)나라 초기에 매 향 및 현(縣)마다 모두 삼로가 있어 새해의 첫 머리에 사람을 보내 안부를 묻고 예폐(禮幣)와 술과 고기를 내리고 혹은 잔을 내리니 곧 옛사람들이 향에서 양로의 예를 행하는 뜻이다. 국학의 양로의 예에서 천자가 친히 참석하는 경우는 동한(東漢)에 이르러 비로소 시행되었다."

馬端臨曰: "古人養老之禮有養於鄕者, 所謂五十養於鄕, 王命公·侯·

36 《문헌통고(文獻通考)》 권45 〈학교고(學校考)〉에 나온다.

伯·子·男及群吏曰反, 養老於東序是也; 有養於國者, 天子視學, 設三老五更群老之席位, 執醬親饋, 執爵親醑是也. 漢初, 每鄕及縣皆有三老, 歲首則使人存問, 賜以束帛酒肉, 或賜以爵, 乃古人養於鄕之意, 而國學養老天子親講之禮, 則至東漢始行之."

신은 이렇게 생각합니다. 양로(養老)의 예는 우씨(虞氏) 이래로부터 그것이 있었고, 주(周)대에 이르러 예가 비로소 갖추어졌습니다. 그 양로의 예를 행함에, 천자가 태학(太學)을 살피고 음악을 연주하고 그것을 행합니다. 춘추(春秋)·전국(戰國) 시대에는 이 예가 행해지지 않은지 오래되었습니다. 한(漢)나라 명제(明帝)에 이르러 비로소 행해지고, 위(魏)·진(晉)을 거쳐 북조(北朝)에 이르기까지 종종 거행되었고, 당(唐)나라 《개원례(開元禮)》에는 비록 그 의례가 있었지만, 역사를 살펴보니 그 시행한 것이 보이지 않습니다. 대개 제왕(帝王)의 시대에는 효제(孝弟)를 다스림으로 삼았으니, 노인은 부(父)에 가깝고 어른은 형에 가까우므로 국학에 나아가 둘러보고 양로하는 예를 시행하니, 천하의 사람들에게 효제(孝弟)를 가르친 방법입니다. 윗사람이 효제로 천하의 사람들을 이끌어 솔선수범하여 그들로 하여금 모두 부모를 친애하고 어른을 어른으로 여기는 교화로 귀의하게 하여, 한 사람이라도 그 어버이를 친애하여 효도하지 않음이 없고 어른을 어른으로 여겨서 공경하지 않음이 없습니다. (이로 인하여) 예교가 날로 밝아지고 풍속이 날로 두터워지니, 어찌 천하가 잘 다스려지고 평안하지 않음이 있겠습니까.

臣按: 養老之禮則自有虞氏以來有之, 至周而禮始備, 其養老也, 天子視學, 合樂而行之. 春秋·戰國此禮不行也久矣, 至漢明帝始行之, 曆魏晉至北朝往往舉行, 唐《開元禮》雖有其儀, 考之史未見其行也. 蓋帝王之世以孝弟爲治, 老者近於父, 長者近於兄, 故設爲視學養老之禮, 所以教天下之人孝弟也. 上之人以孝弟帥先天下之人, 使之皆歸於親親·長長之化, 無一人而不親其親而孝·不長其長而弟, 禮教日明, 風俗日厚, 天下豈有不治平者哉?

이상 효제(孝弟)를 몸소 행하여 깊이 있게 교화(敎化)함.

以上躬孝弟以敦化

대학연의보
(大學衍義補)

—

권80

교화를 숭상함[崇敎化]

사유(師儒)를 숭상하여 도(道)를 중시함[崇師儒以重道]

《주례(周禮)》〈천관총재(天官冢宰)〉에서 말하였다.

태재(太宰)[1]는 아홉 가지의 짝[九兩][2]을 통해 나라의 백성을 연계시킨다. 셋째, 사(師)를 세워 어진 사람으로 백성의 마음을 얻는다. 넷째, 유(儒)를 세워 도(道)로써 백성의 마음을 얻는다.

《周禮》曰: 大宰以九兩繫邦國之民, 三曰師, 以賢得民; 四曰儒, 以道得民.

《주례(周禮)》〈지관사도(地官司徒)〉에서 말하였다.

대사도(大司徒)[3]는 풍속 여섯 가지[六俗][4]를 기본으로 삼아 만백성을 편안

---

1 태재(太宰): 나라의 6전(六典)을 세워 6관(六官)을 총괄하며, 임금을 보좌하여 방국(邦國)을 다스리는 일을 맡았던 총리(總理) 관직이다. 중국 은(殷) 나라의 6태(六太)의 하나이며, 주관(周官) 6경(六卿)의 하나인 천관(天官) 총재(冢宰)에서 유래하였다. 《주례(周禮)》에 따르면 정무를 총괄하는 태재(大宰)는 경(卿) 1인, 부총리격인 소재(小宰)는 중대부(中大夫) 2인을 두었다.

2 아홉 가지의 짝[九兩]: 《주례(周禮)》〈천관총재(天官冢宰)〉에 나온다. 태재(太宰)와 함께 백성을 연계시키는 아홉 가지를 말한다. 목(牧), 장(長), 사(師), 유(儒), 종(宗), 주(主), 리(吏), 우(友), 수(藪)이다.

하게 한다. 넷째 사(師)와 유(儒)를 연결하게 한다.

大司徒以本俗六安萬民, 四曰聯師儒.

섭시(葉時)[5]가 말하였다.[6]

"태재(太宰)는 아홉 가지의 짝[九兩]으로 백성들을 연계시키고 사도(司徒)는 여섯 가지 풍속으로 백성을 편안하게 하니, 이는 모두 사(師)와 유(儒)로 그 가운데에서 행하게 하는 것이다. 진실로 사도가 서지 않으면 천하에 착한 사람이 없고, 유도(儒道)가 서지 않으면 천하에 바른 학문이 없다."

葉時曰: "大宰繫民之九兩, 司徒安萬民之六俗, 而皆以師·儒行乎其中, 誠以師道不立則天下無善人, 儒道不立則天下無正學."

---

3 대사도(大司徒): 중국(中國) 고대(古代)의 관명으로 주대(周代) 육관(六官)의 하나이다. 지관(地官)의 장(長)으로 호구(戶口)·전토(田土)·재화(財貨)·교육(敎育)을 관장(管掌)했다.

4 육속(六俗): 《주례(周禮)》 〈지관사도(地官司徒)〉에 나온다. "대사도(大司徒)가 백성을 편안하게 하는 여섯 가지 풍속으로 첫째 사는 집을 아름답게 꾸미게 하고, 둘째 종족의 분묘를 함께 하도록 하고, 셋째 형제는 서로 합하게 하고, 넷째 사(師)와 유(儒)가 서로 연대하게 하고, 다섯째 친구들이 서로 연합하게 하고, 여섯째 의복을 함께하는 것을 말한다."

5 섭시(葉時): 남송 임안(臨安) 전당(錢塘) 사람으로 자는 수발(秀發)이고, 자호는 죽야우수(竹野愚叟)며, 시호는 문강(文康)이다. 이부상서(吏部尙書) 등을 지냈다. 이종(理宗) 초에 현모각학사(顯謨閣學士)로 건녕부(建寧府)에 나가 다스리다가 돌아왔다. 저서에 《예경회원(禮經會元)》과 《죽야시집(竹野詩集)》 등이 있다.

6 《예경회원(禮經會元)》 〈계민(繫民)〉에 나온다.

신은 이렇게 생각합니다. 천하에 하루라도 사(師)와 유(儒)의 공(功)이 없을 수 없습니다. 그러나 사는 반드시 유를 따르고, 유는 반드시 도(道)를 따른 후에야 그 시대에 법을 세울 수 있고, 후세에 본보기를 전할 수 있습니다. 저 이단의 여러 갈래들에도 모두 사가 있습니다. 그러나 (이들의) 사는 유를 따르지 않고, 유는 도를 따르지 않으니 어찌 천하의 마음을 연계하고 천하의 풍속을 연결하기에 충분하겠습니까. 이것이 임금이 삼대(三代)의 전성기에 뜻을 두는 이유이니, 큰 도가 행해지기를 기다리는 경우에는 유를 높이고 도를 중시하여 사표(師表)로 세워 천하의 인심을 바로잡고 천하의 다스림을 이루지 않음이 없어야 합니다.

臣按: 天下不可一日無師儒之功. 然師必以儒, 儒必以道, 然後可以立規矩於一時, 垂楷範於後世也. 彼異端衆技亦皆有師. 然師不以儒, 儒不以道, 豈足以繫天下之心而聯天下之俗哉? 此人君所以有志於三代之英, 而徯大道之行者, 莫不崇儒重道, 立爲師表, 以正天下之人心, 以成天下之治化.

《예기(禮記)》〈학기(學記)〉에서 말하였다.

무릇 학문의 도(道)에서 스승을 존엄하게 여기는 것은 어렵다. 스승이 존엄하게 된 이후에야 도가 존중되고, 도가 존중된 이후에야 백성들이 학문을 공경할 줄 안다. 이 때문에 임금이 자신의 신하들 중 신하로 여기지 않는 자가 두 종류이니, 시동(尸童)[7]이 된 자에게는 신하로 대하지 않고, 스승이 된 자에게는 신하로 대하지 않는다. 태학(太學)의 예(禮)에서도

(신하가) 비록 천자에게 아뢰는 일이 있지만 북면(北面)하지 않는 것은 스승을 존중하기 때문이다.

《學記》曰: 凡學之道, 嚴師爲難. 師嚴然後道尊, 道尊然後民知敬學. 是故君之所不臣於其臣者二, 當其爲尸則弗臣也, 當其爲師則弗臣也. 大學之禮, 雖詔於天子無九[8]面, 所以尊師也.

진호(陳澔)[9]가 말하였다.[10]

"스승이 존엄하게 된다는 것은 《효경》의 '부친을 존엄하게 여긴다.'[11]는 뜻과 같으니 (스승을) 예법에 따라 존숭하며 존중하게 대함을 말한다. 북면(北面)하지 않음은 신하의 지위에 처하지 않는 것이다."

陳澔曰: "嚴師如《孝經》嚴父之義, 謂尊禮嚴重之也. 無北面, 不處之以臣位也."

방각(方慤)[12]이 말하였다.[13]

---

7 시동(尸童): 제사(祭祀)를 지낼 때 신위(神位) 대신으로 앉히던 어린아이로 남아(男兒)는 남시(男尸), 여아(女兒)는 여시(女尸)라고 하였으며, 후에는 화상(畫像)을 쓰기도 하였다.

8 九: 《대학연의보(大學衍義補)》 사고전서본(四庫全書本)에서는 '北'으로 되어 있어, 번역에서는 이를 따른다.

9 진호(陳澔): 《대학연의보》 권78 주) 42 참조.

10 《예기집설(禮記集說)》 〈학기(學記)〉에 나온다.

11 부친을 … 여긴다: 《효경(孝經)》 〈성치장(聖治章)〉에 나온다.

"엄(嚴)은 존숭함이다. 스승을 존숭함은 곧 '비록 천자에게 아뢰는 일이 있어도 북면(北面)하지 않는다.'는 것이 이것이다. 유일한 사람의 존귀함이라도 천한 필부를 스승으로 삼고, 천하의 부를 가지고 있지만 작은 집의 가난한 사람을 스승으로 삼으니, 이것이 스승을 존숭하는 것이 어려운 이유이다. 스승을 존숭한다는 것은 다른 사람들이 그를 존숭하는 것이다. 다른 사람들이 그 스승을 존숭하면 스승의 도가 존엄하게 된다. 스승은 도를 전수하기 때문에 스승이 존엄하게 된 이후에야 도가 존숭된다. 학문은 도를 시행하는 것이기 때문에 도가 존숭된 이후에야 백성들이 학문을 공경해야 함을 안다. 신(神)의 입장에서 말하므로 시동이 된 자는 신하로 대하지 않으며, 도(道)의 입장에서 말하므로 스승이 된 자는 신하로 대하지 않는다."

方慤曰: "嚴卽尊也. 嚴師卽雖詔於天子無北面是矣. 以一人之貴而師匹夫之賤, 以四海之富而師環堵之貧, 此嚴師所以爲難也. 嚴師者, 人嚴之也. 人嚴其師則師道嚴矣. 師所以傳道, 故師嚴然後道尊; 學所以爲道, 故道尊然後民知敬學. 以神言之, 故爲尸則弗臣; 以道言之, 故爲師則弗臣."

《대대례(大戴禮)》〈무왕천조(武王踐阼)〉에서 말하였다.

[무왕(武王)이] 사상보(師尙父)[14]를 부르고서 "황제(黃帝), 전욱(顓頊)의 뜻이

12 방각(方慤): 중국 송(宋) 동려(桐廬) 사람으로, 진사로 출신하여 벼슬은 예부 시랑을 지냈다. 저서에 《예기해의(禮記解義)》 20권이 있다.

13 《예기집설대전(禮記集說大全)》〈학기(學記)〉에 나온다.

14 사상보(師尙父): 태공망(太公望) 여상(呂相)의 다른 이름이다. 태공망은 문왕(文王)의 태사(太史)

보존되었다면 또한 잠시마나 들어볼 수 없겠습니까?"라고 물었다. 상보(尙父)가 말하기를 "단서(丹書)[15]에 있으니 왕께서 듣고자 하신다면 재계하십시오."라고 하였다. 왕이 삼일을 재계하고 의관을 갖추자 사상보(師尙父) 또한 의관을 갖춰 입고 책을 받들고서 들어와 병풍을 등지고 섰다. 임금이 당(堂)을 내려와 남면(南面)하고서 서니 사상보가 "선왕의 도(道)는 북면(北面)하지 않습니다."라고 하였다. 임금이 서쪽으로 갔다가 꺾어서 남쪽으로 와서 동면(東面)하고 서자, 사상보는 서면(西面)하고 책의 내용을 말하기를 "경(敬)함이 태만함을 이기면 길(吉)하고, 태만함이 경함을 이기면 멸(滅)합니다. 의로움이 욕심을 이기면 (사람들이) 따르고, 욕심이 의로움을 이기면 흉(凶)합니다. 무릇 일에 힘쓰지 않으면 잘못되고, 경을 하지 않는다면 바르게 되지 않습니다. 잘못됨[枉]은 멸하고 폐해지는 것이고, 경은 만세(萬世)토록 이어지는 것입니다."라고 하였다. 왕이 책의 내용을 듣고서 놀라며 몹시 두려워하여 앉은 자리의 네 모퉁이에 쓰고서 경계로 삼았다. 그 명(銘)에 이르기를 "안락에는 반드시 공경한다.", "행함이 없으면 후회할 것이다.", "자다가 몸을 뒤척일 때에도 잊어서는 안 된다.", "본받을 바가 멀리 있지 않으니, 가까이에서 대신할 바를 보라."라고 하였다.

궤명(几銘: 안석에 새긴 글)에서 "간절하게 오직 공경하라. 입은 공경을 낳기도 하고 입은 성난 소리가 나오기 하고 입은 입을 죽이기도 한다."라고 하였다. 감명(鑑銘: 거울에 새긴 글)에서 "너의 앞을 보고 너의 뒤를 생각

로 상보(尙父)라 불렸고 무왕(武王)은 그를 높여 사상보(師尙父)라 했다.

15 단서(丹書): 붉은 참새가 물고 왔다는 상고(上古)의 도(道)를 적은 글로 태공망(太公望) 여상(呂相)이 주(周) 무왕(武王)에게 바쳤다고 전해지는 책이다.

하라."라고 하였다. 반명(盤銘: 대야에 새긴 글)에서 "사람에게 빠지기 보다는 차라리 연못에 빠져라. 연못에 빠지는 것은 오히려 헤엄칠 수 있으나 사람에 빠지는 것은 구할 수 없다."라고 하였다. 영명(楹銘: 기둥에 새긴 글)에서 "오랑캐의 잔인함을 말하지 말라 그 화가 앞으로 올 것이다. 오랑캐의 해로움을 말하지 말라 그 화가 장차 클 것이다. 오랑캐의 근심을 말하지 말라 장차 그 화가 자라날 것이다."라고 하였다. 유명(牖銘: 들창에 새긴 글)에서 "하늘의 때를 따라서 땅의 재물로써 황천에 공경히 제사지내고 때를 앞서 공경히 맞는다."라고 하였다. 검명(劍銘: 검에 새긴 글)에 "띠를 두르고 옷을 입으며 움직임에 반드시 덕을 행하니 덕을 행하면 흥하고, 덕을 배반하면 무너진다."라고 하였다.

《大戴禮》〈武王踐阼〉: 召師尙父而問焉曰: "黃帝·顓頊之道存乎意, 亦忽不可得見與?" 師尙父曰: "在丹書, 王欲聞之則齊矣." 王齊三日, 王端冕師尙父亦端冕, 奉書而入, 負屛而立, 王下堂南面而立, 師尙父曰: "先王之道, 不北面." 王行西折而南, 東面而立, 師尙父西面, 道書之言曰: "敬勝怠者吉, 怠勝敬者滅, 義勝欲者從, 欲勝義者凶. 凡事不强則枉, 弗敬則不正, 枉者滅廢, 敬者萬世" 王聞書之言惕若恐懼, 而爲戒書於席之四端, 銘曰 "安樂必敬"·"無行可悔"·"一反一側, 亦不可不志"·"殷監不遠, 視爾所代". 几銘曰: "皇皇惟敬, 口口生敬. 口生垢, 口戕口." 鑑銘曰: "見爾前, 慮爾後." 盤銘曰: "與其溺於人也, 寧溺於淵. 溺於淵猶可游也, 溺於人不可救也." 楹銘曰: "毋曰胡殘, 其禍將然; 毋曰胡害, 其禍將大; 毋曰胡傷, 其禍將長." 牖銘曰: "隨天之時, 以地之財, 敬祀皇天, 敬以先時." 劍銘曰: "帶之以爲服, 動必行德, 行德則興, 倍德則崩."

주희(朱熹)가 말하였다.[16]

"주(周)나라 무왕(武王)이 즉위한 초기에 사상보(師尙父)에게서 단서(丹書)의 경계를 받았으니 '공경함이 태만함을 이기는 자는 길하고, 태만함이 공경함을 이기는 자는 멸하고, 의리가 욕심을 이기는 자는 (사람들이) 따르고, 욕심이 의리를 이기는 자는 흉한다'라는 것이다. (무왕이) 물러나 궤석, 그릇, 칼, 창문에 새기지 않은 곳이 없었다. 지금 그 남겨진 말이 다행히 자못 예서(禮書)에서 보이니, 잘 다스리기를 원하는 임금과 학문에 뜻을 둔 선비가 모두 깊이 헤아리지 않을 수 없다."

朱熹曰: "周武王踐祚之初, 受師尙父丹書之戒, 曰 '敬勝怠者吉, 怠勝敬者滅, 義勝欲者從, 欲勝義者凶', 退而於几席·觴豆·刀劍·戶牖莫不銘焉. 今其遺語尙幸頗見於禮書, 願治之君·志學之士皆不可以莫之考也."

신은 이렇게 생각합니다. 주 무왕(周武王)이 사상보(師尙父)에게 질문을 하고자 하였습니다. 그리하여 스승의 예로써 그를 존중하여 감히 신하의 지위로 대하지 않았고, 사상보는 도(道)가 자신에게 있음을 알아서 감히 가볍게 그 도를 굽히지 않았으니 반드시 사도(師道)를 높여서 자신이 신하임을 잊었고 임금이 임금임을 잊었습니다. 임금이 자신이 임금임을 잊어서 도가 신하에게 있다고 여기고, 신하가 자신이 신하임을 잊고서 도가 자신에게 있다고 여기는 것입니다. 예전의 성

16 《사서혹문(四書或問)》〈대학(大學)〉에 나온다.

군들은 스승을 존중하는 것이 이와 같았으니, 그 사람을 존중하는 것이 아니라 그 도를 존중하는 것입니다. 이와 같지 않다면 그 도를 얻기에 부족하고 그 도를 얻지 못했다면 잘 다스린다고 할 수 없습니다. 그러나 단지 그것을 구할 뿐만 아니라 구하여 그 말(뜻)을 얻으려면 두려워하고 삼가며 미루어 넓혀서 명(銘)으로 삼아야 합니다. 아침저녁으로 경계하고 성찰하는 것으로 사용하여 항상 눈에 띄도록 하고 매번 마음에 보존하여 장차 천하국가에 베풀었으니 자손들을 위한 천만세의 교훈[貽謀]입니다. 이는 다름이 아니라 주는 자는 가볍게 여기지 않고, 받는 자는 중요함을 안 것입니다. 중요한 이유를 알았으니 가볍게 보지 않고, 항상 조심하고 삼가서 오직 보전하여 지킬 수 없거나 혹 잃어버릴 것을 두려워하였습니다. 명은 무릇 열 네 가지이니, 지금 그 말을 뽑아서 쉽게 알 수 있는 것이 위와 같습니다.

臣按: 周武王之於師尙父欲有問焉, 則以師禮尊之而不敢處以臣位, 而師尙父知道之在己也, 亦不敢輕屈其道, 必以師道爲尊, 忘其身之爲臣而君之爲君也. 君忘其身之爲君, 以道在臣也; 臣忘其身之爲臣, 以道在己也. 古之聖君其尊師者如此, 非尊其人也, 尊其道也. 以爲不如是則不足以得其道, 不得其道則無以爲治. 然不徒求之, 求之而得其言, 則又惕然恐懼而推演之以爲銘焉. 用以朝夕警省, 欲其常接於目·每存乎心而將以施之天下國家, 而爲子孫千萬世之貽謀也. 此無他, 予之者不輕, 受之者知重. 知所以重則不輕視之, 而兢兢業業, 惟恐不能保守而或失之也. 銘凡十有四, 今摘其辭語易知者如右.

맹자(孟子)가 말하였다.[17]

"천하에 공통되게 높이는 것에 세 가지가 있으니, 관작이 하나이고, 나이가 하나이고, 덕(德)이 하나이다. 조정에서는 관작만한 것이 없고, 향당(鄕黨)에서는 나이만한 것이 없고, 세상을 돕고 백성을 기르는 것【(輔世長民은) 세상을 돕고, 임금이 백성을 기름이다.】에는 덕만한 것이 없으니, 어찌 한 가지를 얻었다고 두 가지를 업신여길 수 있겠는가."

孟子曰: "天下有達尊三, 爵一·齒一·德一. 朝廷莫如爵, 鄕黨莫如齒, 輔世長民【輔相世代, 君長人民】莫如德, 惡得有其一以慢其二哉?"

주희(朱熹)가 말하였다.[18]

"달(達)은 통함이다. 대개 천하에 공통으로 높이는 것이 이 세 가지가 있으니, 증자(曾子)의 말은 덕(德)을 가지고 말한 것이다. 지금 제(齊)나라의 왕은 단지 관작이 있을 뿐이니, 어찌 이것으로 나이가 들고 덕을 가진 이를 업신여길 수 있겠는가."

朱熹曰: "達, 通也. 蓋通天下之所尊有此三者. 曾子[19]之說, 蓋以德言之也. 今齊王但有爵耳, 安得以此慢於齒德乎?"

---

17 《맹자(孟子)》〈공손추장구 하(公孫丑章句 下)〉에 나온다.

18 《맹자집주(孟子集註)》〈공손추장구 하(公孫丑章句 下)〉에 나온다.

19 曾子: 《대학연의보(大學衍義補)》 정덕본(正德本)에는 '曾子'가 빠져 있다.

주희(朱熹)가 또 말하였다.[20]

"'달존(達尊)'의 설명에서 달(達)은 통함이다. 세 가지가 서로 부합하지 않는다면 각각 그 존귀한 것만을 펴고 굽히는 것이 없게 된다. 혹시 하나라도 서로 부합한다면 그 중요한 것이 있는 곳을 통찰해 보아서 융성함에 이룰 것이다. 그러므로 조정에서 이윤(伊尹)과 주공(周公)은 나라의 충성스러운 원로로서 선대를 이은 왕을 공경히 받들고 어린 왕의 좌우에서 감히 나이와 덕(德)으로 넘보지 않았다. 심지어 세상을 돕고 백성을 기르는 임무를 논할 때에는 태갑(太甲)[21]과 성왕(成王)이 진실로 이윤, 주공의 앞에서 머리를 조아리며 절을 하였다. 번갈아 굽히거나 펴면서 지극함을 높이는 뜻을 다한 것은 맹자(孟子)의 말과 다르지 않았다. 그러므로 '중요한 것이 있는 곳을 통찰해 보아서 융성함에 이룬다.'라고 말하였다. 관작이나 나이는 대개 우연히 얻은 것이니 이 때문에 존귀함이 조정(朝廷)에 펴지니 향당(鄕黨)에는 미치지 않고, 향당에 펴지니 조정에는 미치지 못한다. 사람들이 공경하는 것 또한 혹은 표면적이어서 마음으로 한 것이 아니다. 오직 덕은 마음에서 얻고, 몸에 채우고, 가정에서 행하고, 향당에서 넓혀서 조정에까지 이르는 것이다. 증자(曾子)는 '저들이 재물로써 한다면 나는 나의 인(仁)으로써 하고, 저들이 관작으로 한다면 나는 나의 의(義)로써 한

20 《맹자집주(孟子集註)》〈공손추장구 하(公孫丑章句下)〉에 나온다.

21 태갑(太甲): 상(商)나라 제3대 임금인 태종(太宗)의 이름. 성탕(成湯)의 손자고, 태정(太丁)의 아들이다. 중임(仲壬)을 이어 즉위했다. 즉위한 뒤 법을 어기고 방탕 포악하게 생활하여 이윤(伊尹)에 의해 쫓겨났다. 3년 뒤 자신의 잘못을 반성하자 이윤이 맞아 복위시켰다. 일설에는 이윤이 태갑을 내쫓고 왕위에 올랐는데, 7년 뒤에 몰래 들어와 이윤을 죽이고 재차 등극했다고도 한다. 복위한 뒤 정치에 힘써 제후들이 상나라로 귀의했고, 백성들도 안정을 되찾았다. 12년 동안 재위했다.

다.'[22]라고 하였고, 자사(子思)는 '섬겼다고 할지언정 어찌 벗했다고 하겠는가.'[23]라고 하였으며, 맹자(孟子)는 '어찌 한 가지를 소유하였다고 두 가지를 업신여길 수 있겠는가.'라고 하였으니, 두 스승과 제자가 생각하는 점이 서로 부합하는 것이 진실로 이와 같다."

又曰: "達尊之說, 達, 通也. 三者不相値則各伸其尊而無所屈. 一或相値則通視其重之所在而致隆焉. 故朝廷之上, 以伊·周之忠聖耆老, 而祇奉嗣王, 左右孺子, 不敢以其齒德加焉. 至論輔世長民之任, 則太甲·成王固拜手稽首於伊·周之前矣. 其迭爲屈伸, 以致崇極之義, 不異於孟子之言也. 故曰 '通視其重之所在而致隆焉.' 爵也·齒也, 蓋有偶然而得之者, 是以其尊施於朝廷者則不及於鄕黨, 施於鄕黨者則不及於朝廷, 而人之敬之也亦或以貌而不以心. 惟德得於心·充於身·行於家·推於鄕黨而達於朝廷者也. 曾子曰 '彼以其富, 我以吾仁; 彼以其爵, 我以吾義', 子思曰 '事之云乎, 豈曰友之云乎', 孟子曰 '惡得有其一以慢其二', 師弟子[24]間意見之相合固如此."

《맹자(孟子)》 〈공손추장구 하(公孫丑章句下)〉에서 맹자(孟子)가 또 말하였다.

"그러므로 장차 크게 훌륭한 일을 하려는 임금은 반드시 함부로 부르지 않는 신하가 있었다. 그리하여 상의하고자 하는 일이 있으면 직접 찾

22 저들이 … 한다: 《맹자(孟子)》 〈공손추장구 하(公孫丑章句 下)〉에 나온다.

23 섬겼다고 … 하겠는가: 《맹자(孟子)》 〈만장장구 하(萬章章區下)〉에 나온다.

24 子: 《대학연의보(大學衍義補)》 사고전서본(四庫全書本)에서는 '之'으로 되어 있어, 번역에서는 이를 따른다.

아갔으니, 덕(德)을 높이고 도(道)를 즐김이 이와 같지 않으면 더불어 큰일을 하기에 부족하다. 그러므로 탕(湯) 임금은 이윤(伊尹)에게 배운 뒤에 그를 신하로 삼으셨기 때문에 힘들이지 않고서도 왕도(王道)를 행하였고, 환공(桓公)은 관중(管仲)에게 배운 뒤에 그를 신하로 삼았기 때문에 힘들이지 않고 패업(霸業)을 이루었다. 지금 천하가 영토가 비슷하고【(醜는) 비슷함[類]이다.】 덕(德)도 비슷해서 서로 나은【(尙은) 나음[過]이다.】 자가 없는 것은 다름이 아니라 자기가 가르칠 사람을 신하로 삼기 좋아하고, 자기가 가르침을 받을 사람을 신하로 삼기를 좋아하지 않기 때문이다."

又曰: "故將大有爲之君, 必有所不召之臣. 欲有謀焉則就之, 其尊德樂道不如是, 不足與有爲也. 故湯之於伊尹學焉而後臣之, 故不勞而王; 桓公之於管仲學焉而後臣之, 故不勞而霸. 今天下地醜【類也】德齊, 莫能相尙【過也】, 無他, 好臣其所敎而不好臣其所受敎."

정이(程頤)가 말하였다.[25]

"옛사람이 반드시 임금이 공경을 지극히 하고 예를 다하기를 기다린 뒤에 나아간 것은 스스로 자신을 존대하려고 한 것이 아니라 이 때문일 뿐이다."

程頤曰: "古之人必待人君, 致敬盡禮而後往者, 非欲自爲尊大也, 爲是故耳."

---

25 《맹자집주(孟子集註)》〈공손추장구 하(公孫丑章句下)〉에 나온다.

주희(朱熹)가 말하였다.[26]

"크게 훌륭한 일을 하려는 임금이란 크게 하려고 함이 있는 비상한 임금이다. 먼저 배움을 따라서 스승으로 삼고, 이후에 신하로 삼아 그 직임을 맡긴 것이다. '가르칠 사람[所教]'은 자기의 말을 듣고 따라서 부릴 수 있는 사람을 말하고, '가르침을 받을 사람[所受教]'은 자기가 따라서 배울 사람을 말한다."

朱熹曰: "大有爲之君, 大有作爲非常之君也. 先從受學師之也, 後以爲臣任之也. 所教謂聽從於己可役使者也, 所受教謂己之所從學者也."

주희(朱熹)가 또 말하였다.[27]

"이 장에서는 빈사(賓師)는 급히 달려가서 임금의 명령을 받들어 순종하는 것을 공손함으로 여기지 않고, 어려운 것을 꾸짖고 선한 말씀을 개진하는 것을 공경으로 여기며, 임금은 숭고하고 부귀한 것을 중시하지 않고, 덕을 귀하게 여기고 선비를 높이는 것을 현명한 것으로 여긴다면, 상하가 서로 통하여 덕업이 이루어질 수 있음을 볼 수 있다."

又曰: "此章見賓師不以趨走承順爲恭, 而以責難陳善爲敬, 人君不以崇高富貴而重, 而以貴德尊士爲賢, 則上下交而德業成矣."

---

26 《맹자집주(孟子集註)》 〈공손추장구 하(公孫丑章句下)〉에 나온다.

27 《맹자집주(孟子集註)》 〈공손추장구 하(公孫丑章句下)〉에 나온다.

보광(輔廣)[28]이 말하였다.[29]

"천지(天地)가 서로 통한 이후에 만물(萬物)이 이루어지고, 상하가 서로 통한 이후에 덕업이 이루어지니 이것은 자연의 이치이다. 세상이 쇠퇴해지고 도가 작아져서 임금은 현자에게 낮추어야 함을 알지 못하고 오직 권세를 믿고서 현자에게 교만한 것만을 알며, 아랫사람은 스스로 중함을 알지 못하고 오직 스스로 굽혀서 임금에게 아첨하는 것만을 안다. 윗사람이 날마다 교만해지고 아랫사람은 날마다 아첨하니 상하의 정이 서로 충돌하여 통하지 않고 덕(德)이 공적과 함께 흩어져서 이룸이 없다. 천하가 어지러워져서 세상의 풍속이 오히려 맹자(孟子)를 세상 물정을 모른다고 여기니 진실로 슬프구나!"

輔廣曰: "天地交而後萬物遂, 上下交而後德業成, 此自然之理也. 世衰道微, 君不知下賢, 惟知恃勢以驕賢者, 下不知自重, 惟知自屈以諂時君. 上日驕而下日諂, 上下之情扞格而不接, 德之與業渙散而無成. 天下日趨於亂, 而世俗猶以孟子爲迂闊, 良可悲矣."

신은 이렇게 생각합니다. 도(道)는 하늘에서 나오고, 덕(德)은 사람에

28 보광(輔廣): 남송 조주(趙州) 사람으로 남도(南渡)한 뒤 수주(秀州) 숭덕(崇德)에 살았다. 자는 한경(漢卿)이고, 호는 잠암(潛庵)이다. 보규(輔逵)의 아들이다. 처음에는 여조겸(呂祖謙)에게 배웠지만 뒤에 주희(朱熹)를 사사했다. 정주(程朱)가 주장한 지경(持敬)을 덕에 나아가는 바탕으로 여겨 강조했다. 저서에 《어맹학용답문(語孟學庸答問)》과 《사서찬소(四書纂疏)》, 《육경집해(六經集解)》 등이 있었는데, 대개 없어졌다.

29 《맹자집주(孟子集註)》 〈공손추장구 하(公孫丑章句下)〉에 나온다.

게서 나옵니다. 사람마다 모두 소유하여 처음에는 귀한 사람이나 천한 사람이나 어린 사람이나 어른이나 차이가 없습니다. 다만 부여 받은 것이 치우친 것과 온전한 것이 있고, 터득함에 선후(先後)가 있기 때문에 나이가 많은 자가 먼저 터득하고, 부여받은 것이 두터운 자가 온전히 얻습니다. 내가 비록 도와 덕을 소유했더라도 그러나 혹 미진한 점이 있습니다. 그러므로 나이가 많거나 온전히 터득한 자에게는 그들을 높이고 공경하여 감히 업신여기지 않고, 그들과 좋아하고 즐겨서 감히 소원해지지 않아야 합니다. 오직 저들이 나를 친애하지 않고 나에게 고해 주지 않고서 나와 끝내는 것을 두려워하는 것이 이와 같을 뿐입니다. 대저 그렇다면 내가 신민(臣民)의 위에서 이러한 실권이 없는 벼슬을 끼고 있는 경우 사람들이 장차 분수에 맞지 않다고 희롱할 것이고,[30] 그러한 풍자를 받고서 어찌 공(功)을 다스려 이루고 선왕의 기틀을 보전하여 자손 아무개에게 물려줄 수 있겠습니까. 이것이 옛날 제왕들이 덕을 높이고 도를 즐긴 것이니, 나이가 많은 늙은이의 노련함과 세상일에 익숙한 현명함을 공경하여 반드시 먼저 배우고서 뒤에 신하로 삼은 것입니다. 아! 임금이 덕을 높이고 도를 즐기는 것이 이와 같다면, 듣고 보는 것에서 터득한 것이 어느 것이 현인을 공경하고 도(道)를 중시하는 것이 아니겠습니까. 【이상은 사(師)와 유(儒)를 존경함이다.】

30 장차 … 것이고: 분수에 맞지 않는 지위에 있다는 뜻이다. 《역경(易經)》 해괘(解卦)에 "끌[負]어야 할 자가 탄다." 하였는데, 그 주(注)에 '끄는 것은 소인의 일이고 타는 것은 군자가 하는 것이다.' 했다. 소인이 군자의 지위에 있는 것을 말한다.

臣按: 道出於天, 德得於人. 人人皆有, 初不以貴賤少長而有異也. 但所稟者有偏全, 所得者有先後, 故齒之長者先得之, 稟之厚者全得之. 我雖有之然或有所未盡. 故於其齒之長而得之全者尊敬之而不敢慢, 好樂之而不敢疏. 惟恐彼之不我親·不我告而我終焉, 如此而已也. 夫然, 則吾擁是虛器於臣民之上, 則人將有負乘之譏. 彼己[31]之刺, 何以成治功而保先王之基業而貽厥子孫之孫謀歟? 此古之帝王所以尊德樂道, 而敬夫黃耈之老·老成之賢, 必先學焉而後臣之也. 噫, 人君之尊德樂道如此, 則凡得於聽聞觀感之下者, 孰不敬賢而重道哉? 【以上尊敬師儒】

《예기(禮記)》〈단궁 상(檀弓 上)〉에서 말하였다.

노(魯)나라 애공(哀公)이 공구(孔丘)의 시호를 짓고[誄] 말하기를 "하늘이 이 노인을 세상에 남겨 두시지 않아서, 내 지위를 보전하지 못하게 했구나. 슬프구나, 이보(尼父)여!"라고 하였다.

《檀弓》: 魯哀公誄孔丘曰: "天不遺耆老, 莫相予位焉. 嗚呼哀哉! 尼父."

정현(鄭玄)[32]이 말하였다.[33]

---

31 己: 《대학연의보(大學衍義補)》 사고전서본에는 '其'로 되어 있어, 번역에서는 이를 따른다.

32 정현(鄭玄): 《대학연의보》 권76 주) 20 정씨(鄭氏) 참조.

33 《예기집설대전(禮記集說大全)》〈단궁 상(檀弓 上)〉에 나온다.

"'이보(尼父)'라는 말은 자(字)를 따라서 시호를 지은 것이다."

鄭玄曰: "尼父者, 因其字以爲之諡也."

육전(陸佃)[34]이 말하였다.[35]

"《좌전(左傳)》[36]에서 기록한 내용을 살펴보면, 애공(哀公)이 시호를 짓고[誄] 말하기를 "호천(昊天)께서 나를 가엾게 생각하지 않으시는구나. 이 노인을 남겨 두셔서 나를 보좌하여 군주의 자리에 있도록 하지 않으셨네."[37]라고 했으니 《춘추(春秋)》의 기록을 수정하지 않고 지금 《예기(禮記)》를 기록한 것이 이와 같다."

陸佃曰: "據《左傳》所錄, 公誄之曰 '旻天不弔. 不憖遺一老, 俾屛余一

34 육전(陸佃, 1042~1102): 북송 월주(越州) 산음(山陰) 사람. 자는 농사(農師)고, 호는 도산(陶山)이다. 철종(哲宗) 초에 이부시랑(吏部侍郞)이 되어 《중종실록(中宗實錄)》 편찬에 참여했다. 휘종(徽宗)이 즉위하자 부름을 받아 예부시랑(禮部侍郞)이 되고, 《철종실록》 편찬에 참여했다. 문자학에 정통하여 《비아(埤雅)》를 저술했다. 고례(古禮)를 깊이 연구했는데, 왕숙(王肅)의 학설을 위주로 하고 정현(鄭玄)의 학설은 배척했다. 그 밖의 저서에 《예상(禮象)》과 《춘추후전(春秋後傳)》, 《이아신의(爾雅新義)》 등이 있다.

35 《예기집설대전(禮記集說大全)》 〈단궁 상(檀弓 上)〉에 나온다.

36 좌전(左傳): 《춘추좌씨전(春秋左氏傳)》으로 《좌씨전(左氏傳)》이라고도 한다. 《춘추》는 중국 노(魯)나라의 역사책으로 《춘추》에 대한 해설서로는 《좌씨전(左氏傳)》, 《공양전(公羊傳)》, 《곡량전(穀梁傳)》, 《추씨전(鄒氏傳)》, 《협씨전(夾氏傳)》 등이 있다. 《추씨전》과 《협씨전》은 현재 전하지 않고, 《좌씨전》, 《공양전》, 《곡량전》을 춘추삼전(春秋三傳)이라 한다. 《공양전》과 《곡량전》이 의리(義理)를 중심으로 기술한 데 반하여, 《좌전》은 의리보다는 사실(事實)에 대한 기록이 우세하다.

37 호천(昊天)께서 … 않으셨네: 《춘추좌씨전(春秋左氏傳)》 〈애공(哀公)〉 16년에 나온다.

人以在位', 不修《春秋》之辭也, 今記修之如此."

진호(陳澔)[38]가 말하였다.[39]

"시호(諡號)를 짓는 경우, 우선적으로 그가 생전에 실천했던 일들을 열거하니 이것을 '뇌(誄)'라고 부른다. 대성(大聖)의 행동을 어찌 모두 열거할 수 있겠는가. 다만 '하늘이 이 노성(老成)을 남겨두지 않아서, 나의 지위를 보좌하지 못하게 했다'라고 말하여, 상심하고 애도하는 뜻을 드러냈을 뿐이다. '공구(孔丘)'라고 부른 것은 군신 사이에서 한 말이다."

陳澔曰: "作諡者, 先列其生之實行謂之誄. 大聖之行豈容盡列. 但言'天不留此老成而無有佐我之位'者, 以寓其傷悼之意而已耳. 稱孔丘者, 君臣之辭."

신은 이렇게 생각합니다. 이것은 후세에 공자의 시호를 추증한 시초입니다. 대개 공자는 유교의 종사(宗師)이니 천지(天地)를 위하여 마음을 세우고, 백성을 위하여 명(命)을 세우고, 옛 성인을 위하여 끊어진 학문을 잇고, 만세(萬世)를 위하여 태평(太平)을 연 사람입니다. 애공(哀

---

38 진호(陳澔): 《대학연의보》 권78 주) 42 참조.

39 《예기집설(禮記集說)》 〈단궁(檀弓 上)〉에 나온다.

公)이 시호를 지은[誄] 이후부터 후세의 제왕들이 여러 차례 기리고 높였으니 그 사람을 높인 것은 그 도를 높인 것이고, 죽은 자를 애도한 것은 살아 있는 자에게 보인 것입니다.

臣按: 此後世追謚孔子之始. 蓋孔子儒教之宗師, 所謂爲天地立心, 爲生民立命, 爲往聖繼絶學, 爲萬世開太平者也. 自哀公誄之之後, 後世帝王屢加褒崇, 尊其人所以尊其道也, 哀死者所以示生者也.

한 고조(漢高祖) 12년(기원전 195), 황제의 행차가 회남(淮南)으로부터 돌아오면서 노(魯)나라를 지날 적에 태뢰(太牢)[40]의 예(禮)로 공자(孔子)에게 제사 지냈다.[41]

漢高祖十二年, 上行自淮南還, 過魯, 以太牢祠孔子.

신은 이렇게 생각합니다. 고조(高祖)가 《시경(詩經)》과 《서경(書經)》을 위주로 일삼지 않고 천하를 얻었던 처음에, 다른 신(神)을 존경함을 드러내지는 않았으나, 공자(孔子)에게는 유독 태뢰(太牢)의 예(禮)로 제사를 지냈습니다. 대개 공자는 만세(萬世) 제왕(帝王)의 스승이니, 인심(人心)에 천하의 이치를 간직한 자들이 자연히 공경을 하게 되는 것이

40 태뢰(太牢): 소·양·돼지의 3가지 희생(犧牲)을 갖춘 제수 또는 요리를 말한다.

41 한 고조(漢高祖) … 제사 지냈다: 《전한서(前漢書)》 권1 하(下) 〈고제기(高帝紀)〉에 나온다.

대개 떳떳한 본성을 지니고 있고 덕(德)을 좋아하는 양심(良心) 때문입니다. 한(漢)나라 400여년의 다스림이 삼대(三代)에 거의 근접할 수 있었던 것은 아마도 노(魯)나라에 제사를 지냄에 한결같이 태뢰의 예로 한 효험일 따름입니다.

臣按: 高祖不事《詩》·《書》之主, 得天下之初其於他神不見有所尊敬, 而於孔子獨以太牢之禮祀焉. 蓋孔子萬世帝王之師, 人心之有天理者自然爲之起敬, 蓋秉彝好德之良心也. 漢四百年之治所以幾於三代者, 蓋祀魯一太牢之效耳.

《진서(晉書)》〈예지(禮志)〉에서 말하였다.

한 원제(漢元帝) 때에, 공패(孔霸)[42]를 제왕의 스승으로 작위를 내려주고 포성군(褒成君)이라 이름하여 공자(孔子)의 후손을 받들었다.

元帝時, 孔霸以帝師賜爵, 號褒成君, 奉孔子後.

신은 이렇게 생각합니다. 후세에 공자(孔子)의 자손들을 봉하여 그 후손을 받들게 한 것이 여기에서 비롯되었습니다.

臣按: 後世封孔子子孫俾奉其後者始此.

42 공패(孔霸): 공자(孔子)의 13세손으로, 한 원제(漢元帝) 때 포성군(褒成君)의 작위를 받았다.

매복(梅福)[43]이 그 임금에게 글을 올려 말하기를 "중니(仲尼)의 사당은 궐리(闕里)[44]를 벗어나지 않습니다. 공씨(孔氏)의 자손들을 호적에 편성되는 것을 면하지 못하게 하는 것은 성인(聖人)을 필부(匹夫)의 제사로 흠향하게 하는 것이니, 이는 황천(皇天)의 뜻이 아닙니다. 지금 폐하께서 진실로 중니 본래의 공(功)에 근거하여 그 자손을 봉하실 수 있다면 국가는 반드시 그 복을 얻을 것입니다. 또 폐하의 명성도 하늘과 더불어 끝이 없을 것이니, 무엇 때문이겠습니까. 성인의 본래 공으로 그 자손을 봉하는 법은 있지 않았지만, 후대의 성왕(聖王)들은 반드시 법으로 삼을 것이니, 불멸의 명성에 힘쓰지 않을 수 있겠습니까."라고 하였다.[45]

梅富[46]上書于其君曰: "仲尼之廟不出闕里, 孔氏子孫不免編戶, 以聖人而歆匹夫之祀, 非皇天之意也. 今陛下誠能據仲尼之素功以封其子孫, 則國家必獲其福, 又陛下之名與天亡極, 何者? 以聖人素功封其子孫未有法也, 後聖必以爲則, 不滅之名可不勉哉."

43 매복(梅福): 《대학연의보(大學衍義補)》 정덕본, 사고전서본에는 '富'로 되어 있는데, 오자인 듯하다. 매복(梅福)은 전한 구강(九江) 수춘(壽春) 사람으로 자는 자진(子眞)이다. 《상서(尙書)》와 《춘추곡량전(春秋穀梁傳)》에 밝았다. 수화(綏和) 원년(기원전 8) 《춘추좌씨전》과 《춘추곡량전》, 《예기》, 《세본(世本)》 등을 참고해 공자(孔子)의 자취를 밝혀, 은(殷)나라 소가공(紹嘉公)에 추봉(追封)하게 했다.

44 궐리(闕里): 궐당(闕堂)이라고도 한다. 공자(孔子)가 처음으로 교육을 시작했던 마을 이름으로, 지금의 산동성 곡부현(曲阜縣)에 있다.

45 매부(梅富)가 … 하였다: 《전한서(前漢書)》 권67 〈양호주매운전(楊胡朱梅云傳)〉에 나온다.

46 梅富: 《대학연의보(大學衍義補)》 정덕본, 사고전서본에는 '梅富'로 되어 있으나, 매복(梅福)의 오자인 듯하다.

평제(平帝)[47] 원시(元始) 초에, 공자(孔子)를 추증하여 시호(諡號)를 내리기를 포성선니공(褒成宣尼公)이라고 하였고, 공균(孔均)[48]을 추증하여 포성후(褒成侯)에 봉하였다.[49]

平帝元始初, 追諡孔子曰褒成宣尼公, 追封孔均爲褒成侯.

신은 이렇게 생각합니다. 이것이 공자(孔子)가 '선(宣)'이라는 시호를 받은 시초입니다.

臣按: 此孔子諡宣之始.

광무제(光武帝) 건무(建武) 5년(29), 노(魯)나라에 행차하고 태사공(太司空)에게 공자(孔子)를 제사 지내게 하였다.[50]

---

47 평제(平帝, 기원전 9~6): 성은 유(劉)이고, 원래의 이름은 기자(箕子)이지만 나중에 간(衎)으로 바꾸었다. 시호는 효평황제(孝平皇帝), 묘호는 원종(元宗)이다. 유교 경전에 근거한 정치를 강조한 왕망의 정책에 따라 주공(周公)의 후손인 공손상여(公孫相如)와 공자의 후손인 공균(孔均)을 각각 포로후(褒魯侯)와 포성후(褒成侯)로 삼아 주공과 공자의 제사를 맡겼고, 공자에게는 포성선니공(褒成宣尼公)이라는 시호를 추증하기도 했다.

48 공균(孔均): 공자(孔子)의 16세손으로 전한(前漢) 원시(元始) 원년(1)에 포성후(褒成侯)에 봉해졌다.

49 평제(平帝) … 봉하였다: 《전한서(前漢書)》 권12 〈평제기(平帝紀)〉에 나온다.

50 광무제(光武帝) … 하였다: 《후한서(後漢書)》 권1 상(上) 〈광무제기(光武帝紀)〉에 나온다.

光武建武五年, 幸魯, 使太司空祠孔子.

장제(章帝) 원화(元和) 2년(85), 동쪽으로 순수하며 노(魯)나라를 지날 적에 궐리(闕里)에 행차하여 태뢰(太牢)의 예(禮)로 공자(孔子) 및 72인의 제자들을 제사 지내고 육대(六代)의 음악[51]을 연주하였으며, 20세 이상의 공씨(孔氏) 남자 63명을 크게 모아 유학자들에게 명하여 《논어(論語)》를 강론하게 하였다.

황제가 공희(孔僖)[52]에게 말하기를 "오늘의 모임은 경(卿)의 집안에 빛나고 영화로운 일인가?"라고 하자, 공희가 대답하기를 "신이 듣기로 현명하고 성스러운 임금은 스승을 높이고 도(道)를 귀하게 여기지 않음이 없다고 합니다. 지금 폐하께서는 친히 천자의 지위를 굽히고 욕되이 누추한 마을에 임하셨으니, 이것이 바로 예를 높이고 스승을 우선하여 성덕(聖德)을 더욱 빛나게 하여 빛나고 영화로운 데에까지 이른 것이니, (제가) 감히 받들 바가 아닙니다."라고 하였다. 황제가 웃으면서 말하기를 "성인(聖人)의 자손이 아니라면 어찌하여 이러한 말을 하겠는가."라고 하였다. 마침내 희낭중(僖郎中)에 제수하고 (공자의 후손에게) 포성후(褒成侯) 공손(孔損)[53] 및 공씨(孔氏)의 남녀에게 돈과 비단을 하사하였다.[54]

51 육대(六代)의 음악: 중국 황제(皇帝) 이하 육대(六代)의 음악을 말한다. 황제의 악(樂)인 운문(雲門), 요제(堯帝)의 악인 함지(咸池), 순제(舜帝)의 악인 대소(大韶), 우왕(禹王)의 악인 대하(大夏), 은(殷)나라 탕왕(湯王)의 악인 대호(大濩), 주(周)나라 무왕(武王)의 악인 대무(大武)이다.

52 공희(孔僖): 동한(東漢) 노(魯)나라 사람으로 자(字)는 중화(仲和)이다. 공자의 19세손이다.

53 공손(孔損): 공자(孔子)의 16세손이다.

章帝元和二年, 東巡守過魯, 幸闕里, 以太牢祠孔子及七十二人, 作六代之樂, 大會孔氏男子二十以上者六十三人, 命儒者講《論語》. 帝謂孔僖曰: "今日之會, 於卿宗有光榮乎?" 對曰: "臣聞明王聖主莫不尊師貴道, 今陛下親屈萬乘, 辱臨敝里, 此乃崇禮先師, 增輝聖德, 至於光榮, 非所敢承." 帝笑曰: "非聖者子孫焉有斯言乎?" 遂拜僖郎中, 賜褒成侯損及孔氏男女錢帛.

신은 이렇게 생각합니다. 옛사람들이 말하기를 "옛사람들은 학교를 건립함에 예(禮)로 제사 지내는 것을 우선하지 않은 적이 없다."라고 하였습니다. 고황제(高皇帝)는 비록 매우 바쁜 와중에도 오히려 노(魯)나라를 지나던 날에 그 사당을 정비하였고, 무제(武帝)는 학교를 일으켰으나 유독 석전(釋奠)의 예를 하였다는 것은 듣지 못하였으며, 명제(明帝)는 학교에서 향음주례(鄕飮酒禮)를 행하고 성사(聖師)인 주공(周公)과 공자(孔子)를 제사 지냈습니다. 처음에는 오직 선성(宣聖)만을 높이는 뜻을 알지 못한 것 같았으나, 영평(永平) 15년(72)에 이르러서는 공자의 집에 행차하여 중니(仲尼)에게 제사를 지냈습니다. 장제(章帝)와 안제(安帝)는 모두 궐리(闕里)에 행차하여 공자에게 제사 지내고 육대(六代)의 음악을 연주하였으니, 문(文)을 높이고 도(道)를 숭상하는 바가 지극합니다. 당시 유학자인 신하들에게 옛사람들이 석전(釋奠)하는 예를 미루어 넓히게 했다면 또 무엇을 더하겠습니까.

54 장제(章帝) … 하사하였다: 《후한서(後漢書)》 권109 상(上) 〈유림열전(儒林列傳)〉에 나온다.

臣按: 昔人有言, 古人建立學校, 未嘗不以祀禮爲先也, 高皇帝雖在倥傯, 猶能修其祀於過魯之日, 武帝興學校而獨未聞釋奠之禮焉. 明帝行鄉飮于學校, 祀聖師周公·孔子. 初似未知所以獨宗[55]宣聖之意, 至永平十五年幸孔子宅, 祠仲尼. 章帝·安帝皆幸闕里祠孔子, 作六代之樂, 則所以崇文重道者至矣. 使當時儒學之臣能以古人釋奠之禮而推廣之, 則又何以加焉.

위 문제(魏文帝) 황초(黃初) 2년(221)에, 조서에서 말하였다.[56]

"옛날 중니(仲尼)는 대성(大聖)의 재질에 바탕하고 제왕(帝王)의 그릇을 품어 주(周)나라가 쇠망하는 말기로, 천명을 받는 운은 없었지만 사수(泗洙) 지역[57]을 교화하였다. 당시의 왕공(王公)들이 그를 등용하지 않자, 이에 물러나 오대(五代)의 예(禮)를 참고하고 소왕(素王)[58]의 일을 정리하여 노(魯)나

55 宗: 《대학연의보(大學衍義補)》 사고전서본에는 '崇'로 되어 있어, 번역에서는 이를 따른다.

56 《송서(宋書)》 권17 〈예지(禮志)〉에 나온다.

57 사수(泗洙) 지역: 산동성(山東省)의 두 강인 사수(泗水)와 수수(洙水)를 말하는 것으로, 전하여 공자의 학문, 유학(儒學)을 말한다. 수수(洙水)는 공자의 집 부근의 강이고, 사수(泗水)는 공자가 그 근처에서 제자들을 가르치던 곳의 강이다.

58 소왕(素王): 대성현(大聖賢) 공자(孔子)의 모친 안징재(顏徵在)가 공자를 회임한 중에 태몽을 꾸었는데 태몽 속에 기린(麒麟)이 나타나 쇠약해진 주나라 왕실을 계승하여 '소왕(素王)', 곧 왕위(王位)는 없으나 왕자(王者)나 다름없는 존재가 되리라는 글귀가 씌여진 옥척(玉尺)을 토했다고 한다. 이 태몽으로부터 유래되어 소왕은 공자와 같이 제왕(帝王)의 지위에 직접 오르지는 않았지만 제왕 못지않은 영향을 후세에 남긴 성현(聖賢)들을 지시하는 명칭으로 굳어졌다. 보통 유가(儒家)에서는 공자를, 도가(道家)에서는 노자를 소왕이라고 칭하면서 숭상하고 있다.

라 역사에 따라 《춘추(春秋)》를 짓고 태사(太史)를 따라 아(雅)와 송(頌)을 바로잡았다. 천년 후에 그 문장이 저술의 종주(宗主)가 되지 않음이 없고 그 성왕(聖王)의 도를 우러러 이루지 않음이 없다. 아! 한 시대의 이름난 큰 성인이요, 수억 년 스승의 기준[師表]이라고 이를 만하다.

천하가 크게 어지러워짐을 만나 온갖 제사가 폐해지고 옛날에 거하던 사당이 무너져 정비되지 못하였으며 포성[褒成: 공자(孔子)]의 후예가 끊어져서 이어지지 못하였다. 궐리(闕里)에서는 강송하는 소리가 들리지 않았고 사시(四時)에서 증제(蒸祭)와 상제(嘗祭)[59]의 자리를 보지 못하였다. 이것이 어찌 이른바 예(禮)를 높이고 공(功)에 보답하여 훌륭한 덕(德)을 백세토록 보존되게 하여 반드시 제사 지내는 것이겠는가.

의랑(議郞) 공선(孔羨)[60]을 종성후(宗聖侯)로 삼아 100호의 식읍을 주고 공자의 제사를 받들게 하며, 노군(魯郡)으로 하여금 옛 사당을 정비하여 일으키고 100호의 이졸(吏卒)로 지키게 하라. 또 외곽에다 건물을 두고 학자들을 거처하게 하라."

魏文帝黃初二年, 詔曰: "昔仲尼資大聖之才, 懷帝王之器, 當衰周之末, 無受命之運, 敎化乎洙泗之上, 於時王公莫能用之, 乃退考五代之禮, 修素王之事, 因魯史而制《春秋》, 就太師而正雅頌, 千載之後莫不宗其文以述作, 仰其聖以成謀, 咨可謂命世之大聖·億載之師表者也. 遭天下大亂, 百祀墮

59 증상(蒸嘗): 겨울에 조상에게 지내는 제사인 증제(蒸祭)와 가을에 신곡(新穀)을 올려 지내는 제사인 상제(嘗祭)를 말한다.

60 공선(孔羨): 공자의 21세손이다. 공자의 20세손인 공완(孔完)의 동생 공찬의 아들이다. 황초 2년(221)에 종성후(宗聖侯)에 봉해졌다.

壞, 舊居之廟毁而不修, 褒成之後絶而莫繼, 闕里不聞講頌之聲, 四時不睹蒸嘗之位, 斯豈所謂崇禮報功, 盛德百世, 必祀者哉? 其以議郎孔羨爲宗聖侯, 邑百戶, 奉孔子祀, 令魯郡修起舊廟, 置百戶吏卒以守衛之, 又於其外廣爲室屋以居學者."

당 현종(唐玄宗) 개원(開元) 27년(739)에 조서에서 말하였다.[61]

"우리 왕의 교화를 넓히는 것은 유술(儒術)에 달려 있다. 이 도(道)를 일으켜 자취를 열고 영험함을 머금은 자는 사람이 생긴 이래로 선생[夫子: 공자(孔子)]과 같은 이는 없었으니, 이른바 '하늘로부터 나온바 성인의 자질을 가지고 재능이 많으니, 덕(德)은 건곤(乾坤)에 짝하고 몸은 해와 달에 걸려 있네.'라는 것이다. 그러므로 천하의 큰 근본을 세우고 천하의 큰 경(經)을 이룰 수 있었으며, 정교를 훌륭하게 하고 풍속을 바꾸되 임금은 임금답고 신하는 신하다우며, 부모는 부모답고 자식은 자식답게 하니, 사람들이 지금에 이르기까지 그 내려 주신 은혜를 받아 의지한 것이 아니겠는가. 그런데 점점 제사를 지내는 연차가 멀어지는데도 영광은 더욱 빛났으니, 비록 대대로 '포(褒)'라는 칭호를 두었으나 훌륭함을 높이기에는 부족하고 실상에도 부응하지 못하였다. 사람들이 그를 무어라 말하는가. 선생은 이미 '선성(先聖)'으로 칭해지고 있으니, 추증하여 '문선왕(文宣王)'이라는 시호를 내릴 만하다."

---

61 《구당서(舊唐書)》 권24 〈예의지(禮儀志)〉에 나온다.

唐玄宗開元二十七年, 詔曰: "弘我王化在乎儒術, 能發此道啓迪含靈, 則生人以來未有如夫子者也. 所謂自天攸縱, 將聖多能, 德配乾坤, 身揭日月. 故能立天下之大本, 成天下之大經, 美政教·移風俗, 君君·臣臣·父父·子子, 人到於今受其賜, 不其猗歟? 年祀漸遠, 靈光益彰, 雖代有褒稱而未爲崇峻, 不副於實, 人其謂何? 夫子旣稱先聖, 可追謚爲文宣王."

신은 이렇게 생각합니다. 문선왕(文宣王)의 시호(諡號)가 여기에서 비롯되었습니다.

臣按: 文宣王之謚始此.

오대(五代)의 주 태조(周太祖)가 곡부(曲阜)에 행차하여 공자(孔子)의 사당에 배알하였다. 잔을 올린 후에 장차 공경을 다하려고 하자, 좌우에서 말하기를 "중니(仲尼)는 신하이니, (황제가) 공경을 다하는 예(禮)는 없습니다."라고 하였다. 임금이 말하기를 "문선왕(文宣王)은 백대(百代) 제왕(帝王)의 스승이니 절하지 않을 수 있겠는가."라고 하고는 곧 사당의 앞에서 절하고 잔을 올렸다.[62]

五代周太祖幸曲阜, 謁孔子祠. 旣奠將致敬, 左右曰: "仲尼人臣也, 無致敬

62 오대(五代)의 … 올렸다: 《오대회요(五代會要)》 권8 〈포숭선성(褒崇先聖)〉에 나온다.

之禮." 上曰: "文宣百代帝王師, 得無拜之." 卽拜奠於祠前.

호인(胡寅)[63]이 말하였다.[64]

"공자(孔子)와 같은 큰 성인은 길 가던 사람도 오히려 아는데, 어찌 지위로만 말할 수 있겠는가. 만일 지위로 말한다면 진실로 시대를 뛰어넘는 신하이고, 도(道)로써 말한다면 천지(天地)에 짝하며, 공(功)으로 말한다면 요순(堯舜)보다 현명하다.

그런데 이 신하라는 자들은, 후주(後周) 태조(太祖) 때에 공자에게 절하는 것을 불가하다고 하였으니, 후진(後晋) 석 고조(石高祖) 때에는 반드시 거란(契丹)에게 절하는 것을 괜찮다고 한 자들일 것이다. 이 때문에 군자가 "천하 국가의 근심은 지위에 있는 자가 배움을 알지 못하는 것보다 심한 것은 없다."라고 하였다. 지위에 있는 자가 배움을 알지 못하면 임금은 큰 도(道)를 들을 수가 없어서 천한 세속의 논의는 들어가기가 쉽고 의리(義理)의 말은 올려지기가 어렵다. 임금 공덕(功德)의 높고 낮음이 하나같이 이것과 연관되니, 그렇다면 배우고 또 배워야 할 것이다! 어찌 이것이 임금과 신하의 급선무가 아니겠는가!"

63 호인(胡寅, 1098~1156): 송나라 건녕(建寧) 숭안(崇安) 사람으로 자는 명중(明仲)이고, 호안국(胡安國)의 조카로 양자가 되었다. 평생 불교 교리를 배척하는 데에 심혈을 기울였고 일반사람들이 반드시 성인을 통해서 그 마음을 바르게 해야 한다고 생각하였다. 저서에 《논어상설(論語詳說)》과 《독사관견(讀史管見)》, 《배연집(裵然集)》이 있다.

64 마단림(馬端臨)의 《문헌통고(文獻通考)》 권43 〈학교고(學校考) 사제포증선성선사(祠祭褒贈先聖先師)〉에 나온다.

胡寅曰: "孔子大聖, 途之人猶知之, 豈以位云乎哉? 如以位, 固異代之陪臣也, 如以道則配乎天地, 如以功則賢於堯舜. 斯臣也, 當周太祖時以拜孔子爲不可, 則當石高祖時必以拜契丹爲可者. 是故君子有言, 天下國家所患莫甚於在位者不知學, 在位者不知學則其君不得聞大道, 淺俗之論易入, 義理之言難進, 人主功德高下一係於此, 然則學乎學乎, 豈非君臣之急務哉?

송 진종(宋眞宗) 함평(咸平) 3년(1000), 곡부현(曲阜縣)에 행차하여 문선왕묘(文宣王廟)에 배알하였다. 황제가 화포(靴袍)를 입고서 사당에 이르러 잔을 올리고 사당의 안팎에 누런 휘장(麾仗)을 설치하여 공씨의 가속들을 줄지어 서게 하였다. 처음에 담당관원이 의주(儀注)를 정해 놓고 공손히 읍하는 것에서 그치게 하였다. 황제는 특별히 두 번 절하고 또 사당에 이르러 잔을 올리고 절하며, 추증하여 시호를 내리기를 '현성문선왕(玄聖文宣王)'이라고 하였다. 이보다 먼저 담당관원에게 조칙을 내려 한당(漢唐)에서 선성(宣聖)을 기리고 높인 고사(故事)를 검토하게 하여, 처음에는 추증하여 '제(帝)'라는 시호를 내리고자 하였다. 어떤 이가 말하기를 "선보(宣父)[65]는 주(周)나라의 신하입니다. 주나라가 왕을 칭하는 데에 그쳤으니, '제(帝)'라는 이름을 더하는 것은 마땅치 않습니다."라고 하므로 다만 아름다운 이름만을 더하였다. 이에 《춘추연공도(春秋演孔圖)》[66] 및 《장자(莊子)》 등의

65 선보(宣父): 공자(孔子)를 말한다. 당(唐) 나라 개원(開元) 27년 공자를 문선왕(文宣王)이라 추시(追諡)함에서 온 말이다. 《신당서(新唐書)》 권15 〈예악지(禮樂志)〉에 나온다.

말을 살펴서 '현성(玄聖)'이라는 시호를 더하였으며, 그 후에 또 성조(聖祖)의 이름을 침범한다고 하여 '지성(至聖)'으로 고쳤다.[67]

宋眞宗咸平三年, 幸曲阜縣, 謁文宣王廟. 帝服靴袍, 詣廟酌獻, 廟內外設黃麾仗, 孔氏家屬陪列. 初, 有司定儀止肅揖, 帝特再拜, 又至墓奠拜, 追謚曰 "玄聖文宣王". 先是, 詔有司檢討漢唐褒崇宣聖故事, 初欲追謚爲帝, 或言: "宣父周之陪臣, 周止稱王, 不當加帝號." 故第增美名, 乃按《春秋演孔圖》及《莊子》之言, 加以玄聖, 其後又以犯聖祖諱改至聖.

신은 이렇게 생각합니다. 송 진종(宋眞宗)이 궐리(闕里)에 행차하여 공자(孔子)를 높였습니다. (이때에) 담당관원이 의주(儀注)를 정하고 공손히 읍하는 것에서 그치게 하였으나, 황제가 따르지 않고 특별히 두 번 절하는 예(禮)를 행하였으니, 예를 안다고 이를 만합니다. 그러나 현단복(玄端服)을 입지 않고 화포(靴袍)를 입었으며, 게다가 성인이 거하는 곳에 이른 것이 곧 봉선(封禪)을 위한 것이지 정성 때문은 아니었습니다. 시호(謚號)를 더할 때에는 위서(緯書)와 이단(異端)의 책을 썼으며, 시호를 고칠 때에도 또 경졸(黥卒)[68]이 말한 요망한 신(神)으로 인하여 그 이름을 피휘하였으니,[69] 요컨대 모두 예가 아닌 예입니다.

---

66 《춘추연공도(春秋演孔圖)》: 공자(孔子)와 관련된 신화가 담긴 책으로 한나라 때에 만들어졌을 것으로 추정된다. 위서(緯書)의 하나이다.

67 송 진종(宋眞宗) … 고쳤다: 《송사(宋史)》 권105 〈예지(禮志)〉에 나온다.

68 경졸(黥卒): 송나라 때에 도망가는 것을 방지하기 위해 사병(士兵)의 뺨에 자자(刺字)를 하였으므로 경졸(黥卒)이라고 칭하였다.

마음이 이미 정성스럽지 못하면 이름도 또한 바르지 않으니, 하늘에 있는 성인(聖人)의 영험함을 기꺼이 받을 수 있겠습니까. 또 공자는 만세(萬世) 제왕(帝王)의 스승이니, 중요한 것은 도(道)에 있지 작위(爵位)에 있지 않습니다. 이름을 '왕(王)'이나 '제(帝)'로 일컫는 여부는 모두 우리 성인(聖人)의 경중을 따지기에는 부족합니다.

臣按: 宋眞宗幸闕里奠孔子, 有司定儀注止肅拜,[70] 帝不從, 特行再拜禮, 可謂知禮矣. 然不服玄端而用靴袍, 況其所以至聖人之居者, 乃爲封禪之故非誠也. 其所加謚者, 用緯書異端之說, 至其改謚又因黥卒所言妖妄之神而避其諱, 要皆非禮之禮. 心旣不誠, 名又不正, 聖人在天之靈其肯受之乎? 且孔子所以爲萬世帝王之師, 所重在道而不在爵位, 名稱曰王曰帝有與否皆不足以爲吾聖人之輕重也.

원 무종(元武宗)이 대덕(大德) 11년(1307)에 제서(制書)에서 말하였다.[71]

"공자(孔子)보다 앞서서 나타난 성인(聖人)은 공자가 아니면 드러날 수 없었고, 공자보다 뒤에 나타난 성인은 공자가 아니면 본받을 수 없었으

---

69 시호를 … 피휘하였으니: 송 태조(宋太祖)가 즉위한 후에 자신의 시조를 추존하여 황제로 삼았는데, 바로 추존황제인 송 성조(宋聖祖) 상령고도구천사명(上靈高道九天司命) 보생천존대제(保生天尊大帝) 조현랑(趙玄朗)이다. 조현랑의 '현(玄)'자를 피휘한 것이다.

70 拜:《대학연의보(大學衍義補)》 사고전서본에는 '揖'로 되어 있어, 번역에서는 이를 따른다.

71 원 무종(元武宗)이 … 말하였다:《대명집례(大明集禮)》 권16 〈길례(吉禮) 석전문선왕(釋奠文宣王) 봉시(封謚)〉에 나온다. 대덕(大德)은 원 성종(元成宗)의 연호(1297~1307)이다. 대덕 11년(1307)에 성종이 죽자 우상(右相) 합랄합손(哈剌哈孫)이 계획을 세워 좌승상(左丞相) 아홀대(阿忽臺) 등을 죽이고 회녕왕(懷寧王) 해산(海山)을 황제로 영입하여 상도(上都)에서 즉위하였다.

니, 이른바 '요순(堯舜)을 조술(祖述)하고, 문왕(文王)과 무왕(武王)을 모범으로 드러내니, 모든 임금의 모범이요 만세의 사표(師表)가 되는 자'이다.

이에 짐이 큰 계통을 지어 받들고 아름다운 풍속을 공경히 우러르며, 옛 훌륭한 법을 따라 다스리고 추증하여 봉하는 성대한 법에 의거하여 '대성지성문선왕(大成至聖文宣王)'을 더할 만하다. 아! 부자(父子)의 친애함, 군신(君臣)의 의리는 성교(聖敎)의 존엄함이며, 천지(天地)의 큼과 일월(日月)의 밝음은 모두 명언(名言)의 묘함이다."

元武宗大德十一年, 制曰: "先孔子而聖者非孔子無以明, 後孔子而聖者非孔子無以法, 所謂祖述堯舜·憲章文武·儀範百王·師表萬世者也. 朕纂承丕緖, 敬仰休風, 循治古之良規, 擧追封之盛典, 可加大成至聖文宣王. 於戲! 父子之親·君臣之義, 永惟聖敎之尊, 天地之大·日月之明, 奚罄名言之妙."

신은 이렇게 생각합니다. 공자(孔子)는 유도(儒道)의 종주(宗主)이고, 만대(萬代) 강상(綱常)의 주인입니다. 위로는 복희(伏羲)·신농(神農)·황제(黃帝)·요(堯)·순(舜)·우(禹)·탕(湯)·문왕(文王)·무왕(武王)·주공(周公)의 도(道)가 그에 힘입어 분명해졌습니다. 공자의 육경(六經)이 있지 않았다면 이른바 10명의 성인(聖人)이라는 자도 세상 사람들이 간혹 그 상세한 것을 얻지 못한 것이 있을 것입니다. 공자는 몸소 가르침을 세우고 말로 가르침을 드리워 천하 후세가 떳떳한 인륜의 이치와 중정(中正)의 도(道)가 있음을 알게 하였고, 군자들이 큰 도의 요체를 듣고 소인들이 지극한 다스림의 은택을 입게 하였으니, 하나같이 모두 우리 성인이 경(經)을 짓고 가르침을 드리운 공로입니다. 이 때문에 제왕들 가운데 성덕(盛德)과 대업(大業)에 뜻을 둔 자는 진실로 모두 그 도를 높이고 중시하였으니, 비록 한 평제(漢平帝)와 같은 어린 임금, 주 태조(周太祖)와 같은 배우지 못한 임금, 원 무종(元武宗)과 같은 오랑캐의 우두머리라도 모두 높이고 중시할 것을 알았습니다. 하늘의 이치가 사람의 마음에 있음을 볼 수 있었으니, 인륜(人倫)을 지니고 덕(德)을 좋아하는 것은 처음부터 지혜롭거나 어리석음, 현명하거나 현명하지 않은 것에서도 중화나 오랑캐의 차이는 처음부터 있지 않았습니다. 하물며 총명하고 슬기로운 임금이 높고 부귀한 자리에 처하여 또 거듭 밝고 거듭 잘 다스려지는 때에 그것을 높이고 중시해야 하는 까닭을 알지 못할 수 있겠습니까. 비록 그러하나, 헛된 이름으로 성인을 높이는 것이 어찌 실제의 이치로 성인을 따르는 것과 같겠습니까. 당 현종(唐玄宗)이 성인에게 '문선(文宣)'의 시호를 더한 것도 비슷하기는 하지만 짐승과 같은 짓으로 인륜을 더럽혔으니,[72] 성인의 도는 어디에 있는 것입니까. 송 진종(宋眞宗)이 '지성(至聖)'으로 성인의 시호를 더한 것도 비슷하기는 하지만 천서(天書)를 거짓으로 지었으니[73] 성인

---

72 짐승과 … 더럽혔으니: 우취(麀聚)는 암사슴 한 마리가 여러 수놈과 교미한다는 말로 부자가 한 여자와 관계한다는 의미이다. '짐승과 같은 짓으로 인륜을 더럽혔다는 것'은 당 현종(唐玄宗)이 자신의 며느리이자 35세나 연하인 양귀비(楊貴妃)를 궁궐로 끌어들여 정사를 포기하다시피 한 내용을 말한다.

73 송 진종(宋眞宗)이 … 지었으니: 송 진종(宋眞宗)은 경덕(景德) 원년(1004) 요나라 군대가 남하하자 친정(親征)에 올라 전연(澶淵)에서 조약을 맺은 뒤 돌아왔다. 그 후에는 왕흠약(王欽若)을 신임해 동쪽으로는 태산(泰山)에서 봉선(封禪)을 행하였다. 봉선은 중국의 제왕(帝王)이 천지를 제사 지낸 의례로, 이를 행하면 하늘의 명을 받은 것으로 여겼다. 봉선을 지내려면 그 전에 하늘의 조짐이 나타나야 하는데, 조짐이 나타나지 않자 진종은 왕흠약의 제의를 받아들여 천서(天書)를 위조하여 하늘의 조짐을 꾸미고 봉선을 행하였다.

의 도는 어떤 것입니까. 신이 그러므로 "헛된 이름으로 성인을 높이는 것이 어찌 실제의 이치로 성인을 따르는 것과 같겠습니까."라고 말한 것입니다. 【이상 선대의 성인을 기리고 높임입니다.】

臣按: 孔子爲儒道之宗·萬代綱常之主, 上焉而伏羲·神農·黃帝·堯·舜·禹·湯·文·武·周公之道賴之以明, 不有孔子之六經則所謂十聖人者世之人或有不得其詳者矣. 孔子以身立教, 以言垂教, 使天下後世知有彝倫之理·中正之道, 君子得以聞大道之要, 小人得以蒙至治之澤, 一皆吾聖人作經垂訓之功也. 是以帝王有志於盛德大業者固皆崇重其道, 則雖幼冲之君如漢平帝·不學之主如周太祖·夷狄之酋[74]如元武宗皆知所以崇重焉, 可見天理之在人心, 其所以秉彝好德者初不間於智愚·賢不肖與華夷[75]也, 矧夫聰明睿智之君而處夫崇高富貴之位, 且又當夫重熙累洽之時, 可不知所以崇重之哉? 雖然, 與其崇聖人以虛名, 孰若遵聖人以實理. 唐玄宗諡聖人以文宣, 似矣, 然而麀聚瀆倫, 聖道安在? 宋眞宗加聖諡以至聖, 似矣, 然僞作天書, 聖道如何? 臣故曰與其崇聖人之虛名, 孰若遵聖人以實理. 【以上褒崇先聖】

위 제왕(魏齊王) 정시(正始) 7년(246), 비로소 안회(顔回)를 공자(孔子)에게 배향(配享)하였다.[76]

---

74 夷狄之酋: 《대학연의보(大學衍義補)》 사고전서본에는 '多欲之君'으로 되어 있다.

75 華夷: 《대학연의보(大學衍義補)》 사고전서본에는 '古今'으로 되어 있다.

76 위 제왕(魏齊王) … 배향하였다: 마단림(馬端臨)의 《문헌통고(文獻通考)》 권43 〈학교고(學校考) 사제포증선성선사(祠祭褒贈先聖先師)〉에 나온다.

魏齊王正始七年, 始以顔回配享孔子.

신은 이렇게 생각합니다. 이것이 후세에 안회(顔回)를 공자(孔子)에게 배향한 시초입니다.

臣按: 此後世以顔回配享孔子之始.

당 태종(唐太宗) 정관(貞觀) 21년(647), 조서를 내려 좌구명(左丘明)[77] 등 22인을 공자(孔子)의 묘당(廟堂)에 종사(從祀)하게 하였다.[78]

唐太宗貞觀二十一年, 詔以左丘明等二十二人從祀孔子廟堂.

신은 이렇게 생각합니다. 당 태종(唐太宗)은 조서를 내려 여러 유학자들로 공자에게 종사(從祀)하게 하였으니, 그들은 모두 성인의 경(經)에 공(功)이 있기 때문입니다. 복자하(卜子夏)[79]·모장(毛萇)[80]은 《시경(詩經)》

77 좌구명(左丘明): 춘추시대 노(魯)나라 사람으로 산동(山東) 사람이다. 《좌씨전(左氏傳)》과 《국어(國語)》의 저자로 일컬어진다.

78 당 태종(唐太宗) … 하였다: 마단림(馬端臨)의 《문헌통고(文獻通考)》 권43 〈학교고(學校考) 사제포증선성선사(祠祭褒贈先聖先師)〉에 나온다.

79 복자하(卜子夏, 기원전 507~기원전 420?): 전국시대 위(衛)나라 사람으로 진(晉)나라 온(溫) 사람

에 공이 있고, 좌구명(左丘明)·곡량적(穀梁赤)[81]·공양고(公羊高)[82]는 《춘추(春秋)》에 공이 있고, 복승(伏勝)[83]·공안국(孔安國)[84]은 《상서(尙書)》에 공이 있고, 고당생(高堂生)[85]·대성(戴聖)[86]은 《예기(禮記)》에 공이 있고, 왕

이라고도 한다. 성명은 복상(卜商)이다. 공자(孔子)의 제자로, 공문십철(孔門十哲)의 한 사람이다. 이극(李克)과 오기(吳起), 전자방(田子方), 단간목(段干木) 등이 모두 그의 문하에서 배웠다. 학문은 시와 예에 통했고, 공자의 《춘추(春秋)》를 전공하여 《공양전(公羊傳)》과 《곡량전(穀梁傳)》의 원류를 이루었다. 송나라 진종(眞宗) 대중상부(大中祥符) 2년(1009) 동아공(東阿公)에 추증되었다.

80 모장(毛萇): 전한 도(度: 하북성 邯鄲) 사람으로 모장(毛長)이라 쓰기도 한다. 고문경학인 모시학(毛詩學)의 초기 전수자로 전해진다. 모형에게 《모시고훈전(毛詩詁訓傳)》을 배웠고, 《시경》에도 뛰어났다. 위진(魏晉) 시대 이후 삼가의 시는 모두 없어지고, 《모시》만 남아 성행했다.

81 곡량적(穀梁赤): 《대학연의보》 권78 주) 31 곡량(穀梁) 참조.

82 공양고(公羊高): 전국시대 제(齊)나라 사람으로 한(漢)나라 금문경학(今文經學)의 선구자다. 공자의 문인 자하(子夏)의 제자라 하며, 《춘추》를 연구하여 춘추대의(春秋大義)를 밝혔다. 자하는 그의 학문을 공양고에게 전하고, 공양고는 아들 평(平)에게 전했으며, 평은 아들 지(地)에게 전하고, 지는 아들 감(敢)에게 전하고, 감은 아들 수(壽)에게 전했다. 공양고가 전한 《춘추》는 처음에는 구두로 전해지다가 한나라 경제(景帝) 때 현손 공양수(公羊壽)와 그의 제자 호무생(胡毋生)에 이르러 비로소 책으로 완성되었다. 한무제(漢武帝) 때 공손홍(公孫弘)과 동중서(董仲舒) 등이 춘추공양학을 적극 추존하여 오경박사(五經博士)의 하나로 학관에 세워졌다. 그가 전한 《춘추공양전》은 《춘추좌씨전》, 《춘추곡량전》과 함께 춘추삼전(春秋三傳)이 되었다.

83 복승(伏勝, 기원전 264~기원전 170): 전한 제남(濟南) 사람으로 자는 자천(子賤)이다. 진(秦)나라 때 박사(博士)를 지냈다. 《금문상서(今文尙書)》를 보존하여 전수했다. 진시황이 분서(焚書)를 단행할 때 벽 속에 《상서》를 숨겼다가 한(漢)나라 초기에 꺼냈는데, 수십 편을 잃어버리고 28편만 보존했다. 이것을 금문상서라 한다. 장생(張生)과 구양생(歐陽生) 등이 그에게 배웠으며, 여러 번 전해져 구양씨(歐陽氏), 대하후씨(大夏侯氏), 소하후씨(小夏侯氏)의 상서학파가 형성되어 모두 학관(學官)에 서게 되었다. 지금 전하는 십삼경주소(十三經注疏)의 《상서주소(尙書注疏)》에 복생이 전한 금문상서가 들어 있다.

84 공안국(孔安國): 《대학연의보》 권76 주) 63 참조.

85 고당생(高堂生): 전한 산동(山東) 곡부(曲阜) 사람으로 자는 백(伯)이다. 금문예학(今文禮學)을 최초로 전했다. 《예(禮)》는 진(秦)나라 때 재앙을 만나 책이 전해지지 않았다. 한나라 이후 그

보사(王輔嗣)[87]는 《주역(周易)》에 공이 있고, 유향(劉向)[88]·정중(鄭衆)[89]·두자춘(杜子春)[90]·마융(馬融)[91]·노식(盧植)[92]·정강성(鄭康成)[93]·복자신(服子

가 고대 예제(禮制)를 전문적으로 연구하여 《사례(士禮)》 17편을 전했다. 한나라 때 예(禮)를 연구하는 학자들이 모두 그의 설을 근본으로 삼았다.

86 대성(戴聖, ?~?): 전한 양(梁: 하남성 商丘) 사람으로 자는 차군(次君)이다. 숙부 대덕(戴德)과 함께 후창(后蒼)에게 《예(禮)》를 배웠고, 소대(小戴)로 불린다. 금문예학(今文禮學)인 소대학(小戴學)의 개창자다. 선제(宣帝) 때 박사(博士)로 석거각(石渠閣) 논쟁에 참여하고, 구강태수(九江太守)에 임명되었다. 석거각 회의에서 오경(五經)의 동이(同異)를 강론했다. 대덕의 《대대례기(大戴禮記)》 중에서 고대의 각종 예의(禮儀)와 관련된 논술 49편을 뽑아 《소대례기(小戴禮記)》를 편찬했는데, 이것이 지금의 《예기(禮記)》다. 학문은 교인(橋仁)과 양영(楊榮)에게 전수되었다.

87 왕보사(王輔嗣, 226~249): 중국 위(魏)나라의 학자로 자는 보사(輔嗣)이다. 하안(何晏)과 함께 위·진(魏晉)의 현학(玄學)의 시조로 일컬어진다. 저서인 《노자주(老子註)》《주역주(周易註)》는 육조시대(六朝時代)와 수·당에서 성행하였으며, 현존한다.

88 유향(劉向, 기원전 77?~기원전 6): 전한 말기 패현(沛縣) 사람으로 본명은 갱생(更生)이고, 자는 자정(子政)이다. 춘추 전국시대로부터 한나라 때에 이르기까지 사람들의 언행을 분류하여 《신서(新序)》와 《설원(說苑)》을 편찬했다. 《시경》과 《서경》에 나타난 여인들 중 모범과 경계로 삼을 만한 사례를 모아 《열녀전(列女傳)》을 저술했다. 그 밖의 저서에 《홍범오행전(洪範五行傳)》이 있다.

89 정중(鄭衆, ?~83): 후한 하남(河南) 개봉(開封) 사람으로 자는 중사(仲師)고, 정흥(鄭興)의 아들이다. 경학자들은 선정(先鄭)이라 부르고, 정현(鄭玄)을 후정(後鄭)이라 부른다. 아버지의 춘추 좌씨학을 계승했고, 《주역》과 《시경》, 《주례》, 《국어(國語)》 및 역산(曆算)에도 밝았다.

90 두자춘(杜子春): 후한 하남(河南) 구씨(緱氏: 하남성 偃師) 사람으로 전한 말에 유흠(劉歆)에게 《주례(周禮)》를 배웠다. 후한 때의 유자(儒者) 정중(鄭衆)과 가규(賈逵) 등이 모두 그에게 배웠다. 초기에는 《춘추공양전(春秋公羊傳)》을 연구했으며, 나중에 《좌전(左傳)》과 《주례(周禮)》를 연구했다. 그가 주를 단 《주례》는 정현(鄭玄)이 채용했으며, 정중, 가규 등에게 《주례》를 전수해 주었다. 저서에 옥함산방집일서(玉函山房輯佚書)에 수록된 《주례두씨주(周禮杜氏注)》가 있다. 《주례》가 이때부터 처음 전해졌다.

91 마융(馬融): 《대학연의보》 권76 주) 19 마씨(馬氏)참조.

92 노식(盧植, 159?~192): 후한 탁군(涿郡) 탁현(涿縣) 사람으로 자는 자간(子幹)이다. 채옹(蔡邕) 등과 동관(東觀)에서 《오경(五經)》을 교정하고 《한기(漢記)》를 보완했다. 정현(鄭玄)과 함께 마융(馬融)에게 경전을 배워 고금의 문학에 통했고, 정밀하게 연구하되 장구(章句)의 해석에

愼)[94] · 왕숙(王肅)[95] · 가규(賈逵)[96]는 통틀어 여러 경전에 공이 있는 자입니다. 하휴(何休)[97] · 두원개(杜元凱)[98] · 범녕(範寧)[99]은 또 삼전(三傳)[100]에 공이

얽매이지 않았다. 고문경학(古文經學)을 숭상하여 학관(學官)에 세울 것을 주장했다. 저서에 《상서장구(尙書章句)》와 《삼례해고(三禮解詁)》가 있었지만 전하지 않고, 《소대례기주(小戴禮記注)》만 청나라 왕모(王謨)의 한위유서초(漢魏遺書鈔)에 전한다.

93 정강성(鄭康成): 《대학연의보》 권76 주) 20 정씨(鄭氏) 참조.

94 복자신(服子愼): 복건(服虔)이다. 후한 하남(河南) 형양(滎陽) 사람으로 초명은 중(重) 또는 기(祇)다. 자가 자신(子愼)이다. 태학(太學)에 들어가 수업했다. 고문 경학을 숭상하여 금문 경학자인 하휴(何休)의 설을 비판했다. 저서에 《춘추좌씨전해(春秋左氏傳解)》가 있는데, 동진(東晉) 때 그의 춘추좌씨학(春秋左氏學)이 학관(學官)에 세워졌으며, 남북조 시대에는 그의 주석(注釋)이 북방에 성행했다. 공영달(孔穎達)이 《춘추정의(春秋正義)》를 저술할 때 《춘추좌씨전》은 두예(杜預)의 주(注)만 채용함으로써 그의 주석은 없어지고 말았다. 옥함산방집일서에 《춘추좌씨전해의(春秋左氏傳解誼)》와 《춘추성장설(春秋成長說)》, 《춘추좌씨고맹석아(春秋左氏膏盲釋痾)》 등의 저술이 수록되어 있으며, 황청경해속편(皇淸經解續編)에도 이이덕(李貽德)이 찬한 《춘추좌전가복주집술(春秋左傳賈服注輯述)》이 들어 있다.

95 왕숙(王肅): 《대학연의보》 권78 주) 38 참조.

96 가규(賈逵, 175?~228?): 삼국 시대 위(魏)나라 하동(河東) 양릉(襄陵) 사람으로 자는 양도(梁道)다. 시호는 숙(肅)이다.

97 하휴(何休, 129~182): 후한 말기 임성(任城) 번현(樊縣) 사람으로 자는 소공(邵公)이다. 《춘추공양해고(春秋公羊解詁)》를 완성했다. 이 책은 《공양전(公羊傳)》을 바탕으로 《춘추》의 미언대의(微言大義)를 기술한 것이다. 그의 공양학은 한나라 경제(景帝) 때의 박사(博士) 호무생(胡毋生)에서 비롯되어 동중서(董仲舒)를 거쳐 그에게 이어진 것으로, 청나라 말에 이르러 금문공양학(今文公羊學)으로 개화했다.

98 두원개(杜元凱, 222~284): 두예(杜預)이다. 서진(西晉) 경조(京兆) 두릉(杜陵) 사람으로 자는 원개(元凱)고, 사마소(司馬昭)의 매부(妹夫)다. 박학하고 여러 분야에 정통했는데, 특히 《춘추(春秋)》에 뛰어나 스스로 좌전벽(左傳癖)이 있다고 말했다. 저서 《춘추좌씨경전집해(春秋左氏經傳集解)》는 후세에 통행하는 《좌전(左傳)》의 주본(注本)이 되었고, 십삼경주소(十三經注疏)에 편입되었다. 그 밖의 저서에 《춘추석례(春秋釋例)》와 《춘추장력(春秋長歷)》이 있다. 시호는 성(成)이다.

99 범녕(範寧): 《대학연의보》 권78 주) 45 참조.

100 삼전(三傳): 《춘추(春秋)》에 대한 주석서로, 공양고(公羊高)의 《공양전(公羊傳)》, 곡량적(穀梁赤)의 《곡량전(穀梁傳)》, 좌구명(左丘明)의 《좌씨전(左氏傳)》의 춘추삼전(春秋三傳)을 말한다.

있는 자입니다.

그러나 자하(子夏)는 십철(十哲)[101]의 반열에 있으면서 종사(從祀)의 반열에도 또한 있는 것은 이때에 72명의 제자가 비록 묘당에 상(像)이 진열되었으나 향사(享祀)를 얻을 수 없었는데, 오직 자하만이 《시경(詩經)》에 공(功)이 있어 종사(從祀)의 반열에 오를 수 있었습니다. 개원 7년(719)에 72명의 제자가 비로소 이원관(李元瓘)[102]의 요청에 따라 묘당에 종향(從享)되고 제사를 지내게 되었습니다.

臣按: 唐太宗詔以諸儒從祀孔子皆其有功於聖人之經者也. 卜子夏·毛萇有功於《詩》, 左丘明·穀梁赤·公羊高有功於《春秋》, 伏勝·孔安國有功於《尙書》, 高堂生·戴聖有功於《禮》, 王輔嗣有功於《易》, 劉向·鄭衆·杜子春·馬融·盧植·鄭康成·服子愼·王肅·賈逵則通有功於諸經者, 何休·杜元凱·範寧則又有功於三傳者, 然子夏在十哲之列, 而此又列之者, 是時七十二子雖列像廟堂, 未得享祀, 惟子夏以有功於《詩》得在從祀之列, 至開元七年, 七十二子始從李元瓘請得從享祀.

현종(玄宗) 개원(開元) 27년(739), 공자(孔子)를 추증하고 시호를 내려 '왕(王)'으로 삼았다. 이에 안자(顔子)를 추증하여 '공(公)'으로 삼고, 민자(閔子) 등 9명을 추증하여 '후(侯)'로 삼고, 증삼(曾參) 등 76명을 추증하여 '백(伯)'

101 십철(十哲): 공자(孔子) 문하의 열 사람의 고제(高弟)로, 곧 안회(顔回)·민자건(閔子騫)·염백우(冉伯牛)·중궁(仲弓)·재아(宰我)·자공(子貢)·염유(冉有)·자로(子路)·자유(子游)·자하(子夏)를 말한다.

102 이원관(李元瓘): 개원(開元) 연간에 국자사업(國子司業)으로 있었다.

으로 삼았다.[103]

玄宗開元二十七年, 追諡孔子爲王, 乃贈顔子爲公·閔子等九人爲侯·曾參等七十六人爲伯.

신은 이렇게 생각합니다. 이것이 후세에 공자 문하의 제자들을 추증하여 공(公)·후(候)·백(伯)으로 삼은 시초입니다.

臣按: 此後世追贈孔門弟子爲公·侯·伯之始.

송 진종(宋眞宗) 함평(咸平) 3년(1000), 연공(兗公) 안회(顔回)를 추봉(追封)하여 연국공(兗國公)으로 삼고, 비후(費侯) 민손(閔損) 등 9인을 추봉하여 공(公)으로 삼고, 성백(郕伯) 증삼(曾參) 등 76인을 추봉하여 후(侯)로 삼았다. 또 조서를 내려 좌구명(左丘明) 등 21인을 봉하여 모두 백(伯)으로 삼았다.[104]

宋眞宗咸平三年, 追封兗公顔回爲兗國公·費侯閔損等九人爲公·郕伯曾參等七十六人爲侯, 又詔封左丘明等二十一人俱爲伯.

---

103 현종(玄宗) … 삼았다: 《보각총편(寶刻叢編)》 권2 〈경동동로(京東東路)〉에 나온다.

104 송 진종(宋眞宗) … 삼았다: 《송사전문(宋史全文)》 권2 〈송진종(宋眞宗)〉에 나온다.

신은 이렇게 생각합니다. 이것이 후세에 여러 유학자들을 종사(從祀)하고 봉작(封爵)을 내린 시초입니다.

臣按: 此後世從祀諸儒有封爵之始.

송 신종(宋神宗) 원풍(元豐) 7년(1084), 맹자(孟子)·안자(顏子)를 선성(宣聖)에 배향하고, 순황(荀況)[105]·양웅(揚雄)[106]·한유(韓愈)[107]를 종사(從祀)하였다.[108]

神宗元豐七年, 以孟子同顏子配食宣聖, 荀況·揚雄·韓愈從祀.

신은 이렇게 생각합니다. 이것이 후세에 맹자(孟子)를 공자(孔子)에게 배향한 시초입니다.

臣按: 此後世以孟子配享孔子之始.

휘종(徽宗) 대관(大觀) 2년(1108), 조서로 자사(子思)를 올려 (공자에게) 종사

105 순황(荀況): 《대학연의보》 권78 주) 55 참조.

106 양웅(揚雄): 《대학연의보》 권76 주) 48 양자(揚子) 참조.

107 한유(韓愈): 《대학연의보》 권77 주) 33 참조.

108 송 신종(宋神宗) … 종사(從祀)하였다: 마단림(馬端臨)의 《문헌통고(文獻通考)》 권44 〈학교고(學校考) 사제포증선성선사(祠祭褒贈先聖先師)〉에 나온다.

(從祀)하였다.[109]

徽宗大觀二年, 詔躋子思從祀.

정화(政和) 3년(1113), 왕안석(王安石)[110]을 봉하여 서왕(舒王)으로 삼아 배향하고, 임천백(臨川伯) 왕방(王雱)[111]을 종사(從祀)하였다.[112]

政和三年, 封王安石爲舒王配享, 臨川伯王雱從祀.

신은 이렇게 생각합니다. 선성(宣聖)의 묘당은 곧 크게 공변되고 지극한 바른 곳이니, 그 사이에 어찌 한 터럭의 사사로운 뜻을 용납할 수 있겠습니까. 그러나 간사한 무리들이 곧 감히 하늘과 성왕(聖王)을 속여 그 악한 무리를 도와 자신의 간사스러운 이익을 추구하는 것으로 삼았습니다. 당시의 임금들이야 속일 수 있었지만 하늘에 있는 신령

109 휘종(徽宗) … 종사(從祀)하였다: 마단림(馬端臨)의 《문헌통고(文獻通考)》 권44 〈학교고(學校考) 사제포증선성선사(祠祭褒贈先聖先師)〉에 나온다.

110 왕안석(王安石): 《대학연의보》 권76 주) 59 참조.

111 왕방(王雱, 1044~1076): 북송 무주(撫州) 임천(臨川, 강서성) 사람으로 자는 원택(元澤)이고, 왕안석(王安石)의 아들이다. 신종(神宗) 희녕(熙寧) 4년(1071) 태자중윤(太子中允)과 숭정전설서(崇政殿說書)를 지냈고, 《시의(詩義)》와 《서의(書義)》를 지어 천장각대제겸시강(天章閣待制兼侍講)에 올랐다. 아버지를 도와 《삼경신의(三經新義)》를 찬술했다. 저서에 도장(道藏)의 사가주(四家注)에 수록된 《노자주(老子注)》와 《도덕진경집의(道德眞經集義)》가 있다. 그 밖의 저서에 《이아의(爾雅義)》와 《논어의(論語義)》, 《맹자주(孟子注)》, 《장자주(莊子注)》 등이 있다.

112 정화(政和) 3년(1113) … 하였다: 《송사(宋史)》 권105 〈예지(禮志)〉에 나온다.

스러운 성인(聖人)을 속일 수 있겠습니까. 휘종이 이치에 밝지 않아 간악한 무리들에게 가려져서 비록 왕안석(王安石)을 기리고 높이라고 하였지만, 그가 막대한 악(惡)을 드러내고 극악한 죄(罪)를 더하는 것은 알지 못하였습니다.

臣按: 宣聖廟堂乃大公至正之所在, 豈容一毫私意於其間? 而奸黨之徒乃敢欺天罔聖, 以扶翼其惡黨以爲自己奸利之地, 時君可欺而聖人在天之靈其可欺乎? 徽宗燭理不明而爲奸黨所蔽, 雖曰褒崇安石, 而不知適所以彰其莫大之惡而增其極惡之罪也.

이종(理宗) 순우(淳祐) 원년(1241), 조서에서 말하였다.

"짐이 생각건대, 공자의 도(道)가 맹자 이후로는 전해지지 않았다. 우리 조정에 이르러 주돈이(周惇頤)·장재(張載)·정호(程顥)·정이(程頤)가 참되게 보고 힘껏 실천하여 성인의 영역을 깊이 탐구하여 천년동안 끊어진 학문이 비로소 돌아갈 곳이 있게 되었다. 중흥 이래로 또 주희가 정밀하게 생각하고 밝게 분별하며 표리를 잘 섞어서 《중용(中庸)》·《대학(大學)》·《논어(論語)》·《맹자(孟子)》를 본말이 밝게 통하게 하여 공자의 도(道)가 세상에 더욱 크게 밝아지게 되었다.

이에 학궁에 조령을 내려 종사(從祀)하는 이들을 반열에 두어 높이고 장려하는 뜻을 드러내었다. 또 왕안석(王安石)에 대해 말하기를 '천명(天命)을 두려워하지 않고 조종(祖宗)을 본받지 않으며 사람들의 말을 근심하지 않았다.'라고 하였는데, 세상에 죄인이 되었으니 어찌 종사(從祀)하는 것이 마땅하겠는가."[113]

理宗淳祐元年, 詔曰: "朕惟孔子之道, 自孟子後不得其傳, 至我朝周惇頤·張載·程顥·程頤眞見力踐, 深探聖域, 千載絶學始有指歸, 中興以來又得朱熹精思明辯, 表裏混融, 使《中庸》《大學》《語》《孟》之書本末洞徹, 孔子之道益以大明於世, 詔令學宮列諸從祀, 以示崇獎之意. 又以王安石謂'天命不足畏, 祖宗不足法, 人言不足恤', 爲世罪人, 豈宜從祀?"

경정(景定) 2년(1261)에 황태자(皇太子)[114]가 말하기를 "건순(乾淳) 연간에 문공(文公) 주희(朱熹)·선공(宣公) 장식(張栻)·성공(成公) 여조겸(呂祖謙)은 뜻이 같고 도(道)가 합치되어 간절하게 강론하고 연마할 것을 생각하였으며, 선별하기를 정밀히 하고 설명하기를 상세히 하여 후학(後學)들의 길을 열어 주었으니, 진실로 성인(聖人)의 문하에 공(功)이 있습니다. 세 신하를 모두 조서로 추증하여 기리고 아울러 어필(御筆)로 갖추어 차례대로 주희(朱熹)를 종사(從祀)하고 장식(張栻)과 여조겸(呂祖謙)도 마땅히 올려 종사해야 합니다."라고 하자, 이에 조서를 내려 따랐다.[115]

景定二年, 皇太子言: "乾淳間文公朱熹與宣公張栻·成公呂祖謙志同道合,

113 짐이 … 마땅하겠는가: 《송사(宋史)》 권42 〈이종본기(理宗本紀)〉에 나온다.

114 황태자(皇太子): 이후의 송 도종(宋度宗) 조기(趙禥, 1240~1274)를 말한다. 이종(理宗)의 동생 사영왕(嗣榮王) 조여예(趙與芮)의 아들이다. 이종에게 자식이 없어 보우(寶祐) 원년(1253) 후사로 들어가 충왕(忠王)에 봉해졌다. 경정(景定) 원년(1260) 태자가 되고, 5년(1264) 이종이 죽자 즉위했다.

115 경정(景定) … 따랐다: 《송사전문(宋史全文)》 권36 〈송이종(宋理宗)〉에 나온다.

切思講磨, 擇精語詳, 開牖後學, 誠有功於聖門. 三臣者俱嘗被詔追褒, 兼準禦筆, 秩熹於從祀, 如栻·如祖謙宜升從祀." 詔從之.

도종(度宗) 함순(咸淳) 3년(1267), 비로소 안회(顔回), 증삼(曾參), 공급[孔伋: 자사(子思)], 맹가(孟軻)를 아울러 공자(孔子)의 사당에 배향하였다.

度宗咸淳三年, 始以顔回·曾參·孔伋·孟軻並配孔子.

원 문종(元文宗)이 안회(顔回)를 더하여 연국복성공(兗國復聖公)으로 삼고, 증삼(曾參)을 성국종성공(郕國宗聖公)으로 삼고, 공급(孔伋)을 기국술성공(沂國述聖公)으로 삼고, 맹가(孟軻)를 추국아성공(鄒國亞聖公)으로 삼았다. 이해에 비로소 동중서(董仲舒)를 (공자의 사당에) 종사하였다.[116]

元文宗加顔回爲兗國復聖公·曾參郕國宗聖公·孔伋沂國述聖公·孟軻鄒國亞聖公, 是歲始以董仲舒從祀.

신은 이렇게 생각합니다. 예경(禮經)에 선성(先聖)과 선사(先師)에게 석전(釋奠)을 한다는 말이 있은 후부터, 당(唐) 정관(貞觀) 연간에 비로소

116 원 문종(元文宗) … 종사하였다: 《원사(元史)》 권34 〈문종본기(文宗本紀)〉에 나온다.

좌구명(左丘明) 등 22인이 성경(聖經)에 공(功)이 있어 선사(先師)로 삼아 선성(先聖)의 사당[廟廷]에 종사(從祀)하였습니다. 송 신종(宋神宗) 때에는 순황(荀況)·양웅(揚雄)·한유(韓愈)를 종사하였으니, 이 세 사람은 그 공이 또한 하나의 경전만에 국한되는 것은 아니기 때문입니다. 그 후 휘종(徽宗)이 왕안석(王安石)을 배향하고 왕방(王雱)을 제사 지내게 하였는데, 비록 간사한 자들의 사사로운 뜻이기는 하나 또한 《삼경의(三經義)》[117]를 지은 공이 있습니다. 이종(理宗)은 이학(理學)을 숭상하여 주돈이(周惇頤) 등 7인의 큰 유학자를 종사의 반열에 올렸고 이후에 사마광(司馬光)·소옹(邵雍)도 차례대로 이 반열에 올랐으니, 대개 이 9인의 유학자는 성인의 도(道)를 거듭 밝혀 그 전한 것이 세상에 크게 밝혔기 때문입니다.

대저 당(唐)나라 사람이 여러 유학자들을 제사지낸 것부터 순황(荀況)의 성악(性惡), 양웅(揚雄)의 졸신(詘身), 왕필(王弼)의 허무(虛無), 가규(賈逵)의 참위(讖緯), 대성(戴聖)의 탐잔(貪殘), 마융(馬融)의 황비(荒鄙), 두예(杜預)의 단상(短喪)과 같은 것들은 성인의 문하에 죄를 얻은 것이 많습니다. 그사이 순수하고 바른 동중서(董仲舒)와 같은 자는 제사도 받지 못하다가 원(元) 천력(天曆) 연간에 이르러서야 비로소 제사 지내는 반열에 올랐습니다.

우리 성조[聖祖: 홍무제(洪武帝)]가 개국한 초기에 먼저 양웅의 제사를 제거하였고 정통(正統)으로 고친 원년에 의견을 따라 오징(吳澂)을 종사

---

117 《삼경의(三經義)》: 《삼경신의(三經新義)》를 말한다. 중국 송대의 학자인 왕안석이 찬한 《시경(詩經)》·《상서(尙書)》·《주례(周禮)》의 주석서이다. 대부분 후에 망실되었고, 다만 〈주관신의(周官新義)〉·〈고공기해(考工記解)〉가 사고전서(四庫全書)에 실려 있다.

하였고, 후에 또 호안국(胡安國)·채침(蔡沈)·진덕수(眞德秀)가 종사의 반열에 오르게 되니, 이 몇몇의 유학자들은 모두 경전을 드러내어 밝힌 공이 있으므로 특별히 제사 지내게 한 것입니다. 대저 공자의 묘당에 종사된 자들은 반드시 그 사람이 공자의 도(道)에 부합하는 바가 있고 부끄러운 바가 없는 이후에야 합사(合祠)할 수 있으니, 이처럼 가볍게 합사시키지 않은 것은 그 일을 중시하였기 때문이고, 그 일을 중시한 것은 그 도(道)를 중시하였기 때문입니다. 【이상 선대의 유학자를 기리고 제사하는 것에 대해 말하였다.】

臣按: 自禮經有釋奠於先聖先師之說, 唐貞觀中始以左丘明等二十二人有功於聖經以爲先師從祀先聖廟庭, 至宋神宗進荀況·揚雄·韓愈於從祀, 此三人者其功又不專於一經, 其後徽宗以王安石配享及祀王雱, 雖是群奸私意, 然亦以其有作《三經義》之功, 理宗崇尚理學, 列周惇頤等七大儒於從祀, 後又兼秩司馬光·邵雍, 蓋以此九儒者重明聖道, 俾大明於世也. 夫自唐人列祀諸儒, 如荀況之性惡·揚雄之詘身·王弼之虛無·賈逵之讖緯·戴聖之貪殘·馬融之荒鄙·杜預之短喪, 多得罪聖門者, 其間純正如董仲舒者顧不得侑食, 至於元天曆中始秩祀焉. 我聖祖開國之初, 首去揚雄之祀, 正統改元, 用言者從祀吳澂, 後又以胡安國·蔡沈·眞德秀列在從祀, 此數儒者皆於經有發明之功, 故特祀之. 夫從祀於孔子之廟堂者, 必其人於孔子之道有所合而無所愧, 然後可以與焉, 不輕與之所以重其事, 重其事所以重其道也. 【以上言褒祀先儒】

《예기(禮記)》〈문왕세자(文王世子)〉에서 말하였다.

천자(天子)가 국학(國學)을 시찰할 때는 날이 밝을 무렵에 북을 치는데, 이것은 많은 사람들에게 알리기 위함이다. 많은 사람이 모인 뒤에 천자가 (국학에) 이르러 담당 관원에게 명하여 행사를 상례(常禮)【(秩은) 항상[常]이다.】【(節은) 예(禮)이다.】대로 거행【(興은) 일으킴[擧]이다.】하게 하고 선사(先師)와 선성(先聖)에게 제사 지낸다.

《文王世子》: 天子視學, 大昕鼓征, 所以警衆也. 衆至然後天子至, 乃命有司行事興【擧也】秩【常也】節【禮也】祭先師先聖焉.

진호(陳澔)가 말하였다.[118]

"천자(天子)가 국학(國學)을 시찰하는 날 동이 틀 무렵에 국학 안에 북을 쳐서 학사들을 불러 모으는 것은 여러 사람들에게 알려 일찍 이르게 함이다. 담당 관원[有司]은 《시경(詩經)》·《서경(書經)》과 예악(禮樂)을 가르치는 관원이다."

陳澔曰: "天子視學之日, 初明之時, 學中擊鼓以征召學士, 蓋警動衆聽使早至也. 有司, 敎《詩》《書》·禮·樂之官也."

신은 이렇게 생각합니다. 천자(天子)의 존귀함으로는 가볍게 거동하지 않으니, 오직 학궁(學宮)에만은 항상 친림하여 보고서 비록 "현명한

118 《예기대전(禮記大全)》 권8 〈문왕세자(文王世子)〉에 나온다.

사람을 천거하여 재능이 있는 자를 거두어 들이라."라고 말하니, 실제로 유학자들을 높이고 도(道)를 중시하는 것입니다.

臣按: 天子之尊不輕擧動, 惟於學宮時常臨視, 雖曰以擧賢斂才, 而實以崇儒重道也.

한 명제(漢明帝) 중원(中元) 원년(56), 처음 삼옹(三雍)을 세워 친히 그 예를 행하였다. 천자가 통천관(通天管)[119]을 쓰고 일월복(日月服)을 입고 법물(法物: 의례에 맞는 모든 물품)이 갖추어진 수레를 타고 가서 맑은 도(道)의 의식를 성대히 하여 벽옹(辟雍)에서 어깨를 드러내고 삼로오경(三老五更)을 높여 봉양하고 향사례(鄉射禮)를 행하였다.[120]

漢明帝中元元年, 初建三雍, 親行其禮. 天子冠通天, 衣日月, 備法物之駕, 盛淸道之儀, 袒割辟雍之上, 尊養老更饗射禮.

당 고조(唐高祖) 무덕(武德) 7년(624), 국자학(國子學)에 행차하여 친히 석전(釋奠)에 임하였다.[121]

119 통천관(通天管): 중국의 임금이 쓰던 관의 이름으로 진나라 때부터 사용했으며, 높이는 구촌(九寸)으로, 거여(車輿)를 타고 이동할 때 항상 착용하였다. 제후의 관은 원유관(遠遊冠)이라 하였다.

120 한 명제(漢明帝) … 행하였다: 《후한서(後漢書)》 권109 상(上) 〈유림열전(儒林列傳)〉에 나온다.

121 당 고조(唐高祖) … 임하였다: 《구당서(舊唐書)》 권1 〈고조본기(高祖本紀)〉에 나온다.

唐高祖武德七年, 幸國子學, 親臨釋奠.

당 태종(唐太宗)이 천하의 순수한 유학자들과 나이 많고 덕 있는 자를 불러 학관으로 삼아 자주 행차하여 석채(釋菜: 釋奠)를 살펴보고, 좨주(祭酒)와 박사(博士)에게 명하여 경(經)의 뜻을 강론하게 하고 비단을 내려 주었다. 학사(學舍)의 넓이는 1,200구(區)이다.[122]

太宗召天下純儒耆德以爲學官, 數臨幸觀釋菜, 命祭酒博士講論經義, 賜以帛, 廣學舍千二百區.

송 태조(宋太祖) 건륭(建隆) 원년(963), 정월(正月)에 (황제가) 국자감(國子監)에 행차하였다. 2월에 또 행차하였다. 4년(966) 4월에 또 행차하였다.[123]

宋太祖建隆元年正月, 幸國子監. 二月, 又幸. 四年四月, 又幸.

태종(太宗) 단공(端拱) 원년(988), (황제가) 국자감(國子監)에 행차하였다. 장차 나갈 적에 강당의 좌우를 돌아보니 박사 이각(李覺)[124]이 무리들을 모아

122 태종(太宗)이 … 1,200구이다: 《신당서(新唐書)》 권198 〈유학열전(儒學列傳)〉에 나온다.

123 송 태조(宋太祖) … 행차하였다: 《송사(宋史)》 권1 〈태조본기(太祖本紀)〉에 나온다.

책을 강론하고 있는데, 이각에게 조서를 내려 《주역(周易)》의 괘(卦)를 강론하게 하였다.[125]

太宗端拱元年, 幸國子監. 將出, 顧見講堂左右, 博士李覺方聚徒講書, 詔覺講《易》卦.

순화(淳化) 5년(994) (황제가) 또 국자감(國子監)에 행차하였다. 손석(孫奭)[126]을 불러 《상서(尙書)》 〈요전(堯典)〉과 〈열명(說命)〉을 강론하게 하였다.[127]

淳化五年, 又幸國子監, 召孫奭講《堯典》《說命》.

송 철종(宋哲宗) 원우(元祐) 연간에 (황제가) 국자감(國子監)에 행차하였다. 문선왕전(文宣王殿)에 이르러 석전례(釋奠禮)를 행하고 단화당(端化堂)으로 가

124 이각(李覺, ?~993?): 송나라 청주(靑州) 익도(益都) 사람으로 자는 중명(仲明)이고 이성(李成)의 아들이다. 태종 때 황명을 받들어 공유(孔維) 등과 함께 《오경정의(五經正義)》를 교정했다. 옹희(雍熙) 3년(986) 교주(交州)로 사신 갔다가 돌아와 국자박사(國子博士)로 옮겼다.

125 태종(太宗) … 하였다: 《속자치통감장편(續資治通鑑長編)》 권29 〈태종(太宗)〉에 나온다.

126 손석(孫奭, 962~1033): 북송 박주(博州) 박평(博平) 사람으로 자는 종고(宗古)다. 국자감직강(國子監直講)과 공부낭중(工部郎中)을 역임하고, 용도각대제(龍圖閣待制)에 발탁되어 진종(眞宗)이 천서(天書)를 맞이하고 분음(汾陰)에 제사하는 일에 대해 극력 간언을 올렸다. 인종(仁宗) 때 한림시강학사(翰林侍講學士)로 국자감을 관리했고, 《진종실록》을 편찬했다.

127 순화(淳化) … 하였다: 여조겸(呂祖謙)의 《역대제도상설(歷代制度詳說)》 권2 〈학교(學校) 제도(制度)〉에 나온다.

서 좨주(祭酒) 풍직(豐稷)[128]에게 명하여 《상서(尙書)》 〈무일(無逸)〉을 강론하게 하였다.[129]

哲宗元祐中, 幸國子監, 詣文宣王殿行釋奠禮, 御端化堂, 命祭酒豐稷講《尙書·無逸》.

신은 이렇게 생각합니다. 철종(哲宗)이 국학(國學)을 시찰할 적에 어떤 사람이 여대방(呂大防)에게 말하기를 "조종(祖宗)에서 국학을 시찰할 적에 작명(爵命)의 상(賞)이 있지 않으면 금과 비단의 하사품이라도 있었는데, 지금은 모두 없으니 어찌된 것입니까?"라고 하였다. 이에 여대방이 말하기를 "옛날에 천자가 국학을 시찰하는 것은 항상 하는 일이었다. 덕의(德意)가 여기에 있기 때문이니, 작은 은혜를 어찌 말할 필요가 있겠는가. 우리가 진실로 천자가 때마다 한 번 행차하여 금과 비단을 하사받기를 원한다면 훗날에는 무엇으로 이을 수 있겠는가. 정사를 함에 선물로 주는 것을 아까워하여 그칠까 염려스러울 따름이다."라고 하였습니다. 여대방의 이 말은 지당한 논의라고 이를 만합니다.

대개 천자가 국학을 시찰하는 것은 유학(儒學)을 높이고 도(道)를 중

128 풍직(豐稷, 1033~1107): 북송 명주(明州) 은현(鄞縣: 절강성 寧波) 사람으로 자는 상지(相之)고, 시호는 청민(淸敏)이다. 감찰어사(監察御史)와 국자좨주(國子祭酒), 이부시랑(吏部侍郎) 등을 지냈다. 경학 관련 저서로 문인 이박(李樸)이 편찬한 《풍청민유사(馮淸敏遺事)》에 수록된 《맹자주(孟子注)》가 있다.

129 송 철종(宋哲宗) … 하였다: 《송사(宋史)》 권105, 114 〈예지(禮志)〉에 나온다.

시하는 것이고, 다만 아름다운 사례를 남기려는 것만은 아닙니다. 대개 학교는 예의(禮義)가 있는 곳이고 성현(聖賢)과 도덕(道德)의 종주(宗主)를 받드는 곳이니, 황제가 반드시 친히 임하는 것은 유도(儒道)를 높이고 선사(先師)를 공경하여 인재를 일으켜 세상의 도로 삼기 때문입니다. 그러나 어떤 이들은 작록(爵祿)의 상과 금과 비단의 하사품을 기대하니, 어찌 좁은 소견이 아니겠습니까.

대개 군자(君子)가 중시하는 것은 도의(道義)이고, 소인(小人)이 즐겁게 여기는 것은 봉록과 이익에 있습니다. 임금의 은혜를 입어 우리에게 사유(師儒)의 임무가 맡겨진다면 조심스럽게 그 직임에 걸맞지 않을까 두려워해야 합니다. 주상의 두터운 은총에 힘입어 우리 학궁(學宮)이 은혜를 입으며, 사도(師道)를 높이고 중시하여 우리가 감사히 은혜를 받은 것은 비록 구석(九錫)[130]의 영화로움과 1만일(鎰)의 부유함일지라도 견주기에는 부족합니다. 보잘것없는 작은 벼슬과 얼마 되지 않은 금과 비단에 어찌 그 유무를 따지겠습니까. 만에 하나 임금이 은혜를 내려 우리의 가르침이 바르고 강론이 분명하고 절실하다 하여서 (은전을) 하사하신다면 이를 받는 것은 괜찮습니다.

우리 성조[聖祖: 홍무제(洪武帝)]가 처음 천하를 얻게 되자, 먼저 태학(太學)을 세워 수레를 타고 자주 행차하였으니, 열성(列聖)들이 서로 이어서 이 도를 이끌고 따랐습니다. (그리고 좌우에게) 앉기를 명하고 차를 내려 주었으며 의복과 폐백의 하사품을 아울러 내려 주었습니다. 옥

---

130 구석(九錫): 옛날 중국(中國)에서 특별(特別)히 임금의 총애(寵愛)를 받고 공로(功勞)가 있는 신하(臣下)에게 내리던 아홉 가지 은전(恩典)이다. 곧 거마(車馬)·의복(衣服)·악기(樂器)·주호(朱戶)·납폐(納陛)·호분(虎賁)·궁시(弓矢)·도끼·거창(秬鬯: 수수와 향초를 섞어 빚은 술)이다.

새를 찍은 문서를 내려 우리 스승과 학생들에게 권장하니 정성과 간절함이 세심합니다. 때때로 성인(聖人)이 학문을 하는 도에 힘쓰고 제왕이 사람들을 일으키는 효험을 기약하는 것은 나무에 새기듯이 해야 할 것입니다. 사자(士子)들이 국학에 들어간 처음에 그들로 하여금 장엄하게 외게 하고 마음에 새겨 잊지 않게 하니, 사습(士習)이 크게 변하고 인재(人才)가 많이 일어나는 것에는 이유가 있을 것입니다!【이상 국학(國學)을 시찰하는 것에 대한 것입니다.】

臣按: 哲宗視國學, 或謂呂大防曰: "祖宗視學非有爵命之賞, 則有金帛之賜, 今皆無之, 何也?" 大防曰: "古者天子視學蓋常事也, 德意在焉, 小惠何足道哉? 吾固欲天子時一幸, 金帛之賞後日何可繼也? 政恐惜費而止耳." 大防此言可謂至論, 蓋天子視學所以崇儒而重道, 非但以爲美觀而已也. 蓋學校禮義之所在, 聖賢道德之所宗, 萬乘所以必親臨之者, 所以崇儒道·敬先師, 作興人才以爲世道之故, 而或者乃欲望爵祿之賞·金帛之賜, 何所見之小哉? 蓋君子之所重者道義也, 小人之所嗜者則在於祿利焉. 荷君之恩付我以師儒之任, 兢兢然以不稱厥職爲懼, 賴主上之寵靈, 以光賁我學宮·崇重乎師道, 而吾之所感荷者雖九錫之榮·萬鎰之富, 不足以仿佛之矣, 一階半級·匹帛銖金焉能爲有亡哉? 萬一君恩以吾敎訓之有方·講論之明切而有錫焉, 受之可也. 我聖祖初得天下, 首建太學, 車駕屢臨幸焉, 列聖相承, 率循是道, 命坐賜茶, 兼有衣幣之賜, 錫以璽書以勉勵我師生者, 諄切詳悉, 往往勉以聖人爲學之道, 期以帝王作人之效, 用鋟於梓, 士子入學之初俾之莊誦佩服. 士習丕變, 人才彙興, 有由然哉.【以上視學】

이상 사유(師儒)를 높여 도(道)를 중시함.

以上崇師儒以重道

대학연의보
(大學衍義補)

—

권81

치국평천하의 요체[治國平天下之要]

교화를 숭상함[崇教化]

좋아하고 숭상하는 것을 삼가서 백성을 이끎[謹好尙以率民]

《서경(書經)》〈주서(周書) 군진(君陳)〉편에서 왕이 다음과 같이 말하였다. "그대는 바람이고, 백성은 풀이다."

《周書·君陳》篇: 王若曰: "爾惟風, 下民惟草."

《서경집전(書經集傳)》〈주서(周書) 군진(君陳)〉에서 채침(蔡沈)[1]이 말하였다.

"군자의 덕(德)은 바람이고 소인의 덕은 풀이니, 풀에 바람이 가해지면 반드시 쓰러진다. 군진(君陳)[2]이 주공(周公)의 가르침을 잘 따르면

1 채침(蔡沈): 《대학연의보》 권78 주) 40 참조.

상(商)나라 백성들 또한 군진의 가르침을 따를 것이다."

蔡沈曰: "君子之德風也, 小人之德草也, 草上之風必偃. 君陳克由周公之訓, 則商民亦由君陳之訓矣."

신은 이렇게 생각합니다. 이것은 성왕(成王)이 군진(君陳)에게 명해 주공(周公)을 대신하여 동쪽 교외를 다스리라는 명령을 내린 글이니, 공자(孔子)가 계강자(季康子)[3]의 질문에 답하였던 그 말은 여기에 근본합니다.[4] 바람은 비유하자면 임금이고, 풀은 비유하자면 백성입니다. 바람의 기운은 굳세고 강하며 풀의 성질은 부드럽고 약하니, 굳세고 강한 바람이 부드럽고 약한 풀에 불면 쉽게 또 빨리 쓰러짐을 알 수 있습니다.

---

2 군진(君陳, ?~?): 서주(西周) 때의 사람으로, 주공단(周公旦)의 아들이다. 성왕(成王) 때 대부(大夫)를 지냈다. 주공이 죽자 은(殷)나라 백성들을 감시하는 일을 그에게 계속 잇도록 했다. 충신으로 성왕이 그의 효우(孝友)를 칭찬했다고 한다.

3 계강자(季康子, ?~기원전 468): 춘추시대 말기 노(魯)나라 사람이다. 계손사(季孫斯)의 아들이고, 계손비(季孫肥)로도 불린다. 아버지를 이어 대부(大夫)가 되어 국정을 전담했다. 제(齊)나라가 여러 차례 노나라를 공격했는데, 염유(冉有)를 재(宰)로 삼고 좌사(左師)를 이끌고 나가 싸워 공을 세웠다. 나중에 공자(孔子)를 맞아 위(衛)나라에서 노나라로 돌아오게 했지만 등용하지는 못했다. 시호는 강(康)이다. 그가 공자에게 정치에 대해 물은 내용이 《논어(論語)》 〈안연(顏淵)〉 편에 나온다.

4 공자(孔子)가 … 근본합니다: 《논어(論語)》 〈안연(顏淵)〉에 나온다. "계강자(季康子)가 공자(孔子)에게 정사(政事)를 묻기를 '만일 무도(無道)한 자를 죽여서 도(道)가 있는 데로 나아가게 하면 어떻습니까?'라고 하자, 공자가 대답하기를 '그대가 정사를 함에 어찌 죽이는 것을 쓰겠는가. 그대가 선하고자 하면 백성들이 선해질 것이니, 군자(君子)의 덕(德)은 바람이요 소인(小人)의 덕(德)은 풀이다. 풀에 바람이 가해지면 풀은 반드시 쓰러진다.'라고 하였다."

임금이 윗자리에 있음에 그 변하는 기세가 어찌 바람에만 그치겠으며, 백성이 아랫자리에 처함에 그 순종하는 모습이 풀보다 심합니다. 임금이 신묘하게 교화하여 백성들을 올바르게 하니, 감동과 믿음의 묘함, 변화의 쉬움, 순종의 빠름이, 바람이 불자 풀이 그리 되는지를 알지 못하면서 그리 되는 것과 같습니다.

臣按: 此成王命君陳, 代周公尹東郊策命之辭, 孔子答季康子之問, 其言本諸此. 風譬則君也, 草譬則民也, 風之爲氣勁而力, 草之爲物柔而弱, 以勁而有力之風, 而加諸柔弱之草, 其偃仆之易且速可知矣. 人君之居上也, 其轉移之勢豈止於風, 而民之處下也, 其隨順之刑則甚於草矣. 人君神而化之使民宜之, 則其感孚之妙·轉移之易·順從之速, 其猶風之於草, 有莫知其然而然矣.

《서경(書經)》〈주서(周書) 군진(君陳)〉편에서 말하였다.

백성들이 태어날 때는 두터우나 사물[物]에 따라 옮겨 간다. 윗사람이 명령하는 바를 어기고 그(윗사람)의 좋아하는 바를 따른다. 네가 떳떳한 도(道)를 공경할 수 있되 덕(德)에 있게 하면 이에 변하지 않는 자가 없어서 진실로 큰 도[大猷]에 오를 것이다.

惟民生厚, 因物有遷, 違上所命, 從厥攸好. 爾克敬典在德, 時乃罔不變, 允升於大猷.

《서경집전(書經集傳)》〈주서(周書) 군진(君陳)〉에서 채침(蔡沈)이 말하였다.

"이 백성이 태어날 때에는 그 본성[性]이 본래 두터우나 흐리고 엷게 되는 까닭은 습속(習俗)에 유인되고 외물에 의해 변하기 때문이다. 그러나 두터운 것이 이미 변하여 엷아졌으면 그 엷은 것을 어찌 되돌려서 두텁게 하지 못하겠는가. 엷은 것을 되돌려 두텁게 함은 다만 음성, 웃음, 모양으로 할 수 있는 것이 아니다. 백성들은 윗사람에 대하여 진실로 그 명령을 따르지 않고 그 좋아함을 따른다. 《대학(大學)》에서 '그 명령하는 것이 좋아하는 것과 반대이면 백성들이 따르지 않는다.'라고 말하였으니, 또한 이러한 뜻이다.

'경전(敬典)'은 군신(君臣)·부자(父子)·형제(兄弟)·부부(夫婦)·붕우(朋友)의 떳떳한 도(道)를 공경하는 것이며, '재덕(在德)'은 떳떳한 도를 얻어 몸에 드러나는 것이다. 대개 떳떳한 도를 공경하는 것만 알고 덕에 있어야 하는지를 알지 못하면 떳떳한 도와 내가 오히려 둘이 되고, 오직 떳떳한 도를 공경하면서 덕에 있게 하면 떳떳한 도가 실제로 자기 몸에 있지 않음이 없을 것이다. 이는 실제가 사람을 감동시킴이 북채로 북을 치는 것보다도 빠른 것이다. 이 때문에 이에 변화하지 않는 자가 없어 진실로 큰 도에 오르는 것이다."

蔡沈曰: "言斯民之生, 其性本厚, 而所以澆薄者, 以誘於習俗而爲物所遷耳. 然厚者旣可遷而薄, 則薄者豈不可反而厚乎? 反其歸厚, 特非聲音·笑貌之所能爲爾. 民之於上, 固不從其令而從其好, 《大學》言其所令反其所好而民不從, 亦此意也. 敬典者, 敬其君臣·父子·兄弟·夫婦·朋友之常道也. 在德者, 得其典常之道而著之於身也. 蓋知敬典而不知在德, 則典與我猶二也, 惟敬典而在德焉, 則所敬之典無非實有諸已, 實之感人, 捷於桴鼓, 所以時乃罔不變, 而信升于大猷也."

신은 이렇게 생각합니다. 사람이 태어남에 그 본성[性]에는 본래 선함이 있고 악함이 없으니, 선함이 있기 때문에 태어나는 처음에는 두텁지 않음이 없습니다. 대저 태어난 후에는 외물(外物)에 가려지고 습속(習俗)에 유인되어 이에 그 두터운 것이 비로소 변하여 얇아졌습니다. 그러나 향하는 바는 하늘에게 얻은 본래 그대로이니, 진실로 순수합니다. 윗자리에 있는 자가 진실로 떳떳한 도를 공경하여 덕에 있게 할 수 있으면 무릇 이른바 인륜의 떳떳한 도리를 조심하고 공경하면서 소홀히 하지 않아 모두 반드시 채워져서 자기에게 갖추어집니다.

무릇 내가 백성에게 명령한 것이 정교(政敎)가 되고 나아가 내가 좋아하는 것이 떳떳한 도가 된다면 나의 한 몸은 큰 도의 가운데에서 돌아서 움직입니다. 이로 말미암아 듣고 보고 느끼는 자들이 얻는 것은, 착하게 되고 잘못은 고치며, 악함을 고쳐 아름답게 되고 완고함을 교화하여 인(仁)하게 되며, 얇은 것을 돌이켜 두텁게 되며, 치우치지 않고 공평하지 않은 것이 없게 될 것이니, 큰 도의 가운데에 나아가는 데에 어긋나거나 기울어짐이 없을 것입니다.

臣按: 人之生也, 其性本有善而無惡, 有善故其有生之初無不厚也, 逮夫有生之後, 蔽於外物·誘於習俗, 於是乎其厚者始變而薄矣. 然向者其所得於天之本然者, 則固淳如也, 在上者誠能敬典而在德, 於凡所謂人倫之常道, 兢兢焉敬恭之而不忽, 皆必實而有諸已. 凡吾所令於民以爲政敎者, 卽吾所好以爲典常者也, 則吾之一身周旋動履於大道之中, 由是得於聽聞觀感之下者, 莫不遷善而改過, 變惡以爲美·化頑爲仁·反薄歸厚, 蕩蕩平平皆升進于大道之中, 無反無側矣.

《서경(書經)》〈주서(周書) 군아(君牙)〉편에서 왕이 다음과 같이 말하였다. "네 몸이 바를 수 있으면 감히 바르지 않음이 없을 것이다. 백성들의 마음이 중(中)하지 못하니, 너의 중(中)으로 하여야 한다."

《君牙》篇: 王若曰: "爾身克正, 罔敢弗正, 民心罔中, 惟爾之中."

《서경집전(書經集傳)》〈주서(周書) 군아(君牙)〉에서 채침(蔡沈)이 말하였다.

"가르침의 근본은 군아(君牙)[5] 자신에게 있다. 정(正)과 중(中)은 백성의 법의 체(體)이니, 사람들이 똑같이 옳게 여기는 것이다. 정은 몸으로 말한 것이니 처하는 바에 사악한 행실이 없게 하고자 함이요, 중은 마음으로 말한 것이니 마음에 둔 것이 사악한 생각이 없게 하고자 한 것이다. 공자가 말하기를 '그대가 바름으로 이끌면 누가 감히 바르지 않겠는가.'라고 하였고,[6] 주공(周公)이 말하기를 '따르기를 중으로부터

5 군아(君牙): 주 목왕(周穆王) 때의 신하로, 목왕에게 대사도(大司徒)로 명받았다.

하라.'라고 하였다."[7]

蔡沈曰: "敎之本在君牙之身, 正也·中也, 民則之體, 而人之所同然也. 正以身言, 欲其所處無邪行也; 中以心言, 欲其所存無邪思也. 孔子曰: '予率以正, 孰敢不正.' 周公曰: '率自中.'"

신은 이렇게 생각합니다. 이것은 목왕(穆王)[8]이 군아(君牙)를 대사도(大司徒)로 삼으라고 명한 고명(誥命)입니다.

臣按: 此穆王命君牙爲大司徒之誥命.

《시경(詩經)》〈국풍(國風) 소남(召南) 고양(羔羊)〉 모서(毛序)에서 말하였다. 〈고양〉은 〈작소(鵲巢)〉[9]의 공효(功致)로 이룬 것이다. 소남(召南)의 나라들

6 공자가 … 하였고: 《논어(論語)》〈안연(顔淵)〉에 나온다. "계강자(季康子)가 공자(孔子)에게 정사(政事)를 묻자, 공자가 대답하기를 '정사는 바로잡는다는 뜻이니, 그대가 바름으로써 솔선수범한다면 누가 감히 바르지 않겠는가.'라고 하였다."

7 주공(周公)이 … 하였다: 《서경(書經)》〈채중지명(蔡仲之命)〉에 나온다. "주공(周公)은 채숙(蔡叔)이 죽자 그 아들인 채중(蔡仲)이 어질다 하여 성왕에게 명하여 다시 채나라에 봉하였으니, 이때에 고명(誥命)한 말이 〈채중지명(蔡仲之命)〉이다. 그 말에 '따르기를 중도로부터 하고, 총명을 일으켜 옛 법을 어지럽히지 말며, 너의 보고 들음을 상세히 하여 편벽된 말로 법도를 고치지 않으면 나 한 사람이 너를 가상히 여길 것이다.'라고 하였다."

8 목왕(穆王): 주(周)나라의 제5대 왕이다. 이름은 희만(姬滿)이고, 《사기(史記)》에는 50살 때 즉위 해 55년 동안 재위했다고 되어 있다. 이 당시 법제가 정비되었다.

9 〈작소(鵲巢)〉: 《시경(詩經)》〈국풍(國風) 소남(召南)〉의 한 편명으로, 제후(諸侯) 부인의 덕을 노

이 문왕(文王)의 정사에 교화되어 지위에 있는 사람들이 모두 검소하고 정직하여 덕(德)이 고양(羔羊)【작은 것을 고(羔)라 한다.】【큰 것을 양(羊)이라 한다.】과 같았다.

《詩序》曰: 《羔羊》, 鵲巢之功致也. 召南之國化文王之政, 在位皆節儉正直, 德如羔【小曰羔】羊【大曰羊】也.

《시경(詩經)》〈국풍(國風) 소남(召南) 고양(羔羊)〉에서 말하였다.

고양(羔羊)의 가죽이여【(皮는) 갖옷을 만드는 것이다.】,

흰 실【(素는) 흰 색이다.】로 다섯 곳을 꿰맸도다【(紽는) 실로써 갖옷을 꾸미는 것의 이름이다.】.

물러와서 먹기【(退食은) 조정에서 물러나와 집안에서 먹는 것이다.】를 공소(公所)【(自公은) 공문(公門)으로부터 나오는 것이다.】로부터 하니,

의젓하고 의젓하도다【(委蛇는) 스스로 터득한 모습이다.】.

羔羊之皮【所以爲裘】, 素【白也】絲五紽【以絲飾裘之名】, 退食【退朝而食於家】自公【從公門而出】, 委蛇委蛇【自得之貌】".

《시경집전(詩經集傳)》〈국풍(國風) 소남(召南) 고양(羔羊)〉에서 주희(朱熹)가 말하였다.

래한 것이다. 부부가 화락하게 지내는 것을 말한다.

"남국(南國)이 문왕(文王)의 정사에 교화되어 지위에 있는 사람들이 모두 검소하고 정직하였다. 그러므로 시인(詩人)이 그 의복에 떳떳함이 있고, 조용하고 스스로 터득함이 이와 같음을 찬미한 것이다."

朱熹曰: "南國化文王之政, 在位皆節儉正直, 故詩人美其衣服有常而從容自得如此也."

신은 이렇게 생각합니다. 선대의 유학자[유근(劉瑾)[10]]가 말하기를 "이 시에서 말한 문왕(文王)이 사람을 진작시키는 효험은 봄날의 화창한 기운이 있는 곳에 빛이 나는 것과 같다. 그러므로 인재가 성취한 것을, 들에서는 굳세고 굳센 무부(武夫)가 공후(公侯)의 심복인지를 시험하고,[11] 조정에서는 의젓한 대부가 검소하고 정직한지를 살펴본다. 이러한 문왕의 교화는 얕고 깊음, 멀고 가까움으로는 논할 수 없다."[12]라고 하였습니다. 그렇다면 임금의 한 몸은 교화의 근본이 되니, 어찌 그 근본을 삼가지 않을 수 있겠습니까.

臣按: 先儒謂此詩爲文王作人之效, 如春風和氣, 所生[13]生輝, 故人才之所成就, 驗諸在野, 則赳赳[14]之武夫·公侯腹心, 觀諸在朝, 則委蛇之大

---

10 유근(劉瑾): 원나라 안복(安福, 강서성) 사람이다. 자는 공근(公瑾)이다. 경사(經史)에 정통했고, 평생 은거하였다. 저서에 《시전통석(詩傳通釋)》과 《악려성서(樂呂成書)》 등이 있다.

11 들에서는 … 시험하고: 《시경(詩經)》 〈국풍(國風) 주남(周南) 토저(兎罝)〉에 나온다.

12 이 시에서 … 수 없다: 《시전통석(詩傳通釋)》 권1 에 나온다.

13 生: 《대학연의보(大學衍義補)》 사고전서본에는 '在'로 되어 있어, 번역에서는 이를 따른다.

夫, 節儉正直. 此文王之化不可以淺深遠近論者也, 然則人君一身爲風化之本, 烏可不愼其所自出哉?

《시경(詩經)》〈국풍(國風) 소남(召南) 추우(騶虞)〉모서(毛序)에서 말하였다. "〈추우〉는 〈작소(鵲巢)〉와 대응된다. 〈작소〉의 교화가 행해져 인륜이 이미 바르게 되고 조정이 이미 다스려져서 천하(天下)가 크게 문왕(文王)의 교화를 입으니, 온갖 부류가 번식하고 사냥을 때에 맞게 하여, 그 인(仁)함이 추우(騶虞)[15]와 같으면 왕도(王道)가 이루어지는 것이다."

又曰: "《騶虞》, 鵲巢之應也. 鵲巢之化行, 人倫旣正, 朝廷旣治, 天下純被文王之化, 則庶類蕃直,[16] 蒐田以時, 仁如騶虞, 則王道成也."

《시경집전(詩經集傳)》〈국풍(國風) 소남(召南) 추우(騶虞)〉에서 주희가 말하였다.

"문왕(文王)의 교화가 〈관저(關雎)〉[17]에서 시작하여 〈인지(麟趾)〉[18]에

14 赴赴: 《시경(詩經)》 및 《대학연의보(大學衍義補)》 사고전서본에는 '赳赳'로 되어 있어, 번역에서는 이를 따른다.

15 추우(騶虞): 신령스러운 상상의 짐승이다. 흰 바탕에 검은 무늬가 있고 꼬리는 길며, 성인(聖人)의 덕에 감응하여 나타난다고 한다.

16 直: 《대학연의보(大學衍義補)》 사고전서본에는 '植'으로 되어 있어, 번역에서는 이를 따른다.

17 〈관저(關雎)〉: 《시경(詩經)》 〈국풍(國風) 주남(周南)〉의 한 편명으로, 문왕(文王)과 후비(后妃)의 덕을 노래한 것이다.

이르면 그 교화가 사람에게 들어간 것이 깊고, 〈작소(鵲巢)〉에 나타나 〈추우(騶虞)〉에 미치면 그 은택이 사물에 미침이 넓은 것이다. 대개 뜻이 정성되고 마음이 바른 공부를 쉬지 않고 오래 하면 교화가 쪄지듯이 자신에게 스며들고, 교화가 물에 녹아 흐르듯이 두루 미쳐서 스스로 그만둘 수 없는 것이 있으니, 사사로운 지혜와 힘으로는 미칠 수 있는 바가 아니다. 그러므로 모서(毛序)에 '〈추우〉는 〈작소〉와 대응되니, 왕도의 이룸을 볼 수 있다.'라고 하였으니, 반드시 전수받은 바가 있을 것이다."

朱熹曰: "文王之化始於《關雎》而至於《麟止[19]》則其化之入人者深矣, 形於《鵲巢》而及於《騶虞》則其澤之及物者廣矣. 蓋意誠心正之功不息而久, 則其黨[20]蒸透徹·融液周徧, 自有不能已者, 非智力之私所能及也. 故序以《騶虞》爲鵲巢之應, 而見王道之成其必有所傳矣."

진붕비(陳鵬飛)[21]가 말하였다.

"〈작소(鵲巢)〉의 부부(夫婦)에서 시작하여 인륜이 바루어지고 〈고양

18 〈인지(麟趾)〉: 기린의 발이란 뜻으로 《시경(詩經)》 〈국풍(國風) 주남(周南)〉의 한 편명이다. 문왕이 후비(后妃)의 덕으로 자손이 많고 현명했다는 것으로, 후비를 살아 있는 풀은 절대로 밟지 않는다는 인수(仁獸) 기린에 비유한 것이다.

19 止: 《시경(詩經)》 〈국풍(國風) 주남(周南)〉에는 '趾'로 되어 있다.

20 黨: 《대학연의보(大學衍義補)》 사고전서본에는 '薰'으로 되어 있어, 번역에서는 이를 따른다.

21 진붕비(陳鵬飛, 1099~1148): 북송 온주(溫州) 영가(永嘉) 사람으로 자는 소남(少南)이다. 고종(高宗) 소흥(紹興) 12년(1142) 진사가 되었고, 태학박사(太學博士)와 숭정전설서(崇政殿說書), 예부원외랑(禮部員外郞) 등을 하였다. 저서에 《관견집(管見集)》과 《나부집(羅浮集)》 등이 있다.

〈羔羊〉의 군자(君子)의 가운데에서 조정이 다스려지니, 인륜이 이미 바루어지고 조정이 이미 다스려져 천하로 모두 문왕(文王)의 교화를 입게 하여 추우(騶虞)의 인한 마음이 있게 된다면 왕도(王道)가 이루어진 것이다."

陳鵬飛曰: "始於《鵲巢》之夫婦而人倫正, 中於《羔羊》之君子而朝廷治, 人倫既正·朝廷既治, 使天下皆被文王之化而有騶虞之仁心, 則王道成矣."

《예기(禮記)》〈방기(坊記)〉에서 공자가 말하였다.

"좋은 일은 부모에게 돌리고 잘못된 일은 자기에게 돌린다면, 백성들은 효도를 행할 것이다."

《禮記·坊記》: 子云: "善則稱親, 過則稱已, 則民作孝."

오징(吳澂)[22]이 말하였다.

"자식이 좋은 일을 부모에게 돌리고 잘못된 일을 자기에게 돌린다면 백성들이 감화되어 모두 흥기하여 부모에게 효도를 행할 것임을 말한 것이다."

22 오징(吳澄): 《대학연의보》 권76 주) 15 오징(吳澂) 참조.

吳澂曰: "言人子善稱親·過稱已則民化之, 皆興起而孝於親."

《예기(禮記)》〈방기(坊記)〉에서 공자(孔子)가 말하였다.

"백성들을 이끄는 자가 조정에서 노인을 공경하면 백성들은 효도를 행할 것이다."

子曰: "長民者朝廷敬老, 則民作孝."

정현(鄭玄)[23]이 말하였다.

"장민(長民)은 천자(天子)와 제후(諸侯)를 말한다."[24]

鄭玄曰: "長民, 謂天子諸侯也."

섭몽득(葉夢得)[25]이 말하였다.

"노인은 자신의 부모와 나이가 비슷한 자이다. 나이가 비슷한 자에게도 오히려 위(조정)에서 공경한다면 부모에 대해서 백성들이 반드

23 정현(鄭玄): 《대학연의보》 권76 주) 20 정씨(鄭氏) 참조.

24 장민(長民)은 … 말한다: 《예기집설(禮記集說)》 권122에 나온다.

25 섭몽득(葉夢得): 《대학연의보》 권79 주) 5 참조.

시 아래(민간)에서도 효도를 해야 함을 알게 된다."[26]

葉夢得曰: "老近於親也, 近者猶敬於上, 則親者民必知孝於下."

《예기(禮記)》〈치의(緇衣)〉[27]에서 공자(孔子)가 말하였다.

"윗사람이 (다른 사람) 섬기는 것을 쉽게 하고, 아랫사람이 알기에 쉬우면 형벌이 번거롭지 않다."

《緇衣》: 子言之曰: "爲上易事也·爲下易知也, 則刑不煩矣."

여대림(呂大臨)[28]이 말하였다.[29]

"윗사람이 믿음을 좋아하면 백성들이 감히 정(情)을 쏟지 않음이 없다. 섬기는 것을 쉽게 여기는 것은 믿음을 좋아하기 때문이고, 아는 것이 쉬운 것은 정을 쏟기 때문이다. 만약 윗사람이 거짓된 마음으로

26 노인은 … 된다: 《예기집설(禮記集說)》 권122에 나온다.

27 〈치의(緇衣)〉: 《시경(詩經)》〈국풍(國風) 정(鄭)〉의 한 편명으로, 정 무공(鄭武公)을 기린 시이다.

28 여대림(呂大臨, 1046~1092): 북송 경조(京兆) 남전(藍田, 섬서성) 사람이다. 자는 여숙(與叔)이고, 여대균(呂大鈞)의 동생이다. 처음에 장재(張載)에게 배웠고 나중에 정이(程頤)에게 배웠다. 육경(六經)에 정통했고, 특히 《예기(禮記)》에 밝았다. 예학(禮學)에 밝아 예의를 중시했으며, 정자의 예학을 계승하여 심성지학(心性之學)에 치중했다. 저서에 《고고도(考古圖)》와 《속고고도(續考古圖)》, 《석문(釋文)》이 사고전서(四庫全書)에 수록되어 있다. 문집에 《옥계집(玉溪集)》이 있다.

29 《예기집설(禮記集說)》 권141에 나온다.

백성을 대하면 백성 역시 거짓된 마음으로 윗사람을 대하여 간사함이 생겨나고 거짓이 일어나니, 자주 형벌을 집행하지 않으려고 해도 할 수 없다."

呂大臨曰: "上好信則民莫敢不用情, 易事者以好信故也, 易知者以用情故也. 若上以機心待民, 則民亦以機心待其上, 姦生詐起, 欲刑之不煩不可得矣."

유이(劉彝)[30]가 말하였다.[31]

"윗사람이 (다른 사람) 섬기는 것을 어렵게 여기면 아랫사람을 알기 어렵고, 윗사람이 (다른 사람) 섬기는 것을 쉽게 여기면 아랫사람을 알기 쉽다. 좋아하거나 싫어함이 위에서 어그러지면 기쁘고 노여워함이 그 일정함을 잃어버린다. 이에 그 진실함을 숨겨 기쁜 얼굴만 보여 주고, 그 충직(忠直)함을 굽혀 아첨하며, 남을 해치려는 마음을 품어서 거짓을 꾸민다. (이와 같다면) 진실로 윗사람을 속여서 형벌을 면할 수 있는 상황에 어찌 이르지 않겠는가. 아랫사람이 이와 같이 된다면 알기 어렵다고 이를 만하다."

劉彝曰: "上難事則下難知, 上易事則下易知, 好惡悖於上, 喜怒失其常,

30 유이(劉彝, 1017~1086): 북송 복주(福州) 민현(閩縣) 사람으로 자는 집중(執中)이다. 호원(胡瑗)에게 수학했다. 저서에 《칠경중의(七經中義)》와 《수경주(水經注)》, 《명선집(明善集)》, 《거양집(居陽集)》, 《홍범해(洪範解)》, 《고례경전(古禮經傳)》, 《속통해(續通解)》 등이 있다.

31 《예기집설(禮記集說)》 권141에 나온다.

於是有匿其誠信以爲容悅者·屈其忠直以爲阿諛者·包其禍心以爲詐僞者, 苟可以罔上而免其咎罰者, 奚所弗至哉? 爲下如是, 可謂難知也."

신은 이렇게 생각합니다. 윗사람과 아랫사람의 구분은 비록 다르더라도 인심(人心)의 이치는 하나입니다. 윗사람은 치우친 마음이 있어서 섬기는 것을 어렵게 여깁니다. 치우친 마음이 있어서 섬기는 것을 어렵게 여기고, 사사로운 마음이 있어서 섬기는 것을 어렵게 여기고, 꺼리는 마음이 있어서 섬기는 것을 어렵게 여기고, 의심하는 마음이 있어서 섬기는 것을 어렵게 여기고, 욕심이 있어서 섬기는 것을 어렵게 여깁니다.

아랫사람은 정(情)이 깊기 때문에 알기 어렵고 두터운 외모 때문에 알기 어렵고, 말을 교묘하게 하는 자여서 알기 어렵고, 얼굴빛을 아름답게 꾸미는 자여서 알기 어렵고, 은밀하고 사사로운 자여서 알기 어렵고, 숨기고 참는 자여서 알기 어렵고, 감추고 거짓된 자여서 알기 어렵고, 간사함을 품는 자여서 알기 어렵습니다.

윗사람이 된 자는 자신의 지위가 높고 권력의 중함을 아니, 다른 사람들이 삼가서 꺼리고 정신없이 두려워하며 피합니다. 반드시 온화한 얼굴과 기뻐하는 낯빛으로 다른 사람을 대하고 마음을 열고 정성을 드러내어 다른 사람에게 보이고 마음을 기울여 뜻을 전달하여 다른 사람을 쓰고, 마음을 고르게 하고 기운을 화하게 하여 다른 사람과 함께하고, 너그럽고 어질며 큰 도량으로 다른 사람을 용납하고, 지극한 정성으로 측은하게 여기어 다른 사람을 어질게 대하면, 나에게 있는 것을 섬기기가 쉽습니다.

다른 사람들을 알기 어렵다는 것을 알아 진실함을 미루어 그를 대하고 일을 통해 그를 시험하니, 공자가 말한 "그 하는 행동을 보고, 그 이유를 살피며, 그 편안히 여기는 것을 살펴본다."[32]와 같고, 또 이른바 "남이 나를 속일까 미리 짐작하지 않고, 남이 나를 믿어주지 않을까 억측하지 않으나, 또한 (다른 사람의 실정과 거짓을) 먼저 깨닫는 자가 어진 것이다."[33]라고 한 것과 같으니, 다른 사람들을 알기 어렵다는 것은 역시 알기 쉽습니다.

대저 다른 사람을 아는 것은 명철한 것인데, 비록 요(堯)임금도 오히려 어렵게 여겼으니, 아래의 사람들은 진실로 쉽게 알지 못합니다. 윗사람이 진실로 한결같이 정성으로 대하고 거짓으로 감추고 모략을 써서 남을 제멋대로 부리는 술수를 쓰지 않는다면 나에게 있는 것은 섬기기가 쉽고 다른 사람에게 있는 것을 알기에 어렵지 않습니다. 맹자가 말하기를 "지극한 정성에 감동받지 않는 사람이 있지 않았다."[34]라고 하였습니다.

臣按: 上下之分雖殊而人心之理則一, 上之人有偏心難事也·有偏心難事也·有私心難事也·有忌心難事也·有疑心難事也·有慾心難事也, 下之人深情者難知也·厚貌者難知也·巧言者難知也·令色者難知也·陰私者難知也·隱忍者難知也·藏機者難知也·蓄奸者難知也. 爲人上者

32 그 … 살펴본다: 《논어(論語)》 〈위정(爲政)〉에 나온다.

33 남이 … 것이다: 《논어(論語)》 〈헌문(憲問)〉에 나온다.

34 지극한 … 않았다: 《맹자(孟子)》 〈이루장구 상(離婁章句上)〉에 나온다.

知吾之位尊而權重, 人敬憚畏避之不暇, 必和顔悅色以待人, 開心見誠以示人, 傾心輸意以用人, 平心易氣以與人, 寬仁大度以容人, 至誠惻怛以恕人, 則在我者易於事矣. 知人之難知也, 推誠以待之, 因事以試之, 如孔子所謂"視其所以, 觀其所由, 察其所安", 又如所謂"不逆詐·不億·不信", 抑亦先覺者, 是賢則人之難知者亦易於知矣. 大抵知人則哲, 雖堯猶以爲難, 下之人誠不易知也, 上之人苟能一待之以誠, 而不藏機蓄智以爲牢籠駕馭之術, 則在我者易事而在彼者不難於知矣, 孟子曰: "至誠而不動者, 未之有也."

《예기(禮記)》〈치의(緇衣)〉에서 공자(孔子)가 말하였다.

"어진 이를 좋아하기를 〈치의〉와 같이 하고, 악한 이를 미워하기를 〈항백(巷伯)〉[35]과 같이 하면 벼슬을 더럽히지 않고도 백성이 성실해지고, 형벌을 시행하지 않고도 백성이 다 복종한다. 〈대아(大雅)〉에서 말하기를, '문왕을 거울삼아 따르면 온 세상【[만국(萬國)은] 《시경(詩經)》에서는 '방(邦)'이라고 썼다.】이 믿고 따르리.'라고 하였다."

子曰: "好賢如《緇衣》·惡惡如《巷伯》則爵不瀆而民作愿, 刑不試而民咸服, 《大雅》曰: '儀刑文王, 萬國【《詩》作"邦"】作孚.'"

35 〈항백(巷伯)〉: 《시경(詩經)》〈소아(小雅) 소민지십(小旻之什)〉의 한 편명으로, 주 유왕(周幽王)을 비난한 시이다.

진호(陳澔)[36]가 말하였다.[37]

“〈치의(緇衣)〉는 정(鄭)나라의 국풍(國風)으로, 정 무공(鄭武公)을 찬미한 시이다. 〈소아(小雅) 항백(巷伯)〉은 곁에서 모시는 사람들이 유왕(幽王)을 비난한 시이다. 〈대아(大雅) 문왕(文王)〉의 편에 있다.”

陳澔曰: “《緇衣》, 鄭國風, 美鄭武公之詩. 《小雅·巷伯》, 寺人刺幽王之詩. 《大雅·文王》之篇.”

여대림(呂大臨)이 말하였다.

“어진 이를 좋아하는 것을 반드시 〈치의(緇衣)〉와 같이 돈독하게 하면 사람들은 윗사람이 진실로 어진 이를 좋아한다는 것을 알게 되니, 반드시 벼슬을 자주 내리지 않아도, 백성들은 스스로 윗사람을 공경하는 마음을 일으킨다. 악한 이를 미워하는 것을 반드시 〈항백(巷伯)〉과 같이 깊이 하면 사람들은 윗사람이 진실로 악한 이를 미워한다는 것을 알게 되니, 반드시 형벌을 시행하지 않아도 백성들은 스스로 두려워하고 복종하게 된다. 문왕(文王)이 좋아함과 미워함에 그 바름을 얻었으니, 한결같이 진실된 마음에서 나왔기 때문에 천하의 모범이 되고, 덕은 아래에서 신뢰하는 바가 되었다.”[38]

---

36 진호(陳澔): 《대학연의보》 권78 주) 42 참조.

37 《예기집설(禮記集說)》 권141에 나온다.

38 어진 … 되었다: 《예기집설(禮記集說)》 권141에 나온다.

呂大臨曰: "好賢必如《緇衣》之篤, 則人知上之誠好賢矣, 不必爵命之數勸, 而民自起愿心以敬上; 惡惡必如《巷伯》之深, 則人知上之誠惡惡矣, 不必刑罰之施, 而民自畏服. 文王好惡得其正, 而一出乎誠心, 故爲天下之所儀刑, 德之所以孚乎下也."

《예기(禮記)》〈치의(緇衣)〉에서 공자가 말하였다.

"아랫사람이 윗사람을 섬기는 데에는 그 명령하는 것을 따르지 않고 그 행하는 것을 따른다. 윗사람이 이 물건을 좋아하면 아랫사람은 반드시 더 좋아하는 것이 있다. 그러므로 윗사람은 좋아하고 싫어하는 바를 조심하지 않아서는 안 되니, 이것이 백성의 본보기이다."

子曰: "下之事上也, 不從其所令從其所行, 上好是物下必有甚者矣. 故上之所好惡不可不愼也, 是民之表也."

진상도(陳祥道)[39]가 말하였다.[40]

"말로 다른 사람을 교화시키는 것은 얕기 때문에 명령을 따르지 않고, 행동이 다른 사람을 감화시키는 것은 깊기 때문에 그 행하는 것을 따른다. 좋아하고 싫어하는 것이 바른 데에서 나오면 저들은 모두 (윗

39 진상도(陳祥道): 《대학연의보》 권78 주) 4 참조.

40 《예기집설(禮記集說)》 권141에 나온다.

사람을) 따라서 바르게 되고, 좋아하고 싫어하는 것이 그릇된 것에서 나오면 저들은 모두 (윗사람을) 따라서 그릇되게 된다. 이는 마치 겉모습이 바르면 그림자가 바르고, 겉모습이 굽으면 그림자가 굽은 것과 같으니, 그러므로 백성의 본보기라고 말한다."

陳祥道曰: "言之化人也淺, 故不從其所令; 行之感人也深, 故從其所行. 好惡出於正則彼皆從而正, 好惡出於非則彼皆從而非, 猶表端而影端·表枉而影枉也, 故謂民之表."

마희맹(馬晞孟)이 말하였다.[41]

"명령은 백성에게 명령하는 것이고, 행동은 자신에게 행하는 것이다. 그 행동하는 것이 이와 같고 명령하는 것이 저와 같으면, 백성들이 저와 같은 명령은 따르지 않으면서 이와 같은 행동은 따른다. 그러므로 윗사람의 좋아함과 싫어함은 아랫사람들이 (이를) 취하여 바른 것으로 삼으니, 조심하지 않아서는 안 된다."

馬晞孟曰: "令者令之於民, 行者行之於己, 其所行者若此·其所令者若彼, 民不從其若彼之令, 而從若此之行, 則是上之好惡, 下之所取以爲正, 而不可以不愼也."

41 《예기집설(禮記集說)》 권141에 나온다.

신은 이렇게 생각합니다. 윗사람이 이 물(物)을 좋아하면 아랫사람은 반드시 더욱 심한 것이 있으니, 심한 경우는 임금보다 더 심합니다. 많은 무리와 어리석은 백성들은 아는 것이 없어서 윗사람이 좋아하는 것이 여기에 있다는 것을 보면 따르고 그를 좇아가 본받습니다. 처음에는 비록 한두 명일지라도 마침내 천만에 이를 것이고, 처음에는 비록 매우 적은 양의 물일지라도 마침내 엄청나고 크게 될 것이니, 심하다고 말한 것이 이와 같습니다.

아! 임금이 좋아하고 숭상하는 것이 치우치거나 사사로운 한 마음에서 일어나 잠깐이라도 (그것을) 따르고 좇는다면, 알지 못하는 사이에 천하 사람들이 대세를 따라 마침내 그것으로 인하여 풍속을 이루게 되고 혹 그것 때문에 어지러워지고 망하는 지경에까지 이루게 됩니다. 그렇다면 임금이 된 자가 그 좋아하고 숭상함을 삼가지 않을 수 있겠습니까.

臣按: 上好是物, 下必有甚焉者矣, 甚者, 甚於君也. 林林之衆·蠢蠢之民, 無所知識, 見上之所好者在此, 則從而趨赴之·仿效之, 始雖一二而終至於千萬, 始雖涓滴而終至於滔天, 所謂甚焉者如是. 噫, 人君之好尙, 起於一念之偏私·頃刻之順適, 而不知天下之人從風而靡, 遂因之而成風俗, 或以之而致亂亡, 然則君人者, 其好尙可不謹哉?

《예기(禮記)》〈치의(緇衣)〉에서 공자가 말하였다.

“윗사람이 인(仁)을 좋아하면 아랫사람이 인을 남보다 먼저 행하려고 다툰다. 그러므로 백성들을 이끄는 자가 뜻을 밝히고 가르침을 곧게 하고 인을 높여 백성을 자식처럼 사랑하면, 백성은 자기를 행하여 그 윗사람을 기쁘게 한다."

子曰: "上好仁則下之爲仁爭先人, 故長民者章志貞教尊仁以子愛百姓, 民致行己以說其上矣."

진호(陳澔)가 말하였다.

"뜻을 밝힘은 내가 좋아하고 싫어하는 것의 소재를 밝히는 것이고, 가르침을 곧게 함은 몸소 바른 것으로 이끄는 것이다. 뜻한 것과 가르치는 것은 인(仁)을 높이는 일이 아님이 없으니, 이것은 백성을 사랑하는 방법이 된다. 이 때문에 백성들이 모두 자식같이 사랑하는 마음에 감동받아 자신의 선을 행하는 데에 힘을 다하여 그 윗사람을 기쁘게 하는 것이 자식이 부모의 명을 따르는 것과 같다."[42]

陳澔曰: "章志者明吾好惡之所在也, 貞教者身率以正也. 所志所教莫非尊仁之事, 以此爲愛民之道, 是以民皆感其子愛之心, 致力於行己之善, 而悅其上, 如子從父母之命也."

《예기(禮記)》〈치의(緇衣)〉에서 공자가 말하였다.

"백성은 임금을 마음으로 삼고, 임금은 백성을 몸으로 삼는다. 마음이

42 뜻을 … 같다: 《예기대전(禮記大全)》 권27에 나온다.

단정하면 몸이 펴지고, 마음이 엄숙하면 용모가 바르다. 마음이 그것을 좋아하면 몸은 반드시 그것을 편안히 여기고, 임금이 그것을 좋아하면 백성들도 반드시 그것을 바란다. 마음은 몸으로 인해 온전해지고, 몸으로 인해 상하기도 한다. 임금은 백성으로 인해 존재하고, 백성으로 인해 없어지기도 한다."

子曰: "民以君爲心, 君以民爲體, 心莊則體舒, 心肅則容敬. 心好之身必安之, 君好之民必欲之, 心以體全亦以體傷, 君以民存亦以民亡."

방각(方慤)이 말하였다.

"백성이 임금을 마음으로 삼는다는 것은 좋아하고 싫어함을 임금에게서 따르는 것을 말하고, 임금이 백성을 몸으로 삼는다는 것은 기쁨과 슬픔을 백성과 함께하는 것을 말한다. 몸이 비록 밖에서 사용되더라도 마음이 시키는 바에 말미암기 때문에 '마음이 그것을 좋아하면 몸은 반드시 그것을 편안히 여긴다.'라고 말한 것이다. 마음이 비록 안에서 주로 하더라도 몸이 보존되는 바에 따르기 때문에 '마음은 몸으로 인해 온전해지고, 몸으로 인해 상하기도 한다.'라고 말한 것이다."[43]

方慤曰: "民以君爲心者, 言好惡從於君也, 君以民爲體者, 言休戚同於民也. 體雖致用於外, 然由於心之所使, 故曰心好之身必安之; 心雖爲

43 백성이 … 것이다: 《예기집설(禮記集說)》 권142에 나온다.

主於內, 然資乎體之所保, 故日心以體全亦以體傷."

진상도(陳祥道)가 말하였다.

"몸은 마음을 따르고, 백성은 임금을 따른다. 그러므로 윗사람이 단정함으로 임하면 아랫사람 역시 펴지고, 윗사람이 엄숙함으로 임하면 아랫사람 역시 바르다. 마음은 몸을 거느리니, 마음이 그 자리에 없으면, 보아도 보이지 않고 들어도 들리지 않으니, 어찌 '마음이 그것을 좋아하면 몸은 반드시 그것을 편안히 여긴다'를 말하는 것이 아니겠는가. 임금이 백성을 거느린다는 것은, 임금이 인(仁)을 좋아하면 아랫사람은 인하지 않음이 없고, 임금이 의(義)를 좋아하면 아랫사람은 의롭지 않음이 없다는 것이다. 만일 임금이 그렇게 하지 않으면 백성이 따르지 않는다.

몸은 마음을 지키는 것이니, 몸이 온전하면 마음이 그것과 함께 온전하고, 몸이 상하면 마음이 몸과 함께 상하기 때문에 '마음은 몸으로 인해 온전해지고, 몸으로 인해 상하기도 한다.'고 말한 것이다. 백성은 임금을 지키는 자이니, 백성이 귀의한 이후에야 천하에서 임금노릇을 할 수 있고, 백성이 그를 떠나면 역시 홀로 임금노릇을 할 수 없기 때문에 '임금은 백성으로 인해 존재하고, 백성으로 인해 없어지기도 한다.'라고 말한 것이다."[44]

44 몸은 … 것이다:《예기집설(禮記集說)》 권142에 나온다.

陳祥道曰: "體從心者也, 民從君者也, 故上臨之以莊, 則下亦舒矣, 上臨之以肅, 則下亦敬矣. 心以體率, 心不在焉, 則視而弗見·聽而弗聞, 豈非心好之身必安之之謂乎? 君所以率民者也, 君好仁則下莫不仁, 君好義則下莫不義, 苟君不爲之, 則民無從焉. 體衛心者也, 體全則心與之全, 體傷則心與之傷, 故曰心以體全亦以體傷. 民衛君者也, 民歸之, 然後可以君, 天下民去之, 則亦不能以獨君矣, 故曰君以民存亦以民亡."

신은 이렇게 생각합니다. 〈치의(緇衣)〉 이 편은, 마음과 몸이 서로 필요하다는 것으로 임금과 백성이 서로 도움이 된다는 것을 비유한 것입니다. 그리하여 사지(四肢)의 움직임이 모두 심신이 주재하고 부리는 것에 말미암음이, 또한 인민의 기쁨과 슬픔이 모두 윗자리에 있는 자가 좋아하고 싫어하는 것에 말미암음과 같음을 보인 것입니다.

그러나 사지의 움직임은 심신(心身)이 진실로 도와서 지키지만, 운동이 지나쳐서 피폐와 마비에 이르게 되면 사람의 마음 또한 그것으로 인하여 손상됩니다. 백성의 공역(供役)은 임금을 진실로 도와서 봉양하지만 공역이 지나쳐서 가난하고 괴로우며 원망하여 반란을 일으키는 데에까지 이른다면 임금의 나라 역시 그것으로 인해 망하여 없어집니다.

이른바 "임금은 백성으로 인해 존재하고, 백성으로 인해 없어지기도 한다."라고 하는 이 두 마디의 말을 윗사람은 마땅히 항상 옆에 써 두어 아침저녁으로 경계로 삼아야 하니, 단서(丹書)의 경계[45]에 비견됩니다.

臣按:《緇衣》此篇, 卽心體相須以喩君民相資之意, 以見肢體之運動, 皆由心神之主使, 亦猶人民之休戚, 皆由君上之好惡也. 然肢體之運動, 心神固資之以爲榮衛, 然而運動之極, 至於疲廢而痿痹焉, 則人心之神亦因之而傷損矣. 人民之供役, 人君固資之以爲奉養, 然而役使之過, 至於貧苦而怨叛焉, 則人君之國亦因之而喪亡矣. 所謂君以民存亦以民亡, 此二言者, 爲人上者宜常書於座右, 以爲朝夕之儆, 以比丹書之戒焉.

《춘추좌씨전(春秋左氏傳)》 소공(昭公) 15년에 목자[穆子: 순오(荀吳)][46]가 말하였다.

"내가 숙향(叔向)[47]이 말한 것을 들으니, '좋아하고 미워함에 잘못이 없

45 단서(丹書)의 경계: 주(周)나라 무왕(武王)이 그의 사부(師傅)인 강태공(姜太公) 여상(呂尙)으로부터, "공경하는 마음이 태만해지는 마음을 이기면 강해지고 그 반대가 되면 망하게 되며, 대의가 욕심을 이기면 뜻대로 되고 그 반대가 되면 흉하게 됩니다[敬勝怠者吉, 怠勝敬者滅, 義勝欲者從, 欲勝義者凶]."라는 말을 듣고, 두려워하는 마음으로 침석(寢席)의 사면을 비롯해서 궤(几), 감(鑑) 등 13곳에 명(銘)을 새겨 경계하였는데, 침석의 사면 중 후면 좌측에 "몸을 한 번 뒤척이는 사이에도 도를 잊어서는 안 된다[一反一側 亦不可忘]."라고 명을 새긴 것에서 유래한 말이다[《大戴禮記》 권9 〈武王踐阼〉].

46 목자(穆子): 춘추시대 진(晉)나라의 정치가이다. 중항오(中行吳) 또는 순오(荀吳)라고 하며, 시호는 목(穆)이다. 중항헌자(中行獻子)의 아들이며, 중항문자(中行文子)의 아버지다. 기원전 541년에 태원(太原)에서 이적(夷狄)을 격퇴시켰다. 중항씨는 한씨(韓氏), 위씨(魏氏), 조씨(趙氏), 범씨(范氏), 지씨(知氏)와 함께 진(晉)나라 6경(卿)이 된다.

47 숙향(叔向): 춘추시대 진(晉)나라의 정치가이다. 성은 희(姬), 족은 양설(羊舌), 휘는 힐(肸), 자는 숙향이다. 양설직(羊舌職)의 아들로, 양설적(羊舌赤, 백화(伯華))의 동생이자 양설부(羊舌鮒, 숙어(叔魚))와 양설호[羊舌虎, 숙비(叔羆)]의 형이다. 진 평공(平公)의 사부로서 박학으로 널리 알

으면, 백성들이 나아갈 것을 알아 일이 이루어지지 않음이 없다.'라고 하였다."

《春秋左氏傳》: 穆子曰: "吾聞諸叔向曰: '好惡不愆, 民知所適, 事無不濟.'"

공영달(孔穎達)이 말하였다.[48]

"좋아하는 것은 반드시 선(善)이어야 하고, 싫어하는 것은 반드시 악(惡)이어야 한다. 윗자리에 있는 사람이 좋아하고 싫어하는 것에 잘못이 있지 않다면 아래의 백성들이 돌아갈 곳을 알게 될 것이니, 모두 선(善)으로 돌아갈 것임을 안다고 말한 것이다."

孔穎達曰: "所好必善, 所惡必惡, 在上者所好所惡不有過愆, 則下民知所適歸, 言皆知歸於善也."

장무중(臧武仲)[49]이 말하였다.[50]

"대저 임금의 행위는 백성이 따르는 대상이다. 임금이 하지 않은 것을

려졌으며 사령(辭令)에 밝았다. 자산(子産), 안영(晏嬰)과 더불어 춘추시대의 명현으로 손꼽힌다.

48 《춘추좌씨전주소(春秋左氏傳注疏)》 권47 소공(昭公) 15년에 나온다.

49 장무중(臧武仲): 춘추시대 노(魯)나라의 정치가다. 성은 희(姬)고, 씨는 장손(臧孫) 혹은 장(臧)이며, 이름은 흘(紇), 시호는 무(武)이다. 장문중(臧文仲)의 손자이다. 노나라 양공(襄公) 시대의 정치가로 성인(聖人)으로 불렸으나, 계손(季孫), 숙손(叔孫), 맹손(孟孫)씨의 후계자 분쟁에 개입했다가 제나라로 망명했다.

백성들이 간혹 하니, 이 때문에 형벌을 가하여 감히 징계하지 않을 수 없다. 만약 임금이 한 것을 백성 역시 한다면, 곧 그것을 어떻게 금지하겠는가."

臧武仲曰: "夫上之所爲民之歸也, 上所不爲而民或爲之, 是以加刑罰焉而莫敢不懲, 若上之所爲而民亦爲之, 乃其所也, 又何禁乎?"

육지(陸贄)가 말하였다.

"무릇 임금이 하는 것은 아랫사람을 인도하는 것이고, 임금이 하지 않는 것은 아랫사람을 단속하는 것이다. 임금이 하지 않은 것이지만 아랫사람이 간혹 그것을 하니, 그러한 후에야 엄격한 법을 두고, 분명한 형벌을 둘 수 있다. 만약 임금이 한 것을 아랫사람도 행한다면, 진실로 그러한 이치를 또한 어떻게 금지하겠는가."[51]

陸贄曰: "凡上之所爲以導下也, 上所不爲以檢下也. 上所不爲而下或爲之, 然後可以設峻防·置明辟; 若上爲之而下亦爲之, 固其理也, 又何禁乎?"

신은 이렇게 생각합니다. 장무중(臧武仲)의 이 말은 비록 계무자(季武

50 《춘추좌씨전(春秋左氏傳)》 양공(襄公) 21년 조에 나온다.

51 무릇 … 금지하겠는가: 《한원집(翰苑集)》 권17 〈중서주의(中書奏議)〉에 나온다.

子)를 위해 말한 것이지만, 만세의 뒤에 다른 사람 위에 있는 자가 법제(法制)를 세우고, 금령(禁令)을 밝힘에, 반드시 자신에게 먼저 있은 이후에 그것을 합니다. 대저 그렇다면 명령한 것이 행해지지 않음이 없고, 금지한 것은 모두 그만둘 것입니다. 만약 단지 다른 사람에게 책임지우는 것을 알면서 자신의 책임을 모른다면, 이것이 어찌 《대학(大學)》의 혈구지도(絜矩之道)[52]이겠습니까?

臣按: 武仲此言雖爲季武子而發, 然萬世之下居人上者立法制·明禁令, 必先有諸己然後爲之, 夫然則所令無不行·所禁無不止矣. 苟徒知責人而不知責己, 是豈《大學》絜矩之道哉?

《논어(論語)》〈위정(爲政)〉에서 말하였다.

계강자(季康子)가 묻기를 "백성들이 (윗사람에게) 공경하고 충성하게 하며, (이것을) 권면하게 하려면 어떻게 해야 합니까?"라고 하자, 공자가 말하기를 "(백성을) 대하기를 장엄하게 하면 공경하고, 효도하고 자애로우면 (백성들이) 충성하고, 잘하는 자를 등용하고 잘하지 못하는 자를 가르치면 권면할 것이다."라고 하였다.

《論語》: 季康子問: "使民敬忠以勸, 如之何?" 子曰: "臨之以莊則敬, 孝慈則忠, 擧善而敎, 不能則勸."

52 혈구지도(絜矩之道): 곱자를 가지고 재는 방법이라는 뜻으로, 자기의 처지로 미루어 남의 처지를 헤아리는 것을 비유하는 말이다. 《대학(大學)》 전문(傳文) 10장에 나온다.

주희(朱熹)가 말하였다.[53]

"장(莊)은 용모가 단정하고 엄숙함이다. 백성에게 장엄하게 대하면 백성들이 자신에게 공경할 것이고, 어버이에게 효도하고 다른 사람들에게 자애로우면 백성들이 자신에게 충성할 것이고, 잘하는 자를 등용하고 잘하지 못하는 자를 가르치면 백성들에게 권면되는 것이 있어 선을 행하는 데에 즐거워할 것이다."

朱熹曰: "莊謂容貌端嚴也. 臨民以莊則民敬於己, 孝於親·慈於衆則民忠於己, 善者擧之而不能者敎之則民有所勸而樂於爲善."

장식(張栻)이 말하였다.[54]

"이것은 모두 자신이 마땅히 해야 할 것이고, 백성들이 (자신에게) 공경하고 충성하게 하며 이를 권면되게 하려고 해서 하는 것은 아니다. 그러나 이와 같이 한다면 그 감응이 그러하기를 바라지 않아도 그러하게 된다."

張栻曰: "此皆在我所當爲, 非爲欲使民敬忠以勸而爲之也, 然能如是, 則其應蓋有不期然而然者矣."

53 《논어집주(論語集註)》 〈위정(爲政)〉에 나온다.

54 《계사논어해(癸巳論語解)》 권1 〈학이편(學而篇)〉에 나온다.

신은 이렇게 생각합니다. 계강자(季康子)가 백성에게 공경하고 충성하는 것으로 권면하는 것을 물음에, '부리다[使].'라고 말한 것은 그 백성을 부리는 것에 유의한 것입니다. 성인이 장엄과 효도·자애 및 잘하는 자를 등용하고 잘하지 못하는 자를 가르치는 것으로 답하였는데, '즉(則)'이라는 한마디 말을 더하였습니다. 이는 윗자리에 있는 자가 이와 같이 스스로 장엄하고 효도하고 자애로우며, 선한 이를 등용하고 잘하지 못하는 자를 가르칠 수 있다면, 백성들이 저절로 이와 같이 감응하여 애초부터 부리지 않고 또한 부림을 기다리지 않아도 그러할 것임을 말한 것입니다.

臣按: 季康子問使民敬忠以勸, 謂之使者是有意於毆使其民也. 聖人答之以莊·孝慈及擧善·教不能, 而加之以則之一辭, 蓋謂在上者能如此臨之以莊而孝而慈而擧善·教不能, 則民自有如此感應, 初非有所使亦不待於使而然也.

《논어(論語)》〈안연(顔淵)〉에서 말하였다.

계강자(季康子)가 공자(孔子)에게 정사(政事)를 물으니, 공자가 대답하기를 "정(政)이라는 것은 바로잡는다[正]라는 뜻이니, 그대가 바름으로써 솔선한다면, 누가 감히 바르지 않겠는가."라고 하였다.

季康子問政於孔子, 孔子對曰: "政者, 正也. 子率以正, 孰敢不正?"

범조우(範祖禹)가 말하였다.[55]

"자신이 바르지 못하고서 다른 사람을 바르게 하는 자는 있지 않다."

範祖禹曰: "未有己不正而能正人者."

신은 이렇게 생각합니다. 《서경(書經)》에서 "모범이 되어 만방을 바르게 하였다[表正萬邦]."[56]라고 하였으니, 윗사람은 겉모습이고, 아랫사람은 그림자입니다. 겉모습이 바르면 그림자도 바릅니다. 선대의 유학자[보광(輔廣)]가 말하기를 "정(政)이 그런 이름을 갖게 된 것은 자신을 바르게 할 수 있는 사람이 다른 사람을 바르게 하기 때문이다. 자신이 바르게 할 수 없는데 어찌 다른 사람을 바르게 하겠는가."라고 하였습니다. 다른 사람의 위에 있는 자가 진실로 마음을 바르게 하고 보존하여 몸소 천하에 솔선할 수 있다면, 가까이로는 많은 신하들과 멀게는 만민들이 누가 감히 바르게 하지 않겠습니까.

臣按: 《書》曰 "表正萬邦", 上者表也, 下者影也, 表正則影正矣. 先儒謂政之所以得名, 以其能以正己者正人也, 己不能正焉能正人哉? 居人上者誠能以正存心·以身率先天下, 則近而群臣·遠而萬民, 孰敢以不正哉?

---

55 《논어집주(論語集註)》 〈안연(顔淵)〉에 나온다.

56 모범이 … 하였다: 《서경(書經)》 〈상서(商書) 중훼지고(仲虺之誥)〉에 나온다.

《논어(論語)》〈안연(顏淵)〉에서 말하였다.

계강자(季康子)가 도적을 근심하여 공자에게 묻자, 공자가 대답하기를 "만일 그대가 탐욕을 부리지 않는다면 비록 상을 주면서 훔치라고 하더라도 훔치지 않을 것이다."라고 하였다.

季康子患盜, 問於孔子, 孔子對曰: "苟子之不欲, 雖賞之不竊."

주희(朱熹)가 말하였다.[57]

"그대가 탐욕을 부리지 않는다면, 비록 백성들에게 상을 주어 도둑질을 하라고 하여도, 백성들도 부끄러움을 알아 훔치지 않음을 말한 것이다."

朱熹曰: "言子不貪欲, 則雖賞民使之爲盜, 民亦知恥而不竊."

신은 이렇게 생각합니다. 자신이 소유한 것이 아니면서 그것을 취하는 것이 도(盜)입니다. 다만 재화만을 말하는 것이 아니라 무릇 내가 마땅히 소유할 것이 아닌데도 그것을 소유하는 것은 모두 도둑질입니다. 계강자(季康子)가 사람들이 다른 사람이 소유한 재화와 물건을 훔치는 것을 근심하여 그것을 그치고자 하니, 성인(聖人)이 탐욕을 부리지 않는 것으로 알려 주었습니다. 이른바 탐욕을 부리지 않는다는

57 《논어집주(論語集註)》〈안연(顏淵)〉에 나온다.

것은 무릇 내가 즐기고 좋아하여 쓰려는 것이 진실로 이치상 해서는 안 되는 것이고 의리상 마땅히 해서는 안 되는 것이며 분수상 할 수 없는 것인데도, 나의 세력을 믿어 많이 취하고, 나의 힘을 이용해 억지로 빼앗고 나의 재주를 믿어 제멋대로 하니, 모두 도적입니다. 나는 큰 도둑이지만 소민(小民)이 작은 도둑이 되지 않도록 금지하는 것이, 어찌 그러한 이치가 있겠습니까. 이른바 비록 상을 주더라도 훔치지 않을 것이라는 말은 곧 가정하여 한 말입니다.

臣按: 非其有而取之, 盜也, 非獨謂貨財, 凡吾之所不當有者而有之皆是盜之事. 康子患人盜他人所有之貨物而欲弭之, 聖人告之以不欲. 所謂不欲者, 凡吾所嗜好用度, 苟理之不可爲·義之不當爲·分之不得爲而恃吾之勢以多取之·乘吾之力以强劫之·恣吾之材以妄爲之, 皆是盜也. 吾爲大盜而禁小民之不爲小盜, 豈理也哉? 所謂雖賞之不竊, 乃假設之言.

《논어(論語)》〈안연(顔淵)〉에서 말하였다.

계강자(季康子)가 공자에게 정사(政事)에 대해 묻기를 "만약 무도(無道)한 이를 죽여서 도(道)에 나아가면 어떠합니까?"라고 하자, 공자가 대답하기를 "그대가 정사(政事)를 함에 어찌 죽이는 것을 쓰겠는가. 그대가 선(善)하고자 하면 백성들도 선해질 것이니, 군자의 덕(德)은 바람[風]이고, 소인(小人)의 덕은 풀이다. 풀 위에 바람이 불면 (풀은) 반드시 쓰러진다."라고 대답하였다.

季康子問政於孔子, 曰: "如殺無道以就有道, 何如?" 孔子對曰: "子爲政焉用殺, 子欲善而民善矣, 君子之德風, 小人之德草, 草上之風必偃."

주희(朱熹)가 말하였다.[58]

"정치를 하는 사람은 백성들이 보고 본받는 대상이니, 어찌 죽이는 것으로 (정치를) 하겠는가. (정치를 하는 사람이) 선(善)하고자 하면 백성들이 선해지는 것이다."

朱熹曰: "爲政者民所視效, 何以殺爲? 欲善則民善矣."

윤돈(尹焞)이 말하였다.[59]

"죽인다는 말이 어찌 윗사람이 되어서 말할 수 있겠는가. 몸으로 가르치는 사람은 따르고 말로 가르치는 자는 송사를 하니, 하물며 죽이는 것으로 가르치는 것이겠는가."

尹焞曰: "殺之爲言, 豈爲人上之語哉? 以身教者從·以言教者訟, 而況於殺乎?"

58 《논어집주(論語集註)》 〈안연(顔淵)〉에 나온다.

59 《논어집주(論語集註)》 〈안연(顔淵)〉에 나온다.

장식(張栻)이 말하였다.[60]

"윗자리에 있는 자의 뜻이 죽이는 것에 있다면, 진실로 이미 윗사람의 근본을 잃은 것이니, 어찌 그 악을 금지할 수 있겠는가. 선하고자 하는 마음이 순수하고 독실하여 정치와 가르침의 사이에서 드러내고자 한다면, 백성들이 장차 따라서 바람에 (풀이) 움직이듯이 크게 변하니, 그 누가 따르지 않겠는가. 그렇다면 백성들이 따르지 않는 까닭은 내가 선(善)하고자 하는 정성이 독실하지 않을 뿐이기 때문이다."

張栻曰: "在上者志存於殺, 則固已失長人之本矣, 烏能禁止其惡乎? 欲善之心純篤發見於政教之間, 則民將率從丕變, 如風之所動, 其孰有不從者? 然則民之所以未之從者, 則吾欲善之誠不篤而已."

신은 이렇게 생각합니다. 임금과 백성의 관계는 천지(天地)와 만물(萬物), 부모와 자식의 관계와 같습니다. 천지가 만물을 낳고 부모가 자식을 낳음에, 오직 그 마땅한 바를 얻지 못하여 낳고 낳는 이치가 막혀 혹 그 낳음을 상하게 하는 데에까지 이르게 될까 염려합니다. 임금이 백성에 대하여서는 마땅히 천지(天地)와 부모의 마음을 체득하는 것이 임금의 도리를 다하는 데에 가깝습니다. 이 때문에 임금이 백성에 대하여, 현명한 사람의 경우에는 그들을 보호하고 돌보며 어리석은 자의 경우는 그들을 가엾게 여겨서, 그들을 기르고 가르치고 징계

60 《계사논어해(癸巳論語解)》 권6 〈선진편(先進篇)〉에 나온다.

함을 두세 번하고도 부득이한 이후에야 형벌을 가합니다. 그러나 형벌에는 또한 등급이 있으니, 천리(天理)를 거스르고 인륜을 무너뜨리는 경우가 아니라면 극형(極刑)을 가하지 않습니다. 계강자(季康子)는 곧 무도(無道)한 자를 죽여서 도(道)가 있는 곳에 나아가고자 하였으니, 대저 도라는 것은 자기가 가진 이후에야 다른 사람에게 요구할 수 있습니다. 내가 다른 사람보다 윗자리에 있어도 이른바 도라는 것은 혹은 나가거나 들어오는 것인데, 아랫사람이 무도하다고 꾸짖어 죽이고자 한다면 또한 어찌 그들이 무도하다는 것을 알겠습니까. 성인(聖人)이 "그대가 선(善)하려고 하면 백성들도 선할 것이다."라고 알려 준 것은 그 자신에게 돌이켜서 스스로 도를 다하게 하려는 것입니다. 이른바 선이라는 것은 천리의 공정함이고 인도(人道)의 바름이며 순수(純粹)하여 악(惡)이 없는 것입니다. 나에게 이러한 선이 있으니, 다른 사람도 이러한 선이 있을 것입니다. 윗사람이 선으로 스스로 행한다면 아랫사람도 이러한 선이 같이 있어서 또한 감동하고 분발하여 떨쳐 일어날 것입니다.

臣按: 人君之於民, 如天地之於物·父母之於子也, 天地生物·父母生子, 惟恐不得其所而夭閼其生生之理而或至於傷其生. 君之於民, 當體天地·父母之心, 庶幾盡君之道也. 是故人君之於民, 賢者則保恤之, 不肖者則哀憐之, 養之敎之·懲之戒之, 至於再至於三, 不得已而後加之刑焉. 而刑亦有等第, 非至於逆天理·敗人倫不加之以極刑也. 康子乃欲殺無道以就有道, 夫道有諸己然後可以責人, 吾居人之上, 所謂道者或出或入焉, 乃欲責下之人無道而殺之, 又何以知其爲無道也? 聖人告之以子欲善而民善, 欲其反諸身而自盡其道也. 所謂善者天理之公·人道之正, 純粹而無惡者也, 我有是善人亦有是善, 上以善而自爲則下之人同有是善者, 亦感發而興起矣.

《논어(論語)》〈자로(子路)〉에서 말하였다.

공자가 말하였다. "윗사람이 예를 좋아하면 백성들이 감히 공경하지 않음이 없다. 윗사람이 의를 좋아하면 백성들이 감히 복종하지 않음이 없다. 윗사람이 믿음을 좋아하면 백성들이 감히 정(情)을 쓰지 않음이 없다. 대저 이와 같다면 사방의 백성들이 그 자식을 포대기【(襁은) 실을 짜서 만들어 어린아이를 등에 업고 묶어 매는 것이다.】에 업고 올 것이다."

子曰: "上好禮則民莫敢不敬, 上好義則民莫敢不服, 上好信則民莫敢不用情, 夫如是則四方之民襁【織縷爲之, 以約小兒於背者】負其子而至矣."

주희(朱熹)가 말하였다.[61]

"의(義)를 좋아하면 일이 마땅해진다. 정(情)은 성실(誠實)이다. 공경하고 복종하고 정을 쓰는 것은 대개 각각 그 부류에 따라 호응한 것이다."

朱熹曰: "好義則事合宜·情誠實也, 敬服用情蓋各以其類而應也."

61 《논어집주(論語集註)》〈자로(子路)〉에 나온다.

신은 이렇게 생각합니다. 자기에게 있는 것에서 모두 그 도(道)를 다 하면 아래에 있는 자가 각각 그 부류에 따라 호응합니다. 이른바 자신을 바로 하여 물(物)이 바르게 되는 것입니다.

臣按: 在己者皆盡其道則在下者各以類而應之, 所謂正己而物正者也.

《논어(論語)》〈헌문(憲問)〉에서 공자가 말하였다.
"윗사람이 예를 좋아하면 백성들을 부리기에 쉽다."

子曰: "上好禮則民易使也."

사량좌(謝良佐)가 말하였다.[62]

"예가 적용되어 분수가 정해지므로 백성들을 부리기에 쉬운 것이다."

謝良佐曰: "禮達而分定, 故民易使."

보광(輔廣)이 말하였다.[63]

"윗사람이 예를 좋아하면 등급에 따른 구분이 분명해지고 성의가

62 《논어집주(論語集註)》〈헌문(憲問)〉에 나온다.

겸손해진다. 그러므로 아래에서 보고 느끼는 자들도 역시 모두 자신의 분수를 편안히 여기고 윗사람의 명령을 듣기에 부리기가 쉽다."

輔廣曰: "上好禮則品節分明而誠意退遜, 故觀感於下者亦皆安己之分·聽上之命而易使."

《대학(大學)》에서 말하였다.

《시경(詩經)》에서 "즐거운 군자여, 백성의 부모로다!"라고 하니, 백성이 좋아하는 것을 좋아하며, 백성이 싫어하는 것을 싫어하니, 이것을 일러 백성의 부모라고 한다.

《大學》: 《詩》云: "樂隻君子, 民之父母." 民之所好好之, 民之所惡惡之, 此之謂民之父母.

주희(朱熹)가 말하였다.[64]

"혈구(絜矩)할 수 있어 백성의 마음을 자신의 마음으로 삼으면, 이것은 (임금이) 백성을 자식같이 사랑하여 백성들이 (임금을) 부모와 같이 사랑하는 것이다."

---

63 《논어집주대전(論語集註大全)》〈헌문(憲問)〉에 나온다.

64 《대학장구大學章句》에 나온다.

朱熹曰: "能絜矩而以民心爲己心, 則是愛民如子而民愛之如父母矣."

주희(朱熹)가 또 말하였다.[65]

"군자는 혈구지도(絜矩之道)가 있기 때문에 자신이 좋아하고 싫어하는 것으로 백성들이 좋아하고 싫어하는 것을 알 수 있고, 또 백성들이 좋아하고 싫어하는 것을 자신이 좋아하고 싫어하는 것으로 삼을 수 있다. 대저 그들이 좋아하는 것을 좋아하여 그들에게 주고 모이게 하며, 그들이 싫어하는 것을 싫어하여 베풀지 않는다면 윗사람이 아랫사람을 사랑하는 것이 진실로 부모가 그 자식을 사랑하는 것과 같으니, 저 백성들이 그 윗사람을 친애하는 것이 어찌 또한 자식이 그 부모를 사랑하는 것과 같지 않겠는가?"

又曰: "君子有絜矩之道, 故能以己之好惡知民之好惡, 又能以民之好惡爲己之好惡也. 夫好其所好而與之聚之, 惡其所惡而不以施焉, 則上之愛下眞猶父母之愛其子矣, 彼民之親其上豈不亦猶子之愛其父母哉?"

신은 이렇게 생각합니다. 선대의 유학자가 말하기를 "백성을 사랑하는 도리는 그 좋아하고 싫어하는 마음을 따르는 것에 불과할 뿐이니, 대략 백성들이 좋아하는 것은 배부르고 따뜻하고 편안하고 즐거

65 《대학혹문(大學或問)》에 나온다.

운 것이고, 백성들이 싫어하는 것은 굶주리고 춥고 힘들고 고달픈 것이다. 백성들로 하여금 항상 그 좋아하는 것을 얻게 하고 싫어하는 일을 더하지 않는다면, 백성을 사랑하는 도리이다."라고 하였습니다. 그렇지만 상하의 분수가 비록 다르나 좋아하고 싫어하는 실정은 하나이니, 백성이 좋아하고 싫어하는 것은 곧 나의 좋아하고 싫어하는 것입니다. 나의 좋아하고 싫어하는 것으로 인하여 다른 사람의 좋아하고 싫어하는 것을 아니, 또 백성의 좋아하고 싫어하는 것으로 나의 좋아하고 싫어하는 것으로 삼습니다. 백성을 사랑하는 데에 진심이 아니면서 이 백성의 부모 되기를 마음먹은 자가 이와 같을 수 있겠습니까. 만약 그렇지 않아서 다른 사람들의 싫어하는 것을 좋아하고 다른 사람들이 좋아하는 것을 싫어하면, 이것을 일러 사람의 본성을 어긴다고 하는 것이니, (이러한 자는) 재앙이 반드시 그 자신에게 미칩니다. 이는 다만 사람을 쓰는 데에만 그러한 것은 아닙니다.

臣按: 先儒謂愛民之道不過順其好惡之心而已, 大約民所好者飽暖安樂·所惡者饑寒勞苦, 使民常得其所好而不以所惡之事加之, 則愛民之道也. 雖然上下之分雖殊, 好惡之情則一, 民之所好惡者卽吾之所好惡者也, 因己之所好惡而知人之所好惡, 又以民之所好惡而爲己之所好惡焉, 非眞心於愛民而以父母斯民爲心者, 能若是乎? 苟爲不然, 好人之所惡·惡人之所好, 是謂拂人之性, 菑必逮夫身, 不獨用人爲然.

《대학(大學)》에서 말하였다.

《시경(詩經)》에서 "깎아지른【(節은) 끊어져 높고 큰 모양이다.】 저 남산이여,

돌이 높고 높구나. 빛나는 태사(太師) 윤씨(尹氏)여, 백성들이 모두【(具는) 모두[俱]이다.】 너를 본다."라고 하니, 국가를 소유한 자는 삼가지 않을 수 없으니, 편벽【(辟은) 편벽됨[偏]이다.】되면 천하에 죽임을 당하는 것이다.

《詩》云: "節【截然高大貌】彼南山, 維石岩岩, 赫赫師尹, 民具【俱也】爾瞻."有國者不可以不愼, 辟【偏也】則爲天下僇矣.

주희(朱熹)가 말하였다.[66]

"시(詩)는 《시경(詩經)》〈소아(小雅) 절남산(節南山)〉편이다. 사윤(師尹)은 주(周)나라 태사(太師) 윤씨(尹氏)이다. 윗자리에 있는 사람은 다른 사람들이 우러르는 바이니 삼가지 않을 수 없다. 만약 혈구(絜矩)하지 않고 좋아하고 싫어함에 자기 한 몸의 편벽됨에 따른다면, 자신은 시해되고 나라는 망하여 천하에 죽임을 당함을 말한 것이다."

朱熹曰: "詩, 《小雅·節南山》之篇. 師尹, 周太師尹氏也. 言在上者人所瞻仰, 不可不謹, 若不能絜矩而好惡徇於一己之偏, 則身弑國亡爲天下之大僇矣."

신은 이렇게 생각합니다. 선대의 유학자가 말하기를 "두 시(詩)를 인용하여 윗사람이 백성이 함께 우러르는 것을 하면 그 좋아하고 싫어

66 《대학장구大學章句》에 나온다.

하는 것이 마땅히 백성들과 더불어 함께하고, 만약 한 몸의 치우친 사사로움을 따른다면 인심의 함께하는 것을 거슬러 천하에 욕보임이 된다는 것을 밝혔다."라고 하였습니다. 대개 윗사람은 아랫사람이 우러러 바라보는 것입니다. 백성들이 평안하지 않은 것이 있으면 (윗사람에게) 힘입어 그것을 평안하려고 하고, 백성들이 공정하지 않은 것이 있으면 (윗사람에게) 힘입어 그것을 공정하려고 합니다. 그러나 윗사람이 먼저 평안하지 않은 것과 공정하지 않은 것으로 스스로 거처하여 좋아하고 싫어하는 것이 한 몸의 치우침을 쫓으면, 이를 사람의 본성을 어기고 사람의 정(情)을 거스른 것이라고 말합니다. (이럴 경우에는) 비록 그 지위가 높고 세력이 중하여도 일시에 어찌할 수가 없게 되니, 비록 반드시 죽이는 데에 이르지 않더라도 이치상 죽을 수도 있습니다. 아! 사람의 부모가 되고서도 부모의 도리를 다할 수 없으면 천하에 죽임을 당합니다. 또한 좋아하고 싫어하는 공정함과 치우침에 달려 있을 뿐이니, 삼가지 않을 수 있겠습니까.

臣按: 先儒謂傳引二詩以明爲人上者民所共仰, 則其好惡當與民同之, 苟徇一己之偏私焉, 則逆人心之所同而爲天下之所戮矣. 蓋上人者下人之所瞻仰者也, 民有不平賴以平之, 民有不公賴以公之, 而上之人先以不平·不公自居而好惡徇於一己之偏, 是謂拂人之性·逆人之情, 雖其位高勢重, 一時無如之何, 雖未必至於戮而有可戮之理. 噫, 爲人父母者而不能盡父母之道而爲天下之大戮, 亦惟於好惡之公與偏而已, 可不謹哉.

《맹자(孟子)》〈이루(離婁)〉하(下)에서 맹자(孟子)가 말하였다.[67]

"임금이 인(仁)하면 인하지 않음이 없고, 임금이 의(義)로우면 의(義)롭지 않음이 없다."

孟子曰: "君仁莫不仁, 君義莫不義."

주희(朱熹)가 말하였다.[68]

"장씨(張氏)가 말하기를 '이 장은 거듭 나왔으나, 상편(上篇)에서는 신하가 임금을 바로잡는 것을 급하게 여겨야 함을 주로 말하였고, 이 장(章)은 다만 임금을 경계하였으니, 뜻이 또한 조금 다르다.'라고 하였다."

朱熹曰: "張氏謂此章重出, 然上篇主言人臣, 當以正君爲急; 此章直戒人君, 義亦小異耳."

신은 이렇게 생각합니다. 이 장은 곧 군도(君道)의 감화하는 기미를 밝혔습니다. 대개 요(堯)임금과 순(舜)임금이 있으면 요임금과 순임금의 백성이 있고, 걸(桀)임금과 주(紂)임금이 있으면 걸임금과 주임금의 백성이 있습니다. 만약 행하는 것이 걸임금과 주임금의 일이면서 요

---

67 《맹자(孟子)》〈이루 하(離婁下)〉에 나온다.

68 《맹자집주(孟子集註)》〈이루장구 하(離婁章句下)〉에 나온다.

임금과 순임금의 다스림을 구한다면 이러한 이치는 없습니다. 임금이 인의(仁義)를 행하는데, 아랫사람이 천리(天理)를 거슬러 인(仁)하지 않고 의(義)롭지 않은 것으로 응한다면 천리의 밝고 밝음이 역시 용납하지 않아 오래지 않아 도리어 곧 패망할 것입니다. 예부터 지금까지 그렇지 않은 경우는 없었으니, 이 때문에 임금이 다스림으로 삼은 것은 반드시 인의의 마음을 보존하여 인의의 정치를 행하는 것입니다.

臣按: 此章卽吾[69]道以明感化之機, 蓋有堯·舜之君則有堯·舜之民, 有桀·紂之君則有桀·紂之民, 苟所行者桀·紂之事而求堯·舜之治, 無此理也. 人君行仁義而下之人逆天悖理以不仁不義應之, 天理昭昭亦不之容也, 不久旋卽淪敗, 自古及今無不然者, 是以人君爲治必存仁義之心以行仁義之政.

한(漢)나라 장제(章帝) 때에 마료(馬廖)[70]가 상소하였다.[71]

"옛날에 원제(元帝)께서는 복관(服官)[72]을 없앴고, 성제(成帝)께서는 세탁한 옷을 입으시고, 애제(哀帝)께서는 악부(樂府)를 폐지하셨습니다. 그러나 사치와 낭비가 그치지 않아 쇠퇴하거나 어지러운 지경에 이른 것은 백성

---

69 吾: 《대학연의보(大學衍義補)》 사고전서본에는 '君'으로 되어 있어, 번역에서는 이를 따른다.

70 마료(馬廖, ?~92): 후한(後漢)의 정치가로 부풍군(扶風郡) 무릉현(茂陵縣) 출신이다. 자는 경평(敬平)이고 시호는 안후(安侯)이다. 후한의 공신 마원(馬援)의 장자이고, 명제(明帝)의 황후인 마씨(마태후)의 오빠이다.

71 《자치통감(資治通鑑)》 권46 〈한기(漢紀)〉 38 효장제(孝章帝) 건초(建初) 2년 조(條)에 나온다.

72 복관(服官): 삼복관(三服官)을 말하는 것으로 황제와 궁궐용 의복을 담당하는 관리이다.

들이 행동을 따르고 말은 따르지 않았기 때문입니다. 대저 정치를 개혁하고 풍속을 바꾸는 데에는 반드시 그 근본이 있습니다. 전하는 말에 "오왕(吳王)이 검객(劍客)을 좋아하자 백성들 가운데 상처 입은 자들이 많아졌고, 초왕(楚王)이 허리가 가는 여자를 좋아하자 궁중에는 굶어 죽는 자가 많았다."라고 합니다. 장안(長安)에서 유행하는 말에 "성(城) 안에서 상투【(結은) 상투[髻]와 같다.】를 높이기를 좋아하면 사방에서 (상투의) 높이가 한 척이 되고, 성 안에서 넓은 눈썹을 좋아하면 사방에서는 또 (눈썹이) 이마의 반을 차지하고, 성 안에서 큰 소매를 좋아하면 사방에서 (소매를 만드는 데에) 한 필의 비단을 다 쓴다."라고 합니다. 이 말은 농담 같지만 사실에 가깝습니다. 이전에 시행한 제도가 얼마 지나지 않은 뒤에 점차 행해지지 않으니, 비록 간혹 관리가 법을 받들지 않은 경우도 있으나, 사실은 태만함이 경사(京師)에서 일어났기 때문입니다. 지금 폐하께서 편안하게 검소하고 간략히 하심은 성스러운 본성에서 일어난 것이니, 진실로 이 일을 한결같이 다하신다면 사해(四海)에서 덕(德)을 칭송하고 명성이 천지(天地)에 퍼지며 신명(神明)에까지 통할 수 있으니, 하물며 명령을 행하는 것이겠습니까."

漢章帝時, 馬廖上疏曰: "昔元帝罷服官·成帝禦浣衣·哀帝去樂府, 然而侈費不息至於衰亂者, 百姓從行不從言也. 夫改政移風必有其本, 傳曰 '吳王好劍客, 百姓多創瘢; 楚王好細腰, 宮中多餓死', 長安語曰 '城中好高結【與髻同】, 四方高一尺; 城中好廣眉, 四方且半額; 城中好大袖, 四方全匹帛.' 斯言如戲, 有切事實, 前下制度未幾後稍不行, 雖或吏不奉法, 良由慢起京師. 今陛下素簡所安發自聖性, 誠令斯事一竟則四海誦德, 聲薰天地, 神明可通, 況行令乎?"

신은 이렇게 생각합니다. 마료(馬廖)가 말한 "백성들이 행동을 따르고 말은 따르지 않는다"는 말은 진실로 백성을 다스리고 교화하는 요체와 풍속을 바꾸는 근원을 안 것입니다. 이 말은 성왕(成王)이 군진(君陳)에게 "윗사람이 명령하는 바를 어기고 그(윗사람)의 좋아하는 바를 따른다."[73]라고 명한 것에서 시작되었습니다. 《대학(大學)》에서 "(임금의) 명령이 그 자신이 좋아하는 것에 반대되면 백성들은 따르지 않는다." 라고 말한 것과 《예기(禮記)》에서 "그 명령을 따르지 않고, 그 행동을 따른다."라고 말한 것은 모두 이 뜻입니다. 대개 인군(人君)의 한 몸은 풍속과 교화의 근본이고, 경사(京師: 서울)라는 곳은 또 풍속과 교화가 시작되는 곳입니다.

대개 임금된 자는 진실로 자신을 바르게 하고 집안을 가지런히 하여 예의(禮義)가 아닌 일은 하지 않습니다. 모범이 되는 경사(京師)에서 온갖 일을 운영하고 물건을 만듦에 예의에 합당하지 않은 것은 일체 금지하여 혁파하고 오직 옛날과 처음의 바른 법식과 예의의 법도로만 해야 합니다. 만일 어기면 반드시 죄를 더하고 아울러 감독하는 관리와 제조한 장인에게 연좌시켜며 단지 (거기에서) 그칠 뿐만이 아닙니다.

후세의 임금들이 반포한 율령(律令)과 격식(格式)이 엄하고 삼가지 않은 것은 아닙니다. 그러나 잘 행해지는 것은 잠시뿐이고, 오래도록 이어질 수 없는 것은 어째서입니까. 임금이 이미 몸소 솔선하지 않기 때문에 귀한 자와 임금의 근시(近侍)들이 본받아서 먼저 그것을 어기니, 이후에는 천하가 대세에 따라 쫓아갈 것입니다. 이른바 "백성들

73 윗사람이 … 따른다: 《서경(書經)》 〈주서(周書) 군진(君陳)〉에 나온다.

이 행동을 따르고 말은 따르지 않는다"라고 한 것을 어찌 믿지 않겠습니까.

臣按: 廖所謂百姓從行不從言, 是誠識治化之體·風化之原者也. 是言也, 始於成王命君陳曰 "違上所命, 從厥攸好", 《大學》所謂"所令反其所好而民不從"·《禮記》謂"不從其所令從其所行", 皆此意也. 蓋人君一身風化之本原, 而京師者又風化始出之地, 君人上者誠能正身齊家而不爲非禮非義之事, 而於京師首善之地於凡事之營爲·物之創造有不合於禮·不當於義者, 一切禁革而惟古初之是式·禮義之是程, 苟有違焉必加以罪並坐其監領之官·制造之工, 不但已也. 後世世主其所頒之律令格式非不嚴而謹也, 然而能行之於暫而不能久者何也? 上之人旣不能率先以身, 以故貴近者仿效而先犯之, 然後天下從風而靡焉. 所謂百姓從行不從言, 豈不信哉?

제오륜(第五倫)[74]이 또 장제에게 말하였다.[75]

"여러 왕(王)과 공주, 귀한 친척들이 교만하고 사치하여 제도를 뛰어넘고 있습니다. 경사(京師)에서도 오히려 그러한데, 어떻게 먼 곳까지 (모범을) 보이겠습니까. 그러므로 자신의 몸이 바르지 않으면, 명령하여도 행

74 제오륜(第五倫): 후한의 정치가로 경조(京兆) 장릉현(長陵縣) 출신이다. 자는 백어(伯魚)다. 광무(光武) 건무(建武) 29년(53)에 효렴(孝廉)으로 천거되었고 후에 회계태수(會稽太守)가 되었다. 선정으로 이름을 떨치다가 장제(章帝)가 즉위 후에는 사공(司空)에 발탁되었는데, 외척의 발호를 경계하고 절조를 지켰다.

75 《후한서(後漢書)》 권41 제오종리송한열전(第五鍾離宋寒列傳)에 나온다.

해지지 않는다."[76]라고 하였습니다. 자신이 몸소 실천하여 가르친 것은 (백성들이) 따르고 말로써 가르친 것은 (백성들이) 다툽니다. 대저 음양(陰陽)이 조화로우면 그 해는 곧 풍년이 되고, 임금과 신하가 마음을 같이하면 교화가 곧 이루어집니다."

第五倫又言於章帝曰: "諸王主貴戚驕奢逾制, 京師尙然, 何以示遠? 故曰其身不正雖令不行, 以身敎者從, 以言敎者訟. 夫陰陽和歲乃豐, 君臣同心化乃成也."

신은 이렇게 생각합니다. 제오륜(第五倫)이 "자신이 몸소 실천하여 가르친 것은 (백성들이) 따르고 말로써 가르친 것은 (백성들이) 다툽니다."라고 말한 것은 곧 《대학(大學)》에서 "(임금의) 명령이 그 자신이 좋아하는 것에 반대되면 백성들은 따르지 않는다."라는 것입니다. 이 때문에 임금이 이미 자신을 바르게 하고 덕(德)을 닦으며 자신부터 행하고 절검하여, 몸소 보이고 가르쳐서 천하의 모범이 되는 것입니다. (또) 다시 제도를 세우고 금령을 엄하게 하여 비빈(妃嬪)과 종척의 무리들 및 좌우의 시종 드는 신하들을 경계하고 타이릅니다. 안으로는 조정에서, 가까이로는 서울[京邑]에서 각각 그 분수를 편안히 여기고 예의와 제도를 뛰어넘지 않는다면 천하가 (바람에) 쓰러지듯이 그 교화를 따르고 감히 범하지 않을 것입니다.

만일 다만 다른 사람을 책망하면서 자신은 책망하지 않고, 소원한

76 자신의 … 않는다: 《논어(論語)》 〈자로(子路)〉에 나온다.

이들을 막으면서 친한 이들은 막지 않으며, 먼 곳에서는 금지하면서 가까이에서 금지하지 않으면, 이목이 미치는 가까운 이들은 알고도 모르는 척할 것이고, 멀리 있는 군현과 마을에서는 제도를 자세히 갖추고 법을 엄하게 해도 헛되이 문서만 보내어 한갓 담벼락에만 걸릴 뿐입니다. 어찌 흘러가는 마음을 그치게 하고, 시끄러운 논의를 막고 휩쓸려가는 습속을 고칠 수 있겠습니까.

臣按: 第五倫言以身教者從·以言教者訟, 是卽《大學》所謂"其所令反其所好而民不從"者也, 是故人君旣正身修德·躬行節儉, 以身示敎爲天下先, 復立爲制度·嚴爲禁令, 以戒飭夫妃嬪宗戚之屬·左右侍禦之臣, 內而朝著·近而京邑, 使各安其分守, 不得越禮逾制, 則天下靡然從其化而不敢犯矣. 苟徒責人而不責己, 限疏而不限親, 禁遠而不禁近, 耳目所及者則若罔聞知, 而於郡縣之遠·閭里之間乃詳爲之制·嚴爲之法, 則亦虛費文移, 徒掛牆壁而已, 安能戢其泛泛之心·杜其呶呶之議而革其靡靡之俗哉?

이상 좋아하고 숭상하는 것을 삼가서 백성을 이끎.

以上謹好尙以率民

대학연의보
(大學衍義補)

—

권82

교화를 숭상함[崇敎化]

교화를 넓혀서 풍속을 바꿈[廣敎化以變俗]

《서경(書經)》〈주서(周書) 군진(君陳)〉에서 왕이 말하였다.

"군진(君陳)[1]아! 너는 주공(周公)의 큰 가르침을 넓혀서 세력에 의지하여 위엄을 부리지 말며, 법에 기대어 침해하지 말고, 너그러우면서도 제어가 있으며, 차분히 하여 화합하도록 하라."

《周書·君陳》篇: 王曰: "君陳, 爾惟弘周公丕訓, 無依勢作威, 無倚法以削, 寬而有制, 從容以和."

여조겸(呂祖謙)[2]이 말하였다.[3]

"주공(周公)의 가르침은 크지만, 오히려 그것을 넓히려는 자가 앞사람의 정치를 계승할 수 있고, 만일 다만 그대로 따르려는 것으로 마

1 군진(君陳): 《대학연의보》 권81 주) 2 참조.

2 여조겸(呂祖謙): 《대학연의보》 권78 주) 35 참조.

3 《서경집전(書經集傳)》 권9 〈주서(周書) 군진(君陳)〉.

음을 삼는다면 이루는 바는 반드시 앞사람보다 몇 등급 떨어질 것이다. 오직 분연히 개척하여 이전의 업을 빛내고 넓히기를 기약한 후에 겨우 쇠퇴하지 않을 수 있다. 대개 처음을 이루는 것과 이룸을 계승하는 것은 그 역량이 같지 않다. 조화로운 때에 대체로 진실로 마땅히 너그럽게 하되, 만일 제어하지 않으면 방자한 것으로 흐르니 어찌 차분히 하여 화합할 수 있겠는가. 등급을 두고 제어하는 가운데 길들이고 조정하며, 범위 안에서 편히 쉬고 기르니 이것이 화합하는 것이다."

呂祖謙曰: "周公之訓大矣, 猶欲弘之者, 繼前人之政, 苟止以持循因襲爲心, 其所成必降前人數等. 惟奮然開拓, 期以光大前業, 然後僅能不替. 蓋造始之與繼成, 其力量不同也. 和中之時, 大體固當寬, 苟無制則流蕩放肆, 安能從容以和乎? 馴擾調娛於品制之中, 遊息化養於範圍之內, 斯其所以和也."

채침(蔡沈)[4]이 말하였다.[5]

"군진(君陳)이 어찌 세력에 의지하여 위엄을 부리며, 법에 기대어 백성들을 침해하는 데에까지 이르겠는가. 그러나 세력을 자신이 소유하고 법을 자신이 집행하면서, 기뻐하고 노여워하며 주고 빼앗음에 털끝만큼이라도 다른 사람을 기준으로 하지 않고 자기를 기준으로

4 채침(蔡沈): 《대학연의보》 권78 주) 40 참조.

5 《서경집전(書經集傳)》 권9 〈주서(周書) 군진(君陳)〉에 나온다.

한다면 이것은 사사로운 뜻이고 공공의 이치가 아니니, 어찌 위엄을 부리고 침해하는 것이 아니겠는가. 군진의 시대는 너그럽고 화합하는 시대이다. 그러나 너그러움은 한결같이 너그럽기만 해서는 안 되고 반드시 너그러우면서도 제어가 있어야 하며, 화합은 한결같이 화합하기만 해서는 안 되고 반드시 차분히 하여 화합해야 한다."

蔡沈曰: "君陳何至依勢以爲威·倚法以侵削者. 然勢我所有也, 法我所用也, 喜怒予奪, 毫髮不於人而於己, 是私意也, 非公理也, 安得不作威以削乎? 君陳之世, 當寬和之世也. 然寬不可一於寬, 必寬而有其制; 和不可一於和, 必從容以和之."

신은 이렇게 생각합니다. 선대의 유학자[채침(蔡沈)]가 말하기를 "주공(周公)이 은(殷)나라의 완악한 백성들을 하도[下都, 洛陽]로 옮기고 주공이 직접 그들을 감독하였다. 주공이 죽자 성왕(成王)이 군진(君陳)에게 명하여 주공을 대신하게 하니, 이것이 그 책명(策命)한 말이다."[6]라고 하였습니다. 무릇 주공이 은(殷)나라의 완악한 백성들과 소통하였고 군진이 그 뒤를 이었으니 백성들의 사나운 습속이 이에 이르러 점차 길들여졌습니다. 그러므로 성왕께서 법으로 제어하여 가혹한 정치가 행해지지 않도록 경계하였고 오히려 화합하고 후덕한 인(仁)을 베푸는 관용의 법은 보존토록 하였으니, 나부터 교화하여 옛 풍속을 변화시키는 것에 가깝습니다.

6 주공(周公)이 … 말이다: 《서경집전(書經集傳)》 권9 〈주서(周書) 군진(君陳)〉에 나온다.

臣按: 先儒謂周公遷殷頑民於下都, 周公親自監之. 周公旣沒, 成王命君陳代周公, 此其策命之辭. 夫周公之毖殷頑民而君陳繼其後, 民習之頑獷者, 至是稍馴擾矣. 故成王戒其無以法制以行刻削之政, 尙存寬典以布和厚之仁, 庶幾其從吾之化, 以變其舊俗也.

《서경(書經)》〈주서(周書) 군진(君陳)〉에서 또 말하였다.

"너는 완악함에 분노하거나 미워하지 말며 한 명의 필부에게 모두 갖추기를 요구하지 말라. 반드시 참음[忍]이 있어야 이에 성취가 있으며, 포용함[容]이 있어야 덕(德)이 이에 커질 것이다. 직무를 잘 하는 자를 선발하되 또한 혹 잘하지 못하는 자도 선발하며, 어진 사람을 등용하여 혹 어질지 못한 자를 이끌도록 하라."

又曰: "爾無忿疾于頑, 無求備于一夫. 必有忍其乃有濟, 有容德乃大. 簡厥修, 亦簡其或不修, 進厥良, 以率其或不良."

채침(蔡沈)이 말하였다.[7]

"다른 사람이 교화되지 않는 것에 분노하거나 미워하지 말며, 다른 사람이 잘하지 못하는 것을 다 갖추기를 요구하지 말라. 참음[忍]은 일로써 말한 것이고, 포용함[容]은 덕으로써 말한 것이다."

---

7 《서경집전(書經集傳)》 권9 〈주서(周書) 군진(君陳)〉에 나온다.

蔡沈曰: "無忿疾人之所未化, 無求備人之所不能. 忍言事容言德."

후보(侯甫)가 말하였다.

"완악함에 분노하거나 미워하지 않는 것은 참음[忍]이 있는 것이고, 한 명의 필부에게 모두 갖추기를 요구하지 않는 것은 포용함[容]이 있는 것이다."

侯甫曰: "無忿疾于頑, 有忍者也; 無求備于一夫, 有容者也."

왕안석(王安石)[8]이 말하였다.[9]

"수(修)는 일을 맡음을 말하고, 양(良)은 의(義)를 행하는 것을 말한다. 일을 맡음에 잘하고 잘하지 못하는 차이가 있으니 마땅히 선발하여 구별한다면 사람들이 (잘하려고) 노력하는 데에 힘쓸 것이다. 의를 행하는 어진 사람을 등용하여 어질지 못한 자를 이끌게 하면 사람들이 (의로운) 행동을 하는 데에 힘쓸 것이다."

王安石曰: "修謂其職業, 良謂其行義. 職業有修與不修, 當簡而別之, 則人勸功. 進行義之良者, 以率其不良, 則人勵行."

---

8 왕안석(王安石): 《대학연의보》 권76 주) 59 참조.

9 《서경집전(書經集傳)》 권9 〈주서(周書) 군진(君陳)〉에 나온다.

신은 이렇게 생각합니다. 백성 가운데에는 직무를 잘하는 자가 있고 또한 잘하지 못하는 자가 있으며, 어진 사람이 있고 또한 어질지 않은 자가 있습니다. 직무를 잘하는 자는 선발하고 구별하여서 잘하지 못하는 자와 섞이지 않게 하고 직무를 잘하지 못하는 자도 선발하고 구별하여 잘하는 자와 섞이지 않게 해야 합니다. 이미 선발하여 구별하기를 이와 같이 한 후에 그 안에서 잘할 수 있기를 도모하여 (그중에서) 어질고 선함에 이른 자는 등용하고,어질지 못한 자는 부끄럽고 사모함을 알아 또한 반드시 몸을 닦고 삼가서 어질고 선한 데에 이르게 합니다. 이것이 어진 자를 등용하여 어질지 못한 자를 이끈다는 것입니다.

선대의 유학자가 말하기를 "완악함은 이끌어서 가르치지 않은 것이니 분노하거나 미워해서는 안 되고, 이끌어서 가르치는 것은 또한 칭찬하고 장려하여 뽑아 쓰는 것이나 모두 갖추기를 요구해서는 안 된다. 반드시 참음이 있어야 지극한 덕이 커지니 곧 완악함에 분노하거나 미워하는 뜻이 없게 된다. 직무를 잘하는 자를 선발하여 혹 어질지 못한 자를 이끄는 것에 이르는 것은 곧 모두 갖추기를 요구하는 뜻이 없는 것이다."라고 하였습니다. 이 몇 마디 말은 비록 성왕(成王)이 은(殷)나라 백성들을 다스리는 군진(君陳)을 위하여 말한 것이나 진실로 만세의 임금이 백성을 교화하는 관리에게 명하는 중요한 도(道)입니다.

臣按: 民之爲民, 有修者亦有不修者, 有良者亦有不良者. 修者簡別之, 不使與不修者混, 不修者亦簡別之, 不使與修者雜. 既簡別之如此, 然後於中, 冀其能修而至於良善者進用之, 而不良者知所愧慕, 亦必修飭而至於良善. 是進其良所以率其不良者也. 先儒謂"頑不率教者不可忿疾之, 率教者亦當奬拔之, 然不可以求備. 必有忍至德乃大, 卽無忿疾于頑之意; 簡厥修至率其或不良, 卽無求備之意." 此數言者, 雖成王爲君陳治殷民而言, 是誠萬世人君命官化民之要道也.

《서경(書經)》〈주서(周書) 필명(畢命)〉에서 왕이 다음과 같이 말하였다.

"아, 부사(父師)[10]야! 문왕(文王)과 무왕(武王)이 큰 덕(德)을 천하에 펴시어 은(殷)나라의 명을 받을 수 있으셨다. 주공(周公)이 선왕(先王)을 도와 집안을 편안히 안정시키시고, 삼가 은나라의 완악한 백성들을 낙읍(洛邑)으로 옮겨서 왕실에 가깝게 하시니, 그 가르침에 교화되었다. 이미 3기(紀, 36년)【12년을 기(紀)라고 한다.】가 지나 세대【부자간을 세(世)라고 한다.】가 변하고 풍속이 바뀌어 사방에 근심이 없으니, 나 한 사람이 편안하노라."

《畢命》: 王若曰: "嗚呼! 父師, 惟文王·武王敷大德於天下, 用克受殷命. 惟周公左右先王, 綏定厥家, 毖殷頑民, 遷於洛邑, 密邇王室, 式化厥訓. 既曆三紀【十二年曰紀】, 世【父子曰世】變風移, 四方無虞, 予一人以寧."

채침(蔡沈)이 말하였다.[11]

---

10 부사(父師): 태사(太師)를 가리킨다.

11 《서경집전(書經集傳)》〈주서(周書) 군진(君陳)〉에 나온다.

"필공(畢公)[12]이 주공(周公)을 대신하여 태사(太師)가 되었다. 문왕(文王)과 무왕(武王)이 큰 덕을 천하에 펴시어 능히 은(殷)나라의 명을 받았으니 얻기 어려움을 말한 것이다. 주공이 문왕·무왕·성왕(成王)을 도와서 국가를 안정시키고 완악한 백성들을 삼가 낙읍(洛邑)으로 옮겨서 왕실에 가깝게 하니, 그 가르침에 교화되어 이미 3기(紀)가 지났다. 세대가 이미 변하고 풍속이 비로소 바뀌어서 이제 사방이 걱정할 만한 일이 없으니 나 한 사람이 편안하다 하였으니, 교화하기 어려움을 말한 것이다."

蔡沈曰: "畢公代周公爲太師也. 文王·武王布大德於天下, 用能受殷之命, 言得之之難也. 周公左右文·王[13]·成王安定國家, 謹毖頑民, 遷於洛邑, 密近王室, 用化其敎, 旣曆三紀. 世已變而風始移, 今四方無可虞度之事, 而予一人以寧, 言化之之難也."

신은 이렇게 생각합니다. 주공(周公)은 큰 성인으로 문왕(文王)·무왕(武王)의 성스러움과 성왕(成王)의 현명함을 보좌하여 한결같이 은(殷)나라의 백성들을 수도 근처에 두었습니다. 또 이를 군진(君陳)에게 계승하게 하여 그 가운데에서 조화롭게 한 것이 36년의 오랜 기간을 지나 세대가 변한 이후에 그 풍속이 비로소 바뀌었습니다. 이를 통해

12 필공(畢公): 주(周)나라 문왕(文王)의 열다섯째 아들인 고(高)를 가리킨다. 온(溫)에 봉해졌으며 작위는 백작이었다.

13 王: 《대학연의보(大學衍義補)》 사고전서본에는 '武'로 되어 있어, 번역에서는 이를 따른다.

보면 백성들을 교화하는 것의 어려움을 알 수 있습니다.

그러나 은나라 백성들은 낙읍(洛邑)에 있어서 왕실에 가까우니, 걱정할 만한 일이 없었습니다. 그러나 사방이라고 말한 것은 대개 한쪽의 팔다리에 병이 생기면 온몸이 편안하지 못하게 되고, 한 곳에 일이 있으면 사방이 떠들썩하게 되기 때문입니다. 임금은 한 사람으로서 사방의 중심에 거처하면서 사방 안에서 만일 한 곳이라도 일이 있으면 사방 모두가 어찌할 바를 모르게 됩니다. 백성들이 이미 편안하지 않은데 임금 자신이 어찌 편안하겠습니까. 이것이 옛날의 현명한 임금들이 반드시 어진 신하를 택하여 편안하게 다스리는 임무를 부여하고, 나라의 어진 신하가 반드시 임금의 마음을 체득하여 삼가는 마음을 다한 것이니, 유래가 있어 그러한 것입니다.

臣按: 以周公之元聖, 輔佐文武之聖·成王之賢, 而一般民在京邑之近. 而又繼之以君陳以和其中, 曆三十六年之久, 世已變矣而後其風始移焉. 由是觀之, 民之難化可知矣. 然殷民在洛邑, 密邇王室, 其無虞度之事. 而曰四方者, 蓋一肢有疾而渾身爲之不寧·一處有事而四方爲之騷擾. 人君以一人之身而居四方之中, 四方之中苟一處之有事而四方咸爲之卧勦矣. 民既不寧, 君身安得寧乎? 此古之明君必擇賢臣而付以保釐之任, 國之賢臣必體君心而盡其謹毖之心, 有由然也.

《서경(書經)》〈주서(周書) 필명(畢命)〉에서 왕이 또 말하였다.

"정치는 변하지 않는 것[恒]을 귀하게 여기고, 말은 체(體)와 요(要)를 숭상한다. 특이함을 좋아하지 않아야 하니, 상(商)나라 풍속이 사치하고 화려하여 말 잘하는 것을 어질게 여겼는데 남아 있는 풍속이 아직 사라지지 않았으니, 공은 이것을 생각할지어다.

내가 들으니 "대대로 녹(祿)을 받는 집안에서는 예(禮)를 잘 따르는 자들이 적어서, 방탕하여 덕(德)이 있는 자를 능멸하며 진실로 천도(天道)를 어지럽혀, 교화를 무너뜨려 사치하고 화려함이 만세토록 흐름을 같이하게 된다."라고 하였다.

이 은(殷)나라의 여러 선비들은 은총을 빙자한 지가 오래여서 세력을 믿고 사치하여 의(義)를 없애며, 다른 사람에게 의복의 아름다움을 자랑하여 교만하고 자만해서 장차 악으로 말미암아 마치게 되었다. 지금은 비록 흐트러진 마음[放心]을 거두었으나 막기가 어렵다."

又曰: "政貴有恒, 辭尙體要. 不惟好異. 商俗靡靡, 利口惟賢, 餘風未殄, 公其念哉! 我聞曰: '世祿之家, 鮮克由禮, 以蕩陵德, 實悖天道. 敝化奢麗, 萬世同流.' 玆殷庶士, 席寵惟舊, 怙侈滅義, 服美於人, 驕淫矜侉, 將由惡終. 雖收放心, 閑之惟艱."

채침(蔡沈)이 말하였다.[14]

"잠시[暫]와 대비되는 것은 변하지 않음[恒]이라 하고, 평범함[常]과 대비되는 것을 특이함[異]이라 한다. 뜻이 완전히 갖추어진 것을 체(體)라고 하고 여러 체가 모인 것을 요(要)라고 한다. 정치는 순일(純一)하고 명령은 간략하고 진실하여야 하니, 총명한 체하여 말단만을 좇아 특

14 《서경집전(書經集傳)》〈주서(周書) 군진(君陳)〉에 나온다.

이함을 좋아하는 일을 깊이 경계한 것이다.

옛사람이 논하기를 "대대로 녹을 받는 집안에서는 안일하게 즐기고 (가르치지 않고) 기르기만 하여 예(禮)를 잘 따르는 자가 적다. 이미 예를 따르지 않으면 마음이 제어되지 않아서 교만하고 방탕해져서 덕이 있는 자를 능멸하고 천도를 어지럽혀, 풍화를 무너뜨려 사치하고 화려함이 만세토록 흐름을 같이하게 된다."라고 하였다. 강왕(康王)[15]이 장차 은(殷)나라 선비들이 세력을 믿고 사치하여 의(義)를 멸한 악행(惡行)을 말하려 하였다. 그러므로 먼저 옛 사람이 세족(世族)을 논한 것을 취하여 말한 것이다."

蔡沈曰: "對暫之謂恒, 對恒[16]之謂異. 趣完具而已之謂體, 衆體所會之謂要. 政事純一, 辭令簡實, 深戒作聰明·趨浮末好異之事. 古人論: '世祿之家, 逸樂豢養, 其能由禮者鮮矣. 旣不由禮, 則心無所制, 肆其驕蕩, 陵蔑有德, 悖亂天道, 敝壞風化, 奢侈美麗, 萬世同一流也.' 康王將言, 殷士怙侈滅義之惡. 故先取古人論世族者發之."

여조겸(呂祖謙)이 말하였다.[17]

"은(殷)나라 선비들이 총애를 빙자해서 사욕을 조장하여 일으킨 것

15 강왕(康王): 중국 주(周)나라의 제3대 임금이다. 《사기(史記)》 〈주기(周紀)〉에 따르면, 강왕은 제2대 임금인 성왕(成王)과 함께 정사를 잘하여 태평하였으므로 40여 년 동안 형벌을 쓰지 않았다고 한다.

16 恒: 《대학연의보(大學衍義補)》 사고전서본에는 '常'으로 되어 있어, 번역에서는 이를 따른다.

17 《서경집전(書經集傳)》 권9 〈주서(周書) 군진(君陳)〉에 나온다.

은 유래가 있었다. 사욕(私欲)과 공의(公義)는 상대적으로 사라지거나 자라나는 관계에 있다. 그러므로 세력을 믿어 사치하면 반드시 의(義)가 멸해짐에 이르니, 의가 소멸되면 다시는 부끄러워하고 미워하는 단서가 없어 한갓 복식의 아름다움을 남에게 과시하고 자신이 아름답지 못함은 부끄러워하지 않는다. 흘러가 돌아오지 않으니 교만하고 자만하여 온갖 사악함이 아울러 나타나서 장차 악(惡)으로 마치게 되었다. 낙읍(洛邑)으로 옮김에 가르침에 교화되어 비록 이미 그 흐트러진 마음[放心]을 거두었으나 사악함을 막기가 오히려 매우 어려운 것이다."

呂祖謙曰: "殷士憑藉光寵助發其私欲者, 有自來矣. 私欲公義相爲消長. 故怙侈必至滅義, 義滅則無復羞惡之端, 徒以服飾之美侉之於人而身之不美則莫之恥也. 流而不返, 驕淫矜侉, 百邪並見, 將以惡終矣. 洛邑之遷, 式化厥訓, 雖已收其放心, 而其所以防閑其邪者, 猶甚難也."

신은 이렇게 생각합니다. 선대의 유학자[진경(陳經)]가 말하기를 "사람의 마음은 이미 흩어졌을 때에 거두는 것보다 어려운 것이 없고, 이미 거둔 후에 지키는 것보다 더욱 어려운 것이 없다. 만일 그 뿌리가 아직도 남아 있으면 비록 한때에는 거둘 줄을 알았더라도 장차 일을 맞닥뜨리면 일어나니, 이것이 지키는 것이 어려운 까닭이다."[18]라고 하였습니다.

18 사람의 … 까닭이다: 《상서상해(尙書詳解)》 권44 〈주서(周書) 필명(畢命)〉에 나온다.

이를 통해 살펴보면 은(殷)나라 사람들의 병의 뿌리는 이미 깊은 곳에 자리하였습니다. 그 뿌리를 제거하고자 하여도 법령으로 막을 수 있는 것이 아닙니다. 반드시 병의 뿌리가 발생한 원인을 찾아 병에 알맞은 약을 구하여 그것을 완전히 없애버리고 조리하며 잘 보양한 이후에야 그 뿌리가 뽑혀서 제거될 수 있고, 영원히 싹이 생겨나지 않을 것입니다. 이른바 병에 알맞은 약이라는 것은 변하지 않는 정치를 하고, 뜻이 완전히 갖추어진 명령을 하는 것에 달려 있습니다. (그들을) 조리하는 것은 잘 따르지 않았던 예(禮)를 회복하는 것에 달려 있습니다.

보양하는 것은 하늘의 조화로운 기운이 담긴 신묘한 약재로 하는 것이니, 아래의 글에서 말한 '덕(德)과 의(義)로써 한다'는 것이 이것입니다.

臣按: 先儒有言, '人之心莫難收於已放之時, 尤莫難閑於旣收之後. 苟其根尙在, 雖一時知之所收斂, 將觸事而發, 此閑之所以爲難也.' 由是以觀, 則殷人之病根已在膏肓矣. 欲去其根, 有非法令之所能禁遏. 必推原其病根之所以生, 而求其對病之藥, 以蕩滌之·調攝之·保養之, 然後其根可以拔去而永無萌蘖之生矣. 所謂對病之藥, 在有恒之政·體要之辭. 而所以調攝之者, 則在復其所弗克由之禮焉. 若夫保養其天和之妙劑, 則下文所謂惟德惟義是已.

《서경(書經)》〈주서(周書) 필명(畢命)〉에서 또 말하였다.

"재물【(資는) 재물[資財]이다.】이 풍부해진 뒤에 가르치는 것이 오랜 세월을 유지하는 것이니, 덕(德)과 의(義), 이것이 바로 큰 가르침이다. 옛날을 따라 가르치지 않으면 무엇으로 가르치겠는가."

왕이 말하였다. "아, 부사(父師)야! 나라의 안정과 위태로움이 은(殷)나라 선비들에게 달려 있으니, 강하지도 않고 부드럽지도 않아야 그 덕이 진실로 닦여질 것이다."

又曰: "資【資財也】富能訓, 惟以永年, 惟德惟義, 時乃大訓. 不由古訓, 千[19] 何其訓?" 王曰: "嗚呼, 父師! 邦之安危, 惟茲殷士, 不剛不柔, 厥德允修."

채침(蔡沈)이 말하였다.

"은(殷)나라 선비를 가르치지 않을 수 없음을 말한 것이다. 재물이 풍부해진 뒤에 가르치면 마음이 외물로 옮겨가지 않아서 성명(性命)의 바름을 온전히 할 수 있다. 그러나 가르침은 겉으로 가르침의 조목을 세우는 것이 아니고, 오직 덕(德)과 의(義)로써 할 뿐이다. 덕은 마음의 이치이고 의는 이치에 마땅한 것이다. 덕과 의는 사람이 똑같이 가지고 있는 것이니, 오직 덕과 의로써 가르치는 것이 바로 천하의 큰 가르침이다. 그러나 가르침은 자기의 사사로운 생각으로 말할 것이 아니고, 마땅히 옛날을 상고하여 말해야 한다. 대개 선(善)은 증명되지 않으면 백성들이 따르지 않으니 옛날을 따라 가르치지 않으면 무엇으로 가르치겠는가."

19 千: 《대학연의보(大學衍義補)》 사고전서본에는 '于'로 되어 있어, 번역에서는 이를 따른다.

蔡沈曰: "言殷士不可不訓之也. 資富而能訓, 則心不遷於外物, 而可全其性命之正也. 然訓非外立敎條也, 惟德惟義而已. 德者心之理, 義者理之宜也. 德義人所同有也, 惟德義以爲訓, 是乃天下之大訓. 然訓非可以已私言也, 當稽古以爲之說. 蓋善無證, 則民不從, 不由古以爲訓, 于何以爲訓乎?"

채침(蔡沈)이 또 말하였다.[20]

"이때에 사방이 근심할 만한 일이 없었고, 작은 은(殷)나라 백성들도 가르침에 교화된 지가 3기(紀, 36년)가 지난 뒤였으니, 또한 어찌 우려할 것이 있겠는가. 그러나 강왕(康王)이 정성스럽게 나라의 안정과 위태로움이 여기에 달려 있다고 하여 작은 성취에 구애되지 않음이 이와 같았으니, 문왕(文王)·무왕(武王)·주공(周公)의 은택이 깊고 오래가는 것은 당연하다. 강하지 않는 것은 그들을 보호하기 위함이고 부드럽지 않은 것은 그들을 다스리기 위함이니, 강하지도 않고 부드럽지 않으면 그 덕(德)이 진실로 닦여질 것이다."

又曰: "是時四方無虞矣, 蕞爾殷民, 化訓三紀之餘, 亦何足慮. 而康王拳拳以邦之安危, 惟繫於此, 其不苟於小成者如此. 文·武·周公之澤, 其深長也宜哉. 不剛所以保之, 不柔所以釐之, 不剛不柔, 其德信乎其修矣."

20 《서경집전(書經集傳)》 권9 〈주서(周書) 군진(君陳)〉에 나온다.

진경(陳經)[21]이 말하였다.[22]

"예(禮)와 의(義)는 풍족함에서 생기는 것이니, 풍족해지고 난 뒤에 그 몸을 기르고 또 가르쳐서 그 마음을 기른다. (그러면) 바른 본성(本性)을 온전히 하는 것이 바른 천명(天命)을 따르는 것이 되니, 이것이 오랜 세월을 유지하는 이유이다. 이른바 가르치는 것이 어찌 인심(人心)과 천리(天理) 이외에 따로 가르침이라는 것이 있겠는가. 덕(德)은 인심이 얻은 것이고 의는 인심에 마땅한 것이니, 인심은 같은 바에 근본하므로 이를 큰 가르침이라고 한다. 옛 가르침에 실린 것도 오직 덕과 의일 뿐이다. 인심이 똑같이 그러한 바에 근거하여 예전에 이미 그러했던 것을 증명하니, 덕과 의 이외에 옛 가르침이 있는 것은 아니다. 필공(畢公)의 교화는 똑같이 그러한 것에 근본하여 백성들이 따르기 쉽고, 이미 그러한 것에 참여하여 백성들이 믿기가 쉬우니, 마음을 지키는 도(道)가 어찌 여기에서 벗어나겠는가.

〈군진(君陳)〉에서는 오히려 '형벌을 내려 형벌을 그치게 한다는 것'[23]과 '세 가지는 아무리 작은 것이라도 용서하지 않는다'[24]는 말이 있다.

---

21 진경(陳經): 송나라 길주(吉州) 안복(安福) 사람. 자는 현지(顯之) 또는 정보(正甫)다. 영종(寧宗) 경원(慶元) 5년(1199) 진사(進士)가 되어 봉의랑(奉議郎)과 천주박간(泉州泊幹)을 지냈다. 평생 독서를 좋아했고, 후학을 많이 계도했다. 저서에 《상서상해(尙書詳解)》와 《시강의(詩講義)》, 《존재어록(存齋語錄)》 등이 있다.

22 《상서상해(尙書詳解)》 권44 〈주서(周書) 필명(畢命)〉에 나온다.

23 형벌을 … 것: 《서경(署經)》 〈주서(周書) 군진(君陳)〉에 "너의 정사에 순종하지 않고 너의 가르침에 교화되지 않는 자가 있거든 형벌하여 형벌을 그칠 수 있어야 이에 형벌하라."라고 하였다.

24 세 가지는 … 않는다: 《서경(署經)》 〈주서(周書) 군진(君陳)〉에 "간사함과 도적질에 익숙하고 떳떳함을 무너뜨리며 풍속을 어지럽힘, 이 세 가지는 작은 죄라도 용서하지 말아야 한다."라고 하였다.

이 편에서는, 비록 아름답지 못한 상(商)나라의 풍속이 오래되었으나 오직 구별하여 부끄러움을 일으키고 가르쳐서 그 선(善)으로 인도하는 데에 힘썼으며, 한마디 말도 형벌에는 이르지 않았다. 대개 순수하게 덕으로만 교화하고 형벌을 폐지하여 쓰지 않았다는 것을 믿을 만하다."

陳經曰: "禮義生於富足, 既富以養其身, 又訓以養其心. 全正性所以順正命, 此所以永年也. 所謂能訓, 豈外人心·天理而他有所謂訓哉? 德者人心之所得, 義者人心之所宜, 根於人心之所同然, 此之謂大訓. 古訓所載, 亦惟德義而已. 卽人心之所同然, 而證諸[25]古所已然, 非德義之外有古訓也. 畢公之化, 本諸同然而民易從, 參諸已然而民易信, 閑之之道, 孰過於此. 君陳尙有辟以正[26]辟·三細不宥之說. 此篇雖曆數商俗之不美, 然惟務區別以生其愧, 教訓以導其善, 無片言及於刑. 蓋純以德化而刑措不用信矣."

여조겸(呂祖謙)이 말하였다.[27]

"진(秦)나라 시황제(始皇帝)는 안정과 위태로움이 흉노에게 달려 있어 강한 것을 급하게 하였고, 덕종(德宗)[28]은 안정과 위태로움이 번진

25 諸: 《대학연의보(大學衍義補)》 사고전서본에는 '之'로 되어 있어, 번역에서는 이를 따른다.

26 正: 《대학연의보(大學衍義補)》 사고전서본에는 '止'로 되어 있어, 번역에서는 이를 따른다.

27 《동래서설(東萊書說)》 권32 〈주서(周書)〉에 나온다.

28 덕종(德宗, 742~805): 중국 당(唐)나라의 제9대 황제(재위 779~805)로 이름은 이괄(李适)이고 대종(代宗)의 장자이다. 세력을 떨치던 각 지방의 번진(藩鎭: 절도사)들을 진압하려 하였으나

(藩鎭)들에게 달려 있어 부드러운 것을 느슨하게 하였으니 모두 난이 일어났다."

> 呂祖謙曰: "始皇以安危係於匈奴, 而急之以剛, 德宗以安危係於藩鎭, 而緩之以柔, 皆以致亂."

신은 이렇게 생각합니다. 《서경(署經)》〈필명(畢命)〉 한 편에서 주(周)나라가 인후(仁厚)로써 나라를 세우고, 근심하는 것이 멀고 백성을 사랑하는 것이 깊음을 볼 수 있습니다. 일을 제어함에 이미 너그러움과 엄함의 마땅함을 얻었고, 백성들을 대함에 또 강하고 부드러움의 중도를 얻어 백성들에게 성명(性命)의 바름을 따르고 의리의 천성을 보전할 수 있게 한 것입니다. 교만하고 어지럽게 하려는 자들은 모두 예를 잘 따르게 되고, 마음이 흐트러진 자들은 곧 막게 되며, 의가 없어진 자들은 다시 보존하게 되니, 악이 악에서 그치지 않고 그 근본된 처음의 선(善)을 회복하여 온전하게 되었습니다. 그러한 이유는 한결같이 옛 가르침을 따라서 가르침으로 삼았기 때문이니 이는 백성을 교화하고 풍속을 변화시키는 좋은 법과 중요한 길이 옛 가르침보다 우선하는 것이 없음을 안 것입니다.

옛사람은 떠나갔으나 그 가르치고 경계하는 말은 모두 성식(經籍)

유력한 번진들이 잇달아 반란을 일으켜 실패하고, 군비조달을 위하여 설정한 각종 잡세가 민중의 원한을 사서 재정도 궁핍해졌다. 황제는 '짐(자기)을 벌하는 조서(詔書)'를 내리고 번진들의 자립을 인정하여 주기로 타협함으로써 군벌시대의 도래를 예고하였다.

안에 갖추어져 담겨 있었으니, 이 때문에 잘 다스리는 자는 옛 가르침이 정치의 큰 근본과 백성을 교화하는 중요한 방법이 됨을 알았습니다. (이에) 소학(小學)을 설치하여 옛 가르침으로 어린 자들을 계몽하고, 대학(大學)을 열어서 옛 가르침으로 인륜을 밝히고, 경전을 보급하여 읽고 외우게 하고, 사유(師儒)를 세워서 강론하고 설명하게 하며, 수령에게 맡겨서 이끌고 감독하게 하였습니다. 한 곳이라도 옛사람들의 학문이 세워지지 않은 곳이 없고, 한 사람이라도 옛사람의 책을 읽지 않은 자가 없고, 한 가정이라도 옛사람의 예를 행하지 않은 곳이 없었습니다. 이와 같다면 넓은 하늘 아래에 비록 세 집밖에 없는 작은 시장, 여덟 식구의 작은 가정, 5척의 작은 아이라도 모두 덕(德)과 의(義)를 존중할 줄 알고, 예(禮)와 교(敎)를 숭상할 줄 알 것입니다. 그러하면서도 간사하고 완악한 것이 교화되지 않고, 풍속이 아름답지 않고, 다스리는 도가 융성해지지 않는 이치는 만세에 없을 것입니다.

臣按: 《畢命》一篇, 可見周家以仁厚立國, 而慮患之遠·愛民之深. 其制事也, 既得寬猛之宜, 而其處民也, 又得剛柔之中, 所以使其民得以順其性命之正, 而全其義理之天. 向之驕蕩悖亂者, 皆克由禮, 心之放者既閑, 義之滅者復存, 惡不終於惡而復全其本初之善矣. 所以然者, 一由其以古訓而爲訓也, 是知化民變俗之良法要道, 莫先於古訓. 古人往矣, 而其訓戒之辭則具載於經籍之中, 是以善於爲治者, 知古訓爲出治之大本·化民之大機. 設小學以古訓而啓其蒙, 開大學以古訓而明其論, 頒布經書俾其讀誦, 設立師儒爲之講解, 責任守令爲之提督. 無一處而不立古人之學, 無一人而不讀古人之書, 無一家而不行古人之禮. 如此, 則普天下之,[29] 雖三家之市·八口之家·五尺之童, 皆知德義可尊·禮教可尙. 夫然而奸頑之不化·習俗之不美·治道之不隆盛·運祚之不靈長, 萬世[30]此理也.

《춘추좌씨전(春秋左氏傳)》 양공(襄公) 30년에 말하였다.[31]

정(鄭)나라 자산(子産)[32]이 정(鄭)나라에서 정치를 함에, 서울과 시골에 법제가 있게 하고 상하에는 의복의 등급이 있게 하며, 논밭에는 경계와 수로가 있게 하고, 마을에는 오(伍)가 있게 하였다. 사람들 가운데 충성스럽고 검소한 자는 공로에 따라 상을 주고, 교만하고 사치스러운 자는 죄에 따라 처벌한다.[33] (그가 정치를 한 지,) 1년이 지나자 어린아이들이 희롱하거나 친압하지 않았고, 늙은이는 물건을 들고 다니지 않고, 어린아이들은 밭을 갈지 않았다. 2년이 지나자 시장에서 값을 속이지 않았다.

---

29 下之: 《대학연의보(大學衍義補)》 사고전서본에는 '之下'로 되어 있어, 번역에서는 이를 따른다.

30 世: 《대학연의보(大學衍義補)》 사고전서본에는 '無'로 되어 있어, 번역에서는 이를 따른다.

31 《춘추좌씨전(春秋左氏傳)》 양공(襄公) 30년에 나온다.

32 자산(子産, 기원전 580?~기원전 522): 춘추시대 정(鄭)나라 사람. 자는 자산 또는 자미(子美)고, 성은 국(國)씨며, 이름은 교(僑)다. 공손교(公孫僑) 또는 공손성자(公孫成子)로도 불린다. 자국(子國)의 아들이다. 정나라 목공(穆公)의 후손으로 태어나 기원전 543년 내란을 진압하고 재상이 되었다. 정치와 경제 개혁을 실시하고, 북쪽의 진(晉)나라와 남쪽의 초(楚)나라 등 대국 사이에 끼어 어려운 처지에 있던 정나라에서 외교적으로 성공을 거두었다. 내정에서도 중국 최초의 성문법을 정하여 인습적인 귀족정치를 배격했고, 농지를 정리하여 전부(田賦)를 설정, 국가재정을 강화했다. 또한 미신적인 행사를 배척하는 등 합리적이고 인간주의적 활동을 함으로써 공자(孔子) 사상의 선구가 되었다. 관맹상제(寬猛相濟)를 정치의 요체로 삼아, 천도(天道)는 멀고 인도(人道)는 가깝다는 관점을 제시했다. 시호는 성자(成子)다.

33 정(鄭)나라 … 처벌한다: 《춘추좌씨전(春秋左氏傳)》 양공(襄公) 30년에 나온다.

3년이 지나자 밤에도 문을 닫지 않았고, 길에 떨어진 물건을 줍지 않았다. 4년이 지나자 논밭에 농기구를 두고 돌아왔다. 5년이 지나자 군사들이 군적[尺籍]에 오를 일이 없었고, 상복을 입는 기간에 명령을 내리지 않아도 잘 다스려졌다.[34] 여러 사람들이 칭송하기를 "우리의 자제를 자산(子産)이 가르치고, 우리의 논밭을 자산이 증식하였네, 자산이 죽으면 누가 그의 뒤를 잇겠는가."라고 하였다.

鄭子産爲政於鄭, 都鄙有章, 上下有服, 田有封洫, 廬井有伍. 人之忠儉者從而與之, 泰侈者因而斃之. 一年豎子不戲狎·斑白不提挈·童子不犁畔. 二年市不豫價. 三年門不夜閉·道不拾遺. 四年田器不歸. 五年士無尺籍, 喪期不令而治. 輿人誦之曰: "我有子弟, 子産誨之. 我有田疇, 子産殖之. 子産而死, 誰其嗣之?"

신은 이렇게 생각합니다. 자산(子産)이 정치를 함에 백성들을 위하여 논밭을 증식하고 자제들을 가르쳤으니 가르침과 기름을 겸하여 행하였다고 말할 만합니다.

臣按: 子産爲政, 而爲其民殖田疇·誨子弟, 可謂敎養兼擧矣.

한 문제(漢文帝) 때에 가의(賈誼)[35]가 상소(上疏)하였다.[36]

34 1년이 … 다스려졌다: 《사기(史記)》 권59 〈순리열전(循吏列傳)〉에 나온다.

"풍속(風俗)을 바꾸는 것은 천하의 마음을 돌려 도(道)로 향하게 하는 것이니【(鄕은) 향함[嚮]과 같다.】, 대개 이는 평범한 관리가 할 수 있는 것이 아닙니다. 평범한 관리들이 힘쓰는 것은 문서 수발에 있지, 그 큰 요체는 알지 못합니다. 폐하께서도 또한 스스로 근심하지 않으시니, 저는 폐하를 위하여 애석하게 생각합니다. 어찌 지금 일정한 법제를 정하여 임금은 임금답고 신하는 신하다우며, 상하(上下)에 차등을 두어 부자(父子)를 비롯한 육친(六親: 君臣·父子·夫婦)이 각각 그 마땅함을 얻게 하는 것만 하겠습니까. 이러한 업(業)은 한번 정해지면 대대로 항상 안정되며, 그 뒤에 좇아 행함이 있을 것입니다. 만약 일정한 법제를 정하지 않으면 이는 강을 건널 때에 끈과 노가 없이 가다가【(亡은) 없음[無]과 같다.】【끈[維]으로 배를 묶고, 노[楫]로 배를 조정한다.】 중간에 풍파를 만나면 배가 반드시 뒤집어지는 상황과 같습니다."

漢文帝時, 賈誼上疏曰: "夫移風易俗, 使天下回心而鄕【與嚮同】道, 類非俗吏之所能爲也. 俗吏之所務在於刀筆筐篋而不知大體, 陛下又不自憂, 竊爲天[37]下惜之. 豈如今定經制, 令君君臣臣, 上下有差, 父子六親各得其宜, 此業一定, 世世常安而後有所持循矣. 若夫經制不定, 是猶度江河亡【無同】維楫【維以繫船, 楫以制船】, 中流而遇風波, 船必覆矣."

---

35 가의(賈誼, 기원전 200~기원전 168): 전한(前漢) 하남(河南) 낙양(洛陽) 사람이다. 문제(文帝)의 총애를 받아 박사가 되었다. 진(秦)나라 때부터 내려온 율령(律令)과 관제(官制), 예악 등의 제도를 개정하고 전한의 관제를 정비하기 위한 많은 의견을 상주했다.

36 《자치통감(資治通鑑)》 권14 〈한기(漢紀) 태종효문황제 중(太宗孝文皇帝中)〉에 나온다.

37 天: 《대학연의보(大學衍義補)》 사고전서본 및 《전한서(前漢書)》, 《자치통감(資治通鑑)》에는 '陛'로 되어 있어, 번역에서는 이를 따른다.

신은 이렇게 생각합니다. 다스림을 행하면서도 일정한 법제[經制]를 정하지 않으면 이는 강을 건너면서 끈과 노가 없는 것과 같습니다. 배에 끈과 노가 없으면 그 배는 반드시 뒤집어질 것이며, 나라에 일정한 법제가 없으면 그 나라는 반드시 어지러워질 것입니다. 경(經)이라는 것은 오래도록 이어지는 일정한 도(道)이고, 제(制)는 한 시대의 완성된 법입니다. 일정한 도를 두어 좇아 행하는 근본으로 삼고, 완성된 법을 두어 좇아 행하는 도구로 삼으니, 이는 다스림을 행하는 큰 요체입니다. 통달한 유학자가 아니면 알 수 없는 것이니, 평범한 관리들이 어찌 이것을 알기에 충분하겠습니까.

臣按: 爲治而不定經制, 是猶度江河而無維楫, 船而無維楫則船必覆, 國而無經制則國必亂. 經者百世之常道, 制者一時之成法, 有常道以爲持循之本, 有成法以爲持循之具, 是則爲治之大體, 非通儒者不能知也, 俗吏何足知此哉?

한 무제(漢武帝) 때에 엄안(嚴安)[38]이 글을 올려 아뢰었다.[39]

“지금 천하의 인민(人民)들이 재화를 쓰는 것이 사치스러워서 거마(車馬)·의복(衣服)·궁실(宮室) 등을 모두 다투어 꾸미니, 다섯 가지 소리를 맞추어 가락이 있게 하고, 다섯 가지 색을 섞어 문채(文彩)가 나게 하며, 다섯 가지 맛을 더하여 진수성찬을 차려[40] 천하에 그 욕심을 드러냅니

38 엄안(嚴安): 전한(前漢) 임치(臨菑) 사람이다.

39 《전한서(前漢書)》 권64 하(下) 〈엄안전(嚴安傳)〉에 나온다.

다.【(觀欲天下는) 드러내어 (백성들이) 부러워하고 욕심나게 하는 것이다.】 저 백성들의 마음은 아름다운 것을 보면 그것을 원할 것이니, 이것은 백성들을 사치함으로 가르치는 것입니다.

신은 바라건대, 백성들을 위하여 법도를 만들어서 그 음란함을 막고 가난함과 부유함이 서로 드러나지 않게 하여 그 마음을 화평하게 해야 합니다. 마음이 이미 화평해지면 도적이 줄어들고 형벌이 적어지며 음양(陰陽)이 조화롭고 비바람이 때맞춰 오며 오곡이 잘 자라고 익어서, 백성들이 일찍 죽거나 역병에 걸리지 않을 것입니다."

武帝時, 嚴安上書曰: "今天下人民用財侈靡, 車馬·衣裘·宮室皆競修飾, 調五聲使有節族, 雜五色使有文章, 重五味方丈於前, 以觀欲天下【觀示之使其慕欲也】. 彼民之情見美則願之, 是教民以侈也. 臣願爲民制度以防其淫, 使貧富不相燿以和其心, 心旣和平則盜賊消·刑罰少·陰陽和·風雨時, 五穀蕃熟, 民不夭癘也."

신은 이렇게 생각합니다. 인민들이 사치를 부리는 것은 거마·의복·궁실·음식에서 많이 드러나니, 이 네 가지에는 진실로 제도를 만들 수 있습니다. 무릇 타고 다니는 거마, 거처하는 궁실, 입는 의복, 먹는 음식에는 모두 등급이 있는데, 위에서는 아래의 등급을 겸할 수 있지만 아래에서는 위의 등급을 넘을 수 없습니다. 관민(官民)의 상하(上下)

---

40 다섯 가지 … 차려: 방장어전(方丈於前)은 앞에 진열된 음식이 한 길이나 될 정도로 진수성찬을 가리킨다. 《맹자(孟子)》 〈진심장구 하(盡心章句下)〉에 나온다.

가 (등급 안에서) 보고 듣는 데에 익숙해지도록 하면 그 마음과 뜻에 보존되는 것이 정해집니다. 마음과 뜻이 이미 정해지면 여유가 있어도 자신에게 감히 제멋대로 행히지 않고, 부족하여도 다른 사람들을 감히 부러워하거나 욕심내지 않습니다. 사람들의 마음이 안정되면 집안이 넉넉해지고 사람들이 만족해서 교화(敎化)가 행해질 것입니다.

臣按: 人民所以侈靡者, 多見於車馬·衣裘·宮室·飮食四者, 誠能立爲制度, 凡所乘之車馬·所居之宮室·所服之衣裘·所用之飮食皆有階級等第, 上得以兼下, 下不得以僭上, 使官民上下得於見聞者熟則其存於心志者定, 心志旣定則有餘者不敢恣爲於己·不及者不敢慕欲於人, 衆心安定, 家給人足而敎化行矣.

문옹(文翁)[41]이 촉군(蜀郡)의 태수가 되어 어질고 자애로우며 교화를 잘 하였다. 촉땅이 궁벽하고 누추하며 오랑캐의 풍속이 있는 것을 보고, 문옹이 깨우치고 진전시키고자 하여 이에 군현의 하급관리 가운데 민첩하고 재능이 있는 자를 뽑음에 몸소 삼가고 힘썼다. 그들을 서울[京師]로 보내어 박사(博士)에게 수업을 듣게 하고, 여러 해 동안 모두 학업을 성취한 후에 문옹에게 돌아오게 하여 중요한 직책을 맡겼다. 또 성도(成都) 안에 학궁(學宮)을 세우고 하현(下縣)의 자제들을 불러 학관의 제자로 삼아 병역과 요역을 면제해 주었으며, (그중에서) 뛰어난 자는 군현의 관리로 보충

41 문옹(文翁): 한 경제(漢景帝)때의 사람이다. 파촉(巴蜀)의 궁벽함을 보고 학교를 세우고 인재를 교육하여 교화가 행해지게 하였다.

하고 그다음가는 자는 효제(孝弟)를 행하고 농사일에 힘쓰게 하였다. 관리와 백성들이 영화롭게 여겨서 여러 해 동안 다투어 학관의 제자가 되기를 원하였고, 부유한 사람들은 심지어 돈을 내어 구하기까지 하였다. 이로 말미암아 크게 교화되니 촉군의 학자들이 제(齊)나라와 노(魯)나라에 비견되었다.[42]

文翁爲蜀郡守, 仁愛好教化, 見蜀地僻陋有蠻夷風, 文翁欲誘進之, 乃選郡縣小吏開敏有才者親自飭厲, 遣詣京師受業博士, 數歲皆成就還歸, 文翁以爲右職. 又修起學宮於成都市中, 招下縣子弟爲學官弟子, 爲除更繇, 高者以補郡縣吏, 次爲孝弟力田, 吏民榮之, 數年爭欲爲學官弟子, 富人至出錢以求之, 繇是大化, 蜀郡學者比齊·魯焉.

신은 이렇게 생각합니다. 천하의 풍속이 반드시 모두 아름다운 것은 아니며, 임금의 교화도 반드시 다 미치는 것은 아닙니다. 대개 천하는 커서 넓은 골짜기와 큰 내를 기준으로 제도가 다르고 백성들 사이에 풍속도 다릅니다. 따라서 임금 한 사람이 하나하나 몸소 둘러볼 수 없으며, 그 법과 가르침을 행하는 것도 또한 반드시 모두 하나하나 그 풍속을 살게 할 수 있는 것은 아닙니다. 이 때문에 임금의 은덕을 받들어 교화를 베푸는 관리의 도움을 받아 그 지역과 풍속에 따라 이끌어 거느리고 가르쳐 인도하니, 문옹이 촉나라를 다스린 것이 이뿐입니다.

42 문옹(文翁)이 … 견주었다: 《전한서(前漢書)》 권89 〈순리전(循吏傳)〉에 나온다.

이 때문에 임금의 다스림은 교화를 숭상하는 것보다 큰 것이 없으며, 교화를 숭상하고자 하면 옛 가르침을 배우는 것보다 우선인 것이 없습니다. 백성들에게 옛 가르침을 배우게 하고자 한다면 학교를 세우는 데에 달려 있습니다. 학교가 이미 세워졌다면 사유(師儒)를 두어 가르침을 행하고 경서(經書)를 두어 표준으로 삼아 선(善)이 마땅히 행해야 될 것임과 악(惡)이 행해져서는 안 되는 것임을 알게 하여서 기쁘게 따르고 잘 교화되어 모두 오래 물든 습속을 고치고 예의(禮義)의 풍속을 일으키게 합니다. 이것이 진실로 임금이 나라를 다스리고 천하를 평안하게 하는 근본이며, 진실로 지방의 태수(太守)가 맡은 소임입니다.

臣按: 天下之風俗未必皆美也, 人君之敎化未必皆及也, 蓋輿圖之廣, 廣谷大川異制, 民生其間異俗, 人君一人不能一一躬曆之, 而其所爲條敎又未必皆能一一如其俗, 是以有賴於承流宣化之吏, 隨其地因其俗以倡率敎導之, 若文翁之治蜀者是已. 是故人君之治莫大於崇敎化, 欲崇敎化莫先於學古訓, 欲民之學古訓則在乎立學校焉. 學校旣立, 有師儒以爲之指敎, 有經書以爲之準則, 俾知善之當爲·惡之不可爲, 欣然以從, 翕然以化, 皆革其舊染之俗而興禮義之風, 此誠人君治平之本而良二千石之任也.

한연수(韓延壽)[43]가 영천태수(潁川太守)가 되었다. 영천은 호강한 세력이 많아 다스리기 어려웠는데, 한연수가 예의(禮義)와 겸양(謙讓)으로 교화하려고 하였으나 백성들이 따르지 않을까 봐 염려하였다. 이에 고을 안에 있는 장로들 가운데 향리에서 신망받는 수십 인을 빠짐없이 불러 술을 준비하고 음식을 갖추어 몸소 상대하여 예의를 갖춘 뜻으로 대접하였다. 사람들에게 노래와 풍속, 백성들이 싫어하고 힘들게 여기는 것을 묻고, 또 화목하고 친애하며 원망을 없애는 방법을 말하니, 장로(長老)들이 모두 편안하다고 여겼다. 그리고 (그들과) 함께 상의하여 혼례(婚禮)·상례(喪禮)·제례(祭禮)의 절차와 물품을 정하여 대체로 고례(古禮)를 따르게 하고 법을 어기지 못하게 하였다. 또 문학교관(文學校官)·제생(諸生)들에게 피변(皮弁)을 쓰고 제기[俎豆]를 잡게 하고 관리와 백성들을 위해 상례·제례·혼례를 행하게 하여 백성들이 그 가르침을 따라 행하게 하였다. 이후 수 좌풍익(守左馮翊)[44]이 되니, 은혜와 믿음이 널리 퍼져 24현(縣)에서 감히 송사(訟事)를 스스로 말하는 자가 없었다.[45]

韓延壽爲潁川太守, 潁川多豪强難治, 延壽欲教以禮讓, 恐百姓不從, 乃歷召郡中長老爲鄕里所信向者數十[46]人, 設酒具食親與相對, 接以禮意, 人人問以謠俗, 民所疾苦爲陳, 和睦親愛, 銷除怨咎之路, 長老皆以爲便. 因與議定嫁娶·喪祭儀品, 略依古禮, 不得過法, 又令文學·校官·諸生皮弁執俎豆爲吏民行喪祭·嫁娶禮, 百姓遵用其教. 後入守左馮翊, 恩信周遍, 二十四縣, 莫敢以詞訟自言者.

---

43 한연수(韓延壽): 한(漢)나라 연인(燕人)으로 자는 장공(長公)이다. 벼슬은 회양 태수(淮陽太守), 영천 태수(潁川太守) 등을 역임하고, 이르는 곳마다 교화를 일으키기 위해 그곳 현사(賢士)를 예우하였다.

44 수 좌풍익(守左馮翊): 중국(中國) 전한(前漢) 때에 서울을 지키어 다스리던 삼보(三輔)의 한 벼슬로, 장릉(長陵) 북쪽 일대를 관할하였다.

45 한연수(韓延壽)가 … 없었다: 《전한서(前漢書)》 권76 〈한연수전(韓延壽傳)〉에 나온다.

46 十: 《대학연의보(大學衍義補)》 사고전서본에는 '千'으로 되어 있다.

신은 이렇게 생각합니다. 한연수가 백성들과 상의하여 혼례·상례·제례의 절차와 물품을 정하여 대체로 고례(古禮)를 따르고 법을 어기지 못하게 하였으니, 이는 진실로 백성을 교화하는 근본을 터득한 것입니다. 대개 백성들이 곤궁하고 사악하며 음란함으로 흐르니, 그 원인은 모두 혼례·상례·제례에 그 정해진 제도가 없기 때문입니다. 혼례·상례·제례는 백성들의 삶에 없을 수 없는 것입니다. 민간에서 한 번 혼례·상례·제례를 하게 되면, 부유한 자는 재물을 다 기울여 그 모습을 화려하게 하였으며, 가난한 자는 돈을 빌려서까지 따라하려고 하였습니다. 유속(流俗)에서 서로 따라하고 사악한 설에 현혹되어 마침내 파산하여 거칠고 음란하며 사악하고 제멋대로 하는 데에까지 이르며, 그리하여 다툼이 일어나 화란(禍亂)이 되는 경우가 또한 간혹 있습니다.

한나라 때에는 이단의 가르침이 오히려 매우 심하지는 않았습니다. 지금과 그때의 거리가 천여 년이니 세상이 변하고 더욱 내려가서 불교(佛敎)와 도교(道敎), 두 종교가 크게 이 백성들을 현혹시켰습니다. 고례(古禮)를 밝혀서 인심(人心)을 바르게 하고 사설(邪說)을 그치게 하지 않는다면 백성들의 재물은 더욱 고갈되고 백성들의 본성도 사라질 것입니다. 다행히 주희(朱熹)의 《가례(嘉禮)》 한 책이 남아 있어 간략하고 쉽게 행할 수 있으니, 바라건대 담당자에게 명하여 무릇 민간에서 관례(冠禮)·혼례(婚禮)·상례(喪禮)·제례(祭禮)를 행하는 경우 모두 이 예를 따라 행하게 하고 행하지 않는 자가 있으면 제도를 어긴 것으로 논해야 합니다. 그 수령들의 평가를 올릴 때에 백성들을 교화하여 고례를 행하게 하는 것을 최고로 여겼으며, 이것에 쓸 만한 것이 없으면 비록 다른 부분이 최고라고 하더라도 또한 승진하는 반열에 두지 않았습니다. 이와 같이 하면 예교(禮敎)가 행해져 백성들의 풍속이 아름다워질 것이니, 백성들을 교화시키고 풍속을 완성시키는 가르침에는 이보다 큰 것이 없습니다.

臣按: 延壽與民議定嫁娶喪祭儀品, 略依古禮, 不得過法, 此誠得化民之本原. 蓋民之所以貧窘而流於邪淫, 其原皆出於昏嫁·喪祭之無其制. 婚嫁·喪祭, 民生之不能無者, 民間一遇昏嫁·喪祭, 富者傾貲以爲觀美, 貧者質貸以相企效, 流俗之相尙·邪說之眩惑, 遂至破産而流於荒淫邪誕之域, 因而起爭訟致禍亂者亦或有之. 漢之時異端之教猶未甚熾, 今去其時千年矣, 世變愈下而拂[47]·道二教大爲斯民之蠹惑, 非明古禮以正人心·息邪說則民財愈匱而民性愈蕩矣, 幸而有朱氏《家禮》一書簡易可行, 乞敕有司, 凡民間有冠昏喪祭, 一依此禮以行, 有不行者以違制論, 其守令上計課以教民行古禮爲最, 此無可書, 雖有他最亦不在升擧之列. 如此則禮教行而民俗美, 化民成俗之教莫大於此.

황패(黃霸)[48]가 영천태수(潁川太守)가 되어, 조교(條敎)를 행하여 민간에다 부로(父老)·사수(師帥)·오장(伍長)·반행(班行)을 두어 선(善)을 행하고 간사함을 막는 뜻을 권넌하였다. 황패는 힘껏 교화를 행한 이후에 형벌을 썼으며, 장리(長吏)들을 편안하게 하는 것을 성취하는 데에 힘썼으며, 무릇

47 拂: 《대학연의보(大學衍義補)》 사고전서본에는 '佛'로 되어 있어, 번역에서는 이를 따른다.

48 황패(黃霸): 황패는 한(漢)나라 무제(武帝) 때 사람으로 영천 태수(潁川太守)로 있을 적에 선정(善政)을 베풀어 한대(漢代)의 치민관(治民官)으로서는 으뜸으로 일컬어진다.

다스리는 도(道)는 그 크고 심한 것을 제거하고자 할 뿐이었다. 밖으로 너그러우면서 안으로는 분명하게 하여 관리와 백성들의 마음을 얻어 다스림이 천하제일이 되었다. 천자(天子)가 조서를 내려 칭찬하고 드날려 말하기를 "영천태수 황패가 조령(詔令)을 선포하여 백성들이 교화를 지향하였다. 효성스러운 아들, 공손한 아우, 곧은 아내, 순종하는 자손들이 날로 많아졌으며, 밭에서는 경계선을 사양하고, 길에는 버려진 것을 줍는 자가 없었다. 홀아비와 과부를 봉양하며 가난하고 곤궁한 자를 도와주었으며, 옥사에는 혹 8년 동안에 중죄인이 없었다. 그리하여 관리와 백성들이 교화를 지향하고 의리에 맞는 행동을 일으켰으니, 현인군자(賢人君子)라고 이를 만하도다! 《서경(書經)》에서도 '고굉(股肱)이 어질다.'라고 말하지 않았는가.[49] 관내후(關內侯)의 작위와 황금 1백 근과 태수(太守)의 관질 2천 석을 하사해 주어라."라고 하였다. 그리고 영천에서 효성스럽고 공손하면서 의로움을 행하는 백성과 삼로(三老) 및 힘써 일하는 자들에게 모두 차등을 나누어 작위와 비단을 하사하였다. 수개월 뒤에 황패를 불러 태자태부(太子太傅)로 삼았으며, 다시 어사대부(禦史大夫)로 옮겼다.[50]

49 《서경(書經)》에서 … 않았는가: 《서경(書經)》 〈우서(虞書) 익직(益稷)〉에 나온다. "제순(帝舜)이 노래를 지어 말하기를 '하늘의 명을 삼갈진댄 때마다 삼가고 기미마다 삼가야 한다.'라고 하고, 마침내 노래하기를 '고굉(股肱)이 기뻐 일하면 원수(元首)의 다스림이 흥기되어 백공(百工)이 기뻐할 것이다.'라고 하였다. 고요(皐陶)가 손을 모아 절하고 머리를 조아리며 큰 소리로 말하기를 '유념하시어 신하들을 거느리고 일을 일으키시되 법도를 삼가 공경하시며, 일이 이루어지는가를 자주 살펴 공경하소서.'라고 하고는, 마침내 노래를 이어 이루기를 '원수가 현명하시면 고굉이 어질어서 모든 일이 편안할 것입니다.'라고 하였다. 고요가 다시 노래하기를 '원수가 좀스러우면 고굉이 태만해져서 만사(萬事)가 폐해질 것입니다.' 라고 하였다. 제순이 절하며 '아! 너의 말이 옳다. 가서 공경히 임무를 수행하라.'라고 하였다."

50 황패(黃霸)가 … 옮겼다: 《전한서(前漢書)》 권89 〈순리전(循吏傳)〉에 나온다.

黃霸爲潁川太守, 爲條敎置父老師帥·伍長, 班行之於民間, 勸以爲善防姦之意. 霸力行敎化而後誅罰, 務在成就全安長吏, 凡治道去其泰甚者爾, 以外寬內明得吏民心, 治爲天下第一. 天子下詔稱楊[51]曰: "潁川太守霸, 宣布詔令, 百姓鄕化, 孝子·弟弟·貞婦·順孫日以衆多, 田者讓畔, 道不拾遺, 養視鰥寡, 贍助貧窮, 獄或八年亡重罪囚, 吏民鄕于敎化, 興於行誼, 可謂賢人君子矣. 《書》不云乎 '股肱良哉'. 其賜爵關內侯·黃金百斤, 秩中二千石." 而潁川孝弟有行義民·三老·力田皆以差賜爵及帛, 後數月, 徵霸爲太子太傅, 遷禦史大夫.

신은 이렇게 생각합니다. 임금이 천하에 정치와 교화를 행하려고 함에, 좋은 신하를 얻어 (그가) 임금의 은혜를 받들어 아래에서 교화를 베푸는 것이 아니고서는 그 교화의 기세가 두루 미칠 수 없습니다. 한 선제(漢宣帝)가 다스림에 뜻을 드리우고 자주 은택의 조서를 내렸으나 관리들이 잘 받들어 베풀지 못하였습니다. 황패가 훌륭한 관리를 뽑아 부서에 나누어 두고 조령을 선포하여 백성들에게 임금의 뜻을 알게 하였습니다. 그 이후에 조교(條敎)를 만들어 민간에 반포하여 태수(太守)의 소교를 알게 하였으니, 모두 천자의 뜻을 받든 것입니다. 그러므로 쉽게 믿고 따르게 되어 교화가 이미 행해지는 데에 이르렀습니다. 천자가 그것을 듣고 또한 조서를 내려 칭찬하고 드날리는 첫머리에 말하기를 "조령이 선포되자 백성들이 교화를 향하였다."라고

51 楊: 《대학연의보(大學衍義補)》 사고전서본에는 '揚'으로 되어 있어, 번역에서는 이를 따른다.

하면서 그 훌륭한 정치의 공적을 조목별로 말하였고 또 작위와 황금을 하사해 주었으며, 아울러 그 군민들 가운데 어진 사람에게까지 미쳤습니다.

아! 한나라와 삼대(三代)와의 거리가 멀지 않으니 그 임금이 다스림을 구하고 신하가 다스림을 행한 것은 모두 옛날의 남겨진 뜻이 있기 때문입니다. 후세에는 오직 장부와 재물, 세금만을 급선무로 여겨서 교화를 입은 자가 있다는 것을 들어 보지 못했습니다. 비록 그러한 말은 있으나 또한 그러한 실체가 없으니, 관리가 된 자는 진실로 교화에 겨를이 없는 경우는 만에 하나이고, (잘못해서) 법에나 걸리지 않으면 다행일 것입니다. 하물며 관질이 올라가고 황금을 하사해 주며, 징소되어 조정에 들어가 현관(顯官)이 될 것을 기대하겠습니까. 후세에 교화에 뜻을 둔 임금은 선제를 숭상하여 모범으로 삼으며, 교화에 뜻을 둔 관리는 황패를 숭상하여 모범으로 삼아야 합니다.

臣按: 人君欲其政敎之行於天下, 非得循良之臣承流而宣化於下, 其勢不能以徧及也. 漢宣帝垂意於治, 數下恩澤詔書, 吏不奉宣, 霸爲選擇良吏分部宣布詔令, 令民咸知上意, 然後爲條敎班行民間, 民知太守之條敎皆承天子之意, 故易於信從. 及其敎化旣行, 天之[52]聞之又下[53]詔以稱揚之, 首曰 "宣布詔令, 百姓嚮化"而曆數其政績之美, 且賜爵及金, 並推及其郡民之賢者. 嗚呼! 漢去三代未遠, 其君之求治, 臣之爲治皆有古遺意, 後世則惟以簿書·財賦爲急, 未聞有及敎化者矣. 雖有其言

52 之: 《대학연의보(大學衍義補)》 사고전서본에는 '子'로 되어 있어, 번역에서는 이를 따른다.
53 下: 《대학연의보(大學衍義補)》 사고전서본에는 '日'로 되어 있어, 번역에서는 이를 따른다.

亦無其實, 爲吏者固不暇於教化, 萬有一焉不罹於文法幸矣, 況望增秩賜金·徵入朝以爲顯官哉? 後世有志於教化之君其尙以宣帝爲法, 有志於教化之吏其尙以黃霸爲法.

탁무(卓茂)[54]가 밀령(密令)[55]이 되었다. (직무에) 애쓰고 성실하며, 백성들을 자식처럼 여기고 선(善)을 들어 교화하며 입에는 나쁜 말을 담지 않았으니, 관리와 백성들이 친애하여 차마 속이지 않았다. 백성들 가운데 정장(亭長)[56]이 남은 쌀과 고기를 받아먹었다고 말하는 자가 있었다. 탁무가 물어보고, (백성들이) 은혜로운 뜻으로 준 것이지 (정장의) 요구에 의해 준 것이 아님을 알았다. 이어 그에게 말하기를 "사람들이 금수(禽獸)보다 귀한 까닭은 인애(仁愛)가 있어서 서로 공경하고 섬길 것을 알기 때문이다. 지금 이웃마을의 장로들이 남은 음식을 보내 주는 옛 풍습을 숭상하였는데, 이는 곧 사람의 도리로서 서로 친애하는 것이니, 하물며 관리와 백성들이겠는가. 관리는 다만 마땅히 위엄과 권력을 내세워서 억지로 청하거나 요구하지 않을 따름이다. 무릇 사람이 태어나서는 무리지어 섞여 사니, 그러므로 규율과 예의(禮義)를 두어 서로 사귀고 대하게 하였다. 정장

54 탁무(卓茂, 기원전 53~28): 후한 초기 남양(南陽) 완(宛) 사람으로 자는 자강(子康)이다. 유술(儒術)로 천거를 받아 시랑(侍郎)과 급사황문(給事黃門)을 거쳐 밀령(密令)으로 옮겼다. 광무제(光武帝)가 즉위하자 태부(太傅)가 되고, 포덕후(褒德侯)에 봉해졌다.

55 밀령(密令): 밀(密)은 낙주(洛州: 하남성 낙양시 지역)의 밀현(密縣)으로, 밀령은 밀현의 수령을 말한다.

56 정장(亭長): 《전한서(前漢書)》〈고제본기(高帝本紀)〉 안사고(顔師古)의 주에 "진법(秦法)에 10리(里)가 1정(亭)이니, 정장(亭長)은 정(亭)을 담당하는 관리이다."라고 하였다.

은 평소 좋은 관리였으니 세시(歲時)에 그에게 (남은 음식을) 보내는 것은 예(禮)이다."라고 하였다.

그 백성이 말하기를 "진실로 이와 같다면 율(律)에서 무슨 근거로 금지하는 것입니까?"라고 하였다. 탁무가 말하기를 "율은 큰 법(法)을 (세부적으로) 풀어 놓은 것이고, 예(禮)는 인정(人情)을 따르는 것이다. 지금 내가 예로써 너희들을 가르치면 너희들은 반드시 원망과 미움이 없어지겠지만, 율로써 너희들을 다스리면 너희들은 어디에다 손발을 두겠는가. 한 집안 내의 일이라도 작은 잘못은 (법으로) 논할 수 있고 큰 잘못은 죽일 수 있으니, 우선 돌아가서 생각하라!"라고 하였다. 이에 사람들이 그 가르침을 받아들이고 관리들도 그 은혜를 생각하였다. 몇 년 만에 교화가 크게 행해져서 길에 버려진 것을 줍는 자가 없었다.[57]

卓茂爲密令, 勞心諄諄, 視民如子, 擧善而教, 口無惡言, 吏人親愛而不忍欺之. 人有言亭長受其美[58]肉遺者, 茂問之知其自以恩意遺之, 非從其求, 謂之曰: "人所以貴於禽獸者, 以有仁愛, 知相敬事也. 今鄰里長老尙故饋遺, 此乃人道所以相親, 況吏與民乎? 吏顧不當乘威力彊請求耳. 凡人之生群居雜處, 故有經紀禮義以相交接. 亭長素善吏, 歲時遺之, 禮也." 人曰: "苟如此, 律何故禁之?" 茂曰: "律設大法, 禮順人情. 今我以禮教汝, 汝必無怨惡; 以律治汝, 汝何所措其手足乎? 一門之內, 小者可論, 大者可殺也. 且歸念之!" 於是人納其訓, 吏懷其恩. 數年教化大行, 道不拾遺.

57 탁무(卓茂)가 … 없었다: 《후한서(後漢書)》 권55 〈탁무전(卓茂傳)〉에 나온다.

58 美: 《대학연의보(大學衍義補)》 사고전서본에는 '米'로 되어 있어, 번역에서는 이를 따른다.

신은 이렇게 생각합니다. 탁무가 말한 "율(律)은 큰 법(法)을 (세부적으로) 풀어 놓은 것이고, 예(禮)는 인정(人情)을 따르는 것이다"라는 것은 오로지 예로써 백성들을 가르치고 법으로 다스리지 않는 것이니, 진실로 옛날에 말한 '법을 잘 지키고 백성을 잘 다스리는 관리'입니다. 천하의 군현(郡縣)에 모두 이와 같은 사람을 얻어 다스리게 하여 일의 완급(緩急)과 경중(輕重)을 알게 한다면 천하가 잘 다스려지고 평안한 데에 날마다 가까워질 것입니다.

臣按: 卓茂所謂"律設大法, 禮順人情", 專以禮教民而不以法治, 眞古所謂循良之吏, 使天下郡縣皆得若人而治之而知所緩急輕重, 則天下日底於治平矣.

노공(魯恭)[59]이 중모령(中牟令)[60]이 되어, 오로지 덕화(德化)로만 다스리고 형벌을 쓰지 않았다. 고을사람 허백(許伯) 등이 땅의 소유를 다투었는데 이전의 여러 수령들이 결정할 수 없었다. 노공이 공평하게 잘잘못을 가리니, 모두 물러나 자신을 책망하면서 밭갈이를 그치고 서로에게 양보하였다.[61]

魯恭爲中牟令, 專以德化爲理, 不任刑罰. 邑人許伯等爭田, 累守令不能決,

59 노공(魯恭): 후한(後漢) 사람으로 자는 중강(仲康)이다. 숙종(肅宗) 때 직언(直言)으로 천거되어 중모령(中牟令)이 되었고, 여러 관직을 거쳐 대사도(大司徒)에 올랐다.

60 중모령(中牟令): 중모령(中牟令)은 현재 중국 하남성(河南省) 정주(鄭州)에 있는 현(縣)이다.

61 노공(魯恭)이 … 하였다: 《후한서(後漢書)》 권55 〈노공전(魯恭傳)〉에 나온다.

恭爲平理曲直, 皆退而自責, 輟耕相讓.

신은 이렇게 생각합니다. 교화가 행해지지 않는 까닭은 이익을 추구하는 마음이 이기고 의로운 마음이 미약해지기 때문입니다. 민간의 송사(訟事)가 재산과 관련해서 많이 일어나는데, 형제들은 그것 때문에 서로 다투고 골육 간에는 그것 때문에 서로 죽이기까지 하니, 모두 이것으로부터 시작된 것입니다. 수령이 된 자가 진실로 백성들을 위하여 이치에 맞게 분별하고 그것들을 공평하게 할 수 있다면 송사가 일어나지 않아 사람들은 화목하게 되고 풍속은 두터워질 것이니, 교화가 행해지지 않을 수 있겠습니까.

臣按: 教化之所以不行者以利心勝而義心微也, 民間之訟多起於財產, 兄弟以之而相鬩·骨肉以之而相殘皆自此始也, 爲守令者苟能爲民分理而使之均平, 則詞訟不興, 人和而俗厚矣, 教化其有不行也哉?

진팽(秦彭)[62]이 산양태수(山陽太守)[63]로 옮겨가 예(禮)로써 백성들을 가르

62 진팽(秦彭, ?~88): 후한 부풍(扶風) 무릉(茂陵) 사람으로 자는 백평(伯平)이다. 명제(明帝) 때 기도위(騎都尉)가 되어 경병(耿秉)이 흉노(匈奴)를 북정(北征)하는 일을 도왔다. 장제(章帝) 건초(建初) 원년(76) 산양태수(山陽太守)로 나가 예로써 사람을 이끌었고 형벌로 다스리지는 않았다. 6년(81) 영천태수(潁川太守)로 옮겨 선정(善政)을 베풀었다.

63 산양태수(山陽太守): 현재 중국 섬서성(陝西省) 상락(商洛) 있는 현(縣)이다.

치고 형벌을 쓰지 않았으며, 유학(儒學)을 공부하고 기품이 있는 자들을 높이고 좋아하였으며 학교를 돈독하게 밝혔다. 매 봄가을의 향사례(鄕射禮)에서는 오르고 내리고 읍하고 사양하는 거동을 항상 거행하였으며, 이에 백성들을 위하여 네 가지 경계를 베풀고 육친(六親: 父子, 兄弟, 夫婦)과 장유(長幼)의 예를 정하였다. 교화를 따라 받드는 자를 발탁하여 향삼로(鄕三老)[64]로 삼고 매년 8월에 술과 고기를 갖추어 권면하게 하였다. 관리들 가운데 잘못이 있는 자는 파직할 뿐 욕보이지 않았으며, 백성들은 서로 사랑하여 속이거나 침범함이 없었다. 이후에 영천태수(潁川太守)로 옮겨갔을 때에는 숙종[肅宗: 효장제(孝章帝)]이 순행하면서 재차 영천에 행차하였으며, 그때마다 상을 주어 은혜를 내리니 총애가 매우 두터웠다.[65]

秦彭遷山陽太守, 以禮訓人, 不任刑罰, 崇好儒雅, 敦明庠序. 每春秋饗射輒修升降揖遜之儀, 乃爲人設四誡, 以定六親長幼之禮. 有遵奉敎化者擢爲鄕三老, 常以八月致酒肉以勸勉之. 吏有過咎罷遣而已, 不加恥辱, 百姓懷愛, 莫有欺犯. 後轉潁川太守, 肅宗巡狩[66]再幸潁川, 輒賞賜恩寵甚異.[67]

허형(許荊)[68]이 계양태수(桂陽太守)가 되었다. 계양군(桂陽郡)[69]은 남쪽지방

64 향삼로(鄕三老): 한 나라 때 지방에서 덕행이 있는 장로(長老)를 삼로(三老)로 천거하였는데, 향(鄕)에는 향삼로(鄕三老), 현(縣)에는 현삼로(縣三老), 군(郡)에는 군삼로(郡三老)를 두고, 지방관들을 도와 교화(敎化)에 힘쓰게 했다.

65 진팽(秦彭)이 … 두터웠다: 《후한서(後漢書)》 권106 〈순리열전(循吏列傳) 진팽전(秦彭傳)〉에 나온다.

66 狩: 《대학연의보(大學衍義補)》 사고전서본에는 '幸'으로 되어 있어, 번역에서는 이를 따른다.

67 異: 《대학연의보(大學衍義補)》 사고전서본에는 '厚'로 되어 있어, 번역에서는 이를 따른다.

과 가까워서 풍속이 경박하고 학문과 의리를 알지 못하였다. 허형이 상례(喪禮)와 혼인제도(昏姻制度)를 베풀어 예로 할 것과 하지 말 것을 알게 하였다. 일찍이 (허형의) 행차가 봄에 뇌양(耒陽)[70]에 이르렀을 때에, 현민들 가운데 장균(蔣均)이라는 자가 있었는데 형제끼리 서로 재물을 다투고 소송을 하였다. 허형이 탄식하면서 대답하기를 "우리가 나라의 무거운 임무를 짊어졌는데도 교화가 행해지지 않으니, 그 잘못은 태수에게 있다."라고 하였다. 이에 관리로 하여금 일의 정황을 적어 올리게 하여 정위(廷尉)[71]에게 보내지기를 요청하였다. 장균 형제가 감동받고 깨달아 각각 죄를 받기를 요구하였다. 12년 동안 재임하니 부로(父老)들이 칭찬하고 노래를 불렀으며, (이후) 징소되어 간의대부(諫議大夫)에 제수되었다.[72]

許荊爲桂陽太守, 郡濱南州, 風俗脆薄, 不識學義. 荊爲設喪紀·昏姻制度, 使知禮禁. 嘗行春到來[73]陽, 縣民有蔣均者兄弟爭財, 互相言訟, 荊對之歎曰: "吾荷國重任而教化不行, 咎在太守." 乃顧使吏上書陳狀, 乞詣廷尉, 均兄弟感悟, 各求受罪. 在任十二年, 父老稱歌, 徵拜諫議大夫.

신은 이렇게 생각합니다. 허형은 군민(君民)과 형제들이 서로 다투고

68 허형(許荊): 회계(會稽) 양이(陽羡)사람으로 자(字)는 소장(少張)이다.

69 계양군(桂陽郡): 현재 중국 호남성(湖南省) 침주(郴州)에 있는 군이다.

70 뇌양(耒陽): 현재 중국 호남성(湖南省) 형양(衡陽)에 있는 군이다.

71 정위(廷尉): 중국 진(秦)나라 때부터 형벌을 맡아 보던 벼슬이다.

72 허형(許荊)이 … 제수되었다: 《후한서(後漢書)》 권106 〈순리열전(循吏列傳) 허형전(許荊傳)〉에 나온다.

73 來: 《대학연의보(大學衍義補)》 사고전서본에는 '耒'로 되어 있어, 번역에서는 이를 따른다.

소송하는 것을 교화가 행해지지 않은 것으로 여겨 그 잘못을 자신이 짊어졌으며, 또한 일의 정황을 적어 올려 정위(廷尉)에게 보내지기를 요청하였습니다. 그러나 평소에 상례와 혼인제도 등을 시행하여 백성들에게 예로 할 것과 하지 말 것을 알게 한 것이 아니라 갑자기 이러한 행동을 하였다면, 일부러 특이한 행동을 하여 이름이 알려지기를 좋아한 것이지 진실한 것이 아니니, 이는 군자(君子)들이 귀하지 않게 여기는 바입니다.

臣按: 荊以郡民兄弟相爭訟爲教化不行, 而任咎於己, 且至上書言狀, 乞詣廷尉, 然非其平昔設爲喪紀·昏姻制度使民知禮禁, 而遽然而爲此舉, 則是矯激好名非眞實也, 君子所不貴.

구람(仇覽)[74]은 포(蒲)지역[75]의 정장(亭長)이 되었다. 사람들에게 생업을 권하고 처벌을 시행하는 명령을 제도화하였으며, 과일과 채소는 한도를 정하였고 닭과 돼지는 수를 정하기까지 하였다. 농사가 이윽고 끝나면 자제(子弟)와 여러 사람들에게 학교로 돌아가 모여 지내게 하였다. 가벼이 놀면서 방자한 자는 모두 농사와 양잠에 힘쓰게 하였으며, 처벌을 엄하게 하였다. 친히 상사(喪事)를 돕고 곤궁한 과부는 진휼해 주니, 1년 만

74 구람(仇覽): 동한(東漢) 때 고성(考城) 사람으로 이름은 향(香)이라 하고, 자는 계지(季智)이다. 포정장(蒲亭長)이 되어 백성을 교화하였다. 이때 정민(亭民) 진원(陳元)이 불효하여 그의 어머니가 고발하였다. 구람은 친히 가서 그를 타일러 효자가 되게 하는 등 백성을 교화하고 풍속을 이루었다.

75 포(蒲)지역: 중국 산서성(山西省) 임분(臨汾)에 있는 현(縣)이다.

에 크게 교화되었다고 일컬어졌다.

구람이 처음에 정(亭)에 이르렀을 때, 백성들 가운데 진원(陳元)이라는 사람이 홀로 어머니를 모시고 함께 살고 있었다. 그러나 그 어머니가 구람에게 와서 진원이 불효하다고 고발하였다. 구람이 놀라면서 말하기를, "내가 며칠 전에 진원의 집을 지나갔는데, 집이 잘 정돈되어 있고, 밭 갈고 김매는 것을 때에 맞춰 하였다. 이는 (진원이) 나쁜 사람이 아니라 당시에 교화가 아직 이루어지지 않았기 때문이다. 그대는 과부로 수절하며 홀로 자식을 키우면서 몸이 고생하고 늙게 되었는데, 어찌하여 하루아침에 제멋대로 성내면서 자식을 불의(不義)에 빠뜨리기를 원하는가."라고 하였다. 그 어머니는 듣고서 뉘우치며 눈물을 흘리면서 돌아갔다.

구람은 이에 직접 진원의 집에 이르러 그 모자와 함께 술을 마시고 화복(禍福)의 말을 비유하면서 인륜(人倫)과 효행(孝行)을 이야기하니, 진원은 마침내 효자가 되었다.[76]

仇覽爲遂[77]亭長, 勸人生業, 爲制科令, 至於果菜爲限·鷄豕有數, 農事既畢, 乃令子弟群居, 還就黌學. 其剽[78]輕遊恣者皆役以田桑, 嚴設科罰. 躬助喪事, 賑恤窮寡. 朞年稱大化. 覽初到亭, 人有陳元者獨與母居, 而母詣覽告元不孝, 覽驚曰: "吾近日過元舍, 廬落整頓, 耕耘以時. 此非惡人, 當是教化未至耳. 母守寡養孤, 苦身投老, 奈何肆忿於一朝, 欲致子以不義乎?" 母聞感悔, 涕泣而去. 覽乃親到元家, 與其母子飮, 因爲陳人倫孝行, 譬以

76 구람(仇覽)은 … 되었다: 《후한서(後漢書)》 권76 〈구람열전(仇覽列傳)〉에 나온다.

77 遂: 《후한서(後漢書)》 원본에는 '蒲'로 되어 있어, 번역에서는 이를 따른다.

78 剽: 《대학연의보(大學衍義補)》 사고전서본에는 '以'로 되어 있어, 번역에서는 이를 따른다.

禍福之言, 元卒成孝子.

신은 이렇게 생각합니다. 구람(仇覽)은 한 정(亭)의 장(長)이었을 뿐이니, 지금의 향로(鄕老)와 이장(里長)의 역(役)에 견주어 보면 교화로 백성들을 변화시키는 것을 일로 삼을 수 있었으니, 하물며 천자(天子)가 천리(千里)와 백리(百里)를 맡긴 자들이겠습니까. 넓은 천하에서 큰 곳은 한 군(郡)이며, 그다음은 한 읍(邑)이며, 가장 아래는 마을의 한 칸에까지 이릅니다. 무릇 백성들의 우두머리가 된 자가 모두 교화를 직무로 삼을 수 있다면 천하가 잘 다스려지지 않는 경우가 있겠습니까.

臣按: 仇覽一亭長耳, 視今鄕老·里長之役而乃能以敎化化民爲事, 況受天子千里·百里之寄者乎? 使普天之下大而一郡·次而一邑·下而至於閭里之間, 凡爲民之長者皆能以敎化爲務, 天下有不平治者哉?

오우(吳祐)[79]가 교동 상(膠東相)으로 옮겨갔는데, 정치는 오직 어질고 간소하게 하였으며 몸소 솔선수범하였다. 백성들 중에 서로 다투어 소송하는 자가 있으면 언제나 문을 닫아걸고 스스로 책망하였으며, 그러한 후에 송사를 법대로 처결하고 도(道)로써 그들을 깨닫게 하였다. 경우에 따

79 오우(吳祐): 후한(後漢) 사람으로 자는 계영(季英)이다. 벼슬은 교동 상(膠東相)을 거쳐 제 상(齊相)에 이르렀다.

라서는 직접 마을에 가서 서로 화해시키는 것을 중하게 여겼으니, 이로부터 쟁송(爭訟)이 줄어들어 그치게 되었고 관리와 백성들은 서로 속이지 않게 되었다.[80]

吳祐遷膠東相, 政惟仁簡, 以身率物, 民有相爭訴者輒閉閤自責, 然後科行所訟, 以道譬之, 或身到閭里, 重相和解, 自是爭訟省息, 吏民不欺.

임연(任延)[81]이 구진 태수(九眞太守)가 되었다. 낙월(駱越)[82]의 백성들은 혼인하는 예법이 없었다. 임연이 이에 속현(屬縣)에 공문을 보내어 남자는 20세에서 50세까지, 여자는 15세에서 40세까지를 모두 나이에 따라서 서로 배필로 삼게 하였다. 그들 중에 가난하여 예를 갖추어 아내를 맞이할 수 없는 경우에는 장리(長吏) 이하들에게 각각 봉록(俸祿)을 덜게 하여 그들을 구휼하고 도와주었으니, 동시에 결혼하는 사람이 2천 여 명이나 되었다. 이 해에는 바람과 비가 때맞춰 잘 와서 곡식이 넉넉하고 여유가 있었다. 관리와 백성들이 그를 위해서 생사당(生祠堂)을 세웠다.

이후에 무위 태수(武威太守)로 제수 받아서는, 먼저 난폭한 해악을 제거

80 오우(吳祐)가 … 되었다: 《후한서(後漢書)》 권64 〈오우열전(吳祐列傳)〉에 나온다.

81 임연(任延, ?~67?): 후한 남양(南陽) 완현(宛縣, 하남성) 사람이고, 자는 장손(長孫)이다. 12살 때 제생(諸生)이 되어 태학(太學)에 들어가 공부했다. 《시경》과 《주역》, 《춘추》에 밝았다. 회계도위(會稽都尉)가 되어서는 엄자릉(嚴子陵)과 용구장(龍丘萇) 등을 스승으로 예우했다. 구진태수(九眞太守)가 되어서는 농기구를 만들어 주민들에게 경작을 가르쳤다. 그 풍속에 혼인 예법이 없자 부부의 도를 가르쳤다. 나중에 영천(潁川)과 하내(河內)의 태수(太守) 등을 지냈다.

82 낙월(駱越): 장족(壯族) 중 하나로, 광서(廣西)의 서부에서 운남(雲南) 동부 및 베트남 북부에 걸쳐 사는 민족이다.

하니 관리와 백성들이 숨을 죽였다. 곧 학궁(學宮)을 세워서 하급관리의 자손들부터 모두 학궁에 가서 수업을 받게 하고는 그 요역(徭役)을 면제하였으며, 장구(章句)에 이미 통달하면 모두 드러내어 뽑아서 영화롭게 나아가게 하니, 군(郡)에는 드디어 학문이 깊은 선비가 있게 되었다.[83]

任延爲九眞太守, 駱越之民無嫁娶禮法, 延乃移書屬縣, 各使男年二十至五十·女年十五至四十皆以年齒相配, 其貧無禮聘, 令長吏以下各省俸祿以賑助之, 同時娶者二千餘人. 是歲風雨順節, 穀稼豐衍. 吏民爲立祠. 後拜武威太守, 首除暴害, 吏民累息. 卽造立學宮, 自掾吏子孫皆令詣學受業, 復其徭役, 章句旣通, 悉顯拔榮進之, 郡遂有儒雅之士.

제(齊)나라 소경(蘇瓊)[84]이 남청하 태수(南淸河太守)가 되었다. 백성 중 을보명(乙普明)[85] 형제가 밭을 두고 싸웠는데, 여러 해가 지나도 끝나지 않았다. 각자 서로 증거가 될 만한 사람들을 끌어들였는데, 100명에 이르렀다. 소경은 을보명 형제를 불러서 그들을 타이르기를 "천하에 얻기 어려

83 임연(任延)은 … 되었다.: 《후한서(後漢書)》 권76 〈임연열전(任延列傳)〉에 나온다.

84 소경(蘇瓊): 북제(北齊) 사람으로 자는 진지(珍之)이나. 남청하 태수(南淸河太守)를 거쳐 대리경(大理卿)이 되었다. 북제(北齊)가 망하자 주(周)나라에서 벼슬하여 박릉 태수(博陵太守)가 되었다.

85 을보명(乙普明): 북제(北齊) 청하(淸河) 사람이다. 형제가 밭을 두고 싸웠는데 몇 년이 지나도 끝나지 않았다. 태수 소경(蘇瓊)이 형제를 불러 "천하에 얻기 어려운 것은 형제고 구하기 쉬운 것은 밭인데, 밭은 얻고 형제의 마음을 잃는다면 무슨 소용이겠는가?[天下難得者兄弟 易求者田地 得地而失兄弟心 如何]"고 설득하자, 크게 깨우치고 소송을 취하했다. 10년 동안 갈라 살다가 다시 모여 함께 살았다.

운 것이 형제이고, 구하기 쉬운 것이 땅이다. 가령 땅은 얻고 형제의 마음을 잃는다면 무슨 소용이겠는가."라고 하였다. 그로 인해 눈물을 흘리자 여러 증인들도 눈물을 흘리지 않는 사람이 없었고, 을보명 형제도 머리를 조아리며 잘못을 빌고 나와서 다시 생각하였다. 따로 산 지 10년 만에 마침내 함께 살게 되었다.[86]

齊蘇瓊爲南淸河太守, 有百姓乙普明兄弟爭田, 積年不斷, 各相援據, 乃至百人. 瓊召普明兄弟諭之曰: "天下難得者兄弟, 易求者田地, 假令得田地失兄弟心, 如何?" 因而下淚, 諸證人莫不灑泣, 普明兄弟叩頭乞外更思, 分異十年遂同住.

후위(後魏)의 봉회(封回)[87]가 안주 자사(安州刺史)가 되었다. 산민(山民)들은 질박하여 아버지와 아들, 손님이 한 방에서 함께 잤다. 돌아가다가 수레에서 내려 별도로 거처하기를 권면하였으니, 그 풍속이 드디어 고쳐졌다.[88]

後魏封回爲安州刺史, 山民原[89]朴, 父子賓旅同寢一室, 回下車勸令別處, 其俗遂改.

---

86 제(齊)나라 … 되었다.: 《북제서(北齊書)》 권46 〈소경열전(蘇瓊列傳)〉에 나온다.

87 봉회(封回, ?~528): 북위(北魏) 때의 사람으로, 자는 숙념(叔念)이고 발해수현(渤海蓨縣) 사람이다. 효문제(孝文帝) 때 봉회(封回)라는 이름을 받았다. 선무제(宣武帝) 때, 여러 번 안주자사(安州刺史)가 되어 이 지역을 다스렸다. 효명제(孝明帝) 때는 영주자사(瀛州刺史)가 되었다.

88 후위(後魏)의 … 고쳐졌다: 《위서(魏書)》 권32 〈봉의열전(封懿列傳)〉에 나온다.

89 原: 《대학연의보(大學衍義補)》 사고전서본에는 '愿'으로 되어 있다.

신은 이렇게 생각합니다. 지금 이른바 중원의 땅이 금(金)나라와 원(元)나라와 같은 오랑캐의 풍속으로 점차 번져서 물들어 오히려 한방에서 함께하는 풍속이 있습니다. 다스리고 교화하는 데에 누가 되는 바가 크니, 통렬하게 금할 것을 청합니다.

> 臣按: 今所謂中州之域漸染金元之風,[90] 猶有同炕之俗,[91] 其爲治化之累大矣, 請痛禁之.

청하왕(淸河王) 고려(高勵)[92]가 초주 자사(楚州刺史)가 되었다. 성의 북쪽에 오자서(伍子胥)[93]의 묘가 있었는데, 그 풍속이 귀신을 공경하는 데에 기도하는 자들이 반드시 소와 술을 쓰니, 농사를 망치는 데에까지 이르렀다. 고려(高勵)가 탄식하며 말하기를, "자서(子胥)는 현자인데, 어찌 마땅히 백

90 金元之風: 《대학연의보(大學衍義補)》 사고전서본에는 '山民之俗'으로 되어 있다.

91 猶有同炕之俗: 《대학연의보(大學衍義補)》 사고전서본에는 없다.

92 고려(高勵): 자는 경덕(敬德)이고, 어릴 때부터 총명하였다. 7세 때 청하왕(淸河王)을 물려받았고, 14세 때 청주자사(靑州刺史)로 임명되었다. 초주자사(楚州刺史)가 되었을 때는 어지러운 풍속을 정비하였다.

93 오자서(伍子胥, ?~기원전 484): 춘추시대 초(楚)나라 사람으로, 오나라에 망명하여 살았다. 이름은 운(員)이고, 자는 자서(子胥)이다. 오(吳)나라의 대부(大夫)를 지냈다. 초평왕(楚平王)이 오자서의 아버지 오사(伍奢)와 형 오상(伍尙)을 죄 없이 죽이자 오나라로 망명하여 장수가 되어 초나라를 쳤다. 이미 평왕이 죽은 다음이라 묘를 파내어 시체를 매질하여 아버지와 형의 복수를 했다. 오나라 왕 부차(夫差)가 서시(西施)의 미색에 빠져서 간하던 오자서에게 칼을 주어 자살하게 했다. 오자서는 자살하면서 자기의 눈을 오나라 성의 동문(東門)에 걸어서 자기의 말을 듣지 않고 자기를 죽이는 오나라가 멸망하는 것을 보도록 하라는 유언을 남겼다. 그로부터 9년 뒤 월나라가 오나라를 멸망시켰다.

성에게 손해를 끼치겠는가."라고 하였다. 이에 부(部)에 알리니, 이로부터 마침내 그쳤다.[94]

淸河王勵爲楚州刺史, 城北有伍子胥廟, 其俗敬鬼, 祈禱者必以牛酒, 至破產業. 勵歎曰: "子胥賢者, 豈宜損百姓?" 乃告諭所部, 自此遂止.

신은 이렇게 생각합니다. 귀신(鬼神)은 없는 곳이 없습니다. 백성들이 귀신에게 제사지내는 것이 비록 세속에서 잘못 섬기는 것이지만, 귀신의 이치는 자연히 마음에 느끼어 통하는 신묘함을 보는 것으로 충분합니다. 다만 재물과 산업을 없애면서까지 희생을 준비하는 것은 불가할 따름입니다. 마땅히 분명하게 금지하고 오직 닭, 집오리, 양, 돼지를 쓰는 것만을 허락하며, 소로 제사지내는 자가 있으면 그 죄를 그 무당에게까지 연좌시켜야 합니다. 대개 백성들은 어리석고 미혹되어 만일 질병이 있으면 반드시 기도하면서 비록 금령을 무릅쓰고 죄를 범하더라도 돌아보지 않습니다. 오직 미혹시키는 사람을 금하면 자연히 멈추게 될 것입니다.

臣按: 鬼神無處無之, 民之祀神雖其俗尙之失, 然亦足以見鬼神之理, 自然感通之妙, 但不可破貲產以備牲牢耳, 宜爲明禁, 惟許以鷄鶩羔豚, 有以牛祭者罪坐其師巫. 蓋民愚而惑, 苟有疾厄, 必事祈禱, 雖冒禁犯

94 청하왕(淸河王) … 그쳤다: 《북사(北史)》 권51 〈제종실제왕(齊宗室諸王)〉 상(上)에 나온다.

> 罪不顧也, 惟禁其教[95]誘之人則自然止息.

수(隋)나라 양언광(梁彦光)[96]이 상주 자사(相州刺史)가 되었다. 그때 인정(人情)이 음험하고 바르지 못하며 멋대로 헛소문이 퍼졌기에 양언광은 그 폐습을 고치고자 하였다. 자신의 녹봉으로 산동(山東)의 큰 유학자를 초청하여 향(鄕)마다 학교를 세우고, 성인의 글이 아니면 가르칠 수 없었다. 항상 계절의 마지막 달[季月]마다 불러 모아서 책시(策試)에 직접 임하였고, 부지런히 배워 등급을 뛰어넘은 자와 총명하다고 소문이 난 자는 당(堂)에 오르게 하여 음식을 대접하였으며 그 나머지 사람들은 모두 행랑 아래에 앉게 하였다. 쟁송(爭訟)을 좋아하거나 학업을 게을리하여 성취하지 못하는 자는 마당 가운데에 앉게 하고 거친 음식을 주었다. 향시[大比][97] 때가 되면 마땅히 빈공(賓貢)의 예[98]를 거행하고 멀리 떠나는 사람을 전송하며 노자(路資)를 주었다. 이에 사람마다 모두 노력하고 힘써서 풍속이 크게 바뀌었다.[99]

---

95 教: 《대학연의보(大學衍義補)》 사고전서본에는 '惑'로 되어 있어, 번역에서는 이를 따른다.

96 양언광(梁彦光): 자는 수지(修之)이다. 후주(後周)에서 벼슬하여 제(齊) 나라를 평정한 공으로 화양군공(華陽郡公)에 봉해지고 주국(柱國)에 임명되었다. 수(隋) 나라에서 다시 벼슬하여 기주(岐州)와 상주(相州)의 자사(刺史)를 지냈다.

97 향시[大比]: 중국 주(周)나라에서 3년마다 한 번씩 시행하여 관리를 뽑는 일로. 나아가 널리 인재를 등용하는 과거(科擧) 시험, 곧 식년시(式年試)를 일컬었다.

98 빈공(賓貢)의 예: 다른 도 출신으로 타도(他道)의 향시(鄕試)에 응시한 유생들에 대한 예이다.

99 수(隋)나라 … 바뀌었다: 《수서(隋書)》 권73 〈양언광열전(梁彦光列傳)〉에 나온다.

隋梁彦光爲相州刺史, 時人情險詖, 妄起風謠, 彦光欲革其弊, 用秩俸招致山東大儒, 每鄕立學, 非聖哲之書[100]不得教受.[101] 常以季月召集親臨策試, 有勤學異等·聰明有聞者, 升堂設饌, 其餘並坐廊下, 有好爭訟·惰業無成者坐之庭中, 設以草具. 及大比, 當舉行賓貢之禮, 祖送郊外, 資以財物, 於是人皆勸勵, 風俗大改.

당(唐)나라 고사렴(高士廉)[102]이 익주 장사(益州長史)가 되었다. 촉 땅의 풍속이 천박하여 귀신을 두려워하고 질병을 싫어하였다. 부모의 병이 위독하더라도 몸소 부모를 모시지 않았고, 지팡이 머리에 음식을 걸어서 멀리서 음식을 먹였다. 형제 사이에는 재산을 달리하고 빌려주는 것이 드물었다. 고사렴은 능력에 맞게 권유하되, 뉘우칠 줄 모르는 사람이 있으면 직접 관리(官吏)를 이끌고 집을 찾아가서 권유하니, 이로부터 읍리(邑里)에는 자연히 효제(孝弟)를 행하는 자가 많아졌다. 겸하여 유생들에게 분전(墳典)[103]을 강론하기를 명해 후진(後進)들을 독려하니 교화가 다시 일

---

100 書: 《대학연의보(大學衍義補)》 사고전서본에는 '業'으로 되어 있다.

101 受: 《대학연의보(大學衍義補)》 사고전서본에는 '授'로 되어 있어, 번역에서는 이를 따른다.

102 고사렴(高士廉, 575~647): 당나라 발해(渤海) 수현(蓨縣) 사람이다. 이름은 검(儉)이고, 고려(高勵)의 아들이다. 수나라 말에 교주(交州)에 유배갔다가 당나라 초에 돌아왔다. 태종 정관(貞觀) 초에 시중(侍中)에 오르고, 익주대도독부장사(益州大都督府長史)로 옮겼다. 조목을 만들어 독려하고 풍속을 바로잡았으며, 도랑을 정리해 관개 시설을 보충하는 등 여러 사업을 시행해 촉(蜀)나라 사람들의 편의를 도모했다. 입조하여 이부상서(吏部尙書)가 되고, 허국공(許國公)에 봉해졌다. 일찍이 황명을 받아 위정(韋挺), 잠문본(岑文本), 영호덕분(令狐德棻) 등과 함께 《대당씨족지(大唐氏族知)》를 편찬했다.

103 분전(墳典): 중국의 전설적인 황제인 3황(皇)과 5제(帝)의 서(書)로, 3황의 책인 삼분(三墳)과

어났다.[104]

唐高士廉爲益州長史, 蜀土俗薄, 畏鬼而惡疾, 父母病危殆不躬夫[105]持, 杖頭掛食, 遙以哺之, 兄弟異財, 罕通假借. 士廉隨方[106]勸誘, 有不悛者親率官吏詣門勸諭, 由是邑[107]里翕然多爲孝弟, 兼命儒生講論墳典, 勉勵後進, 敎化復興.

한유(韓愈)[108]가 조주 자사(潮州刺史)가 되어 향교(鄕校)의 설치를 요청하는 첩문(牒文)을 내려 말하였다. "공자가 말하기를 '정령으로 그들을 인도하고, 형벌로 그들을 다스린다면 백성들이 처벌은 모면할지라도 수치심이 없다.'라고 하였다.[109] (이것은) 덕(德)과 예(禮)로 우선 하고 정령과 형벌로 보완하는 것만 못하다는 것이다. 덕과 예를 사용하고자 한다면 학교의 스승과 제자로부터 말미암지 않는 경우는 있지 않았다.

이 주(州)의 학교는 폐지된 지 오래되어, 진사(進士)와 명경(明經)에서 110년 동안 재주가 있어 왕정에 천거되거나 유사에 시험을 봤다는 경우는 듣지 못하였다. 관리들이 눈으로는 향음주례(鄕飮酒禮)를 보지 못하였고, 귀로

5제의 책인 오전(五典)을 합하여 이른 말이다. 다른 말로 고전(古典)이라는 뜻이다.

104 당(唐)나라 … 일어났다: 《구당서(舊唐書)》 권69, 〈고사렴열전(高士廉列傳)〉에 나온다.

105 夫: 《대학연의보(大學衍義補)》 사고전서본에는 '扶'로 되어 있어, 번역에서는 이를 따른다.

106 方: 《대학연의보(大學衍義補)》 사고전서본에는 '力'으로 되어 있어, 번역에서는 이를 따른다.

107 邑: 《대학연의보(大學衍義補)》 사고전서본에는 '一'로 되어 있다.

108 한유(韓愈): 《대학연의보》 권77 주) 33 참조.

109 공자가 … 하였다: 《논어(論語)》 〈자장(子張)〉에 나온다.

는 〈녹명(鹿鳴)〉[110]의 노래를 들었던 적이 없었으며, 충효(忠孝)의 행함을 권하지 않았으니 역시 현(縣)의 수치이다.

대저 열 집의 마을이더라도 반드시 충신(忠信)한 사람이 있는데,[111] 지금 이 주는 1만여 호(戶)가 있으니, 어찌 비슷한 사람이 없겠는가. 자사(刺史)와 현령(縣令)이 몸소 (그들을) 스승으로 삼지 않으니, 마을의 후학들은 따라서 배울 대상이 없을 뿐이다.

조덕(趙德)은 수재(秀才)[112]로서 바르고 고아하며 마음이 전일하고 맑으고, 자못 경서에 통달하고 문장을 잘 쓰며, 선왕의 도를 잘 알고 논설 또한 이단을 배척하고 공자를 근본으로 삼으니, 스승으로 삼을 만하다. 해양현 위(海陽縣尉)를 대신하여 아추(衙推)의 관직으로 삼아 오로지 주학(州學)만을 맡겨 생도(生徒)를 감독하게 하고, 즐겁게 공경하는 풍속을 일으켜야 한다. 자사(刺史)는 수천 수백에 달하는 자신의 녹봉을 내어서 근본을 일으키는 것으로 삼고 그 나머지는 거두어 학생의 주찬(廚饌)으로 지급할 것이다."라고 하였다. 이로부터 조주(潮州) 사람들은 날로 학문이 더욱 발전하게 되었고, 사당을 세워 지금까지도 제사 지내고 있다.[113]

韓愈爲潮州刺史, 下牒請置鄉校云: "孔子曰 '道之以政, 齊政[114]以刑, 民免

---

110 녹명(鹿鳴): 《시경(詩經)》 〈소아(小雅)〉에 나온다. 사슴이 풀밭에서 먹이를 발견하면 혼자서 먹지 않고 주변의 사슴들을 불러 모으는 내용으로, 이를 통해 깨달음을 나누고자 하였다.

111 열 … 있으니: 《논어》 〈공야장(公冶長)〉에 나온다.

112 수재(秀才): 원래 수재는 재능이 빼어난 사람을 가리키는 말이었으나 한(漢)나라 이래로 인재를 추천하는 항목 중 하나가 되었다. 당나라 때는 과거시험의 한 과목이었다가 곧 폐지되었고, 이후로는 과거에 응시하는 사람을 모두 '수재'라고 불렀다.

113 한유(韓愈)가 … 있다: 《창려선생외집(昌黎先生外集)》 권5 〈조주청치향교첩(潮州請置鄉校牒)〉에 나온다.

而無恥', 不如以德禮爲先而輔以政刑也. 欲用德禮, 未有不由學校師弟子者. 此州學廢日久, 進士·明經百十年間不聞, 有業成貢於王庭·試於有司者, 人吏目不識鄕飮酒之禮, 耳未嘗聞《鹿鳴》之歌, 忠孝之行不勸, 亦縣之恥也. 夫十室之邑必有忠信, 今此州戶萬有餘, 豈無庶幾[115]者耶? 刺史·縣令不躬爲之師, 里閭後生無所從學爾, 趙德秀才沉雅專靜, 頗通經有文章, 能知先王之道, 論說且排異端而宗孔氏, 可以爲師矣. 請攝海陽縣尉爲衙推官, 專勾當州學以督生徒, 興愷悌之風. 刺史出己俸百千以爲擧本, 收其贏餘以給學生廚饌." 自此潮人日趣文學, 立祠祀之至今.

상곤(常袞)[116]은 복건 관찰사(福建觀察使)가 되어 향교를 설립하여 배우는 자들에게 문장을 짓게 하고 몸소 강론하여 이끌었으며, 서로 손님과 주인이 되어 예를 균등하게 하고, 잔치를 열어 함께 보고 즐겼다. 이로 말미암아 풍속이 아주 달라졌고, 해마다 얻는 공사(貢士)[117]가 매우 많아졌

114 政: 《논어(論語)》 및 《대학연의보(大學衍義補)》 사고전서본에는 '之'로 되어 있어, 번역에서는 이를 따른다.

115 幾: 《대학연의보(大學衍義補)》 사고전서본에는 '民'으로 되어 있다.

116 상곤(常袞, 729~783): 당나라 경조(京兆: 지금의 陝西 西安市) 사람이다. 문장이 빼어나서 이름을 날렸다. 대력(大曆) 12년(777) 문하시랑(門下侍郎)과 동평장사(同平章事)가 되어 양관(楊綰)과 함께 기무(機務)의 일을 관장했다. 덕종(德宗) 때 조주자사(潮州刺史)가 되었다가 나중에 복건관찰사(福建觀察使)로 옮겼다. 원래 문집 10권과 조집(詔集) 60권이 있었는데 현재 전하지 않는다. 《전당시(全唐詩)》에 시 9수와 《전당문(全唐文)》에 문장이 있다.

117 공사(貢士): 중국의 과거시험에서 3년마다 각 성(省)에서 한 번씩 치르는 향시(鄕試)에 합격한 사람을 거인(擧人)이라 하였는데, 이들은 3년마다 수도에서 열리는 회시(會試)에 응시할 수 있는 자격을 얻었다. 이 시험에 합격한 자를 공사(貢士)라고 불렀다.

다. 후에 상곤이 죽으니, 민인(閩人: 복건성 사람)들이 상곤을 학궁(學宮)에 배향하였다.[118]

常袞爲福建觀察使, 設立鄕校, 使學者作爲文章, 親加講導, 與爲客主均禮, 觀遊宴饗與焉, 由是風俗一變, 歲得貢士甚盛. 後袞卒, 閩人以袞配享于學宮.

송(宋)나라 한기(韓琦)[119]가 병주(幷州)[120]를 맡았다. 하동(河東)의 습속이 강이(羌夷: 서북 소수민족)와 섞여 화장(火葬)을 하였다. 한기는 토지를 사고 봉표(封表)[121]하는 것을 돌에 새겨 영(令)을 드러내어 그 안에서 매장하게 하니, 사람들이 마침내 시신을 태우는 것을 부끄럽게 여겼다.[122]

宋韓琦知幷州, 河東俗雜羌夷, 用火葬, 琦爲買田封表, 刻石著令, 使得葬

---

118 상곤(常袞)은 … 배향하였다: 《신당서(新唐書)》 권163, 〈이상조최제로열전(李常趙崔齊盧列傳)〉에 나온다.

119 한기(韓琦, 1008~1075): 북송 상주(相州) 안양(安陽) 사람이다. 자는 치규(稚圭)고, 호는 공수(贛叟)며, 시호는 충헌(忠獻)이다. 익주(益州)와 이주(利州)의 체량안무사(體量按撫使)가 되어 세금을 줄이고 탐관오리를 내쫓으며 불필요한 부역을 줄였다. 경력신정(慶曆新政)이 실패하자 양주지주(揚州知州)로 쫓겨나고, 운주(鄆州)와 정주(定州) 등으로 옮겼다. 신종(神宗) 때 사공겸시중(司空兼侍中)이 되었지만 얼마 뒤 수흥군(水興軍)과 상주(相州) 등지를 맡았다. 왕안석과 대립하다가 퇴직했다. 저서에 《안양집(安陽集)》이 있다.

120 병주(幷州): 현재 중국 섬서성의 북부와 산서성의 전역이다. 내몽고 자치구의 일부도 포함된다. 상대적으로 척박한 땅이라서 인구가 적었으며, 흉노족 등 이민족도 같이 살았다.

121 봉표(封表): 능침(陵寢)의 자리를 미리 정하여 흙을 모아 봉분(封墳)하고 세워 놓는 표이다. '封標'라고도 한다.

於其中, 人遂以焚屍爲恥.

신은 이렇게 생각합니다. 옛날부터 중국에는 시신을 태우는 풍속이 없었는데, 불교가 이적(夷狄)으로 중국에 들어왔을 때에 이르러서야 비로소 있게 되었습니다. 자식이 된 자로서 곧 차마 그 부모의 몸을 불길에 맡긴다면 불효의 죄가 이보다 큰 것이 없습니다. 한기는 군수가 되어 홀로 그것을 금지하려고 하였지만 지금 이 풍습은 오히려 남아 있어 백성의 습속이 풍속을 이루니, 엄한 형벌로 통렬하게 금지하지 않으면 그칠 수 없을 것입니다. 청하건대 드러내어 법령으로 삼아 금하는 것을 어긴 사람이 있으면 부모를 해친 율(律)로써 죄를 묻고, 화장을 거행하는 사람도 아울러 연좌해야 합니다. 이 역시 효도를 숭상하고 풍속을 아름답게 하는 한 가지 단서입니다.

臣按: 自古中國無焚屍之俗, 至佛氏以夷狄[123]入中國始有之, 爲人子者乃忍其親之體魄付之烈焰, 不孝之罪莫大焉. 琦爲郡獨能禁之, 今此風猶存, 民習成俗, 非嚴刑痛禁之不能止, 請著爲令, 有犯禁者以毁傷父母律問罪, 並坐其擧火之人, 是亦崇孝道·美風俗之一端.

122 송(宋)나라 … 여겼다: 《전송문(全宋文)》 권17 〈한충헌공기행장(韓忠獻公琦行狀)〉에 나온다.
123 以夷狄: 《대학연의보(大學衍義補)》 사고전서본에는 '自西域'으로 되어 있다.

진양(陳襄)[124]은 선거 령(仙居令)이 되었는데, 백성들이 교화를 알지 못하였다. 진양은 새해에 노인들을 오게 하여 축하해 주면서 글[선거권유문(仙居勸誘文)] 한 편을 지었다. 여기에서 말하기를 "나의 백성이 된 자는, 아버지는 의롭고 어머니는 자애로우며 형은 우애롭고 동생은 공손하며 자식은 효성스럽다. 부부 사이에는 은혜가 있으며, 남녀 사이에는 분별이 있으며, 자제(子弟)에게는 배움이 있으며, 고을에는 예(禮)가 있다. 빈궁(貧窮)과 환난(患難)은 친척들이 서로 구제하고, 혼인과 장례는 이웃들이 서로 돕는다. 농업을 게을리하지 말고 도둑질을 하지 말며, 도박을 배우지 말고 쟁송(爭訟)을 좋아하지 말며, 악함으로 선한 자를 능멸하지 말고 부유함으로 가난한 자의 것을 탐하지 말아야 한다. 길을 가는 자는 길을 양보하고 농사짓는 자는 밭두렁을 양보한다. 반백의 노인이 길에서 짐을 지거나 머리에 이지 않는다면 풍속에 예의(禮義)가 있게 될 것이다."라고 하였다. 문인(門人)들을 시켜서 뜰에서 그것을 읽게 하였다.

또 그들을 깨우치면서 말하기를 "나의 임기가 다 되어서 돌아가니, 너희에게 자제(子弟)가 있으면 빨리 보내어 배우게 하도록 하라."라고 하였다. 이에 노인들이 서로 이야기하여 그 덕(德)에 감사하고 탄식하였고 기뻐하며 따랐으니, 배우는 자들이 감동하여 떨쳐 일어났다.[125]

124 진양(陳襄, 1017~1080): 북송 복주(福州) 후관(候官) 사람이다. 자는 술고(述古)이고, 호는 고령선생(古靈先生)이다. 청묘법(青苗法)이 불편하다는 점을 지적했다가 진주(陳州)와 항주(杭州)의 지주(知州)로 내쫓겼다. 진열(陳烈), 주희맹(周希孟), 정목(鄭穆)과 함께 '민중사선생(閩中四先生)'으로 불렸다. 평생 학교 교육을 진흥시키고 인재를 양성하는 데 힘썼고, 소식(蘇軾)과 사마광(司馬光) 등 30여 명의 학자를 조정에 천거했다. 저서에 《중용의(中庸義)》와 《역의(易義)》, 《고령집(古靈集)》이 있다.

125 진양(陳襄)은 … 일어났다: 《송사(宋史)》 권321 〈진양열전(陳襄列傳)〉에 나온다.

陳襄爲仙居令, 民不知教, 襄於正歲耆老來賀, 作文一篇, 曰: "爲吾民者, 父義·母慈·兄友·弟恭·子孝, 夫婦有恩, 男女有別, 子弟有學, 鄉閭有禮, 貧窮患難親戚相救, 昏姻死喪鄰保相助, 無墮農業, 無作盜賊, 無學賭博, 無好爭訟, 無以惡陵善, 無以富呑貧, 行者讓路, 耕者讓畔, 班白者不負戴於道路, 則爲禮義之俗矣." 使門人讀於庭, 且諭之曰: "吾秩滿卽去, 爾有子弟亟遣就學." 於是耆老相語, 感德嘆嗟, 翕然從之, 學者興起.

정호(程顥)[126]가 진성령(晉城令)이 되었다. 백성들이 일 때문에 읍으로 오는 자가 있으면 반드시 효제충신(孝弟忠信)의 도(道)를 알리고, 향촌의 멀고 가까운 것을 헤아려 보(保)·오(伍)[127]를 만들어서 역(役)에는 서로 돕게 하고 환난에는 서로 구제하게 하였다. 의지할 곳이 없는 외로운 자와 불구자는 가까운 무리들에게 책임을 지워 거처할 곳을 잃지 않게 하고, 길가는 나그네가 병에 걸리면 모두 돌보아 주게 하였다. 고을마다 모두 학교를 두어 한가할 때 직접 부로(父老)들을 불러서 함께 이야기를 하였고, 아동들이 글을 읽을 때에 그 구두(句讀)를 바로잡아 주었으며, 가르치는 자가 잘하지 못하면 교체하였다.

습속이 처음에는 매우 거칠어서 배움을 알지 못하였지만, 곧 우수한 자제(子弟)들을 가려 모아 그들을 가르쳤다. 고을의 백성들이 사회(社會)[128]

126 정호(程顥): 《대학연의보》 권78 주) 60 참조.

127 보(保)·오(伍): 중국 송 대에 설치된 지방조직이다. 다섯 집이 오(伍)가 되고, 다섯 오가 보(保)가 된다.

128 사회(社會): 마을 백성들이 사일(社日)에 모이던 모임으로, 사일은 토지신에게 제사지내는

를 만들고 규칙[科條]을 세웠으며, 선(善)과 악(惡)을 구별하여 선은 권장하고 악은 부끄럽게 여기도록 하였다. 현(縣)에 있은 지 3년 만에 백성들은 마치 부모처럼 그를 사랑하였다.[129]

程顥爲晉城令, 民以事至邑者, 必告之以孝弟忠信, 度鄉村遠近爲保伍, 使之力役相助·患難相恤, 孤煢殘廢者責之親黨, 使無失所, 行旅出其途者, 疾病皆有所養. 諸鄉皆有校, 暇時親召父老與之語, 兒童所讀書爲正其句讀, 教者不善則爲易置. 俗始甚野不知爲學, 乃擇子弟之秀者聚而教之, 鄉民爲社會爲立科條, 旌別善惡, 使有勸有恥. 在縣三歲, 民愛之如父母.

신은 이렇게 생각합니다. 정호(程顥)가 진성(晉城)에 있은 지 겨우 3년뿐이었지만, 그 덕(德)으로 교화한 것이 이와 같음이 있었습니다. 그에게 오랫동안 그 직임을 맡게 하면 반드시 큰 성취가 있었을 것입니다. 지금 수령의 임기는 9년이 만기이니, 조정에서 만일 효과를 내기를 요구한다면 그 사이에 반드시 다른 사람보다 뛰어난 자가 있어서 정명도(程明道: 程顥)의 덕교(德教)로 다스릴 수 있을 것이니, 잘 다스리고 평안하게 하는 단서가 여기에 있습니다.

臣按: 程顥在晉城僅三年耳, 而其德教又[130]如此者, 使之久於其任, 必

날이다. 이날은 술잔치를 벌이거나 음식을 먹고 즐겼다.

129 정호(程顥)가 … 사랑하였다: 《송사(宋史)》 권427 〈도학열전(道學列傳) 정호(程顥)〉에 나온다.

130 又: 《대학연의보(大學衍義補)》 사고전서본에는 '有'로 되어 있어, 번역에서는 이를 따른다.

大有所成就. 今守令以九年爲滿, 朝廷苟責之以成效, 其間必有超出倫類, 而能以明道之德教爲治者, 治平之基端在于此.

주희(朱熹)[131]가 장주지주(漳州知州)로 있을 적에 습속(習俗)이 아직 예(禮)를 알지 못했다. 옛 상례(喪禮), 장례(葬禮), 혼례(婚禮)의 의례(儀禮)를 모아 게시하고는 부로(父老)들에게 해설하여 자제(子弟)들을 가르치도록 명하였다. 토속(土俗)에서는 불교를 숭상하고 믿어 남녀가 승려의 암자에 모여 불경(佛經)을 전하는 모임을 가졌고 결혼하지 않은 여자가 암자에 머무르기도 하였으니, 주희가 이를 모두 금지시켰다.[132]

朱熹知漳州, 以習俗未知禮, 采古喪葬·嫁娶之儀, 揭以示之, 父命[133]老解說以教子弟. 土俗崇信釋氏, 男女聚僧廬爲傳經會, 女不嫁者爲庵舍以居, 熹悉禁之.

---

131 주희(朱熹, 1130~1200): 송나라 휘주(徽州) 무원(婺源) 사람이다. 자는 원회(元晦) 또는 중회(仲晦)고, 호는 회암(晦庵), 운곡산인(雲谷山人) 등을 썼다. 존칭하여 주자(朱子)라 한다. 우계(牛溪)에서 호적계(胡籍溪)와 유백수(劉白水), 유병산(劉屛山)에게 사사했다. 24살 때 이통(李侗)을 만나 사숙하면서 그의 정통을 계승하였다. 광종(光宗) 때 장주지주(漳州知州)를 거쳐 비각수찬(秘閣修撰) 등을 지냈다. 정호(程顥)와 정이(程頤)의 학문을 계승하고 주돈이(周敦頤)와 장재(張載) 등의 학설을 차용하여 북송 이래 이학을 집대성했다. 저서에 《사서장구집주(四書章句集注)》, 《이락연원록(伊洛淵源錄)》, 《명신언행록(名臣言行錄)》, 《자치통감강목(資治通鑑綱目)》, 《시집전(詩集傳)》, 《초사집주(楚辭集注)》 등이 있다.

132 주희(朱熹)가 … 금지시켰다: 《송사(宋史)》 권429, 〈도학열전(道學列傳) 주희(朱熹)〉에 나온다.

133 父命: 《대학연의보(大學衍義補)》 사고전서본에는 '命父'로 되어 있어, 번역에서는 이를 따른다.

신은 이렇게 생각합니다. 주희가 장주지주(漳州知州)로 있을 때에 먼저 예교(禮敎)로 풍속을 교화하였습니다. 지금 그가 지은 《가례(家禮)》를 우리 태종황제(太宗皇帝)[134]께서 이미 천하에 드러내어 밝히시고 반포하셨습니다. 청컨대 유사(有司)에게 거행하라고 명하시고, 아울러 제학(提學)과 헌신(憲臣)들이 감독하여 지켜보라고 명하시며, 받들어 행하지 않는 자가 있으면 제도를 위반한 죄로 다스리십시오. 이와 같다면 예교(禮敎)가 일어나 행해지고, 이단을 금지하거나 혁파할 필요도 없이 자연히 폐지되어 없어질 것입니다.

臣按: 朱熹在漳州首以禮教化俗, 今其所著《家禮》我太宗皇帝已表章頒布天下, 請命有司擧行, 並命提學憲臣督視, 有不奉行者問以違制之罪. 如此則禮教興行, 而異端不待禁革自然廢息.

이 외에 중관(仲寬)[135]은 검주(劍州)의 순창(順昌)을 다스렸는데, 이 당

134 태종황제(太宗皇帝, 1360~1424): 이름은 주체(朱棣)이다. 명나라의 황제(재위, 1403~1424)이고, 태조(太祖)의 아들이다. 나중에 성조(成祖)로 바꾸었다. 1402년 경사(京師)를 함락시키고 제위에 올랐다. 다음 해 연호를 영락(永樂)이라 정하고 북평을 북경(北京) 순천부(順天府)로 삼았다. 19년(1421) 북경으로 천도하고, 남경(南京)을 유도(留都)로 삼았다. 3년부터 환관 정화(鄭和)를 서양에 파견하여 영락 말기까지 여섯 차례에 걸쳐 운항시켜 가장 멀리 아프리카 동해안까지 이르렀다. 또 환관 감군(監軍)을 등용해 명나라가 환관을 중용하는 시발점을 만들었다. 해진(解縉) 등에게 명해 《영락대전(永樂大典)》을 편찬하게 했다. 22년 북정을 떠나 돌아오는 도중 유목천(楡木川)에서 병사했다.

135 중관(仲寬, 兪偉): 송(宋)나라 철종(哲宗) 때 사람으로 자가 중관(仲寬)이고, 이름은 유위(兪偉)이다. 순창 현령(順昌縣令)으로 있을 때에, 그 고장 백성이 자식을 낳으면 죽여 버리는 악습(惡習)이 있었다. 유위는 그것을 바로잡고 키우도록 권해서 살아난 자가 수천 명이었다. 자식

시 민(閩)지역의 풍속은, 자식을 낳음에 많은 경우 3~4명까지만 키웠고 그 이상은 모두 거두지 않았는데, 재산이 넉넉하지는 않았기 때문이다. 만약 여자아이의 경우에는 셋째까지 기다리지 않고 항상 물에 빠뜨리니, 건주(建州)와 검주(劍州)가 더욱 심하였다. 중관은 이에 자식을 죽이는 것을 경계하는 글을 지어서 여러 마을의 부로(父老) 중에 믿고 복종할 수 있는 사람을 불러 행랑 아래 줄지어 앉게 하여 술을 차려 주고 (그들에게) 친히 따라 주고 마시게 했다. 그 글을 내어서 고을 사람들이 돌아갈 때 권해 주어 자식을 죽이는 것이 없어지니, 세월이 지나서 살아남은 사람들이 천 명에 이르렀다. 전운 판관(轉運判官) 조보(曹輔)[136]가 그 일을 위에 알리자, 조정에서 가상하게 여겨 중관이 한 번 관직을 하는 것을 고쳐 이어서 재임(再任)하게 하였고 다시 법을 세워 온 지방에 널리 시행하게 하였다.[137]

余仲寬宰劍之順昌, 時閩俗生子多者至三四子, 則率[138]皆不擧, 爲其貲産不足以贍也, 若女則不待三往往溺之, 建劍尤甚. 仲寬乃作《戒殺子》文, 召諸鄉父老爲人信服者列坐廡下, 以俸置醪醴, 親酌飮之, 出其文使歸勸其鄉人, 無得殺子, 歲月間活者以千計. 轉運判官曹輔上其事, 朝廷嘉之, 就改仲寬一官, 仍令再任, 復爲立法推行一路.

을 낳으면 대부분 유(兪)를 자로 삼았다.

136 조보(曹輔, 1069~1127): 북송 때 남검주(南劍州) 사현(沙縣) 사람으로, 자는 재덕(載德)이다. 철종(哲宗) 때 진사가 되었고, 휘종(徽宗)이 미행(微行)을 자주 하자 상소를 올렸다가 침주(郴州)로 6년 동안 쫓겨났다. 고종이 즉위한 후 복직되었으나 얼마 되지 않아서 세상을 떠났다.

137 이 … 하였다: 《송원학안(宋元學案)》 권6 〈사유제유학안(士劉諸儒學案) 유위(兪偉)〉에 나온다.

138 率: 《대학연의보(大學衍義補)》 사고전서본에는 '後'로 되어 있어, 번역에서는 이를 따른다.

신은 이렇게 생각합니다. 자식을 물에 빠뜨리는 습속은 지금 절동(浙東) 지방에서 심합니다. 청하건대 지금부터 절동의 수령이 되는 사람은 임기가 만료되면 올리는 평가 문서에 반드시 "임지에 이른 후부터 백성들 가운데 아울러 자식을 물에 빠뜨리는 경우가 없으니, 만일 사실이 아니라면 연좌하여 벼슬을 한 등급 내려가겠습니다."라고 쓰게 하십시오. 이와 같이 한다면 백성들은 자식을 반드시 많이 낳아 키우게 되고 호구(戶口)가 날로 늘어나니, 이 역시 어진 정치의 큰 실마리입니다.

臣按: 溺子之俗至今浙東爲甚, 請自今有除爲浙東守令者, 考滿上課必書云, 自到任之後民並無溺子者, 如有不實, 坐降一級. 如此, 則民間擧子必多, 戶口日增, 是亦仁政之大端也.

이상 교화를 넓혀서 풍속을 변화시킴.

以上廣敎化以變俗.

신은 이렇게 생각합니다. 다스리는 사람은 임금이고, 다스림을 받는 사람은 백성입니다. 임금의 다스림을 미루어 백성에게 미치는 사람은 관리[吏]입니다. 다스리는 도(道)에는 두 가지가 있으니, 정치[政]와 교화[敎]입니다. 정(政)은 법령으로 행하는 것이니 쉽고, 교화는 도의로 행하는 것이니 어렵습니다. 교화의 근본은 비록 임금이 자신을 바르게 하고 집안을 가지런히 하여 감동시켜서 교화하는 기틀로 삼는 것에 달려 있다고 하더라도, 땅은 한 방면만이 아니라서 밖에 멀리 있는 사람들은 두루 닿게 하기 쉽지 않고, 사람도 한 부류가 아니기에 소원한 사람들에게 갑자기 미치는 것이 쉽지 않습니다.

그러므로 명철한 임금이 윗자리에 있으면서 교화가 다스리는 도리의 급선무인 것을 안다면 반드시 학교를 설립하여 예의(禮義)를 밝히고, 규칙[條敎]을 세워 밝게 가르치고 인도합니다. 그들에게 모두 도의(道義)의 가운데에 모이게 하여 순후(淳厚)한 풍속을 이루게 하고 또한 반드시 수령의 적임자를 가려서 우리의 정치와 교화를 폅니다.

간곡히 타이르고 훈계하여 조정이 지향하는 것을 알게 하고 정치를 함에 교화를 우선으로 한다면 아름답지 않은 습속이 변하여 아름답게 되고, 착하지 않은 사람들이 교화되어 착하게 됩니다. 사람마다 모두 선량해지고 집집마다 모두 화순하게 되어, 집으로부터 읍까지, 읍으로부터 군까지 백성의 풍속과 선비의 습관이 한 가지 율(律)에서 나오는 것과 같아집니다. 그러면 큰 천하에서 잘 다스리고 평안하게 하는 기초가 진실로 여기에서부터 겹겹이 쌓이게 됩니다.

臣按: 治者君也, 所以爲治者民也, 推君之治而致之民者吏也. 治道有二, 日政日敎, 政以法令行之也易, 敎以道義行之也難, 敎之本雖在於人君正身齊家, 以爲感化之機, 然地非一方, 而遐外者未易以偏達, 人非一類而疏遠者未易以遽及. 是故明君在上, 知敎化爲治道之急務, 則必設學校·明禮義·立條敎以曉諭而引導之, 使之皆囿於道義之中而爲淳厚之俗, 而又必擇守令以[139]人布吾之政敎, 丁寧告誡, 使其知朝廷意嚮所在, 而其爲政必以敎化爲先, 變不美之俗以爲美, 化不良之人以爲良, 使人人皆善良·家家皆和順, 由家而邑, 由邑而郡, 民風士習如出一律, 則天下之大, 其[140]平之基實自此而積累也.

139 以:《대학연의보(大學衍義補)》 사고전서본에는 '之'로 되어 있어, 번역에서는 이를 따른다.

140 其:《대학연의보(大學衍義補)》 사고전서본에는 '治'로 되어 있어, 번역에서는 이를 따른다.

대학연의보
(大學衍義補)

—

권83

교화를 숭상함[崇敎化]

표창하고 구별하는 것을 엄하게 하여 권장하는 것을 보임[嚴旌別以示勸]

《서경(書經)》〈주서(周書) 필명(畢命)〉에서 말하였다.

선(善)【(淑은) 선(善)이다.】을 표창하고 악(惡)【(慝은) 악이다.】을 구별하여 그 사는 마을을 정표(旌表)하고, 선에는 표창하고 악에는 고통을 주어【(癉은) 고통을 줌[病]이다.】 명성을 세워 주며, 가르침이 되는 법을 따르지 않거든 그 거주하는 곳[井疆]을 달리하여 두려워하고 바라게 하라.

《周書·畢命》曰: 旌別淑【善也】慝【惡也】, 表厥宅里, 彰善癉【病也】惡, 樹之風聲. 弗率訓典, 殊厥井疆, 俾克畏慕.

채침(蔡沈)이 말하였다.[1]

"선(善)을 표창하고 악(惡)을 구별하는 것은 주(周)나라가 오늘날의 풍속에 따라 바꾸는 정치이다. 선한 사람이 거주하는 마을을 표시하

1 《서경집전(書經集傳)》〈주서(周書) 필명(畢命)〉에 나온다.

여 다르게 하는 것은 후세에 마을입구에 정표(旌表)하는 것과 같다. 선을 하는 자를 높이고 불선(不善)을 하는 자를 고통을 주어 세워서 선을 하는 자의 명성으로 삼아 당시에 드러내고 후세에 전하니, 이른바 '선을 표창함'이다. 가르침이 되는 법을 따르지 않는 자는 마을의 경계를 다르게 하여 선한 자와 같이 섞여 거처하지 않게 한다. 《예기(禮記)》에서 "변하지 않으면 교(郊)로 옮기고, 변하지 않으면 수(遂)[2]로 옮긴다."[3] 라고 한 것이 곧 그 법이다. 악으로 인한 화를 두려워하게 하고 선으로 인한 복을 바라게 하는 것이니, 이른바 '악을 구별함'이다."

蔡沈曰: "旌善別惡, 成周今日由俗革之正[4]也. 表異善人之居里, 如後世旌表門閭之類, 顯其爲善者而病其爲不善者, 以樹立爲善者風聲, 使顯於當時而傳於後世, 所謂旌淑也. 其不率訓典者, 則殊異其井里疆界, 使不得與善者雜處, 《禮記》曰 '不變移之郊, 不變移之遂'卽其法也, 使能畏爲惡之禍而慕爲善之福, 所謂所別慝也."

여조겸(呂祖謙)이 말하였다.[5]

"영욕(榮辱)은 한때에만 그치는 것이 아니라서 꽃다운 향기와 더러

2 수(遂): 《주례(周禮)》 〈지관사도(地官司徒) 수인(遂人)〉에 '5현(縣)이 수(壽)가 되고, 왕이 직접 다스리는 지역 내부에는 6향(鄕)을 두고 외부에는 6수를 둔다[五縣爲遂, 王國內有六鄕, 外有六遂].'라고 하였다.'

3 변하지 … 옮긴다: 《예기(禮記)》 〈왕제(王制)〉에 나온다.

4 正: 《대학연의보(大學衍義補)》 사고전서본에는 '政'으로 되어 있어, 번역에서는 이를 따른다.

5 《동래서설(東萊書說)》 〈주서(周書) 강왕지고(康王之誥)〉에 나온다.

운 악취는 백세(百世)에 전해져도 없어지지 않으니. 이른바 '명성을 세우는 것'이다. 그 사람이 있으면 정치가 거행되고 그 사람이 없으면 그 정치가 종식되니,[6] 오직 명성이 전해진다면 멀리 천백 년 뒤라도 고무시켜 비록 일의 자취가 지나가더라도 늘 새롭게 흥기할 수 있는 것이다. 따르지 않는 자를 경계를 달리하는 것은 어찌 진실로 그를 끊어서 사람들의 밖에다 두려고 하는 것이겠는가. 두려워하고 바라게 하여 마침내 선으로 돌아가게 할 뿐이니, 이것이 표창하고 구별하는 본심(本心)이다."

呂祖謙曰: "榮辱不止於一時, 而流芳遺臭將傳百世而未泯, 所謂樹之風聲也. 人存政擧, 人亡政息, 惟風聲所傳則可以鼓動千百年之遠, 雖事往跡陳而興起如新, 弗率者殊其井疆, 豈眞欲絶之而置之人類之外哉? 欲其畏慕而卒歸於善而已, 此旌別之本心也."

진력(陳櫟)[7]이 말하였다.[8]

"선을 표창하고 악을 구별한다는 한 구절은 강(綱)이다. '(그 마을을) 정표(旌表)하고'에서 '명성을 세운다'까지의 세 구(句)는 선(善)을 표창하는 것이다. '(가르치는 법을) 따르지 않거든'에서 '두려워하고 사모하게 하라'까지의 세 구는 악을 구별하는 것이다. 동교(東郊)[9]의 정치는 편

6 그 사람이 … 종식되니: 《중용(中庸)》에 나온다.

7 진력(陳櫟): 《대학연의보》 권77 주) 20 참조.

8 《서경집주대전(書經集註大全)》 〈주서(周書) 필명(畢命)〉에 나온다.

9 동교(東郊): 동교는 하도(下都: 洛陽)를 말한다. 은(殷)나라가 멸망하자 주공은 은나라의 완

안하게 하는 것을 다스림으로 삼았다. 선을 표창하고 악을 구별하는 것이 다스림이니, 의(義)를 다한 것이다. 본심(本心)이 두려워하고 바라게 하여 선으로 함께 돌아가게 하고자 하는 것은 편안하게 하는 것을 다스림을 삼은 것이니 인(仁)의 지극함이다. 또 세워서 선을 하는 자의 명성으로 삼은 것은 선을 좋아하는 것을 길이 간직하게 함을 드러낸 것이고, 악을 행하는 자가 두려워하고 바라게 하는 것은 악을 미워하는 것을 짧게 함을 드러낸 것이니, '사람으로서 사람을 다스리다가 고치면 그만둔다.'라는 뜻이다. 깊게 사랑하고 두텁게 대함이 이와 같으니, 마침내 부박함을 교화하여 충하고 두텁게 한 것이니, 마땅하도다!"

陳櫟曰: "旌別淑慝一句, 綱也. 表厥至風聲三句, 旌淑也; 弗率至畏慕三句, 別慝也. 東郊之政以保爲厘, 旌別淑慝者厘也, 義之盡也; 本心欲其畏慕而同歸於善者, 以保爲厘也, 仁之至也. 又樹立爲善者之風聲, 見其善善之長, 俾爲惡者畏慕, 見其惡惡之短, 有以人治人改而止之意, 愛之深·待之厚如此, 卒化浮薄爲忠厚, 宜哉."

신은 이렇게 생각합니다. 임금이 다스림은 좋아하고 미워함이 있는 곳을 밝히는 데에 달려 있습니다. 백성들이 선(善)으로 막 나아가고 악(惡)으로 흐르지 않는 데에 향할 바를 알게 한다면 세속에서는 바름

악한 백성들을 하도에 옮기고 직접 통치하였다. 이후 군진(君陳)과 필공(畢公)이 다스렸다. 《서경(書經)》〈주서(周書) 군진(君陳)〉과 〈주서(周書) 필명(畢命)〉에 나온다.

을 숭상하여 다스림과 교화가 이루어질 수 있습니다. 만일 뒤섞여서 표창하고 구별하는 것이 없으면 선을 하는 자는 그 할 수 있는 것을 알지 못하여 스스로 태만하지고, 악을 하는 자는 그 해서는 안 되는 것을 알지 못하여 날로 방자해집니다.

이 때문에 강왕(康王)은 필공(畢公)에게 동교(東郊)를 편안하게 다스리는 것으로 명하여 반드시 선을 표창하고 악을 구별할 것을 알려주었습니다. 그리하여 그것을 표창함에 그 사는 마을을 정표(旌表)하여, 그 거주하는 곳을 지나가는 자가 "이곳은 선인(善人)이 사는 곳이라서 임금께서 드러내어 표창함이 이와 같으니, 내가 어찌 선(善)을 행하지 않을 수 있겠는가."라고 말하게 합니다. 그것을 구별함에 거주하는 곳을 다르게 하여, 그곳을 지나가는 자가 "이곳은 악인(惡人)이 사는 곳이라서 임금께서 병들게 하고 구별함이 이과 같으니, 내가 어찌 불선(不善)을 행할 수 있겠는가."라고 말하게 합니다. 멀거나 가까이 있는 사람들이 그 명성을 듣고 감동하여 떨쳐 일어나게 하고, 그 일을 보고서 경계하게 합니다. 한 시대에만 행해질 뿐만 아니라 그 명성이 또 천백 세까지 전해집니다.

대저 임금이 백성을 다스리는 도는 한 가지가 아닙니다. 그러나 그 큰 요체는 백성들이 선을 행하고 악을 행하지 않는 것에 돌아가게 하는 것입니다. 가르침이 되는 법을 드러내는 것은 말로 감동시키는 것이고, 명성을 세우는 것은 형태로 보이게 하는 것입니다. 말로 감동시킴에 말은 때가 있을 뿐이나, 형태를 보여 줌에 형태는 영구히 항상 보존됩니다. 그것들이 매번 눈에 보이게 하고 항상 마음에서 경계되게 하여 한시라도 혹 그침이 없게 하려는 것이니, 감동시켜 교화하고 변하게 하는 중요한 관건은 이 한 가지입니다!

臣按: 人君爲治在乎明好惡之所在, 使民知所以向方, 趨於善而不流於惡, 則俗尙正而治化可成也. 苟混混然而無所旌別, 則爲善者不知其可爲而自怠, 爲惡者不知其不可爲而日肆矣, 此康王命畢公以保厘東郊而必告之以旌別淑慝也. 然其旌之也則表厥宅里, 使過其居者曰: "此善人之居, 君上所以彰而表之也如此, 吾何可不爲善乎?" 其別之也則殊其井疆, 使經其所者曰: "此惡人之居, 君上所以癉而異之也如此, 吾何可爲不善乎?" 遠近之人聞其風而興起, 目其事而警戒, 不徒行於一時而其風聲流傳且至千百世焉. 大抵人君治民之道非一端, 而其大要歸於使民爲善而不爲惡, 著之訓典者, 感之以言·樹之風聲者, 示之以形·感之以言, 言則有時而已, 示之以形, 形則終古常存, 欲其每視於目, 常儆於心, 無時而或已也. 感化轉移之機括, 此其一乎.

《예기(禮記)》〈왕제(王制)〉에서 말하였다.

어진 이를 높여서 덕(德)을 숭상하고, 어리석은 자를 가려서 악(惡)을 물리친다. 향(鄕)에 명하여 가르침을 따르지 않는 자를 가려서 고하게 한다. 기로(耆老)가 모두 상(庠)에 모여서 길일[元日]에 사례(射禮)를 익혀 공을 높이고, 향음주례(鄕飮酒禮)를 익혀 나이를 높인다. 대사도(大司徒)가 나라의 준사(俊士)를 거느려 집사(執事)에 참여한다. 변하지 않으면 나라의 우향(右鄕)에 명하여 가르침을 따르지 않는 자를 가려서 좌향(左鄕)으로 옮기고, 나라의 좌향에 명하여 가르침을 따르지 않는 자를 우향으로 옮긴다. 처음과 같이 예를 행하여 변하지 않으면 교(郊)로 옮기고, 처음과 같이 예를 행하여 변하지 않으면 수(遂)로 옮기고, 처음과 같이 예를 행하여 변하지 않으면 원방(遠方)으로 물리쳐 종신토록 나란히 서지 못하게 한다.

《禮記·王制》曰: 上賢以崇德, 簡不肖以絀惡, 命鄕簡不帥教者以告. 耆老皆朝於庠, 元日習射上功·習鄕上齒, 大司徒帥國之俊士與執事焉. 不變, 命國之右鄕簡不帥教者移之左, 命國之左鄕簡不帥教者移之右, 如初禮. 不變, 移之郊, 如初禮. 不變, 移之遂, 如初禮. 不變, 屛之遠方, 終身不齒.

공영달(孔穎達)이 말하였다.[10]

"어진 사람을 존중하는 것은 덕이 있음을 널리 권장하는 것이고, 어리석은 자를 가려서 제거하는 것은 악인을 내치는 것이다."

孔穎達曰: "尊上賢人所以崇奬有德, 簡去不肖所以黜退惡人."

진호(陳澔)가 말하였다.[11]

"'향(鄕)에 명하여 가르침을 따르지 않는 자를 가린다' 이하는 어리석은 자를 가려 악을 물리치는 일을 말한 것이다. 향은 기내(畿內)의 6향을 말한다. 상(庠)은 향의 학교이다. 기로(耆老)는 향에 있는 벼슬에서 물러난 경(卿)과 대부(大夫)이다. 원일(元日)은 좋은 날을 가린 것으로 기일(期日)이 정해지면 기로가 모두 와서 모인다. 이에 사례(射禮)와 향

10 《예기집설(禮記集說)》〈왕제(王制)〉에 나온다.

11 《예기대전(禮記大全)》〈왕제(王制)〉에 나온다.

음주례(鄕飮酒禮)를 행하는데, 사례는 적중시키는 것을 상(上)으로 삼기에 "공(功)을 높인다."라고 말하며, 향음주례는 나이의 많고 적음으로 차례를 매기기에 "나이를 높인다."라고 말한다. 대사도(大司徒)는 교관(敎官)의 장으로 준수한 자를 이끌고 예식을 집행하는 일에 참여한다. 대개 교화를 따르지 않는 사람이 보고 느끼는 것에서 얻게 하여 잘못을 고쳐 선을 따르게 하려는 것이다. 또 좌우로 마주 옮겨 학문을 닦고 편하게 쉬는 장소를 바꾸고 사우(師友)가 강론하고 닦는 방법을 새롭게 하는 것이니, (그렇게 하면) 거의 변할 것이다. 사교(四郊)는 향의 경계 밖에 있고, 수(遂)는 또 원교(遠郊)의 밖에 있으니, 대개 차차 멀어지는 뜻을 나타낸 것이다. 네 번에 걸쳐 예를 보여 가르쳤으나 그래도 고치지 않는다면 그 사람은 끝내 덕(德)으로 들어갈 수 없으니, 이에 물리쳐서 버리는 것이다."

陳澔曰: "命鄕簡不帥敎以下, 言簡不肖以絀惡之事. 鄕, 畿內六鄕也. 庠則鄕之學也. 耆老, 鄕中致仕之卿·大夫. 元日, 所擇之善日. 期日定則耆老皆來會聚, 於是行射禮與鄕飮之禮, 射以中爲上, 故曰上功; 鄕飮則序年之高下, 故曰上齒. 大司徒, 敎官之長也. 率其俊秀者與執禮事, 蓋欲使不帥敎之人得於觀感而改過以從善也, 而又左右對移以易其藏修遊息之所, 新其師友講切之方, 庶幾其變也. 四郊在鄕界之外, 遂又在遠郊之外, 蓋示之以漸遠之意也. 四次示之以禮敎而猶不悛焉, 則其人終不可以入德矣, 於是乃屛棄之."

신은 이렇게 생각합니다. 옛날에 선왕(先王)이 천하의 인재를 고무하여서 그들이 모두 선에 나아가고 악을 행하지 않게 하였으니, 반드시 숭상하거나 가려 구별하는 법이 있었습니다. 대개 하늘이 사람을 낳음에 사람이 모두 선하지 않고 또 사람이 모두 악하지 않은데, 윗사람이 그것을 표창하고 구별함이 있으면, 선한 자는 더욱 선에 나아가고 악한 자는 모두 그 악을 버리고 선으로 돌아갑니다. 온 천하에 사람들이 모두 선하고 악이 없으면, 사람들은 이루지 못하는 재주가 없고 세상에는 아름답지 않은 풍속이 없으니, 천하가 평안합니다.

이 《예기(禮記)》〈왕제(王制)〉의 사도(司徒)의 직임은 어진 이를 존중하고 어리석은 자를 가리는 것입니다. 그러나 이른바 어진 이와 어리석은 자는 곧 학교에서 기르는 선비입니다. 대개 대지는 크고 백성은 많아서 사람마다 표창하거나 구별할 방법이 없습니다. 이에 나이가 어리면서 자질이 아름다운 자를 가려서 단계적으로 학교에 나아가게 하고 그가 장성해지면 완성될 것입니다. 그중에 어질고 덕이 있는 자는 그를 올리고 높여서 수사(秀士)와 준사(俊士)로 삼으니, 이에 말미암아 천자(天子)의 조정에 나가갑니다. 어리석고 악한 자는 가리고 내쳐서 좌향(左鄕)으로 옮기고 우향(右鄕)으로 옮기니, 이에 말미암아 교(郊)와 수(遂) 밖으로 물리칩니다.

내가 등용한 자는 이미 터득하여 다스리는 도구가 되었으며, 내가 버린 자 또한 그로 인해 경계하여 바로잡는 방법이 되었습니다. 이와 같다면 이미 학교에 있는 자는 경계하고 두려워할 바를 알고, 학교에 입학하지 않은 자도 감동하고 분발할 바를 아니, 국가에서 쓸 만한 인재를 얻는 것이 끝이 없을 것입니다.

우리나라[明]에서 학교의 생원(生員)으로 과거에 합격한 자는 곧 위에 올려 보내서 유사(有司)가 그 문(門)을 표창하고, 여러 번의 시험에서 합격하지 못한 자는 곧 물리쳐 평민으로 삼거나 혹은 서리(胥吏)로 충원하니, 이 역시 옛날에 다스렸던 남겨진 뜻입니다.

臣按: 古者先王所以鼓舞天下之人才而使之咸趨於善而不爲惡, 則必有崇尚簡別之法焉. 蓋天生人, 不人人善亦不人人惡, 上之人有以表別之, 則善者益進於善而惡者皆舍其惡而歸於善. 普夫[12]之下人皆善而無惡, 則人無不成之才, 世無不美之俗, 而天下平矣. 此《王制》司徒之官所以上賢而簡不肖也. 然其所謂賢不肖者乃學校所養之士, 蓋以輿地之大·生齒之衆, 無由人人以表別之也, 於是擇其年少而質美者以漸而進之於學, 及其壯而成矣, 則於其中賢而有德者上而崇之以爲秀士俊士焉, 由是而進之天子之廷, 不肖而惡者簡而絀之以移之左·移之右焉, 由是而屛之郊遂之外, 則吾之所用者旣得以爲致治之具, 而吾之所棄者又因之以爲董戒之方. 如此, 則旣在於學者知所戒懼, 而未入於學者知所感發, 而國家得人之用無窮矣. 我朝於凡學校生員, 登第者卽進之於上而有司爲表其門, 其屢試無成者卽黜退爲民, 或充吏, 是亦治古之遺意.

《예기(禮記)》 〈치의(緇衣)〉에서 공자가 말하였다.

"나라를 소유한 자가 신을 밝히고【(章은) 밝힘[明]이다.】 악에 고통을 주어【(癉은) 병들게 함[病]이다.】 백성에게 두터이 할 것을 보이면 백성들의 본성이 둘이 되지 않는다."

12 夫: 《대학연의보(大學衍義補)》 사고전서본에는 '天'으로 되어 있어, 번역에서는 이를 따른다.

《緇衣》: 子曰: “有國家者章【明也】善癉【病也】惡以示民厚, 則民情不貳.”

진상도(陳祥道)[13]가 말하였다.[14]

“백성들이 태어날 때에는 두터우니[厚], 본성의 근본은 일찍이 선하지 않음이 없다. 물(物)에 따라 옮겨가서 악에 익숙해지니, 악이라는 것은 거짓됨이다. 나라를 소유한 자가 백성의 본성에 선이 있으나 익숙해진 바에 따라 옮겨진 후에 악이 됨을 알기 때문에, 선을 행하면 그것을 밝혀서 백성들이 선이 할 수 있는 것임을 알게 하고, 악을 행하면 고통을 주어 백성들이 악이 피할 수 있는 것임을 알게 한다. (이를 통해) 백성들에게 태어나면서 두터운 선을 가지고 있음을 보여 준다면, 백성들이 한결같이 선에 이르러 두터움으로 돌아갈 것이다.”

陳祥道曰: “惟民生厚則性之本未嘗不善也, 因物有遷而習於惡則惡者其僞也, 有國家者知民性之有善而移於所習然後爲惡, 故爲善則章之使民知善之可爲, 爲惡則癉之使民知惡之可避, 以示民有生厚之善, 則民致一於善而歸厚矣.”

신은 이렇게 생각합니다. ‘선을 밝히고 악에 고통을 준다[章善癉惡].’는

13 진상도(陳祥道): 《대학연의보》 권78 주) 4 참조.

14 《예기집설(禮記集說)》 〈치의(緇衣)〉에 나온다.

말은《서경(書經)》〈주서(周書) 필명(畢命)〉에 나옵니다. 선을 좋아하여 밝히는 것은 그 사는 마을을 정표하는 것이고, 악을 미워하여 병들게 하는 것은 거주하는 것을 달리하는 것입니다. 선유가 이르기를 '선은 두터운 곳에 자리 잡고 악은 박한 곳에 자리 잡으니, 백성들에게 두터움을 보인 것이다.'라고 하였습니다. 선을 좋아하고 악을 미워하면 백성들이 한결같이 의리(義理)에 돌아가니. 백성들의 본성이 둘이 아니게 되는 이유입니다.

臣按: 章善癉惡之言出於《畢命》, 善善而章之則表厥宅里, 惡惡而病之則殊厥井疆. 先儒謂善居其厚·惡居其薄, 所以示民厚也, 好善惡惡則民一歸於義理, 民情所以不貳也.

《예기(禮記)》〈치의(緇衣)〉에서 또 말하였다.

그러므로 백성들의 임긋노릇 하는 자가 좋아하는 것을 밝혀서 백성에게 보여 풍속을 이루고, 악한 것을 삼가서 백성의 음란함을 막는다면 백성들이 미혹되지 않는다.

又曰: 故君民者章好以示民俗, 愼惡以御民之淫, 則民不惑矣.

마희맹(馬晞孟)이 말하였다.[15]

15 《예기집설(禮記集說)》〈치의(緇衣)〉에 나온다.

“백성의 임금노릇하는 자가 (자신이) 좋아하는 것을 밝혀서 백성들에게 좋은 풍속을 보여 주어, 천하의 사람들이 내가 좋아하는 것이 선에 있음을 분명히 알게 하여 선으로 옮겨가서 풍속을 이루게 하려는 것이다. 미워하는 것을 신중히 하여 백성들이 음란하게 되는 것을 제어하여 천하의 사람들이 내가 미워하는 것이 악에 있음을 분명히 알게 하고 음란하고 간사한 행동을 감히 하지 않게 하려는 것이다. 그러므로 백성들이 미혹되지 않는다.”

馬晞孟曰: “君民者章好以示民俗, 使天下之人曉然知吾之所好在善而遷善以成俗; 愼惡以禦民之淫, 使天下之人曉然知吾之所惡在惡而淫僻之行有所不敢爲, 故民不惑矣.”

신은 이렇게 생각합니다. 후세에 무릇 효자(孝子)와 열부(烈婦)가 있으면 그 문(門)에 정표(旌表)하고, 도둑질을 여러 번 범해도 고치지 못하는 자가 있으면 그 문을 다르게 하여 경계로 삼습니다. 이 역시 옛사람의 좋은 것을 밝히고 악한 것을 삼가는 뜻을 얻은 것입니다.

臣按: 後世凡有孝子·烈婦則旌表其門, 而爲盜竊屢犯不悛者則異其門而以爲警, 是亦得古人章好愼惡之意也.

한(漢)나라 명제(明帝) 영평(永平) 3년(60)에 형주자사(荊州刺史) 곽하(郭賀)[16]가 뛰어난 정치를 하니, 명제가 삼공(三公)의 복식인 보불(黼黻)을 수놓은

옷과 면류관(冕旒冠)을 하사하였다. 순행하게 하고 수레의 휘장[幨帷]을 제거하여 백성들이 그 용모와 복식을 보게 하여 덕(德)이 있음을 드러내었다.[17]

> 漢明帝永平三年, 荊州刺史郭賀有殊政, 明帝賜以三公之服·黼黻冕旒, 敕行部去幨帷 使百姓見其容服以章有德.

신은 이렇게 생각합니다. 명제가 곽하(郭賀)에게 합당하게 얻을 수 없는 장복(章服)을 하사하여 그 뛰어난 정치가 있음을 표창한 것입니다. 당시의 관료들이 보고 듣고서는 어찌 두려워하여 송구해 하고, 기뻐하여 사모하지 않을 수 있겠습니까.

> 臣按: 明帝之於郭賀賜之所不當得之章服, 所以表其有殊政也, 一時光[18]聯見而聞之, 寧不惕然而悚忻然而慕乎?

패(沛)의 유장경(劉長卿)의 처 환씨(桓氏)는 지아비가 죽자 뒷날의 혐의를 막으려 했는데, 아들 또한 요절하자 환씨가 근심을 그치지 못하여, 곧 미

16 곽하(郭賀): 후한(後漢) 대의 인물로 낙양(洛陽) 출신이다. 자는 교경(喬卿)이다. 형주자사(荊州刺史)로 있을 때 선정을 베풀어 백성들이 노래로 칭송하였다고 한다. 이에 후한 명제(明帝)가 특별히 칭송하였다.

17 한나라 … 드러내었다: 《자치통감(資治通鑑)》 권44 〈한기(漢紀)〉에 나온다.

18 光: 《대학연의보(大學衍義補)》 사고전서본에는 '官'으로 되어 있어, 번역에서는 이를 따른다.

리 그 귀를 잘라 스스로 맹세하였다. 패상(沛相) 왕길(王吉)[19]이 높은 행실을 상주(上奏)하고 문려(門閭)에다가 '의를 행한 과부 환씨[行義桓嫠]'라고 적기를 청하였다.[20]

沛劉長卿妻桓氏夫卒, 防遠嫌疑, 子又夭歿, 桓氏慮不免, 乃豫割其耳以自誓. 沛相王吉上奏高行, 顯其門閭, 號曰 "行義桓嫠".

신은 이렇게 생각합니다. 전대에 절부(節婦)를 정표한 것은 과부 환씨(桓氏) 한 명에 그치지 않으나, 역사책에 전하는 것은 이것이 그 시작입니다. 그것을 실어 제왕(帝王)이 절부를 정표(旌表)한 사실을 드러내는 것은 대개 부인의 덕은 비록 부드럽고 따름[柔順]에 있으나 절개를 굽히지 않고 의를 행하는 것은 반드시 곧고 바름[貞烈]에 있기 때문입니다. 부드럽고 따름은 인(仁)이고, 곧고 바름은 의(義)입니다. 남편에 대하여 많은 사람들이 순응하여 따르는 가운데에 특별히 뛰어난 행실이 있으면 세우고 드러내어 천하의 딸, 부인, 어머니가 된 자들이 모두 이치에 어긋난 것이 부끄러워할 만한 것임을 알게 하려는 것이니, 한결같이 예의의 옳음을 사모하면, 〈주남(周南)〉과 〈소남(召南)〉의 교화를 회복할 수 있을 것입니다.

19 왕길(王吉, ?~기원전 48): 전한(前漢) 낭야군(琅邪郡) 고우현(皐虞縣) 출신이다. 자는 자양(子陽)이다. 창읍왕(昌邑王)의 중위(中尉)일 때 왕이 자꾸 사냥에 나가자 이를 간언한 일과 그가 익주자사(益州刺史) 친구인 공우(貢禹)가 자신도 출사할 것을 기대하고 미리 관을 털었다[彈冠]는 고사가 알려져 있다.

20 패의 … 청하였다: 《후한서(後漢書)》 권114 〈열녀전(列女傳)〉에 나온다.

臣按: 前代旌表節婦不止一桓嫠, 見於史傳者此其始也. 載之以見帝王旌表節婦之實, 蓋婦人之德雖在於柔順, 然立節行義必在於貞烈焉. 柔順, 仁也; 貞烈, 義也. 於夫衆人委順之中而有特然卓立之行, 旌而表之使天下之爲人女·爲人婦·爲人母者咸知違理之可羞, 而一惟禮義之是慕, 二南之化可復也.

수 문제(隋文帝)가 전덕무(田德懋)[21]가 효행(孝行)이 있자 새서(璽書: 옥새가 찍힌 문서)를 내려 다음과 같이 칭찬하였다. "황제가 전덕무에게 보낸다. 병들어 죽어 감을 알자 몹시 슬퍼함에 예(禮)가 지나칠 정도였고, 묘소에 움막을 치고 스스로 흙을 져서 분묘를 만들었다. 짐이 효(孝)로써 천하를 다스림에 유교[儒敎: 名教]를 넓힐 것을 생각하였는데, 다시 너와 세의(世誼)를 맺으니 인정과 의리가 소중하다. 효도는 신(神)도 감동한다는 소문이 있으니, 가상하여 탄식함이 매우 깊다. 봄날의 날씨가 따뜻하고 화창한데 기력이 어떠한가. 마땅히 스스로 슬픔을 억눌러 예로써 스스로를 보존하라." 아울러 비단 200필, 쌀 100석을 내리고, 조를 내려 그 문려(門閭)에 정표(旌表)하였다.[22]

21 전덕무(田德懋): 수(隋)나라 평량(平凉) 장성(長城) 사람으로 전인공(田仁恭)의 아들이다. 문제(文帝) 대에 아버지의 군공(軍功)으로 태자천우비신(太子千牛備身)이 되었다. 문제가 새서(璽書)를 내려 그의 효도를 칭송하고 그의 문려(門閭)에 정표를 내렸다. 양제(煬帝) 대에 상서가부랑(尙書駕部郞)이 되었다.

22 수 문제(隋文帝)가 … 정표(旌表)하였다: 《수서(隋書)》 권72 〈열전(列傳)〉에 나온다.

隋文帝以日[23]德懋有孝行, 降璽書褒之曰: "皇帝謝田德懋. 知在窮疾, 哀毁過禮, 倚廬墓所, 負土成墳. 朕以孝治天下, 思弘名教, 復與汝通家, 情義素重, 有聞孝感, 嘉歎兼深. 春日暄和, 氣力何似? 宜自抑割, 以禮自存也." 並賜縑二百匹·米百石, 詔表其門閭.

신은 이렇게 생각합니다. 전대에 효자를 문려(門閭)로 표창한 것은 하나가 아닙니다. 그러나 전덕무를 특별히 기술한 것은 수나라 문제가 새서(璽書)로 그를 기렸기 때문입니다. 전(傳)에 이르기를 "대저 효(孝)란 삼황오제(三皇五帝)의 본래 직무이고, 온갖 일의 강기(綱紀)이다."[24]라고 하였습니다. 자신의 한 몸에 행하면 자신의 한 몸이 바르게 되고 한 집안에서 행하면 한 집안이 바르게 되며, 한 군(郡)에서 행하면 한 군이 다스려지고, 천하[四海]에서 행하면 천하가 화합하여 교화로 돌아갑니다. 이것이 어찌 이유 없이 그런 것이겠습니까.

대개 부자관계가 안정되면 어른과 아이에게 차례가 있고 족속(族屬)이 화목해지며, 가정이 가지런해지고 나라가 잘 다스려지는 것이 자연의 이치입니다. 선왕(先王)이 여기에서 본 것이 있어 비록 평범한 남녀라도 효도한 명성이 조정에 알려진 자는 모두 문려(門閭)에 정표(旌表)하고 부세(賦稅)를 면제해 주며 주현(州縣)에서 때때로 안부를 묻게 하였습니다. 대개 이 세상의 백성들을 갈고 닦게 하고자 한다면 그로

23 日: 《대학연의보(大學衍義補)》 사고전서본에는 '田'으로 되어 있어, 번역에서는 이를 따른다.
24 대저 … 강기(綱紀)이다: 《여씨춘추(呂氏春秋)》 권14 〈효행람(孝行覽)〉에 나온다.

하여금 인륜을 두텁게 하고 풍속을 변하게 하여 잘 다스리고 교화하는 아름다움을 이룰 수 있을 것입니다.

臣按: 前代表孝子門閭非一, 而特紀德懋者, 以隋文帝有璽書褒之也. 傳有之曰: "夫孝, 三皇五帝之本務, 萬事之綱紀也." 行之一身則一身正, 行之一家則一家正, 行之一郡則一郡理, 行之四海則四海翕然歸化. 是豈無故而然哉? 蓋父子旣定則長幼有序·族屬以和, 家齊而國治自然之理也. 先王有見於此, 雖匹夫匹婦, 以孝名通朝廷者皆旌表門閭, 復賦稅, 俾州縣以時存問, 蓋欲砥礪斯世斯民, 使之厚人倫·移風俗, 以成治化之美也.

당(唐)나라의 장공예(張公藝)[25]는 아홉 세대가 같이 살았다. 북제(北齊), 수(隋), 당(唐)나라에서 모두 그 문에 정표(旌表)하였다. 당 고종(唐高宗)이 태산(泰山)에서 봉선(封禪)할 때에 직접 그 집에 행차하였다.[26]

唐張公藝九世同居, 北齊·隋·唐皆旌表其門. 高宗封泰山, 車駕幸其家.

---

25 장공예(張公藝, 578~676): 북제(北齊), 수(隋)를 거쳐 당(唐)대에 이르기까지 9대가 모여 살았다고 한다. 665년에 당나라 고종(高宗)이 태산(泰山)에서 봉선(封禪) 의식을 하면서 그의 집에 행차하였다. 이때 고종이 그 비결을 묻자 '백 번 참으면 집안에 화목이 있다[百忍堂中有泰和].' 고 답하였다.

26 당나라의 … 행차하였다: 《자치통감(資治通鑑)》 권201 〈당기(唐紀)〉에 나온다.

송(宋)나라 내주(萊州)의 서승규(徐承珪)[27]는 어려서 부모를 잃었다. 형제 3명 및 친족 30명과 더불어 변변치 못한 음식을 달게 여기고 의복을 서로 사양했다. 40년 동안 그 지조를 고치지 않으니, 거주하는 향(鄕)의 나무의 가지가 서로 잇닿았고, 오이가 다른 넝쿨인데도 열매를 맺었다. 유사(有司)가 이것을 알리니 태조(太祖)가 조서를 내려 향(鄕)의 이름을 의감(義感)으로 고치고, 마을 이름을 화순(和順)으로 고쳤다.[28]

宋萊州民徐承珪幼失父母, 與兄弟三人及其族三十口同甘藜藿·衣服相讓, 曆四十年不改其操, 所居鄕木連理·瓜異蔓同實. 有司以聞, 太祖詔改鄕名義感·里名和順.

강주(江州)의 백성 진긍(陳兢)[29]은 그 선대에 당(唐)나라에 벼슬하여 강주 장사(江州長史)가 된 자가 있어 전원(田園)을 더 설치하였다. 가법(家法)을 세워 자손을 경계하고, 무리들을 가려서 그 일을 맡기며, 서당을 세워 그들을 가르쳤다. 당 희종(唐僖宗)이 조서를 내려 그 문에 정려하였고, 남당(南唐)에서는 의문(義門)을 세웠다. 송나라에서 처음에 요역(徭役)을 면제하였고, 태종(太宗) 대에 그 집에 먹을 것이 부족하자 해마다 곡식을 주었고,

---

27 서승규(徐承珪): 내주(萊州) 액(掖) 사람이다.

28 송나라 … 고쳤다: 《송사(宋史)》 권456 〈열전(列傳)〉에 나온다.

29 진긍(陳兢): 송(宋)나라 강주(江州) 사람이다. 9세(九世)의 종족 700여 명이 함께 살면서 차례에 따라 앉아서 함께 식사하였다. 집에서 키우는 개 100여 마리도 한 마리가 오지 않으면 개들이 먹이를 먹지 않고 올 때까지 기다렸다고 한다. 송나라 태종(太宗)이 진긍의 집에 곡식을 주도록 조칙을 내렸다.

진종(眞宗) 대에 관에서 그 주가(主家)를 주(州)의 조교(助教)로 삼았다.[30]

江州民陳兢, 其先世仕唐有爲江州長史者, 益置田園, 爲家法戒子孫, 擇群從掌其事, 建書堂教誨之. 僖宗嘗詔旌其門, 南唐爲立義門, 宋初免其徭役. 太宗時, 以其家食不足, 每歲貸與之粟. 眞宗時, 官其主家者爲州助教.

신은 이렇게 생각합니다. 천하의 큼은 한집한집이 쌓여서 일어나니 한 집이라도 다스러지지 않음이 없은 후에야 천하의 평안함이 이러한 기반에 말미암습니다. 《주역(周易)》에서 "삼라만상은 같은 종류끼리 모이고, 만물은 무리를 지어 나누어진다."[31]라고 말하지 않았습니까. 날짐승과 들짐승은 반드시 서로 숲과 늪에서 더불어 무리 짓고, 어류와 자라는 반드시 서로 내와 못에서 더불어 무리 짓습니다. 오직 무리 지을 수 있는 이후에야 낳아서 기를 수 있으니, 사물 또한 그러한데 하물며 사람은 어떻겠습니까. 사람이 태어남에 부자(父子)가 있고 형제가 있고 친척이 있고 혼인이 있으니, 반드시 은혜로 서로 가까이 함이 있고 예로 서로 대접함이 있고 정성으로 서로 믿는 것이 있음 이후에야 오랫동안 머무를 수 있어 멀고 또 큰 것에 이릅니다.

만일 팔 다리와 몸이 이어져 있으나 남과 같이 나누어지고, 우물과 집을 함께하나 문이 갈라지면 서로 다투고 빼앗으며, 심하게는 서로 싸우고 송사하며 서로 죽이고 해치기까지 합니다. 내 신체가 곧 나의

30 강주의 … 삼았다: 《송사(宋史)》 권456 〈열전(列傳)〉에 나온다.

31 삼라만상은 … 나누어진다: 《주역(周易)》 〈계사 상(繫辭上)〉에 나온다.

할아버지와 아버지가 남긴 몸이고, 내 형제는 곧 내 아버지의 아들이고, 내 백숙(伯叔)은 곧 내 아버지의 형제이며, 내 아들은 역시 또 서로 형제가 되고, 내 형제는 곧 내 아들의 백숙이 되는데, 나누어 달라지고 미루어 멀어져서 비록 소원하고 다른 듯하나 본래 그 시초는 모두 한 사람이 낳은 바에서 나와 그 기맥(氣脈)이 본디 서로 같음은 생각하지 않았기 때문입니다. 선왕(先王)이 이것에서 본 것이 있어 백성들 가운데 효(孝)와 의(義)가 있어서 여러 세대 동안 나누어 살지 않는 자는 반드시 정표(旌表)하였습니다. 비록 인륜을 두텁게 하여 풍속을 변하게 하는 계책이 된다고 말하나 실제로는 나를 높이고 태평을 이루는 기반이 되는 것입니다.

우리 성조(聖祖: 홍무제)께서는 원(元)나라 사람들이 예(禮)를 폐하고 법을 해이하게 된 그 뒤를 이어받아서 더욱 겸병(兼幷)하는 풍속을 미워하셨습니다. 호가(豪家)와 거족(巨族)이 때때로 도를 잃고 제도를 넘어 죄를 얻었는데, 오직 포강(浦江)의 정씨(鄭氏)만이 은혜를 입었습니다. 혹 무고하여 모욕하는 자가 있더라도 번번이 용서하여 묻지 않고 그 문에 정려(旌閭)하였습니다. 또 여러 차례 그 자제를 발탁하여 현관(顯官)으로 삼아 매번 당시의 모범으로 지목하셨습니다. 등극하신 초기에 곧 령(令)을 제정하시어 "무릇 효자, 순손(順孫: 조부모를 잘 받들어 모시는 손자), 의부(義夫), 절부(節婦)로 지조와 행실이 탁월한 자는 유사(有司)와 정관(正官)이 천거하고 감찰어사(監察御史)와 안찰사(按察使), 체복사(體覆使)가 상사(上司)에 전하여 문려(門閭)를 정표(旌表)하라."라고 하셨습니다.

열성(列聖)께서 서로 받들어 옛 법을 따르셔서 무릇 천하에 조서를 내려 항상 그 일을 기재하도록 유사에게 신칙(申飭)하셨습니다. 또 법률의 조문에 무릇 도적과 자자(刺字)한 자는 경적(警跡)에 채워 넣으셨으니, 이 역시 선왕(先王)이 선(善)을 표창하고 악(惡)을 구별한 좋은 법의 깊은 뜻입니다.

臣按: 天下之大, 起於一家之積, 無一家之不理, 然後天下之平由此其基焉. 《易》不云乎, “方以類聚, 物以群分”, 鳥獸必相與群於林藪, 魚鱉必相與群於川澤, 惟能群然後可以生育, 物且然而況於人乎? 人之生也, 有父子·有兄弟·有親屬·有姻婭, 必有恩以相親, 有禮以相接, 有誠以相孚, 然後可以久處而至於遠且大也. 苟連肢體而分爾汝, 同井宅而割門戶, 相爭相奪, 甚而相鬪訟·相戕賊, 不思吾有身體卽吾祖考之遺體, 吾之兄弟卽吾父之子也, 吾之伯叔卽吾父之兄弟也, 吾之子亦且相與爲兄弟, 吾之兄弟卽吾子之伯叔, 分而異之·推而遠之雖若疏異, 然原其始初皆出於一人之所生, 其氣脈本相同也. 先王有見於斯, 於凡民之有孝義累世不分居者, 必旌表焉. 雖曰爲厚人倫·移風俗之計, 而實以隆吾致太平之基也. 我聖祖承元人禮廢法弛之餘, 尤嫉兼並之俗, 豪家巨族往往以失道逾制獲戾, 獨於浦江鄭氏加以恩數, 或有誣蔑之者輒赦不問, 旣旌其門, 又屢擢其子弟爲顯官, 每指以風切當世, 登極之初卽制令云: “凡孝子順孫·義夫節婦, 志行卓異者, 有司正官擧明, 監察禦史·按察司體覆轉達上司, 旌表門閭.” 列聖相承, 率循舊章, 凡下詔天下輒載其事以申飭有司, 又於律文, 凡盜賊刺字者收充警跡, 是亦先王旌淑別慝之良法深意也.

이상 표창하고 구별하는 것을 엄하게 하여 권장하는 것을 보임.

以上嚴旌別以示勸

대학연의보

(大學衍義補)

—

권84

교화를 숭상함[崇敎化]

시호(諡號)를 내려 충성을 권함[擧贈諡以勸忠]

《예기(禮記)》〈표기(表記)〉에서 말하였다.

공자(孔子)가 말하기를 "선왕(先王)은 시호(諡號)로 이름을 높이고, 절취(節取)하여 잘하는 것을 오로지하니【일(壹)은 오로지함[專]이다.】【혜(惠)는 선(善)이다.】 이름이 행동보다 높은 것을 부끄러워한다."라고 하였다.

《禮記·表記》: 子曰: "先王諡以尊名, 節以壹【專也】惠【善也】, 恥名之浮於行也."

정현(鄭玄)[1]이 말하였다.[2]

"시호(諡號)는 행동의 자취이고, 이름은 명성[聲譽]을 말한다. 선왕이 행적을 논의하여 시호를 삼음을 말하였다. '이름을 높인다[以尊名].'는 말은 (다른 사람들로부터) 명성이 높아지고 신뢰를 받을 수 있게 되는 것이다. '일(壹)'은 하나가 된다는 뜻이다. '혜(惠)'는 선(善)과 같다. 명성

1 정현(鄭玄): 《대학연의보》 권76 주) 20 정씨(鄭氏) 참조.

2 《예기정의(禮記正義)》〈표기(表記)〉에 나온다.

이 비록 많더라도 그 행적 중 가장 큰 선함 하나로만 시호를 정할 뿐임을 말하였다."

鄭玄曰: "諡者行之迹也, 名謂聲譽也. 言先王論行以爲諡. 以尊名者, 使聲譽可得而尊言[3]也. 壹讀爲一. 惠猶善也. 言聲譽[4]雖有衆多者, 卽以其行一大善爲諡耳."

진호(陳澔)[5]가 말하였다.[6]

"선한 행동이 비록 많더라도 낱낱이 제시하기는 어렵다. 다만 큰 것을 절취하여 잘하는 것을 오로지하기 때문에 '절취하여 잘하는 것을 오로지한다[節以壹惠].'라고 하였다."

陳澔曰: "善行雖多, 難以枚擧. 但節取其大者以專其善, 故曰節以壹惠也."

방각(方慤)[7]이 말하였다.[8]

"살아 있으면 이름이 있고, 죽으면 시호가 있게 되는데, 시호가 있

---

3 言: 《대학연의보(大學衍義補)》 사고전서본에는 '信'으로 되어 있어, 번역에서는 이를 따른다.

4 譽: 《대학연의보(大學衍義補)》 사고전서본에는 '擧'로 되어 있다.

5 진호(陳澔): 《대학연의보》 권78 주) 42 참조.

6 《예기집설(禮記集說)》 〈표기(表記)〉에 나온다.

7 방각(方慤): 중국 송(宋) 동려(桐廬) 사람으로 , 진사로 출신하여 벼슬은 예부 시랑을 지냈다. 저서에 《예기해의(禮記解義)》 20권이 있다.

8 《예기집설대전(禮記集說大全)》 〈표기(表記)〉에 나온다.

으면 그 이름은 피휘를 한다. 그러므로 '시호로 이름을 높인다.'라고 하였다. 시호는 그의 행적을 기록하고 엮어서[誄][9] 만들게 되는데, 행적은 한 가지가 아니므로, 시호로는 모두 말할 수 없는 점이 있으니, 다만 뛰어난 한 부분으로 절취하였을 따름이다. 그러므로 '절취하여 잘 하는 것을 오로지한다.'라고 하였다. 문왕(文王)의 시호를 문(文)이라 하고, 무왕(武王)의 시호를 무(武)라 하는 것들은 모두 잘하는 것을 한가지로 하는 방법이다. 행적은 비록 많으나 가장 잘하는 것으로 절취하였으니 이름이 행적보다 높지 않은 것이다."

方慤曰: "生則有名, 死則有諡, 諡則諱其名矣. 故曰諡以尊名. 夫諡以誄行而爲之, 然行不一也, 諡有所不勝言, 特以所隆者之一端而爲之節爾. 故曰節以一惠. 若文王之爲文·武王之爲武, 此皆一惠之道也. 行雖多而節之以惠, 則名不浮於行矣."

신은 이렇게 생각합니다. 주(周)나라 사람들은 졸곡(卒哭)[10]이 되면 피휘하고, 장차 피휘를 함에 시호를 받았으니, 이러한 시호는 삼대(三代) 이래 이미 존재하였습니다. 살아서는 이름이 있고 죽어서는 시호가 있으니, 이름은 살아 있는 자를 분별하고 시호는 죽은 자를 분별합니다. 살아있는 자의 이름은 그 사람을 분별하고, 죽은 자의 시호는 하

9 뇌(誄): 죽은 자의 행적들을 열거하여, 그 기록들을 읽으며, 시호를 짓는 것을 말한다. '뇌(誄)'자는 '묶는다'는 뜻이다. 즉 죽은 자의 행적을 하나로 엮는다는 의미이다.

10 졸곡(卒哭): 삼우(三虞)가 지난 뒤에 지내는 제사(祭祀)로 사람이 죽은 지 세 달 만에 오는 첫 정일(丁日)이나 해일(亥日)을 가려서 지낸다.

나의 덕(德)을 절취하여 칭호로 삼아서 그 이름을 피휘합니다.

臣按: 周人卒哭而諱, 將諱而諡, 是諡三代以來已有之. 生有名, 死有諡, 名乃生者之辨, 諡乃死者之辨. 生者之名以辨其人, 死者之諡則節其一德以爲稱而諱其名也.

《예기(禮記)》〈교특생(郊特牲)〉에서 말하였다.

죽었을 때 시호를 짓는 것은 지금 시행되는 것이다. 예전에는 생전에 작위가 없었다면 죽어서도 시호를 짓지 않았다.

《郊特牲》: 死而諡, 今也. 古者生無爵·死無諡.

정초(鄭樵)[11]가 말하였다.[12]

"예전에는 시호가 없었으니 시호는 주(周)나라에서 시작되었다. 주(周)나라 사람들은 졸곡(卒哭)이 되면 피휘하고 장사를 지냄에 시호를 받는다. 대개 이름은 호명해서는 안 되니 후대의 왕들이 전대의 왕들

---

11 정초(鄭樵, 1104~1162): 송나라 흥화군(興化軍) 보전(莆田) 사람. 자는 어중(漁仲)이고, 자호는 계서일민(溪西逸民) 또는 협제선생(夾漈先生)이다. 예악과 문자, 천문, 지리, 충어(蟲魚), 초목, 방서(方書) 등 많은 학문에 정통했다. 사학(史學)에 있어서는 충분히 사료를 검토할 것을 주장하면서 통사(通史)를 중시했다. 저서에 모공(毛公)과 정현의 설을 공박한 《시전변망(詩傳辨妄)》과 《이아주(爾雅注)》, 《통지(通志)》, 《협제유고(夾漈遺稿)》 등이 있다.

12 《통지(通志)》 권46 〈시략(諡略)〉에 나온다.

을 부르고 후대에서 전대를 언급함에, 소목(昭穆)[13]의 차례를 장차 어떻게 구별하겠는가. 살아서는 이름이 있고 죽어서는 시호가 있으니 이름은 살아 있는 자를 분별하고 시호는 죽은 자를 분별한다."

鄭樵曰: "古無謚, 謚起於周. 周人卒哭而諱, 將葬而謚. 蓋名不可名已, 則後王之語前王·後代之及前代, 所以爲昭穆之次者, 將何以別哉? 生有名, 死有謚, 名乃生者之辨, 謚乃死者之辨."

주서(周諝)[14]가 말하였다.[15]

"옛날에는 살아 있을 적에 작위가 있으면 그가 죽었을 때 천자에게 시호를 청하고 천자는 시호를 명하였다. 후세에는 다만 죽기만 하면

13 소목(昭穆): 사당(祠堂)에서 신주(神主)를 모시는 차례로 왼쪽 줄의 소(昭), 오른쪽 줄의 목을 통틀어 일컫는 말이다. 이 소목의 제도는 중국 상고 시대부터 유래된 것인데 주대(周代)에 들어와 주공(周公)이 예(禮)와 악(樂)을 정비하면서 비로소 구체화되었다. 《주례》에 의하면 제1세를 중앙에 모시는데 천자는 소에 2·4·6세, 목에 3·5·7세를 각각 봉안하여 삼소삼목(三昭三穆)의 칠묘(七廟)가 되고, 제후는 소에 2·4세, 목에 3·5세를 각각 봉안하여 이소이목(二昭二穆)의 오묘(五廟)가 되며, 대부(大夫)는 일소일목의 삼묘(三廟)가 된다. 문헌에 의하면 원래 소는 '존경한다' 또는 '밝다'는 뜻으로 북쪽에서 남쪽을 향한 위치를 일컫고, 목은 '순종한다' 또는 '어둡다'는 뜻으로 남쪽에서 북쪽을 향한 위치를 일컫는 것으로 해석된다. 또 묘차(廟次)는 변해도 소목의 차서(次序)는 바뀔 수 없다고 하였다. 원래 주나라 소목의 제도는 천자국(天子國)만이 칠묘를 두게 되어 있었으나, 그 뒤 중국의 역대 왕조가 거의 모두 칠묘를 두었다.

14 주서(周諝): 송나라 남검주(南劍州) 우계(尤溪) 사람으로 자는 희성(希聖)이다. 당시 왕안석(王安石)의 신법(新法)이 시행되었는데, 홀로 봉행(奉行)을 거부했다. 아울러 글을 올려 폐단을 극론하다가 사직하고 귀향했다. 저서에 《맹자해의(孟子解義)》와 《예기설(禮記說)》 등이 있다.

15 《예기집설대전(禮記集說大全)》 〈교특생(郊特牲)〉에 나온다.

모두 시호가 있으니, 대개 천자에게 시호를 청한 적이 없으면서 다만 스스로 시호를 정한 것일 뿐이다. 그러므로 '죽었을 때 시호를 짓는 것은 지금 시행되는 것이다.'라고 하였다."

周諝曰: "古者生有爵則死乃請諡於天子, 而天子命之諡. 後世但死則皆有諡. 蓋未嘗請諡於天子, 特其自諡耳. 故曰 '死而諡, 今也'."

진호(陳澔)가 말하였다.[16]

"죽었을 때 시호가 있는 것은 지금의 변례(變禮)이다. 은(殷)나라 이전에는 대부(大夫) 이상은 곧 작위를 갖게 되고, 죽으면 시호를 받게 된다. 주(周)나라의 제도에서 비록 작위가 명사(命士)[17]에게까지 내려졌지만 죽었다고 하여서 시호를 내리지는 않았다."

陳澔曰: "死而有諡, 今之變禮也. 殷以前大夫以上乃爲爵, 死則有諡. 周制雖爵及命士, 死不諡也."

《예기(禮記)》〈곡례(曲禮)〉에서 말하였다.

이미 아버지를 여윈 뒤에 자신이 갑자기 귀하게 되어도 아버지를 위하여 시호를 짓지 않는다.

16 《예기집설(禮記集說)》〈교특생(郊特牲)〉에 나온다.

17 명사(命士): 천자에게 지위를 받은 사(士)를 뜻한다.

《曲禮》: 己孤暴貴, 不爲父作諡.

여대림(呂大臨)[18]이 말하였다.[19]

“아버지의 작위가 시호를 짓는 데에 해당하지 않는데도 자신의 작위가 시호를 짓는 데에 해당한다고 하여 (아버지의) 시호를 지으면 이는 자신의 작위를 아버지에게 더해 주는 것이니, 높이려고 하였지만 도리어 낮추는 것이므로, 그 아버지를 공경하는 것이 아니다.”

呂大臨曰: “父之爵不當諡, 以己爵當諡而作之, 是以己爵加其父, 欲尊而反卑之, 非所以敬其父也.”

진호(陳澔)가 말하였다.[20]

“문왕(文王)은 비록 서백(西伯)이 되었으나 고공(古公)[21]과 공계(公季)[22]

18 여대림(呂大臨): 《대학연의보》 권81 주) 28 참조.

19 《예기집설대전(禮記集說大全)》 〈곡례(曲禮)〉에 나온다.

20 《예기집설(禮記集說)》 〈곡례(曲禮)〉에 나온다.

21 고공(古公): 성은 희(姬)이고, 이름은 단보(亶父)이다. 중국 상(商)나라 시대 주족(周族)의 수장으로 고공(古公)이라고 불려 흔히 이름과 함께 고공단보(古公亶父)라고 한다. 뒷날 증손자인 주나라 무왕(武王)에게 태왕(太王)으로 추존되어 주태왕(周太王)이라고도 불린다. 아버지는 공조(公祖)이고, 생모에 관한 기록은 전해지지 않는다. 태강(太姜)을 아내로 맞이해 태백(太伯)과 우중(虞仲), 계력(季歷)을 낳았다. 주나라 건국의 근거지인 기산 인근으로 주족을 이끌고, 농경과 행정체계의 정비에 힘써 주나라 건국의 기초를 닦은 인물이다. 단보는 셋째아들인 계력에게 주족 수장의 자리를 물려주었다. 《사기》에는 단보가 계력의 아내 태임(太

를 위하여 시호를 짓지 않았고, 주공(周公)은 문왕(文王)과 무왕(武王)의 덕을 이루었으나 또한 감히 태왕(太王)과 왕계(王季)에게 시호를 더하지 않았다."

陳澔曰: "文王雖爲西伯, 不爲古公公季作諡; 周公成文·武之德, 亦不敢加太王·王季以諡也."

신은 이렇게 생각합니다. 원(元)나라 사람들은 그 신하의 조상들을 추봉(追封)하여 모두 시호를 더하였으니 이는 비록 오랑캐의 임금이 예를 알지 못한 것이고, 또 당시의 신료들이 학문을 하지 않은 잘못입니다.

任)이 창(昌, 주나라 문왕)을 낳았을 때 상서로운 일이 일어나자 그가 주족을 번성시키게 할 것이라 예견했다고 기록되어 있다. 그래서 단보는 뒷날 창이 군주의 자리를 잇게 하려고 계력을 자신의 후계자로 삼았고, 아버지의 뜻을 안 장남 태백과 차남 우중은 양쯔 강 이남의 형만(荊蠻)으로 달아나 계력에게 군주의 지위를 양보했으며 그곳에 오(吳)나라를 세웠다고 한다.

22 공계(公季): 성은 희(姬)이고, 이름은 계력(季歷)이다. 중국 상(商)나라 시대의 제후국이던 주(周)의 군주였으므로 공계(公季)나 주공계(周公季)라고 하며, 뒷날 손자인 주나라 무왕(武王)에게 왕으로 추존되어 왕계(王季)나 주왕계(周王季) 등으로도 불린다. 단보(亶父)의 셋째아들로 태어났으며, 생모는 태강(太姜)이다. 태임(太任)을 아내로 맞이해 창(昌: 주나라 문왕)과 괵중(虢仲), 괵숙(虢叔)을 낳았다. 《사기》의 기록에 따르면, 단보가 죽은 뒤 주족 군주의 지위에 오른 계력은 아버지가 남긴 정치의 도리를 잘 따르고 성실하게 의(義)를 행해 제후들의 순종을 이끌어 냈다. 그리고 《후한서(後漢書)》에 인용된 《죽서기년(竹書紀年)》의 기록에 따르면, 계력은 융족(戎族) 정벌에 큰 공을 세워 상나라의 왕인 문정(文丁)에게 목사(牧師)의 지위를 받기도 했다. 하지만 주족의 세력이 커지는 것을 우려한 문정은 계력을 새고(塞庫)로 보낸 뒤에 그곳에 그를 가두어 굶겨 죽였다.

臣按: 元日[23]於凡追封其臣之父祖皆加以諡, 是雖夷狄之君不知禮, 亦[24]是一時臣僚不學之過也.

《예기(禮記)》〈곡례(曲禮)〉에서 말하였다.

장례를 마치고 천자를 알현하는 것을 유현(類見)[25]이라 하고, 시호를 청하는 것은 유(類)라고 한다.

既葬, 見天子曰類見, 言諡曰類.

정현(鄭玄)이 말하였다.

"유(類)는 본받음[象]과 같다."

鄭玄曰: "類猶象也."

공영달(孔穎達)[26]이 말하였다.[27]

23 日: 《대학연의보(大學衍義補)》 사고전서본에는 '人'로 되어 있어, 번역에서는 이를 따른다.

24 是 … 亦: 《대학연의보(大學衍義補)》 사고전서본에는 빠져 있다.

25 유현(類見): 고례(古禮)로, 제후가 죽은 이후에 그 세자가 천자를 뵙고 아버지를 대신하여 나라를 받는 예이다. 《예기(禮記) 곡례 하(曲禮下)》에 "이미 장사지낸 후에 천자를 뵙는 것을 '유현(類見)'이라 한다."라고 하였다.

"'시호를 청하는 것[言諡]'은 임금에게 나아가 시호를 청하는 것이다. 시호를 주어 덕(德)을 드러내니 반드시 존귀한 것에 따라 결정한다. 그러므로 장례를 지내기 전에 다른 사람이 천자에게 청하니, 공숙문자(公叔文子)의 아들 수(戍)가 임금에게 청하여 아버지의 이름을 바꾼 것이 그 사례이다. 유(類)는 (아버지가) 예를 갖추어 방문하는 예[聘問之禮]를 본받아 행함을 말한다."

孔穎達曰: "言諡, 就君請諡也. 諡以表德, 必由尊者所裁. 故將葬之前使人請於天子, 若公叔文子之子戍請於君, 所以易其父之名者也. 類者, 言此類聘問之禮而行也."

신은 이렇게 생각합니다. 선대의 유학자가 말하기를 "'시호를 청하는 것은 유(類)라고 한다.'에서 [유는] 마땅히 '뇌(誄)'가 되어야 하니, 뇌를 지어 올려 시호를 청하는 것을 말한다."[28]라고 하였습니다.

臣按: 先儒言諡曰類, 當爲誄, 謂誄而諡之也.

《예기(禮記)》〈단궁(檀弓)〉에서 말하였다.

---

26 공영달(孔穎達): 《대학연의보》 권78 주) 33 참조.

27 《예기집설대전(禮記集說大全)》 권13 〈곡례(曲禮)〉에 나온다.

28 시호를 … 말한다: 《예기집설대전(禮記集說大全)》 권13 〈단궁(檀弓)〉에서 淸江劉氏의 주에 나온다.

공숙문자(公叔文子)[29]가 죽음에 그 아들인 술(戌)이 임금에게 시호를 청하며 말하기를 "해와 달에는 때가 있는데 장례를 지내고자 하니, 그 이름을 바꿀 것을 청합니다."라고 하였다. 임금이 말하기를 "예전에 위(衛)나라에 흉년이 들었는데 부자(夫子: 공숙문자)가 죽을 쑤어서 나라의 굶주린 자들에게 주었으니 이것이 또한 은혜롭지[惠] 않겠는가. 예전에 위나라에 어려움이 있었는데 부자가 목숨을 걸고 과인을 지켰으니 또한 충정[貞]하지 않겠는가. 부자는 위나라의 정사를 돌보며, 신분에 따른 제도들을 정비하고, 사방의 이웃나라들과 교류를 맺어 위나라의 사직을 욕되게 하지 않았으니 또한 빛나지[文] 않겠는가. 그러므로 부자의 시호를 '정혜문자(貞惠文子)'라고 하겠다."라고 하였다.

《檀弓》: 公叔文子卒, 其子戌請謚於君曰: "日月有時, 將葬矣, 請所以易其名者." 君曰: "昔者衛國凶饑, 夫子爲粥與國之餓者, 是不亦惠乎? 昔者衛國有難, 夫子以其死衛寡人, 不亦貞乎? 夫子聽衛國之政, 修其班制以與四鄰交, 衛國之社稷不辱, 不亦文乎? 故謂夫子 '貞惠文子'."

진호(陳澔)가 말하였다.[30]

"대부(大夫)와 사(士)는 3개월이 지난 후에 장례를 치른다. 유시(有時)는 '정해진 수가 있음[有數].'을 말한 것과 같다. 그 자가 죽게 되면, 그

29 공숙문자(公叔文子): 위(衛)나라 대부인 공어(公圉)를 가리킨다. 이름은 어(圉)이고 시호는 정혜문(貞惠文)이다.

30 《예기집설(禮記集說)》〈단궁(檀弓)〉에 나온다.

의 이름을 피휘한다. 그러므로 시호를 불러서 그 이름을 대신하는 것이다. '정(貞)·혜(惠)·문(文)'이라는 세 글자로 시호를 삼았는데, 오직 '문자(文子)'라고 칭한 것에 대해서 정현(鄭玄)은 '문은 모두 겸하기에 충분하다.'라고 하였다."

陳澔曰: "大夫·士三月而葬. 有時猶言有數也. 死則諱其名. 故謂之諡, 所以代其名也. 貞·惠·文此三字爲諡而惟稱文子者, 鄭云 '文足以兼之'."

신은 이렇게 생각합니다. 예로부터 시호는 모두 임금에게 청하였으니 춘추(春秋)의 시대에도 그러하였으나 후세에는 유사(有司)에게 맡겼습니다. 우리 왕조에서 비로소 옛 제도를 회복하여 대신으로 세상에 공덕이 있는 자는 그 시호를 모두 임금께서 내린다고 하였습니다.

臣按: 自古諡皆請於君, 春秋之世猶然, 後世始以屬有司. 我朝始復古制, 凡大臣有功德於世者, 其諡皆自上賜云.

《논어(論語)》〈공야장(公冶長)〉에서 말하였다.

자공(子貢)이 "공문자(孔文子)를 어찌하여 문(文)이라고 시호하였습니까?"라고 묻자, 공자(孔子)가 "명민하면서도 배우기를 좋아하였으며 아랫사람에게 묻기를 부끄러워하지 않았다. 이 때문에 문(文)이라 시호한 것이다."라고 하였다.

《論語》: 子貢問曰: "孔文子何以謂之文也?" 子曰: "敏而好學, 不恥下問. 是以謂之文也."

주희(朱熹)가 말하였다.[31]

"대체로 사람은 성품이 명민한 자는 배우기를 좋아하지 않는 이가 많고, 지위가 높은 자는 아랫사람에게 묻기를 부끄러워하는 이가 많다. 그러므로 시호를 내리는 법에 배우기를 부지런히 하고 묻기를 좋아하는 것을 문(文)이라 한 경우가 있으니, 이 역시 사람들이 하기 어려운 것이다. 공어[孔圉: 공문자(孔文子)]는 이 때문에 문(文)이라는 시호를 얻었을 뿐이다."

朱熹曰: "凡人性敏者多不好學, 位高者多恥下問. 故謚法有以勤學好問爲文者, 蓋亦人所難也. 孔圉得謚爲文以此而已."

소식(蘇軾)[32]이 말하였다.[33]

"공문자(孔文子)가 태숙질(太叔疾)을 시켜 본부인을 쫓아내게 하고는

31 《논어집주(論語集註)》 권5 〈공야장(公冶長)〉에 나온다.

32 소식(蘇軾, 1037~1101): 북송 미주(眉州) 미산(眉山) 사람. 자는 자첨(子瞻) 또는 화중(和仲)이고, 호는 동파거사(東坡居士) 또는 설당(雪堂) 등을 썼다. 소순(蘇洵)의 아들이고 소철(蘇轍)의 형으로 대소(大蘇)라고도 불렸다. 송나라 최고의 시인이며, 당송팔대가(唐宋八大家)의 한 사람이다. 저서에 《동파칠집(東坡七集)》과 《동파지림(東坡志林)》, 《동파악부(東坡樂府)》, 《구지필기(仇

자신의 딸을 그에게 시집보내었다. 태숙질이 본부인의 누이와 정을 통하자, 공문자가 노하여 장차 그를 치려고 하면서 중니[仲尼: 공자(孔子)]를 찾아가니, 중니는 대답하지 않고 수레를 재촉하여 떠나갔다. 태숙질이 송(宋)나라로 달아나자, 공문자는 태숙질의 아우인 태숙유(太叔遺)에게 공길(孔姞: 공문자의 딸)을 아내로 맞이하게 하였다. 그 사람됨이 이와 같은데도 시호를 문(文)이라 하니, 이것이 자공(子貢)이 의심하여 물은 이유이다. 공자가 그 선한 점을 없애지 않고서 '이와 같으면 또한 문(文)이라고 시호할 수 있다.'라고 말하였으니 경천위지(經天緯地)의 문[34]이 아니다."

蘇軾曰: "孔文子使太叔疾出其妻而妻之. 疾通於初妻之娣, 文子怒, 將攻之, 訪於仲尼. 仲尼不對, 命駕而行. 疾奔宋, 文子使疾弟遺室孔姞. 其爲人而此, 而謚曰文, 此子貢之所以疑而問也. 孔子不沒其善, 言能如此亦足以爲文矣, 非經天緯地之文也."

신은 이렇게 생각합니다. 시법에 문(文)이라는 것은 하나가 아닙니다. 도(道)를 이루어 세상의 기준이 되거나[經緯天地], 도덕이 높고 견문

池筆記)》, 《논어설(論語說)》 등이 있다.

33 《논어집주(論語集註)》 권5 〈공야장(公冶長)〉에 나온다.

34 경천위지(經天緯地)의 문(文): 《사기정의(史記正義)》에 의하면 문(文)이라는 시호는 세상에 공이 크거나[經緯天地], 도덕이 높고 견문이 넓거나[道德博聞], 배우기를 부지런히 하고 묻기를 좋아하거나[學勤好問], 자애와 은혜로 백성을 사랑하거나[慈惠愛民], 백성을 불쌍히 여겨 은혜롭고 예법이 있거나[愍民惠禮], 백성에게 작위를 내리는 경우[賜民爵位]에 쓴다고 하였다.

이 넓거나[道德博聞], 배우기를 부지런히 하고 묻기를 좋아하거나[學勤好問], 자애와 은혜로 백성을 사랑하거나[慈惠愛民], 백성을 불쌍히 여겨 은혜롭고 예법이 있거나[愍民惠禮], 백성에게 작위를 내리는 경우[錫民爵位]가 있습니다. 공문자(孔文子)가 받은 문(文)은 배우기를 부지런히 하고 묻기를 좋아하는[學勤好問] 뜻으로 시호를 삼은 것이고, 공숙문자(公叔文子)가 받은 문은 백성에게 작위를 내리는[錫民爵位] 것으로 시호를 삼은 것입니다.

臣按:《諡法》所謂文者非一, 有所謂經天緯地者·道德博聞者·勤學好問者·慈惠愛民者·愍民惠禮者·錫民爵位者. 孔文子之得爲文以勤學好問爲諡, 公叔文子之得爲文以錫民爵位爲諡.

《논어(論語)》〈헌문(憲問)〉에서 말하였다.

공숙문자(公叔文子)의 가신인 대부 선(僎)이 문자(文子)와 함께 공조(公朝)[35]에 올랐는데, 공자(孔子)께서 들으시고 "시호를 문(文)이라고 할 만하다."라고 하셨다.

公叔文子之臣大夫僎, 與文子同升諸公, 子聞之曰: "可以爲文矣."

주희(朱熹)가 말하였다.[36]

35 공조(公朝): 제후왕의 조정(朝廷)으로 여기서는 위(衛)나라를 가리킨다.

"문(文)이란 이치를 따라 문장을 이루는 것을 말하니, 시법(諡法)에 또한 이른바 '백성에게 작위를 내려준 것을 문(文)이라고 한다[錫民爵惠].'는 것이 있다."

朱熹曰: "文者, 順理而成章之謂, 《諡法》亦有所謂 '錫民爵位曰文' 者."

신은 이렇게 생각합니다. 공숙문자(公叔文子)가 죽자 그 아들이 시호를 청하여 위(衛)나라 임금이 '정혜문자(貞惠文子)'로 시호를 정하였습니다. 《예기(禮記)》〈단궁(檀弓)〉을 보면, '문(文)'이라는 시호를 얻은 이유가 신분에 따른 제도들을 정비하고 사방의 이웃나라들과 교류를 맺어 위나라의 사직을 욕되게 하지 않았으므로 문(文)을 얻었다고 하였으니, 애초에 신하를 추천하여 함께 공조(公朝)에 오른 것으로 이 시호를 얻은 것이 아닙니다. 부자(夫子)께서 인재를 알아보고 자신의 귀함을 잊고 임금을 섬기는 아름다움이 있음으로 인하여 그를 칭찬하였으니, 문(文)이라는 시호를 얻은 것이 다만 그 임금이 칭찬한 것과 같을 뿐만이 아니라 이 한 가지 일 역시 시법에 부합하니, 이른바 "백성에게 작위를 내려준 것[錫民爵惠]"이 문이라는 시호에 부끄러울 것이 없음을 밝히 있습니다.

臣按: 文子卒, 其子請諡, 衛君諡以貞惠文子. 見於《禮記·檀弓》. 其所以得文者, 以其修其班制以與四鄰交, 衛國之社稷不辱, 故得爲文, 初

36 《논어집주(論語集註)》 권14 〈헌문(憲問)〉에 나온다.

不以薦臣同升而得此謚也. 夫子因其有知人·忘己·事君之美而稱之, 謂其所以得文之謚不但若其君之所稱而已. 而此一事亦合《謚法》所謂 "錫民爵位"者焉, 無愧於文之謚矣.

《맹자(孟子)》〈이루 상(離婁 上)〉에서 맹자(孟子)가 말하였다.

"백성들에게 포학하게 하는 것이 심한 경우에는 자신은 시해당하고 나라는 망하며, 심하지 않은 경우라도 자신은 위태롭고 나라는 쇠약하게 된다. 시호를 유(幽)·여(厲)라고 한다면 비록 효자와 자애로운 후손이 있더라도 백세토록 그것을 고칠 수 없다."

孟子曰: "暴其民甚則身弑國亡, 不甚則身危國削. 名之曰幽·厲, 雖孝子慈孫百世不能改也."

주희(朱熹)가 말하였다.[37]

"유(幽)는 어둡이고 여(厲)는 사나움이니, 모두 나쁜 시호이다. 만일 이 시호가 사실과 같다면 비록 효자와 자애로운 후손이 있어 그 조부와 아버지를 매우 사랑하더라도 공의(公義)를 폐하고 시호를 고칠 수 없다. 인(仁)하지 않은 화는 반드시 여기까지 이르니, 매우 두려워할 만 함을 말한 것이다."

37 《맹자집주(論語集註)》〈이루 하(離婁 下)〉에 나온다.

朱熹曰: "幽暗·厲虐, 皆惡謚也. 苟得其實, 則雖有孝子慈孫愛其祖考之甚者, 亦不得廢公義而改之. 言不仁之禍必至於此, 可懼之甚也."

윤돈(尹焞)[38]이 말하였다.

"시법은 성주(成周)의 시대에 가장 공정한데, 그 자손들이 스스로 유(幽)·여(厲)·난(赧)으로 시호를 하였으니, 이것이 효성스럽고 자애로운 후손이더라도 시호를 고칠 수 없는 까닭이다."[39]

尹焞曰: "《謚法》最公以成周之時, 其子孫自以幽·厲·赧爲謚, 此孝子慈孫所以不能改也."

호굉(胡宏)[40]이 말하였다.

"예전에 주공(周公)이 시법(謚法)을 만들면서 어찌 아들이 아버지를

---

38 윤돈(尹焞, 1071~1142): 북송 하남(河南) 사람. 자는 언명(彦明) 또는 덕충(德充)이고, 호는 화정(和靖)이며, 윤원(尹源)의 손자다. 젊었을 때 정이(程頤)를 사사(師事)했다. 상서하여 금나라와의 화의를 극력 반대하다가 치사(致仕)를 요청했다. 저서에 《논어맹자해(論語孟子解)》와 《화정집(和靖集)》, 《문인문답(門人問答)》이 있다.

39 시법은 … 까닭이다: 《성리대전서(性理大全書)》 권67 〈치도 2(治道 二)〉에 나온다.

40 호굉(胡宏, 1106~1161): 남송 건녕(建寧) 숭안(崇安, 복건성) 사람. 자는 중인(仲仁)이고, 호는 오봉(五峰)이다. 호안국(胡安國)의 아들이고, 남송 호상학파(湖湘學派)의 개창자다. 양시(楊時)와 후중량(侯仲良)에게 배웠다. 아버지의 이학사상(理學思想)을 계승하여 도학 진흥을 평생의 임무로 여겼다. 형산(衡山) 아래에서 20여 년을 지냈는데, 장식(張栻)이 사사했다. 저서에 《지언(知言)》과 《오봉집(五峰集)》, 《황왕대기(皇王大紀)》 등이 있다.

평가하고 신하가 임금을 평가하게 하였겠는가. 천하의 공의(公義)에 부합하고 하늘의 도(道)로 임금과 아버지를 받들었을 뿐이니, 효도와 사랑이 또한 깊은 것이 아니겠는가. 후세에 임금과 아버지가 될 자를 가르치는 것은 자신을 세우는 근본이기 때문이다. 근본을 안다면 자신이 세워지고 가정이 가지런해지고 천하가 평안해지며, 근본을 알지 못하면 욕심대로 하고 방자하게 사나워지며 잘못을 듣기를 싫어하여 멸망하는 데에 이르니, 천하가 그것을 알지만 스스로는 그것을 알지 못한다. 천하의 공의에 부합하지 못하면 자식이 아버지를 평가하고 신하가 임금을 평가하는 것이 된다. 신하와 자식은 임금과 아버지에게 선하지 않은 점이 있으면 마땅히 선을 말하고 사악한 마음을 막아서 마땅한 도로 인도하여야 한다. 만약 살아 있을 때 바로잡을 수 없고 이미 죽었는데 또 아첨한다면 이는 하늘의 도로 임금과 아버지를 섬기는 것이 아니고 사람의 도로 임금과 아버지를 섬기는 것이 아니니, 충과 효라고 말하는 것이 옳겠는가.

지금 저 붓으로 모습을 묘사하는 것은 반드시 그를 닮게 하려는 것인데, 내 아버지를 닮지 않았다면 내 아버지가 아니고, 내 임금을 닮지 않았다면 내 임금이 아니다. 어찌 시호로 묘사하면서 닮지 않게 하겠는가. 이 때문에 바르지 않은 시호는 충신과 효자가 차마 하지 못하는 것이다."[41]

胡宏曰: "昔周公作《謚法》, 豈使子議父·臣議君哉? 合天下之公奉君父以天道耳, 孝愛不亦深乎? 所以訓後世爲君父者, 以立身之本也. 知本

41 예전에 … 것이다: 《지언(知言)》 권5에 나온다.

則身立·家齊·國治·天下平, 不知本則縱欲恣暴, 惡聞其過, 入於滅亡. 天下知之而不自知也. 不合天下之公則爲子議父·臣議君. 夫身[42]子也, 君父有不善所, 當陳善閉邪, 引之當道. 若生不能正, 旣亡而又黨之, 是不以天道奉君父而不以人道事君父也, 謂之忠孝, 可乎? 今夫以筆寫神者必欲其肖, 不肖吾父則非吾父, 不肖吾君則非吾君. 奈何以諡立神而不肖之乎? 是故不正之諡, 忠臣孝子不忍爲也."

신은 이렇게 생각합니다. 시법에 제위를 빼앗고 상도(常道)를 어지럽힌 것을 유(幽)라 하고, 무고한 사람을 살육한 것을 여(厲)라고 합니다. 두 임금은 주(周)나라의 천자이고 그 대를 이은 자는 그 신자(臣子)인데, 감히 나쁜 시호를 군부(君父)에게 더하였으니, 어찌 《춘추(春秋)》에서 존귀하고 아버지가 되었다고 하여 피휘하여 말하겠습니까. 대개 임금의 시호는 하늘을 헤아려 기록하여 엮고, 신하의 시호는 임금에게 청하여 내리는 것이니 임금의 신하와 아들이 그 임금과 아버지를 사사롭게 하고자 하여도 하늘의 이치를 어찌하겠으며, 신하의 자손이 비록 그 아버지와 조상을 사사롭게 하고자 하여도 임금의 법을 어찌하겠습니까. 선왕(先王)의 시법이 가장 공정하였으나 진(秦)나라 사람들이 신하가 임금을 평가하고, 아들이 아버지를 평가한다고 하여 그것을 없애버렸습니다. 정초(鄭樵)는 '시호로써 이름을 바꾼다.'라고 하였습니다. 이름도 오히려 함부로 말하지 않는데 하물며 나쁜 것을

42 身: 《대학연의보(大學衍義補)》 사고전서본에는 '臣'으로 되어 있어, 번역에서는 이를 따른다.

더할 수 있겠습니까. 옛 뜻을 잃은 것입니다.

臣按: 《謚法》捐位亂常曰幽·殺戮無辜曰厲. 二君者周之天子, 繼其世者其臣子也, 乃敢以惡謚而加之於君父, 豈《春秋》爲尊者·親者諱之謂哉? 蓋君之謚則稱天以誄之, 臣之謚則請君以賜之, 君之臣子雖欲私其君父, 如天理何? 臣之子孫雖欲私其父祖, 如君法何? 先王謚法最公, 秦人以爲臣議君·子議父而除去之. 鄭樵謂以謚易名. 名尙不敢稱, 況可加之以惡乎? 失古意矣.

정이(程頤)[43]가 말하였다.[44]

"옛날의 군자가 그 임금을 도와서 천하가 잘 다스려지는 것을 이룰 수 있는 것은 다른 방법이 아니라 선과 악을 밝혀서 선을 권하고 악을 징계하는 도를 지극히 하는 것일 뿐이다. 그 도를 얻어서 권하면 천하가 선을 하는 것을 즐거워하고 그 도를 얻어서 징계하면 천하가 악을 하는 것을 두려워하니 두 가지는 정사를 하는 큰 권도(權道)이다. 그러나 반드시 먼저 조정에서 시행해야 한다. 지극히 중요한 것이 시법보다 우선하는 것이 없는 것은 어째서인가. 형벌이 비록 엄하더라도 한때의 경계가 될 뿐

43 정이(程頤, 1033~1107): 북송 중기 낙양(洛陽) 사람. 자는 정숙(正叔)이고, 호는 이천(伊川)이며, 시호는 정공(正公)이다. 형 정호(程顥)와 함께 주돈이(周敦頤)에게 배웠고, 형과 함께 이정자(二程子)라 불리며 정주학(程朱學)의 창시자로 알려졌다. 저서에 《역전(易傳)》 4권과 《춘추전(春秋傳)》 등이 있다. 학설은 형의 학설과 함께 《이정전서(二程全書)》에 수록되었다. 전기는 주희(朱熹)가 지은 《이락연원록(伊洛淵源錄)》에 실려 있다.

44 《이정문집(二程文集)》 권10 〈서계(書啓)〉에 나온다.

이고, 작위와 상이 비록 무겁더라도 후세에는 미치지 않으니 오직 아름답거나 나쁜 시법이 한번 정해지면 영화롭거나 욕된 이름이 썩지 않는다. 그러므로 역대의 성군(聖君)과 현상(賢相)들이 이것으로 세상의 풍속을 권면하지 않은 경우가 없었다."

程頤曰: "古之君子相其君, 而能致天下於大治者, 無他術, 善惡明而勸懲之道至焉爾. 勸得其道而天下樂爲善, 懲得其道而天下懼爲惡, 二者爲政之大權也. 然行之必始爲[45]朝廷, 而至要莫先於謚法, 何則? 刑罰雖嚴可警於一時, 爵賞雖重不及於後世, 惟美惡之謚一定則榮辱之名不朽矣, 故曆代聖君賢相莫不持此以勵世風也."

신은 이렇게 생각합니다. 예전에 어진 왕들이 세상을 권하여 권선징악(勸善懲惡)으로 삼은 것은 다만 한때의 상벌에만 있는 것이 아니라 또 백세의 영욕도 있습니다. 백세의 영욕은 시호입니다. 일생동안의 아름다움을 합하여 한 글자의 칭찬을 더하니 후세의 사람들이 반드시 그 이력을 살피지 않더라도 그 전말을 알 수 있게 합니다. 한번 시호를 들으면 그 사람을 알 수 있으니 인심을 권하고 교화하는 것은 그들이 선을 하게 하여 자신을 보전하고, 충성을 다하게 하여 임금을 섬기게 하는 것입니다. 그 격발하는 계기와 변화하는 오묘함이 얼마나 지극한 것입니까.

---

45 身: 《대학연의보(大學衍義補)》 사고전서본에는 '於'로 되어 있어, 번역에서는 이를 따른다.

臣按: 古先哲王所以勵世以爲勸懲者, 非徒有一時之賞罰, 而又有百世之榮辱焉. 百世之榮辱, 謚是也. 合其一生之美, 加以一字之褒, 使後世之人不必考其履曆·究其始末. 一聞其謚卽知其人, 其所以勸化人心, 使之爲善以持己·盡忠以事君, 其激發之機·轉移之妙, 一何至哉.

《사기정의(史記正義)》〈시법해(謚法解)〉에서 말하였다.

주공 단(周公旦)[46]과 태공망(太公望)[47]이 왕업(王業)을 열고 이어서 목야(牧野)에서 공(功)을 세웠다.[48] 죽어서 장차 장사를 지냄에 곧 시호(謚號)를 제정하니, 드디어 시법(謚法)이 만들어졌다. 시(謚)라는 것은 행적의 자취이고, 호(號)라는 것은 공(功)을 표시하는 것이며, 수레와 옷은 지위를 드러내는 것이다. 이 때문에 큰 행적으로 큰 이름을 받고 작은 행적으로 작은 이름을 받았다. 행적은 자신에게서 나오고 명성은 다른 사람들에게서 생겨난다.

46 주공 단(周公旦): 서주(西周)의 왕족(王族)으로 이름은 단(旦)이고, 성은 희(姬)다. 숙단(叔旦)으로도 불린다. 서주왕조를 세운 문왕(文王)의 아들이자 무왕(武王)의 동생이다. 무왕을 도와 주(紂)를 쳐서 상(商)나라를 멸했다. 무왕이 죽은 뒤 나이 어린 성왕이 제위에 오르자 섭정(攝政)이 되어 예악(禮樂) 제도를 제정하였다. 저서에 《주례(周禮)》가 있다.

47 태공망(太公望): 주(周)나라 때 동해(東海) 사람. 성은 강(姜)이고, 이름은 상(尙)이며, 자는 자아(子牙)다. 태공망(太公望) 또는 강태공(姜太公), 여망(呂望)이라고도 부른다. 문왕과 무왕(武王)을 도와 은(殷)나라를 치고 주나라를 세운 공으로 제(齊)나라에 봉해졌다. 무왕은 그를 높여 사상보(師尙父)라 했다. 제나라의 시조가 되었다.

48 주공 단(周公旦)과 … 세웠다: 은 주왕(殷紂王) 33년(기원전 1027)에 주 무왕(周武王)이 직접 군사를 이끌고 목야(牧野)에서 주왕(紂王)을 물리쳤다. 은나라를 멸망시키는 데에 결정적인 전투이다.

《史記·諡法解》: 惟周公旦·太公望開嗣王業, 建功于牧野, 終將葬, 乃制諡, 遂敘諡法. 諡者行之迹, 號者功之表, 車服者位之章也, 是以大行受大名·細行受細名, 行出於己·名生於人.

신은 이렇게 생각합니다. 시법(諡法)은 오경(五經)에서 보이지 않습니다. 그 글이 세상에 드러난 것은 《주공시법(周公諡法)》, 《춘추시법(春秋諡法)》, 《광시(廣諡)》, 《금문상서(今文尚書)》, 《대대례기(大戴禮記)》, 《세본(世本)》, 《독단(獨斷)》, 유희(劉熙),[49] 내욱(來奧), 심약(沈約),[50] 하침(賀琛),[51] 왕언위(王彦威),[52] 소면(蘇冕),[53] 호몽(扈蒙),[54] 소순(蘇洵)[55]이 있습니다. 모

49 유희(劉熙): 자(字)는 성국(成國)으로 북해(北海) 사람이다. 동한(東漢)의 경학가(經學家)이자 훈고학가(訓詁學家)이다. 저작에는 《석명(釋名)》과 《맹자주(孟子注)》가 있다.

50 심약(沈約, 441~513): 남조 양(梁)나라 오흥(吳興) 무강(武康) 사람으로 자는 휴문(休文)이고, 시호는 은(隱)이며, 심박(沈璞)의 아들이다. 송나라 때 안서외병참군(安西外兵參軍)이 되었다. 제(齊)나라 때는 국자좨주(國子祭酒)와 사도좌장사(司徒左長史)를 지냈다. 양나라에 들어 소연[양무제(梁武帝)]을 옹립하는 데 공을 세워 상서복야(尚書僕射)와 상서령(尚書令), 좌광록대부(左光祿大夫)를 역임했다. 《진서(晉書)》, 《송서(宋書)》, 《제기(齊記)》, 《송세문장지(宋世文章志)》 등 저술이 많았는데, 《송서》만 전해지고 있다.

51 하침(賀琛): 자(字)는 국보(國寶)로 회계(會稽) 산음(山陰) 사람이다. 삼례(三禮)에 정밀하였다. 남북조시대 양 고조(梁高祖)가 그의 학술을 듣고 문덕전(文德殿)에 불러 이야기를 나누고 기뻐하였다. 《신시법(新諡法)》을 지었으니, 지금 사용되고 있다.

52 왕언위(王彦威): 자(字)는 자미(子美)이다. 왕맹(王猛)의 후예이다. 원화(元和) 연간에 급제하여 문종(文宗) 때 홍문관학사(弘文館學士), 간의대부(諫議大夫) 등을 역임했다. 개성(開成) 원년(元年)에 호부시랑에 제수되었다.

53 소면(蘇冕): 자(字)는 정원(正元)으로 경조(京兆) 무공(武功) 사람이다. 관직이 신주사호참군(信州司戶參軍)에 이르렀다. 저서로는 《회요(會要)》가 있다.

54 호몽(扈蒙, 915~986): 북송 유주(幽州) 안차(安次) 사람으로 자는 일용(日用)이다. 후진(後晉) 천

두 한위(漢魏) 이래로 유학자들이 옛 시법을 취하여 자신의 주장대로 해설해서 각자의 시법으로 삼았습니다. 그 해설이 같지 않아 하나의 시호에도 뜻은 여러 가지 단서에서 취하였습니다.[56]

신의 어리석은 생각으로는 옛날과 지금이 마땅함이 다르니, 청컨대, 지금부터 선(善)을 드러내어 시호를 정하는 것은 옛 법에 근본하면서 지금 세상의 마땅한 바를 참작하십시오. 그렇다면 아마도 옛것에도 어긋나지 않고 요즘 사람들이 들어도 의혹을 갖지 않게 된다고 말할 수 있을 것입니다.

臣按: 諡法不見於五經, 其書見於世者, 有《周公諡法》·有《春秋諡法》·有《廣諡》·有《今文尙書》·有《大戴記》·有《世本》·有《獨斷》·有劉熙之書·有來奧之書·有沈約之書·有賀琛之書·有王彦威之書·有蘇冕之書·有扈蒙之書·有蘇洵之書, 皆漢魏以來儒者取古諡法而釋以己說, 而各爲之法也. 其說不一, 有一諡而取義數端. 臣愚以爲古今異宜, 請自今節惠定諡者本於古法而參酌以今世之所宜, 庶不悖於古而於今人之聽聞不惑云.

복(天福) 중에 진사가 되고, 후주(後周) 때 벼슬하여 우습유(右拾遺)와 직사관(直史館), 지제고(知制誥)를 지냈다. 송나라에 들어 중서사인(中書舍人)을 거쳐 한림학사로 옮겼다. 태조 건덕(乾德) 6년(968) 다시 지제고가 되고, 사관수찬(史館修撰)으로 근무했다. 태종이 즉위하자 중서사인에 임명되고, 다시 한림학사가 되어 이방(李昉) 등 함께 《태조실록(太祖實錄)》, 《문원영화(文苑英華)》 등을 편찬했다. 저서에 《오산집(鰲山集)》이 있다.

55 소순(蘇洵, 1009~1066): 북송 미주(眉州) 미산(眉山) 사람으로 자는 명윤(明允)이고, 호는 노천(老泉)이다. 문안현주부(文安縣主簿)로 북송 건륭(建隆) 이래의 예(禮)에 관한 글을 모은 《태상인혁례(太常因革禮)》 100권을 편찬했다. 책이 완성된 뒤 죽었다. 저서에 《가우집(嘉祐集)》과 《시법(諡法)》 4권이 있다.

56 그 해설이 … 취하였습니다: 《통지(通志)》 권46 〈시략(詩略) 서론제오(序論第五)〉에 나온다.

진(晉)나라 가충(賈充)[57]이 늙고 병들자, 자신의 시호(諡號)와 전기(傳記)에 대해 근심하였다. 종자(從子) 가모(賈模)[58]가 말하기를 "옳고 그름은 오래 지나면 절로 드러나니 가릴 수 없습니다."라고 하였다. 가충이 죽자 외손으로 후사(後嗣)를 삼았다.[59] 태상(太常)이 시호를 의논하자 박사(博士) 진수(秦秀)가 말하기를 "가충이 예(禮)를 어그러뜨리고 인정(人情)에 빠져서 큰 인륜을 어지럽혔습니다. 옛날에 증양(鄫養)이 외손인 거공자(莒公子)를 후사로 삼자 《춘추(春秋)》에서 '거(莒)나라 사람들이 증(鄫)나라를 멸망시켰다.'라고 하였으니,[60] 이는 조상의 제사를 끊어 조정이 어지러워지는 근원을 열었기 때문입니다. 《시법(諡法)》을 살펴보면 법도를 어지럽힌 것[昏亂紀度]을 '황(荒)'이라고 하니, 청컨대 시호를 '황공(荒公)'으로 하기를 청합니다."라고 하자, 황제가 따르지 않았다. 다시 시호를 '무(武)'라고 하였다.[61]

---

57 가충(賈充, 217~282): 위말서진초(魏末西晉初) 때 평양(平陽) 양양(襄陽) 사람으로 자는 공려(公閭)다. 아버지 가규(賈逵)가 세상을 떠나자 작위를 이어받아 대장군사마(大將軍司馬)와 정위(廷尉)를 거쳐 위나라 말의 실권자 사마소(司馬昭)의 복신(腹臣)이 되었다. 사마염(司馬炎)이 위제(魏帝)의 제위를 물려받아 즉위하자 거기장군상서복야(車騎將軍尙書僕射)가 되고, 노군공(魯郡公)에 봉해졌다. 두예(杜預) 등과 함께 《진율령(晉律令)》을 편찬하여 천하에 시행했다. 시호는 무(武)다.

58 가모(賈模, ?~299): 진(晉)나라 평양(平陽) 양릉(襄陵) 사람으로 자는 사범(思範)이다. 가충(賈充)의 아들이다. 진나라 혜제(惠帝) 때의 불안정한 정국을 안정적으로 이끌었다. 혜제의 황후였던 가남풍(賈南風)의 오빠로, 그녀에게 열성적으로 충간해서 천하가 안정되었고, 시중(侍中)에 발탁되었다. 장화(張華), 배위(裵頠)와 함께 전심으로 정치를 보좌하여 광록대부(光祿大夫)가 더해졌다. 시호는 성(成)이다.

59 가충이 … 삼았다: 가충(賈充)은 아들 가여민(賈黎民)이 죽은 뒤에 종족(宗族)을 제쳐 놓고 외손(外孫) 한밀(韓謐)을 여민의 후사(後嗣)로 삼았다. 한밀(韓謐)은 가황후의 제부(弟夫)인 한수(韓壽)의 아들이었으므로 가황후의 어머니가 양아들로 삼았다.

60 《춘추(春秋)》에서 … 하였으니: 《춘추좌씨전(春秋左氏傳)》 양공(襄公) 6년에 나온다.

晉賈充老病, 自憂謚傳, 從子謨[62]曰: "是非久自見, 不可掩也." 充卒, 以外孫爲嗣. 太常議謚, 博子[63]秦秀曰: "充悖禮溺情以亂大倫, 昔鄫養外孫莒公子爲後, 《春秋》書'莒人滅鄫', 絶父祖之血食, 開朝廷之亂原, 案《謚法》昏亂紀度曰荒, 請謚荒公." 帝不從, 更謚曰 "武".

신은 이렇게 생각합니다. 가충(賈充)이 간사하여 시역(弑逆)을 일으켰으니, 그에게 '황(荒)'이라고 시호를 한 것은 진실로 다행입니다. 진 무제(晉武帝)가 부당하게 아름다운 시호를 더하였으나, 후세에서는 무제의 시호를 붙인 것에 따라 끝내 가충을 좋은 사람이라 여기지는 않았습니다. 가모(賈模)가 "시비가 오래되면 절로 드러나니 가릴 수 없다." 라고 한 것이, 진실하군요! 이 말이여!

臣按: 充姦回弑逆, 謚之以荒固爲幸矣, 而武帝曲加以美謚, 然後世不因武帝之謚, 遂以充爲善人, 賈模謂"是非久自見, 不可掩", 信哉斯言.

진 명제(晉明帝)가 초왕(譙王) 사마승(司馬承)[64]·대연(戴淵)[65]·주의(周顗)[66] 등

---

61 진(晉)나라 … 하였다: 《자치통감(資治通鑑)》 권81 〈진기(晉紀) 세조무황제 중(世祖武皇帝中)〉에 나온다.

62 謨: 《대학연의보(大學衍義補)》 사고전서본에는 '模'로 되어 있어, 번역에서는 이를 따른다.

63 子: 《대학연의보(大學衍義補)》 사고전서본에는 '士'로 되어 있어, 번역에서는 이를 따른다.

64 사마승(司馬承): 사마진(司馬進)의 손자이며, 초왕(譙王)이었던 사마손(司馬遜)의 아들이다.

에게 관직을 추증하였다. 주찰(周札)[67]의 옛 부하관리가 주찰을 위하여 억울하다고 소송을 하니, 상서(尙書) 변곤(卞壼)[68]이 논의하기를 "주찰은 문을

---

65 대연(戴淵, 271~322): 자(字)는 약사(若思)로 광릉(廣陵) 사람이다. 양진(兩晉) 때의 관원이다. 왕돈이 난을 일으켰는데, 당시 석두성(石頭城)을 지키던 주찰(周札)이 스스로 성문을 열어 왕돈이 들어갈 수 있게 하였다. 원제(元帝)가 대연, 왕도 등에게 명하여 석두성을 공격하게 하였는데, 왕돈에게 패하였다. 이후 대연의 명성과 기세를 시기한 왕돈에게 살해되었다. 태녕(太寧) 2년(324) 왕돈의 난이 평정된 이후에 대연을 추증하여 우광록대부(右光祿大夫) 의동삼사(儀同三司)로 삼고, 시호를 간호(簡侯)라고 하였다.

66 주의(周顗, 269~322): 동진(東晉) 여남(汝南) 안성(安城) 사람으로 자는 백인(伯仁)이고, 주준(周浚)의 아들이다. 젊어서부터 명성이 있었다. 약관의 나이로 무성후(武城侯)를 습작(襲爵)하고, 비서랑(秘書郞)에 올랐다. 원제(元帝) 때 태자소부(太子少府)를 지냈다. 나중에 술 때문에 실책을 저질러 복야(僕射)가 되었다. 항상 술에 취해 제정신이 아니어서 사람들이 '삼일복야(三日僕射)'라 불렀다. 왕돈(王敦)이 반란을 일으키자 황명을 받들고 가서 대의(大義)로 질책했다. 당시 원제가 왕씨들을 모두 없애려고 했는데, 왕돈의 족제(族弟) 왕도(王導)가 충성스러운 사실을 일깨워 목숨을 구할 수 있었다. 왕돈이 건강(建康)에 들어온 뒤 피살당했는데, 왕도가 이를 말리지 못했다. 나중에 자신을 구했던 사실을 알고는 눈물을 흘리면서 "내가 비록 백인을 죽이지는 않았지만 백인은 나 때문에 죽었다[我雖不殺伯仁 伯仁由我而死]."고 흐느꼈다. 시호는 강(康)이다.

67 주찰(周札, ?~324): 자(字)는 선계(宣季)로 의흥(義興) 양선(陽羨) 사람이다. 동진(東晉)에 있을 때에 관직인 우장군(右將軍)에 이르렀다. 영창(永昌) 원년(元年, 322)에 대장군(大將軍) 왕돈(王敦)이 유외(劉隗)를 죽이고 군대를 일으켜 건강을 공격할 적에, 주찰은 우장군이 되어 석두의 여러 군사업무를 담당하면서 석두성을 엄히 지킬 것을 맡았다. 왕돈이 석두성에 이르자 주찰은 도리어 성문을 열고 왕돈을 맞이하여 성에 들어가도록 하였다. 마침내 왕돈의 군대가 조정의 군대를 패퇴시키고 건강을 함락하였으며 진 원제(晉元帝) 사마예(司馬睿)가 또한 왕돈에게 굴복하였다. 태녕(太寧) 2년(324)에 왕돈이 참군 하란(賀鸞)을 파견하여 오(吳)에 있는 심충(沈充)에게 가서 주찰의 여러 형제들을 다 죽이고 군대를 진격시켜 회계(會稽)를 습격하게 하였는데, 주찰이 항거하여 싸우다가 죽었다. 주찰과 주연(周莚)의 옛 부하관리들이 주씨의 신원을 위하여 조정에서 추증하여 시호를 내려줄 것을 청하였다. 왕도(王導)의 지지 아래 주찰의 관작이 회복되었으며 아울러 위위(衛尉)로 추증되었다.

68 변곤(卞壼, 281~328): 자(字)는 망지(望之)이고 제음(濟陰) 원구(冤句) 사람이다. 동진(東晉) 시기에 활약하였으며, 예법을 중히 여기고 강한 권력을 두려워하지 않았다. 후에 소준(蘇峻)의 난에 군사를 거느리고 소준에게 항거하다가 죽었다.

열어 반란군을 받아들였으니, 시호를 내리는 것은 마땅하지 않습니다." 라고 하였다. 왕도(王導)[69]가 말하기를 "지난해에 왕돈(王敦)[70]이 간사하고 반역한 것이 아직 드러나지 않아 신 등은 모두 미처 깨닫지 못하였고, 주찰도 다르지 않았습니다. 이미 그가 간사하다는 것을 깨닫고서 주찰은 자신의 몸을 나라에 바쳤고, 이윽고 효수되었습니다. 마땅히 주의와 대연에게 준 것과 같은 예(例)로 해야 합니다."라고 하였다. 치감(郗鑒)[71]이

69 왕도(王導, 276~339): 16국 시대 동진(東晉) 때 낭야(琅邪) 임기(臨沂) 사람으로 자는 무홍(茂弘)이고, 시호는 문헌(文獻)이다. 조야(朝野)에서 중보(仲父)라 불렀다. 동각좨주(東閣祭酒)를 지냈다. 서진(西晉) 말 사마예(司馬睿, 元帝)가 낭야왕(琅邪王)이 되었을 때 안동사마(安東司馬)로 옮기고 군사적 전략 수립에 참여했다. 사마예에게 권해 건강(建康)으로 근거지를 옮기도록 했다. 낙양(洛陽)이 무너지자 남북의 사족(士族)들을 연합시켜 사마예를 옹립해 동진 왕조를 건립하는 데 공을 세웠다. 승상(丞相)이 되었다. 나중에 당형(堂兄) 왕돈(王敦)이 병권을 장악하자 장강(長江) 상류를 지켰는데, 족인(族人)들이 많이 요직에 올라 "왕씨와 마씨가 천하를 가졌다[王與馬 共天下]."는 말이 나왔다. 명제(明帝)가 즉위하자 유조(遺詔)를 받들어 정치를 보좌했다. 사도(司徒)로 옮겼고, 시흥군공(始興郡公)에 봉해졌다. 성제(成帝)가 즉위하자 유량(庾亮)과 함께 유주(幼主)를 보필했다. 함화(咸和) 2년(327) 소준(蘇峻)이 반란을 일으키고 진나라 군대가 패배하자 궁에 들어가 황제를 시위했다. 소준이 그를 존경하여 해를 입히지 않았다. 반란이 평정되자 승상(丞相)에까지 올랐다. 3대에 걸쳐 승상을 지내면서 동진 왕조의 강남(江南) 통치를 공고하게 다졌다.

70 왕돈(王敦, 266~324): 동진(東晉) 낭야(琅邪) 임기(臨沂) 사람으로 자는 처중(處仲)이고, 왕도(王導)의 종형(從兄)이자 진무제(晉武帝)의 사위다. 양주자사(揚州刺史)를 지냈다. 낭야왕(琅邪王) 사마예(司馬睿, 元帝)가 처음에 강동(江東)을 지켰는데, 위명(威名)을 떨치지는 않았지만 왕도와 함께 그를 도왔다. 두도(杜弢)의 반란을 진압하고 진동대장군(鎭東大將軍)에 올랐다. 서진이 망하고 동진이 들어설 무렵 동진 정권을 지지한 덕에 정남대장군(征南大將軍)과 형주목(荊州牧)에 올라 병권(兵權)을 장악했다. 원제가 왕씨의 세력을 제거하려고 들자 영창(永昌) 원년(322) 무창(武昌)의 난을 일으켰다. 건강(建康)을 공격하여 습협(習協)과 주의(周顗), 대연(戴淵) 등을 살해했다. 스스로 승상(丞相)이 되어 무창으로 돌아와 주둔하면서 멀리서 조정(朝廷)을 조정했다. 명제(明帝) 태녕(太寧) 2년(324) 왕도 등이 그가 중병에 걸린 것을 이용해 군사를 일으켜 토벌했다. 왕함(王含)과 전봉(錢鳳) 등에게 군대를 건강으로 진군시키라고 명했는데, 얼마 뒤 병사(病死)했고, 군대도 흩어졌다.

말하기를 "주의와 대연은 절개를 지키다가 죽었고, 주찰은 반란군을 받아들였습니다. 한 일이 다른데 상을 똑같이 준다면 어떻게 (선을) 권장하거나 (악을) 막을 수 있겠습니까."라고 하였다.[72]

明帝贈譙王承·戴淵·周顗等官, 周札故吏爲札訟冤, 尙書卞壼議以爲札開門延寇, 不當贈謚. 王導以爲往年敦姦逆未彰, 臣等皆所未悟, 與札無異, 旣悟其姦, 札便以身許國, 尋取梟夷, 宜與周·戴同例. 郗鑒以爲周·戴死節, 周札延寇事異賞均, 何以勸沮?

신은 이렇게 생각합니다. 주찰(周札)이 처음에 비록 반란군을 받아들였으나, 마침내 죽음으로 직분을 수행하였으니, 그에게 시호를 내리는 것[贈典]은 가부(可否)의 사이에 있었습니다. 비록 진 명제(晉明帝)가 반란이 일어나고 어지러워진 나머지 작은 영토에 안주하였으나, 한

71 치감(郗鑒, 269~339): 동진(東晉) 고평(高平) 금향(金鄕) 사람으로 자는 도휘(道徽)고, 사족(士族) 출신이다. 조왕(趙王) 사마륜(司馬倫)이 불러 연(掾)으로 삼았지만 병을 이유로 사직했다. 혜제(惠帝) 때 중서시랑(中書侍郞)까지 올랐다. 회제(懷帝) 때 경사(京師)가 위태로워지자 종족(宗族)과 향인(鄕人)들을 이끌고 노(魯)의 역산(嶧山)으로 피난을 갔다. 진원제(晉元帝)가 용양장군(龍驤將軍)과 연주자사(兗州刺史)에 임명했다. 명제(明帝) 때 왕돈(王敦)이 정권을 쥐었는데 황제가 그에 의지해 외원(外援)을 삼았다. 왕도(王導), 유량(庾亮) 등과 함께 유명(遺命)을 받아 성제(成帝)를 보필했고, 거기대장군(車騎大將軍)과 산기상시(散騎常侍)를 지냈다. 함화(咸和) 초에 서주자사(徐州刺史)에 올랐다. 조약(祖約)과 소준(蘇峻)의 반란을 진압하는 데 참여했다. 일이 평정되자 사공(司空)에 임명되고, 시중(侍中)이 더해졌으며, 다시 남창현공(南昌縣公)에 봉해졌다. 태위(太尉)까지 올랐다. 시호는 문성(文成)이다.

72 진 명제(晉明帝)가 … 하였다: 《자치통감》 권93 〈진기(晉紀) 숙종명황제 하(肅宗明皇帝下)〉에 나온다.

신하에게 (시호를) 내림에 여러 신하들이 오히려 또 의논함이 이와 같았습니다. 후세에는 다만 죽었을 때의 정황이 어떠한지와 살아있을 때 현달하거나 그렇지 않음의 유무일 뿐이니, 비록 시호를 내리는 것이 있더라도 (선을) 권장하거나 (악을) 막기에는 부족합니다.

臣按: 周札始雖延寇, 終則死職, 其爲[73]贈典在於可否之間, 雖以明帝寇亂之餘偏安一隅, 而於一臣之贈典而群臣猶且執議如此, 後世則顧其死者之情故何如·生者之顯晦有無而已, 雖有贈諡不足以爲勸沮.

북위(北魏)의 정희(鄭羲)[74]가 서연주자사(西兗州刺史)가 되었다. (서연주에서) 탐악하고 비루한 짓을 하였으며, 딸을 들여보내 빈(嬪)이 되게 하고, (자신은) 징소되어 비서감(秘書監)이 되었다. 죽은 이후에 상서(尙書)가 시호를 '선(宣)'으로 상주하였다. 조서를 내려 말하기를 "관(棺)뚜껑을 덮은 이후에 시호를 정하는 것은 탁한 것을 물리치고 맑은 것을 드날리는 것이다. 정희가 비록 일찍이 문장으로 업적이 있었으나 다스리는 데에는 청렴하지 않았는데, 상서는 어찌하여 인정(人情)때문에 지극한 공(公)을 버리고 분명한 법전을 어기는가. 《시법(諡法)》에 따르면 널리 듣고 많이 본 것[博聞多見]을 '문(文)'이라 하고 부지런히 하지 않고 이름만 남긴 것[不勤成名]을 '영(靈)'이라 하니, '문령(文靈)'의 시호(諡號)를 내려라."라고 하였다.[75]

---

73 爲: 《대학연의보(大學衍義補)》 사고전서본에는 '於'로 되어 있어, 번역에서는 이를 따른다.

74 정희(鄭羲, 426~492): 자(字)는 유린(幼驎)으로 영양군(滎陽郡) 개봉현(開封縣) 사람이다. 북위(北魏)의 관원이다. 시호는 문령(文靈)이다.

75 북위(北魏)의 … 하였다: 《자치통감(資治通鑑)》 권137 〈제기(齊紀) 세조무황제 중(世祖武皇帝中)〉

北魏鄭羲爲西兗州刺史, 貪鄙, 納女爲嬪, 徵爲秘書監. 及卒, 尙書諡曰宣, 詔曰: "蓋棺定諡, 激濁楊[76]淸, 羲雖夙有文業而治闕廉淸, 尙書何乃情遺至公, 愆違明典, 依《諡法》博聞多見曰文·不勤成名曰靈, 加諡文靈."

당(唐)나라 허경종(許敬宗)[77]이 죽자, 원사고(袁思古)[78]가 평가하기를 "허경종은 황무지에 맏아들을 버리고[79] 오랑캐에게 작은딸을 시집보냈습니다.[80] 《시법(諡法)》을 살펴보면 이름과 실제가 맞지 않는 것[名與實爽]을 '무(繆)'라고 하니, '무(繆)'라고 시호하기를 청합니다."라고 하였다. 허경종의 손자 허언백(許彦伯)[81]이 원사고와 허씨 사이에 원망이 있었던 것을 소송

에 나온다.

76 楊: 《대학연의보(大學衍義補)》 사고전서본에는 '揚'으로 되어 있어, 번역에서는 이를 따른다.

77 허경종(許敬宗, 592~672): 당나라 항주(杭州) 신성(新城) 사람으로 자는 연족(延族)이고, 허선심(許善心)의 아들이다. 수양제(隋煬帝) 대업(大業) 중에 수재(秀才)로 천거되었다. 얼마 뒤 이밀(李密) 휘하에서 기실(記室)이 되었다. 당나라 초에 진왕부(秦王府) 18학사(學士)의 한 사람으로 활동했다. 태종 정관(貞觀) 때 저작랑(著作郎)에서 중서사인(中書舍人)까지 오르고 고명(誥命)을 전담했다. 고종(高宗) 때 예부상서(禮部尙書)가 되어 이의부(李義府) 등과 함께 고종(高宗)이 무측천(武則天)을 황후로 세우는 것을 도와 시중(侍中)에 발탁되었다. 또 무측천을 도와 저수량(褚遂良)을 축출하고 장손무기(長孫無忌)와 상관의(上官儀) 등을 압박해 살해했다. 고종 현경(顯慶) 중에 중서령(中書令)이 되고, 이의부 등과 함께 조정을 관장했다

78 원사고(袁思古): 당 고종(唐高宗) 때의 태상박사(太常博士)이다.

79 황무지에 … 버리고: 허경종의 정처인 배씨는 아주 일찍 죽었는데. 배씨 좌우에 있던 비녀가 자태와 용모가 아름다워서 허경종이 그를 아껴 후처로 삼고 성을 우(虞)라고 하였다. 큰아들인 허앙(許昻)이 그녀와 계속 간통하고 서모가 된 뒤에도 여전하자, 허경종이 우씨를 내쫓고 아들은 불효를 저질렀다고 하여 영남으로 귀양보내 달라고 주청하였다.

80 오랑캐에게 … 시집보냈습니다: 허경종은 자신의 딸을 만족(蠻族)의 추장인 풍앙(馮盎)의 아들에게 시집을 보내고 그에게 재물을 많이 받았다.

하고 시호를 고쳐줄 것을 청하였다. 왕복치(王福時)[82]가 주장하기를 "시호라는 것이, (그로 인한) 득실(得失)은 일시적이지만, 영광스러움과 욕됨은 천년을 갑니다. 만약 싫어하여 생긴 틈이 사실이라면 마땅히 법에 의거하여 처리해야 하나, 만일 그것이 그렇지 않다면 의리상 빼앗을 수는 없습니다."라고 하였다.[83]

唐許敬宗卒, 袁思古議敬宗棄長子於荒徼·嫁少女於夷貊, 按《諡法》名與實爽曰繆, 請諡爲繆. 敬宗孫彦伯訟思古與許氏有怨, 請改諡. 王福時議以爲: "諡者得失一朝, 榮辱千載. 若嫌隙有實, 當據法推繩, 如其不然, 義不可奪."

신은 이렇게 생각합니다. 허경종이 그 아들 허앙(許昂)을 영남에 유배 보내기를 상주하고, 또 딸을 만족(蠻族)의 추장 풍앙(馮盎)의 아들에게 시집보냈으며 그 재물을 많이 받아들였으므로 원사고가 그렇게까지 평가하였습니다.[84] 그러나 이는 오히려 그의 죄 가운데 큰 것이 아닙니다. 만약 고종을 도와서 총애하는 후비를 세우고 충성스럽고 어진 자들을 죽인 죄를 논한다면 '무(繆)'라고 시호한 것이 오히려 다행일

---

81 허언백(許彦伯): 당나라의 관원으로 조부는 허경종(許敬宗)이고 아버지는 허앙(許昂)이다.

82 왕복치(王福時): 당나라 강주(絳州) 용문(龍門) 사람으로 왕통(王通)의 아들이다. 관직은 옹주 사호참군(雍州司戶參軍)을 지냈다.

83 당(唐)나라 … 하였다: 《자치통감(資治通鑑)》 권202 〈당기(唐紀) 고종천황대성대홍효황제 중지하(高宗天皇大聖大弘孝皇帝中之下)〉에 나온다.

84 허경종이 … 평가하였습니다: 자치통감(資治通鑑)》 권202 〈당기(唐紀) 고종천황대성대홍효황제 중지하(高宗天皇大聖大弘孝皇帝中之下)〉에 나온다.

것입니다.

당시에 대지덕(戴至德)[85]이 왕복치(王福畤)에게 말하기를 "고양공[高陽公: 허경종(許敬宗)]의 책임과 대우가 이와 같은데, 어찌하여 '무(繆)'라고 시호할 수 있는 것입니까?"라고 하자, 대답하기를 "옛날에 하증(何曾)[86]은 충성스럽고도 효성스러웠는데, 다만 하루에 먹는 양이 만전(萬錢)이나 되니, 진수(秦秀)[87]가 '무(繆)'라고 시호하였습니다. 허경종의 충성과 효도가 하증에게 미치지 못하고, 마시고 먹는 것과 남녀의 누(累)가 되었던 일은 이보다 지나치니, '무'라고 시호한다고 하여 허씨들에게 저버리는 것이 아닙니다."라고 하였다.

함형(咸亨) 연간(670~673) 어리석은 임금[당 고종(唐高宗)]이 즉위하였으

85 대지덕(戴至德, ?~679): 함형(咸亨) 3년(672) 8월에 허경종이 죽자, 태상박사(太常博士) 원사고(袁思古)와 왕복치(王福畤) 등이 시호를 마땅히 '무(繆)'로 하여야 한다고 하였는데, 대지덕과 허경종의 손자 태사사인(太子舍人) 허언백이 반대하였다. 고종이 조서를 내려 5품 이상의 관원들이 모여서 다시 논의하게 하였는데, 마침내 예부상서(禮部尙書) 양사경(陽思敬)의 논의대로 이미 지나간 잘못을 고칠 수 있다[旣過能改]라는 뜻을 취하여 시호를 '공(恭)'이라고 하였다.

86 하증(何曾, 199~278): 위진(魏晉) 시대 진국(陳國) 양하(陽夏) 사람으로 자는 영고(穎考)다. 사마씨(司馬氏)를 도와 위제(魏帝)를 폐위하는 것을 도왔다. 진무제(晉武帝)가 선양을 받자 승상(丞相)과 태위(太尉)를 지내고, 낭릉공(朗陵公)에 봉해졌다. 성격이 호탕하고 사치를 좋아해 수레나 복식 등을 몹시 호사스럽게 했으며, 날마다 맛있고 좋은 음식을 차려 먹었다. 경비로 1만 전(錢)이 소모되었는데도 젓가락으로 집어먹을 만한 음식이 없다고 투정을 부렸다고 한다. 가충(賈充)에게 아부하여 사람들의 빈축을 샀다. 시호는 원(元)이다.

87 진수(秦秀): 서진(西晉) 신흥(新興) 운중(雲中) 사람으로 자는 현량(玄良)이다. 어렸을 때부터 학행(學行)이 돈독했다. 진무제(晉武帝) 함녕(咸寧) 연간에 박사(博士)가 되었다. 성격이 강직해서 악행을 원수처럼 미워해, 하증(何曾)과 가충(賈充)의 시호를 논의할 때 하증은 유추(謬醜)라 하고, 가충은 황(荒)이라 하자고 했다. 비록 채택되지는 않았지만 듣는 사람이 모두 두려워했다. 유돈(劉暾)과 함께 제왕(齊王) 사마유(司馬攸)의 일을 논의하다가 임금의 뜻에 거슬려 제명(除名)되었다. 얼마 뒤 재기하여 박사가 되었는데, 재직 중에 죽었다.

나, 신하들이 오히려 밝게 살펴서 법을 집행하고 논의를 주장함이 이와 같았습니다. 비록 시호를 받는 신하라도 거의 조금 바뀌는 것도 달가워하지 않았으며, 그 시호가 비록 끝내 고쳐졌다 하더라도 그 일이 역사에 실려 천년을 하루와 같이 하였습니다. 사군자(士君子)들이 자신을 세우고 행동을 제어함에 삼가지 않을 수 있겠습니까.

臣按: 許其[88]宗奏流其子昂於嶺南, 又以女嫁蠻酋馮盎之子, 多納其貨, 故思古議及之. 然此猶非其罪之大者, 若論其贊高宗立孽后·殺忠良之罪, 謚之以繆猶爲幸矣. 當時戴至德謂王福時曰: "高陽公任遇, 如是何以謚之爲繆?" 對曰: "昔何曾既忠且孝, 徒以日食萬錢, 秦秀謚之曰繆. 許敬宗忠孝不逮爲[89]曾, 而飲食男女之累過之, 謚之曰繆不負許氏矣." 當咸亨中昏主臨朝而臣下猶斤斤執法持論如此, 雖其任遇之臣略不肯少有假借, 其謚雖終於改易, 然載其事於史, 千載猶一日也, 士君子立身制行可不謹哉.

당(唐)나라 양관(楊綰)[90]이 죽자 태상시(太常寺)에서 '문정(文貞)'이라고 시호를 올렸다. 어떤 사람이 그[양관]와 원재(元載)[91]가 교유하여 일찍이 원재

88 其: 《대학연의보(大學衍義補)》 사고전서본에는 '敬'으로 되어 있어, 번역에서는 이를 따른다.

89 爲: 《대학연의보(大學衍義補)》 사고전서본에는 '於'로 되어 있어, 번역에서는 이를 따른다. 《대학연의보(大學衍義補)》 정덕본(저본)에는 '于'로 수정되어 있다.

90 양관(楊綰, ?~770?): 자(字)는 공권(公權)으로 당나라 화주(華州) 화음(華陰) 사람이다. 중서시랑(中書侍郎), 집현전숭문관대학사(集賢殿崇文館大學士) 등을 역임하였다. 추봉되어 사도(司徒)가 되었다.

91 원재(元載, ?~777): 당나라 봉상(鳳翔) 기산(岐山) 사람으로 자는 공보(公輔)다. 대종(代宗)이 즉

의 천거를 받게 되었으니, 태상시에서 시호를 내리는 것은 마땅치 않다고 하였다.

양숙(梁肅)[92]이 논의하기를 "삼가 《시법(諡法)》을 살펴보니, 정(貞)에는 세 가지 예(例)가 있는데, 청렴하고 결백하며 절개를 지키는 것[淸白守節]을 '정(貞)'이라 하고, 크게 생각하고 성취한 것[大慮[93]克就]을 '정'이라 하고, 나라를 근심하고 (자신의) 죽음을 잊은 것[憂國忘死]을 '정'이라 합니다. 문(文)에는 여섯 가지 뜻이 있는데, 도(道)를 이루어 세상의 기준이 되는 것[經緯天地]을 '문'이라 하고, 도덕이 높고 견문이 넓은 것[道德博聞]을 '문(文)'이라 하고, 백성을 불쌍히 여겨 은혜롭고 예법이 있는 것[愍民惠[94]禮]을 '문'이라 하고, 아랫사람에게 물음을 부끄러워하지 않는 것[不恥下問][95]을 '문'이라 하고, 자애와 은혜로 백성을 사랑하는 것[慈惠愛人][96]을 '문'이라 하고, 덕을 닦아 먼 지방의 사람들을 오게 하는 것[修德來遠][97]을 '문'이라 합니다.

위하자 중서시랑(中書侍郞)과 허창현자(許昌縣子), 판천하원수행군사마(判天下元帥行軍司馬)를 역임했다. 권력을 쥐고 불법을 자행하면서 충신들을 배척하고 무도하게 참람한 일을 서슴지 않았을 뿐만 아니라 뇌물을 공공연하게 받았다. 악행을 고치지 못하다가 사람들이 황제에게 고발했고, 결국 자살을 명받았다.

92 양숙(梁肅, 753~793): 당나라 안정(安定) 사람으로 대대로 육혼(陸渾)에서 살았다. 자는 경지(敬之) 또는 관중(寬中)이다. 독고급(獨孤及)을 사사했고, 문장을 지을 때 고졸하고 질박한 것을 숭상했다, 후진을 적극 후원해 한유(韓愈)와 구양첨(歐陽詹) 등을 천거했다. 저서에 《천태지관(天台止觀)》 6권과 《지관통례(止觀統例)》, 《문집(文集)》 20권이 있다.

93 慮: 《대학연의보(大學衍義補)》 정덕본, 사고전서본에는 '憲'으로 되어 있는데, '慮'의 오자인 듯하다.

94 惠: 《대학연의보(大學衍義補)》 정덕본, 사고전서본에는 '接'으로 되어 있는데, '惠'의 오자인 듯하다.

95 아랫사람에게 … 않는 것[不恥下問]: 《사기정의(史記正義)》 〈시법해(諡法解)〉에는 '배우기를 부지런히 하고 묻기를 좋아함[學勤好問].'으로 되어 있다.

96 人: 《사기정의(史記正義)》 〈시법해(諡法解)〉에는 '人'으로 되어 있다.

이름이 이미 갖추어지지 않았고, 일 또한 꿰뚫은 것이 다르니, 어찌 하나의 이름에 책임지울 수 있겠습니까. 만약 모든 미덕(美德)이 과연 하나의 이름에 담겨 있다면 사문백(士文伯)[98]과 공문자(孔文子)[99] 에게는 도(道)를 이루어 세상의 기준이 되는 것[經緯天地]의 '문(文)'은 없는 것이며, 맹무백(孟武伯)[100]과 영무자(寧武子)[101] 또한 화란을 평정하는 것[克定禍亂]의 '무(武)'는 아닙니다. 만약 예(禮)를 폐했다고 하여 그 이름을 사용할 수 없다면, 장손진(臧孫辰)[102]은 잘못된 제사를 제멋대로 하였기 때문에[103] '문'으로 시호할

97 덕을 … 하는 것[修德來遠]: 《사기정의(史記正義)》〈시법해(諡法解)〉에는 '덕을 닦아 먼 지방의 사람들을 오게 하는 것[修德來遠].'으로 되어 있다.

98 사문백(士文伯): 춘추시대(春秋時代) 진(晉)나라의 대부로 이름은 개(匄)이다. 시호가 문(文)이다.

99 공문자(孔文子): 위(衛)나라 대부로 이름이 어(圉)이다. 《논어(論語)》〈공야장(公冶長)〉에 나온다. "자공(子貢)이 '공문자를 어찌하여 문이라고 시호하였습니까?'라고 묻자, 공자가 말하기를 '명민하면서도 배우기를 좋아하였으며, 아랫사람에게 묻기를 부끄러워하지 않았다. 이 때문에 문(文)이라고 한 것이다.'라고 하였다."

100 맹무백(孟武伯): 맹의자(孟懿子)의 아들로 무(武)는 그의 시호이고 백(伯)은 항렬이며 이름은 체(彘)이다. 《논어(論語)》의 〈위정(爲政)〉, 〈공야장(公冶長)〉에 나온다.

101 영무자(寧武子): 영자(寧子), 영생(寧生), 영무(寧武), 영유(寧兪)라고도 불린다. 춘추시대 위(衛)나라 사람으로 위문공(衛文公)과 성공(成公) 때 대부(大夫)를 지냈다. 이름은 유(兪)고, 무자는 시호(諡號)다. 나라에 도(道)가 행해질 때는 지혜(智慧)를 발휘하고, 어지러울 때는 어리석은 체하여 몸을 잘 보전했다고 공자(孔子)가 평했다.

102 장손진(臧孫辰, ?~기원전 617): 춘추시대 노(魯)나라 사람으로 자가 문중(文仲)이고, 장손달(臧孫達)의 손자다. 장공(莊公)과 민공(閔公), 희공(僖公), 문공(文公) 등 네 임금을 섬겼다. 장공 28년 노나라에 큰 기근이 들었는데 제(齊)나라에 사신으로 가서 옥기(玉器)를 주고 곡식을 청해 제나라 군주의 마음을 움직여 옥기도 돌려받고 곡식도 공급받았다. 공자(孔子)보다 60년 앞선 사람으로, 삼환(三桓)의 세력이 커지기 전에 오랫동안 노나라를 잘 다스렸다. 공자가 그에게는 '삼불인(三不仁)'과 '삼부지(三不知)'가 있다고 말했다.

103 잘못된 … 때문에: 공자가 말하기를 "장문중(臧文仲)에게는 인하지 못한 일 세 가지가 있고, 지혜롭지 못한 일 세 가지가 있다. 전금(展禽 柳下惠)을 아랫 자리에 있게 하고 육관(六關)을 설치하고 아내에게 부들자리를 짜게 한 것이 세 가지 인하지 못한 일이고, 허기(虛器)를 만

수 없을 것이며, 관이오(管夷吾)[104]는 대문(臺門)을 만들고 술잔을 되돌려놓을 받침을 두었기 때문에[105] '경(敬)'으로 시호할 수 없을 것입니다. 이는 이름을 논의하는 방법이 그 장점을 취한다면 그 단점을 버려 두는 것이고, 그 큰 행실에 뜻을 둔다면 그 작은 부분을 남겨 두는 것임을 안 것입니다. 선악(善惡)이 한 글자에 결정나고 포폄이 장래에 드리워지니, 이것이 선왕이 시호를 짓는 방법입니다.

또 사람에게는 완전한 재주가 없고 능력을 반드시 갖춘 것도 아닙니

들고 역사(逆祀)를 종용(縱容)하고 원거(爰居)에게 제사지내게 한 것이 세 가지 지혜롭지 못한 일이다."라고 하였다. 《춘추좌씨전(春秋左氏傳)》 문공(文公) 2년조에 나온다. 원거는 바닷새를 말한다. 원거가 노(魯)나라 동문 밖에 와서 앉으니, 문중은 그 새를 신(神)이라 여겨 나라사람들에게 명하여 그 새에게 제사를 지내게 하였다.

104 관이오(管夷吾, ?~기원전 645): 관경중(管敬仲)이다. 춘추시대 제(齊)나라 영상(潁上) 사람으로 이름은 이오(夷吾)고, 자는 중(仲)이다. 처음에 공자규(公子糾)를 섬겨 노(魯)나라로 달아났다. 제양공(齊襄公)이 피살당하자 공자규와 공자소백(公子小伯, 桓公)이 자리를 두고 다투었는데, 실패하고 공자규는 살해당하고 자신은 투옥되었다. 그때 포숙아는 소백의 편에 섰는데, 그가 추천하자 환공이 지난날의 원한을 잊고 발탁하여 노장공(魯莊公) 9년 경(卿)에 오르고, 높여 중부(仲父)라 불렀다. 제도를 개혁하고 국토를 효율적으로 구분했다. 군사력을 강화하고, 상업과 수공업의 육성을 통하여 부국강병을 꾀했다. 대외적으로는 동방이나 중원의 제후와 아홉 번 회맹(會盟)하여 환공에 대한 제후의 신뢰를 얻게 했고, 남쪽에서 세력을 떨치기 시작한 초(楚)나라를 누르려고 했다. 제환공은 춘추오패(春秋五覇)의 한 사람이 되었다.

105 대문(臺門)을 … 때문에: 《논어(論語)》 〈팔일(八佾)〉에 나온다. "공자(孔子)가 '관중(管仲)의 그릇이 작구나.'라고 하였다. 어떤 이가 '관중은 검소했습니까?'라고 묻자, 공자가 말하기를 '관씨는 삼귀(三歸)를 두었으며 가신(家臣)의 일을 겸직시키지 않았으니, 어찌 검소하다고 할 수 있겠는가.'라고 하였다. (어떤 이가) '그렇다면 관중은 예(禮)를 알았습니까?'라고 묻자, 공자가 대답하기를 '나라의 임금이어야 병풍으로 문을 가릴 수 있는데 관씨도 병풍으로 문을 가렸으며, 나라의 임금이어야 두 임금이 우호로 만날 때에 술잔을 되돌려 놓는 자리를 둘 수 있는데 관씨도 술잔을 되돌려 놓는 자리를 두었으니, 관씨가 예를 안다면 누가 예를 알지 못하겠는가.'라고 하였다."

다. 위징(魏徵)[106]이 말을 세우고 얼굴빛을 바르게 하여 그 절개가 뛰어났으나 사람을 알아보는 것에는 어두웠고, 소괴(蘇瑰)[107]가 조서(詔書)를 봉하여 사특함을 막아 그 뜻이 밝았으나 끝내 지킬 수 없었습니다. 그러므로 《춘추(春秋)》에서 현명한 자는 허물을 피한다고 하였으니 그 전(傳)에 '한 가지 흠으로 큰 덕을 가릴 수 없다[不以一眚掩大德].'라고 하였고,[108] 《논어(論語)》에서 '한 사람에게 완비하기를 요구하지 말아야 한다[無求備於一人].'라고 하였습니다.[109] 이것이 위징과 소괴를 '문정(文貞)'으로 삼았던 이유입니다. 삼가 위로는 전례(典禮)를 참작하고 가까이는 고사(故事)를 참고하여 양공(楊公)의 시호를 지난 날의 논의와 같게 하시기를 청합니다."[110]라고 하였다.

唐楊綰卒, 太常謚文貞, 或謂其與元載交遊, 嘗爲載薦, 太常謚不當. 梁肅議曰: "謹按《謚法》, 貞之例有三, 淸白守節曰貞·大憲克就曰貞·憂國忘

---

106 위징(魏徵, 580~643): 당나라 초기 위군(魏郡) 내황(內黃) 사람으로 조적(祖籍)은 거록(鉅鹿) 곡성(曲城)인데, 관도(館陶)라고도 한다. 자는 현성(玄成)이고, 시호는 문정(文貞)이다. 당고조(唐高祖)에게 귀순하여 고조의 장자 이건성(李建成)의 측근이 되었다. 황태자 이건성이 동생 이세민(李世民)과의 경쟁에서 패했지만 그의 인격에 끌린 태종의 부름을 받아 간의대부(諫議大夫) 등의 요직을 역임한 뒤 나중에 재상으로 중용되었다. 담력과 지략을 가져 굽힐 줄 모르고 직간(直諫)을 거듭해 황제의 분노를 샀지만 조금도 흔들림이 없었다. 그가 한 말은 《정관정요(貞觀政要)》에 잘 나와 있다.

107 소괴(蘇瑰, 639~719): 일명 소괴(蘇瓌)이다. 자는 창용(昌容)으로 경조(京兆) 무공(武功) 사람이다. 시호는 문정(文貞)이다.

108 《춘추(春秋)》에서 … 하였고: 《춘주좌씨전(春秋左氏傳)》 희공(僖公) 33년에 나온다.

109 《논어(論語)》에서 … 하였습니다: 《논어(論語)》 〈미자(微子)〉에 나온다.

110 삼가 … 청합니다: 《문원영화(文苑英華)》 권840 〈시의 상(謚議上) 대태상답소단박양관시의(代太常答蘇端駁楊綰謚議)〉에 나온다.

死曰貞; 文之義有六, 經緯天地曰文·道德博聞曰文·愍民接禮曰文·不恥下問曰文·慈惠愛人曰文·修德來遠曰文. 名旣不備, 事亦殊貫, 又安可以併責於一名哉? 若具米[111]果在一名則士文伯·孔文子且無經緯天地之文, 孟武伯·寧武子又非克定禍亂之武, 若以廢禮不稱其名, 則臧孫辰縱逆祀不得以[112]文, 管夷吾臺門反坫不得謚敬. 是知議名之道取其所長則捨其所短, 志其大行則遺其小節, 使善惡決於一字, 褒貶垂於將來, 蓋先王制謚之方也. 且人無全才, 能不必備, 魏徵立言正色, 其節大矣而昧於知人, 蘇瑰封詔沮邪, 其志明矣, 終不能守, 故《春秋》爲賢者諱過, 傳稱 '不以一眚掩大德', 語曰 '無求備於一人', 此魏·蘇二公所以爲文貞也. 謹上參典禮, 近考故事, 楊公之名請如前議."

재상 여인(呂諲)[113]이 죽자 독고급(獨孤及)[114]이 시호를 논하여 '숙(肅)'이라 하였다.[115] 엄정(嚴郢)[116]이 논박하여 '충숙(忠肅)'이라고 하자,[117] 독고급이

---

111 米: 《대학연의보(大學衍義補)》 사고전서본에는 '美'로 되어 있어, 번역에서는 이를 따른다.

112 以: 《대학연의보(大學衍義補)》 사고전서본에는 '謚'로 되어 있어, 번역에서는 이를 따른다.

113 여인(呂諲, 712~762): 포주(蒲州) 하동(河東) 사람으로 작위가 수창현(須昌縣) 개국백(開國伯)에 봉해졌다. 시호는 숙(肅)이다.

114 독고급(獨孤及, 725~777): 당나라 하남(河南) 낙양(洛陽) 사람으로 자는 지지(至之)다. 시호는 헌(憲)이다. 문장을 지어 선악을 분명하게 밝혔으며, 의론에 뛰어났다. 저서에 《비릉집(毗陵集)》 20권이 있다. 《전당시(全唐詩)》에서 시를 2권으로 편집했고, 《전당문(全唐文)》에서 문장을 10권으로 편집했다.

115 재상 … 하였다: 승상(丞相) 여인(呂諲)의 시호(謚號) 의논에서, 독고급(獨孤及)이 의논해 말하기를 "여인은 총명하고 민첩하며 엄숙하고 두름성 있어서, 능히 재주와 지례로 이도(吏道)를 부드럽게 꾸며 나갔으나, 정부[台司]에 있어서는 잗달아서, 비록 비궁(匪躬)의 능력은 없

재차 논하기를 "주(周)나라의 도(道)가 쇠함에 공자(孔子)가 《춘추(春秋)》를 짓자 난신적자(亂臣賊子)들이 두려워하게 되었습니다. 《시법(諡法)》 역시 《춘추(春秋)》의 은미한 뜻이니, (그 뜻은) 악(惡)을 징벌하고 선(善)을 권장하는 데에 있지 슬퍼하거나 영화롭게 하는 데에 있지 않으며, 선악을 평가하는 데에 있지 글자 수를 많게 하려는 데에 있지 않습니다. 주공(周公)이 삼감(三監)을 죽이고 회이(淮夷)를 주살하였으며,[118] 진(晉)나라의 중이(重耳)

으나, 그 형주(荊州)의 장관이 되어 1년 만에 성과가 있었고, 호령(號令)이 밝고 구비되었으니, 대저(大抵) 위엄과 신용을 주장으로 삼았으며, 진희묘(陳希昴)를 죽이고 신태지(申太芝)의 간사한 것을 적발하였으므로, 삼초(三楚)의 백성들이 기쁜 마음으로 복종하였으니, 시법(諡法)을 상고하면, 위엄과 덕으로 능히 성취시킨 것을 '숙(肅)'이라 하였는데, 포학한 것을 금지한 것은 위엄이요, 사람을 사랑한 것은 덕이다. 예(禮)를 상고하고 이름[名]을 의논하여서 시호하기를 '숙(肅)'이라 하기를 청한다."라고 하였다.

116 엄정(嚴郢, ?~783): 자(字)는 숙오(叔敖)로 화주(華州) 화음현(華陰縣) 사람이다.

117 엄정(嚴郢)이 … 하자: 엄정이 논박하기를 "고상국(故相國) 여인(呂諲)은 예전에 선조(先朝)를 섬겨서 여러 번 큰 임무를 담당하였고, 지덕(至德) 초년에 나라 형편이 곤란하였었는데, 공(公)이 앞장서서 가시밭을 헤치고 영무(靈武)까지 (황제를) 모시고 가서 자기 몸을 잊고 충성을 다하였으므로, 하루에 세 번씩 (황제와) 면대하였는데, 이제 태상(太常)에서 형남(荊南)의 정사(政事)를 논한 것은 자세하나, 정부[台司]에 있어서는 잗달아 비궁(匪躬)의 능력이 없었다고 한 것은, 곧 [옥(玉)의] 티를 내세워 아름다운 광채를 말살하는 의논이니, 중도(中道)의 적당한 말은 아니다. 국가의 고사(故事)에 재상[掌臣]의 시호(諡號)는 다 두 글자로 되어 있어서, 그것으로 선(善)한 것을 표창하고 덕(德)을 드러나게 하였다. 무릇 여공(呂公)의 문재(文才)는 능히 해되는 것을 없이하였고, 무략(武略)은 능히 포학한 것을 금지 하였으니, 장한 공(功)과 큰 규모(規模)를 갖추[備擧]지는 못하겠으나, 전(傳)에 팔원(八元)의 덕(德)을 '충숙 공의(忠肅恭懿)'라고 말하였으니, 만약 아름다운 시호로 형용(形容)하자면 시호를 '충숙(忠肅)'이라 하기를 청합니다."라고 하였다.

118 주공(周公)이 … 주살하였으며: 무왕(武王)은 상(商)을 멸망시키고 주(周)를 건국하였다. 무왕은 상(商)의 유민(遺民)들을 통제하기 위해 상(商)의 마지막 임금인 주왕(紂王)의 아들 무경(武庚)을 상(商)의 도읍인 은(殷, 지금의 河南 安陽)에 머무르며 그곳을 다스리게 하였다. 무왕은 그가 반란을 일으키지 못하도록 감시하기 위해 자신의 세 동생들에게 그 주변 지역을 분봉(分封)하였다. 관숙(管叔) 희선(姬鮮)을 관(管, 河南 鄭州)의 제후로 봉했으며, 채숙(蔡叔) 희도

가 한번 싸워 제후의 패자(霸者)가 되었으니, 무공(武功)이 성대한데도 모두 시호를 '문(文)'이라고 하였습니다. 기결(冀缺)[119]이 공경과 덕(德)으로 일에 임한 것과 영유(甯兪)[120]가 그 나라에 충성한 것이 문덕(文德)이 어찌 뛰어나지 않겠습니까만은 모두 시호를 '무(武)'라고 하였습니다. 이는 진실로 서법(書法)을 아는 자들이 반드시 그 큰 것을 드러내고 그 작은 것은 생략한 것입니다. 그러므로 문(文)을 말하면서 무(武)를 말하지 않았고, 무를 말하면서 문을 말하지 않았습니다.

삼대(三代) 이하로 근본이 흩어지고 예(禮)가 무너져서 곧 두 글자의 시호가 있게 되었으니 옛것이 아닙니다. 그 근원은 쇠퇴한 주(周)나라에서 생겨나 전국시대(戰國時代)의 임금에게까지 미쳤습니다. 한(漢)나라가 일어

(姬度)는 채(蔡, 지금의 河南 上蔡)의 제후로, 곽숙(霍叔) 희처(姬處)는 곽(霍, 山西 霍州)의 제후로 봉하였다. 이들은 무경(武庚)과 상(商)의 유민들에 대한 감시를 맡았기에 '삼감(三監)'이라고 불렸다. 관숙(管叔)과 채숙(蔡叔), 곽숙(霍叔)은 이에 불만을 품고 주공(周公)이 왕위를 빼앗을 것이라는 말을 사방에 퍼뜨리고, 무경(武庚)과 연합하여 반란을 일으켰다. 이를 '삼감(三監)의 난(亂)'이라고 한다. 주공(周公)은 소공(召公) 희석(姬奭)과 함께 왕실 내부와 제후들을 단속하며 반란의 진압에 나섰다. 하지만 동쪽의 회이(淮夷)와 연합한 상(商)의 유민들의 저항이 거세서 반란의 진압에는 3년이나 걸렸다. 무경(武庚)은 주(周)의 군대에 사로잡힌 뒤 주살(誅殺)되었으며, 주공(周公)의 형인 관숙(管叔) 희선(姬鮮)도 처형되었다. 채숙(蔡叔)은 멀리 유배되었으며, 곽숙(霍叔)도 모든 지위에서 물러나는 처벌을 받았다.

119 기결(冀缺): 춘추시대 진(晉)나라 사람 극결(郤缺)로 극성자(郤成子)로도 불린다. 극예(郤芮)의 아들이다. 아버지의 채읍(采邑) 기읍(冀邑)을 물려받아 극군(郤君) 또는 기결(冀缺)로도 불린다. 구계(臼季)가 지나가다 이를 보고 진문공(晉文公)에게 천거해 하군대부(下軍大夫)가 되었다. 진양공(晉襄公) 원년 백적군(白狄君)을 사로잡아 다시 기읍이 채읍으로 주어졌다. 진경공(晉景公) 때 화술책(和戎策)을 실시해 이민족들이 귀복(歸服)하게 했다. 시호는 성(成)이다.

120 영유(甯兪): 영자(甯子), 영생(甯生), 영무(甯武), 영유(甯兪)라고도 불린다. 춘추시대 위(衛)나라 사람으로 위문공(衛文公)과 성공(成公) 때 대부(大夫)를 지냈다. 이름은 유(兪)고, 시호(諡號)는 무(武)이다. 나라에 도(道)가 행해질 때는 지혜(智慧)를 발휘하고, 어지러울 때는 어리석은 체하여 몸을 잘 보전했다고 공자(孔子)가 평했다.

남에 소하(蕭何)[121] · 장량(張良)[122] · 곽거병(霍去病)[123] · 곽광(霍光)[124]이 문무(文武)의 대략을 갖추어 한(漢)나라를 돕고 태평을 이루었으나, 그 일이 한 가지가 아니어서 한 가지 이름으로 그 선(善)을 기록하기에는 부족하다고 하였습니다. 이에 문종(文終 :소하), 문성(文成: 장량), 경환(景桓: 곽거병), 선성(宣成: 곽광)의 시호를 정하였습니다. 비록 예(禮)를 더럽힌 것이 심하였으나 오히려 칭찬함에 사람을 잘못 보지는 않았습니다.

당(唐)나라가 일어남에 주(周)나라와 한(漢)나라의 제도를 참작하여 사용하였습니다. 위징(魏徵)에 대해 평가하기를, 왕도(王道)로 시대를 도운 것이 '문(文)'에 가깝고, 직언하고 극력 간하는 것과 임금을 사랑하고 자신을 잊은 것은 '정(貞)'에 가까운데, 두 가지 덕(德)이 모두 뛰어나서 하나라도 폐할 수 없으므로 '문정(文貞)'이라고 하였습니다. 소우(蕭瑀)[125]에 대해 평가하기를, 단정하고 곧으며 바르고 진실한 것이 '정'에 가깝고, 본성에 시기하고 의심함이 많은 것이 '편(褊)'에 가까운데, '편'으로만 말한다면 충직하고 바른 것을 잃어버리고 '정'으로만 말한다면 그 인색하고 좁은 것을 남겨 두는 것이니, 한 가지 말로만 명명할 수 있는 것이 아니므로 '정편(貞褊)'이라고 하였습니다. 그 나머지는 대략만을 들고 비슷한 것들을

---

121 소하(蕭何, ?~기원전 193): 전한 사수(泗水) 패현(沛縣) 사람이다. 시호는 문종(文終)이다.

122 장량(張良, ?~기원전 186): 전한 패군(沛郡) 성보(城父) 사람. 자는 자방(子房)이고, 시호는 문성(文成)이다.

123 곽거병(霍去病, 기원전 140~기원전 117): 전한 하동(河東) 평양(平陽) 사람. 대장군 위청(衛青)의 조카고, 무제(武帝) 위황후(衛皇后)의 조카다. 시호는 경환(景桓)이다.

124 곽광(霍光, ?~기원전 68): 전한 하동(河東) 평양(平陽) 사람. 자는 자맹(子孟)이다. 곽거병(霍去病)의 이복동생이다. 시호는 선성(宣成)이다.

125 소우(蕭瑀, 575~648): 자는 시문(時文)이다. 당(唐)나라 때 대신(大臣)이다. 남조(南朝) 양명제(梁明帝) 소규(蕭巋)의 일곱째 아들로 양말제(梁末帝) 소종(蕭琮)의 이복동생이며, 소황후(蕭皇後)의 아우이다.

미루어 대저 이에 의거하여 모두 중첩되게 한 점이 있습니다.

만약 행적에 다른 것이 없고 일이 하나의 궤뚫음으로 귀결된다면 곧장 한 글자로만 지목하니, 그러므로 두여회(杜如晦)[126]는 시호를 '성(成)'이라고 하였고, 왕규(王珪)[127]는 '의(懿)'라고 하였고, 진숙달(陳叔達)[128]은 '충(忠)'이라고 하였고, 온언박(溫彦博)[129]은 '공(恭)'이라고 하였으니, 그 비슷한 것들을 모두 헤아릴 수는 없습니다. 이는 아울러 당시의 혁혁한 공적과 명성으로 재상의 지위에 있던 자들의 시호가 한 글자에 불과하였으나 그 자손과 좌리(佐吏)들도 글자가 적다고 하소연하는 경우는 들어 보지 못하였습니다. 이로 말미암아 말한다면 두 글자라고 하여 반드시 칭찬하는 것도 아니며, 한 글자라고 하여 반드시 폄하하는 것도 아닙니다."[130]라고 하였다.

故相呂諲卒, 獨孤及議謚曰肅, 嚴郢駁, 益加以忠肅, 及重議曰: "周道衰, 孔子作《春秋》而亂臣賊子懼, 《諡法》亦《春秋》之微旨也, 在懲惡勸善不在

126 두여회(杜如晦, 585~630): 당나라 초기 경조(京兆) 두릉(杜陵) 사람으로 자는 극명(克明)이다. 시호는 성(成)이다.

127 왕규(王珪, 571~639): 당나라 태원군(太原郡) 기현(祁縣) 사람으로 자는 숙개(叔玠)고, 왕승변(王僧辯)의 손자다. 시호는 의(懿)다.

128 진숙달(陳叔達, 573~635): 오흥(吳興) 장성(長城) 사람으로 자는 자총(子聰)이다. 당(唐)나라 때의 대신(大臣)으로 진(陳)나라 선제(宣帝) 진욱(陳頊)의 열여섯째 아들이다. 시호는 충(忠)이다.

129 온언박(溫彦博, 574~637): 자(字)는 대임(大臨)으로 태원군(太原郡) 기현(祁縣) 사람이다. 시호는 공(恭)이다.

130 주(周)나라의 … 아닙니다: 《문원영화(文苑英華)》 권840 〈시의 상(諡議上) 중의여인(重議呂諲)〉에 나온다.

哀榮, 在議美惡不在字多. 周公殺三鑒[131]·誅淮夷, 晉重耳一戰而霸諸侯, 武功盛矣而皆諡曰文; 以冀缺之恪德臨事, 寧俞之忠於其國, 其文德豈不優乎而並諡曰武, 固知書法者必稱其大而略其細, 故言文不言武·言武不言文. 三代以下樸散禮壞, 乃有二字之諡, 非古也. 其源生于衰周, 施及戰國之君, 漢興, 蕭何·張良·霍去病·霍光俱以文武大略佐漢致太平, 其事業不一, 謂一名不足以紀其善, 於是乎有文終[132]·文成·景桓·宣成之諡, 雖瀆禮甚矣, 然猶褒不失人. 唐興, 參用周·漢之制, 謂魏徵以王道佐時近文, 直言極諫·愛君而忘身近貞, 二德並優, 廢一莫可, 故曰文貞; 謂蕭瑀端直鯁亮近貞, 性多猜貳近褊, 言褊則失其謇正, 稱貞則遺其忲狹, 非一言所能名, 故曰貞褊, 其餘擧凡推類大抵準此, 皆有爲疊爲之也. 若迹無殊途·事歸一貫則直以一字目之, 故杜如晦諡成·王珪諡懿·陳叔達諡忠·溫彦博諡恭, 其流不可悉數. 此病[133]當時赫赫以功名居宰相位者, 諡不過一字, 不聞其子孫佐吏有以字少稱屈者. 由此言之, 二字不必爲褒, 一字不必爲貶."

장군 곽지운(郭知運)[134]이 죽은 지 50년 뒤에 그 아들 곽영예(郭英乂)[135]가 시호(諡號)를 청하여 태상시(太常寺)에서 시호를 '위(威)'라고 하였다. 좌사원

131 鑒: 《대학연의보(大學衍義補)》 사고전서본에는 '監'으로 되어 있어, 번역에서는 이를 따른다.

132 終: 《대학연의보(大學衍義補)》 사고전서본에는 '忠'으로 되어 있다.

133 病: 《대학연의보(大學衍義補)》 사고전서본에는 '竝'으로 되어 있어, 번역에서는 이를 따른다.

134 곽지운(郭知運, 667~721): 당(唐) 과주(瓜州) 진창(晉昌) 사람이다. 자(字)는 봉시(逢時)이다. 개원(開元) 초에 설눌(薛訥), 왕준(王晙) 등과 토번을 공격하여 거듭 패퇴시켰다.

135 곽영예(郭英乂, ?~765): 과주(瓜州) 상락(常樂) 사람이다. 농우절도사(隴右節度使) 및 좌우림군장군(左羽林軍將軍) 곽지운(郭知運)의 다섯 번째 아들이다.

외랑(左司員外郞) 최하(崔廈)가 곽지운이 죽을 때에 이미 장례비용을 보냈고 증직하였으니, 지금 이미 때가 지났는데 시호를 내리는 것은 마땅하지 않다고 논박하였다.[136]

독고급(獨孤及)이 거듭 논하기를 "증직(贈職)과 시호(諡號)는 같은 것입니다. 증직이라는 것은 한때의 총애이고 시호라는 것은 고칠 수 없는 명령이니, 세월이 오래되어 이름이 폐해지거나 바뀌는 것은 임금의 은택이 천하에 두루 미치나 유독 한 사람에게만 통하지 못한 것입니다. 개원(開元) 연간에 토번(吐蕃)이 온 나라의 군대로 오원(五原)의 변방에 들이닥쳤는데, 곽지운이 토벌하고 평정하여 왕실의 (권위를) 떨쳤습니다. 지금 조정에서는 장차 장수들에게 명하여 복종하지 않은 곳을 정벌하고 조회 오지 않는 곳을 토벌하게 하려고 하니, 마땅히 그들을 포상하여 병권의 장악을 권장하게 할 것이지, 어찌 장사 지낸 지 오래되었다고 하여서 대전(大典)을 폐할 수 있겠습니까.

하물며 대저 시법이라는 것은 그 언행(言行)과 사업(事業)의 사정(邪正)을 살펴서 반드시 한 글자로 포폄하여, 살아 있는 자들이 아름다운 시호를 듣고 사모하며 악한 시호를 보고 두려워하여 상벌을 기다리지 않아도 어진 자와 어리석은 자들 모두에게 권면하려는 것입니다. 이는 한 글자의 시호가 삼천여 개의 형벌보다 뛰어난 것이니, 본래 죽은 자의 자손들을 위하여 늘의 여겨 영화롭게 하거나 총애하여 증직하게 하는 도구는 아닙니다."[137]라고 하였다.

---

136 좌사원외랑(左司員外郞) … 논박하였다: 《문원영화(文苑英華)》 권840 〈시의 상(諡議上) 박의곽지운(駁議郭知運)〉에 나온다.

137 증직(贈職)과 … 아닙니다: 《문원영화(文苑英華)》 권840 〈시의 상(諡議上) 중의곽지운(重議郭知運)〉에 나온다.

故將郭知運卒已五十年, 其子英乂請諡, 太常諡曰威, 左司員外郞崔廈駁, 以知運卒時賵贈已加, 今已踰時, 不宜諡, 獨孤及重議曰: "贈·諡一也, 贈者一時之寵, 諡者不刊之令, 以歲久而廢易名, 是王澤浹於天下而獨隔於一人也. 當開元時, 吐蕃以擧國之師入五原塞, 知運討平之以張王室, 今朝廷方將命將帥以征不服·討不庭, 宜褒之以勸掘[138]兵者, 安可以葬久而廢大典. 況夫諡法者考其言行事業之邪正, 必以一字褒貶之, 使生者聞美諡而慕·睹惡諡而懼, 不待賞罰而賢不肖皆勸, 是一字之諡賢於三千之刑, 本非爲歿者之子孫以爲哀榮寵贈之具."

신은 이렇게 생각합니다. 해설하는 자들이 말하기를 "《춘추(春秋)》는 한 글자로 포폄(褒貶)을 하니, 한 글자의 기리는 것이 보곤(黼袞: 수놓은 곤룡포)보다 영화롭고 한 글자의 폄훼가 부월(斧鉞: 도끼)과 같이 엄정하다."라고 하였으니, 신은 시호를 내리는 법 역시 그러하다고 생각합니다. 대개 작록(爵祿)은 살아 있는 자를 영화롭게 하여 그에게 공을 세운 것으로 흥기하게 하려는 것입니다. 시호(諡號)를 내려 주는 경우에는 다만 죽은 자를 영화롭게 할 뿐만이 아니라 또한 살아 있는 자를 분발하게 하려는 것입니다. 세상에서 이러한 권한을 가진 자들이 생전에 시기하거나 꺼리던 사사로움을 품고 마땅히 주어야 하는데도 주지 않거나, 죽은 자의 자손들의 요청에 따라 마땅히 주지 않아야 하는데도 주는 경우는 명교(名敎)에 죄를 짓는 것이 큽니다.

138 掘: 《대학연의보(大學衍義補)》 사고전서본에는 '握'으로 되어 있어, 번역에서는 이를 따른다.

臣按: 說者謂《春秋》以一字爲褒貶, 一字之褒榮於黼袞, 一字之貶嚴如斧鉞, 臣於贈謚之典亦云. 蓋爵祿所以榮生者, 使之興起以建立事功, 至於贈謚非但以榮死者, 亦所以激生者焉. 世之掌斯權者乃懷生前忌克之私, 當予而不予, 徇死者子孫之請, 不當予而予, 其得罪於名教也大矣.

송 인종조(宋仁宗朝)에 하송(夏竦)[139]이 죽자 태사(太師) 중서령(中書令)으로 추증하고 특별히 '문정(文正)'이라는 시호를 내렸다. 사마광(司馬光)[140]이 말하기를 "시호라는 것은 행적의 자취인데, 행적은 자신에게서 나오고 명성은 다른 사람들에게서 생겨나는 것이니, 선(善)을 권장하고 악(惡)을 막는 것을 사사롭게 해서는 안 됩니다. 삼가 영문(令文)을 살펴보니, 여러 왕공 및 직사관(職事官) 3품 이상에게 시호를 내림에, 모두 행장을 기록하여서 거듭 살피고 의논하며 확정하여 아뢰어 명분과 실제를 엄중히 하고 지극한 공(公)을 보입니다. 지금은 담당하지도 않은 유사(有司)가 대개 공의(公議)로써 내부에서 시호를 정한 이후에 외부에 알려 드러냅니다. 신

139 하송(夏竦, 985~1051): 송나라 강주(江州) 덕안(德安) 사람으로 자는 자교(子喬)다. 재주와 지략이 있었지만 권술(權術)을 좋아하고 성격이 탐욕스러워 사람들이 간사하다고 평했다. 문장을 잘 지었고, 관직에 있었을 때는 치적(治績)이 있었다. 시호는 문정(文正)이다. 저서에 《문장집(文莊集)》과 《고문사운성(古文四韻聲)》 등이 있다.

140 사마광(司馬光, 1019~1086): 북송 섬주(陝州) 하현(夏縣) 사람으로 자는 군실(君實)이고, 호는 우부(迂夫) 또는 우수(迂叟)며, 시호는 문정(文正)이다. 철종(哲宗)이 즉위하여 태황태후(太皇太后) 고씨(高氏)가 임조(臨朝)하자 문하시랑(門下侍郎)으로 기용되고, 좌복야(左僕射)에 오르면서 조정을 장악했다. 유지(劉摯)와 범순인(范純仁), 범조우(范祖禹), 여대방(呂大防) 등을 기용하면서 신법을 철폐하고 옛 제도를 회복시켰다. 재상으로 있은 지 8개월 만에 죽어 태사(太師)에 추증되었다.

의 생각으로는 마땅히 내부에서 논의되는 시호를 택하여 행적과 실제가 대강이라도 상응하는 것을 내리니, 역시 여러 신하들이 감히 논의할 바가 아닙니다. 지금 이에 지극한 미덕으로 시호를 내리고 다시는 시호를 덧붙이지 말아야 하니, 하송과 같은 자가 어찌 쉽게 감당할 수 있겠습니까. 이른바 '명분과 실제가 어긋남[名與實爽].'과 '시호와 행적이 어긋남[謚與行違].'이 영구히 전해지는 것을 어찌 법으로 삼을 수 있겠습니까."[141]라고 하였다.

사마광이 또 말하기를 "하송이 이러한 시호를 얻었다면, 다시 무슨 시호로 천하의 바른 선비와 훌륭한 선비를 대우할지 알지 못하겠습니다. 하물며 천하의 사람들이 모두 하송이 매우 사악한 것을 아는데, 비록 '정(正)'이라고 시호하였더라도 이는 하송의 악함을 가리기에는 부족하고 국가의 지극한 공(公)을 손상시키는 데에 충분할 따름입니다. 또 시법이 후세에도 신뢰를 받는 까닭은 선을 선으로 여기고 악을 악으로 여기며 사사로움이 없기 때문입니다. 지금 한 신하의 일로 그것을 어그러뜨려서 설령 충성스럽고 훌륭하며 뛰어난 선비가 아름다운 시호를 입은 경우에도 후세에서 모두 의심한다면 시법을 장차 어찌 쓸 수 있겠습니까."[142]라고 하였다.

宋仁宗朝夏竦卒, 贈太師·中書令, 特賜謚文正, 司馬光言: "謚者行之迹也, 行出於己, 名生於人, 所以勸善沮惡, 不可私也. 謹按令文, 諸謚王公及職

141 시호라는 … 있겠습니까: 《전가집(傳家集)》 권18 〈장주(章奏) 논하송익장(論夏竦謚狀)〉에 나온다.

142 하송이 … 있겠습니까: 《전가집(傳家集)》 권18 〈논하송시제일장(論夏竦謚第一狀)〉에 나온다.

事官三品以上皆錄行狀, 申省議定奏聞, 所以重名實·示至公也. 今不委之有司, 槪以公議定謚於中而後宣示於外, 臣謂宜擇中流之謚, 使與行實粗相應者賜之, 亦非群臣所敢議也. 今乃謚以至美無以復加之謚, 如竦者豈易克當? 所謂名與實爽·謚與行違, 傳之永久, 何以爲法?" 光又言: "竦得此謚, 不知復以何謚待天下之正人[143]·良士? 況天下之人皆知竦爲大邪, 雖謚之以正, 此不足以掩竦之惡而適足以傷國家之至公耳. 且謚法所以信於後世者, 爲其善善惡惡無私也, 今以一世[144]之故而敗之, 使忠良雋傑之一豪[145]美謚者後世皆疑之, 則謚法將安用哉?"

신은 이렇게 생각합니다. 송(宋)나라 이전의 신하들 가운데 '문정(文正)'으로 시호를 받은 자는 없었습니다. '문정'은 곧 당(唐)나라의 '문정(文貞)'을 송나라 사람들이 '정(貞)'을 피휘하여 바꾸어 '정(正)'이라고 하였으니, 대개 시호 가운데 가장 아름다운 것입니다. 송 인종은 하송이 동궁 시절의 옛 신하이기 때문에 특별히 이러한 시호를 내린 것인데, 사마광이 상소하여 하송이 이러한 시호를 감당하기에 부족하다고 하니, 이에 따라 시호를 고쳐 '문장(文莊)'이라고 하였습니다. 《시경(詩經)》에서 말한 '정직한 사람을 좋아한다[好是正直].'[146]라는 것은 사마

143 人: 《대학연의보(大學衍義補)》 사고전서본에는 '士'로 되어 있어, 번역에서는 이를 따른다.

144 世: 《대학연의보(大學衍義補)》 사고전서본에는 '臣'으로 되어 있어, 번역에서는 이를 따른다.

145 一豪: 《대학연의보(大學衍義補)》 사고전서본에는 '士蒙'으로 되어 있어, 번역에서는 이를 따른다.

146 정직한 … 좋아한다: 《시경(詩經)》 〈소아(小雅) 북산지십(北山之什) 소명(小明)〉에 나온다.

광이 가진 점이고, 인종은 《서경(書經)》에서 말한 '간하는 것을 따라 어기지 않는다[從諫弗咈].'[147]는 자이군요! 그 후에 사마광이 죽자 마침내 '문정(文正)'이라는 시호를 얻었으니, 그것은 참으로 욕됨이 없는 것이군요!

臣按: 宋以前人臣無諡文正者, 文正卽唐之文貞, 宋人避諱易貞爲正, 蓋諡之最美者也. 宋仁宗以竦東宮舊臣, 特賜以此諡, 光上疏以爲竦不足以當此諡, 因改諡文莊, 《詩》所謂"好是正直", 光蓋有之, 仁宗其《書》所謂"從諫弗咈"者歟.[148] 其後光薨, 卒得是諡, 其眞無忝矣乎.[149]

송 인종조(宋仁宗朝)에 진집중(陳執中)[150]이 죽자 지태상례원(知太常禮院) 한유(韓維)[151]가 시호를 올려 논하기를 "황우(皇祐) 연간 말년에 천자가 후궁의 상에 대해 장례 지내고 제사 지내는 방법을 물었는데, 진집중의 지위로는 상상(上相)이 되었지만 여러 관청들을 총괄하여 거느리고 의례와 법전을 상고하여 바로잡아 천자의 물음에 받들어 답할 수 없어서 황의전(皇儀殿)에서 상을 치르니 빈첩의 예가 아니며, 위호를 추증하여 책봉함에도 왕실에 혐의가 있었으며, 사당을 세우고 음악을 사용함에 조종(祖宗)의 옛

147 간하는 … 않는다: 《서경(書經)》 〈상서(商書) 이훈(伊訓)〉에 나온다.

148 歟: 《대학연의보(大學衍義補)》 사고전서본에는 '與'로 되어 있어, 번역에서는 이를 따른다.

149 乎: 《대학연의보(大學衍義補)》 사고전서본에는 없으니, 번역에서는 이를 따른다.

150 진집중(陳執中, 990~1059): 자(字)는 소예(昭譽)로 북송의 홍주(洪州) 남창(南昌) 사람이다. 시호는 공(恭)이다.

151 한유(韓維, 1017~1098): 자(字)는 지국(持國)으로 영창(潁昌) 사람이다. 인종(仁宗) 때에 구양수에 의해 지태상례원(知太常禮院)으로 천거되었다.

제도를 넘었습니다. 마침내 성조(聖朝)의 대전(大典)에 잘못된 예의 거동을 드러내었으니, 이것이 불충(不忠) 가운데 큰 것입니다. 재상은 마땅히 도(道)를 가지고 예를 통솔하여 천자를 보필하고, 자신을 바르게 하고 집안을 통솔하여 백관의 본보기가 되어야 하는 것인데, 진집중은 이를 내는 데에 힘쓰지 않고 문을 닫고 깊이 머물고 빈객들을 사절하면서 '나는 사사로움이 없으며, 나는 편당 짓는 것이 없다."라고 하였으니, 어찌 비루하지 않겠습니까. 삼가 《시법(諡法)》을 살펴보건대, 총애와 봉록이 빛나고 큰 것[寵祿光大]을 '영(榮)'이라 하고 부지런히 하지 않고 이름만 남긴 것[不勤成名]을 '영(靈)'이라 합니다. 진집중이 장상(將相)을 번갈아하며 1품의 지위에 올랐으니 총애와 봉록이 빛나고 크다고 이를 만하며, 지위를 얻어 정치를 함에 (아무것도) 하지 않고 (다른 사람들을) 만나지도 않아 죽는 날에 어진 사대부들이 (이 사람에 대해) 말하지 않았으니, 부지런히 하지 않고 이름만 남긴 것이라고 이를 만합니다. 두 법을 합하여 시호를 '영령(榮靈)'이라고 하길 청합니다.

仁宗朝陳執中卒, 知太常禮院韓維上諡議曰: "皇祐之末, 天子以後宮之喪問所以葬祭之禮, 執中位爲上相, 不能總率群司考正議[152]典, 以承答天問而治喪皇儀非嬪御之禮, 追冊位號, 於宮闈有嫌, 建廟用樂, 踰祖宗舊制, 遂使聖朝大典著非禮之擧, 此不忠之大者. 宰相所當秉道率禮以弼天子, 正身率家以儀百官, 執中不務出此, 而方杜門深居謝絶賓客, 曰我無私也·我不黨也, 豈不陋哉? 謹按《諡法》寵祿光大曰榮·不勤成名曰靈, 執中出入將

152 議: 《대학연의보(大學衍義補)》 사고전서본에는 '儀'로 되어 있어, 번역에서는 이를 따른다.

相, 以一品就第, 可謂寵祿光大矣; 得位行政不爲不逢, 死之日賢士大夫無述焉, 可謂不勤成名矣, 請合二法謚曰榮靈."

신은 이렇게 생각합니다. 한유(韓維)가 진집중(陳執中)의 시호 논의를 올려 대신의 지위에 있으면서 전례(典禮)의 잘못을 바로잡을 수 없음을 책망하여 불충(不忠)의 죄로 '영령(榮靈)'이라 시호를 하였습니다. 아! 만약 이러한 행적에 대해 논의한다면 무릇 신하가 된 자는 생전에 행한 바가 비록 혹 요행히 왕정(王庭)에게 죽임을 당하는 것은 면하더라도, 죽은 이후에는 공의(公義)가 꿋꿋해서 끝내 가릴 수 없을 것입니다. 인생은 백세가 채 되지 않아 총애와 영화로움, 부유하고 귀한 날은 30~50년에 불과할 뿐이나, 아름답지 않은 시호는 사람들의 입에 퍼지고 역사책에 기록되어 거의 천만년에 이르러도 없어지지 않습니다. 이와 같다면 시법의 시행은 세교(世教)에 도움 되는 것이 또 얕은 것이 아닙니다. 세상의 임금들이 때때로 좋아하는 바에 가까이 하여 스스로 떳떳한 법전을 무너뜨리니, 어찌 이렇게나 매우 생각이 없는 것입니까!

臣按: 韓維上陳執中謚議而責以居大臣不能正典禮之失, 以爲其不忠之罪而謚以榮靈. 嗚呼, 使此議行, 則凡爲臣子者生前所爲雖或僥倖以免王庭之誅, 然身歿之後公義凜然終不可掩. 人生不滿百, 寵榮富貴之日不過三五十年耳, 而不美之謚播於人口·錄之史冊殆至千萬年而無窮, 是則謚法之行, 其爲世教之助蓋亦非淺淺也, 世主往往暱於所好而自敗其彝典, 何不思之甚哉!

신종(神宗) 때에 태자태사(太子太師)로 치사(致仕)한 구양수(歐陽修)[153]가 죽자 상서성(尙書省)에서 태상시(太常寺)에 이문(移文)하여 시호(諡號)를 청하였다. 이청신(李淸臣)[154]이 시호에 대해 논하기를 "공(公)은 위대한 송(宋)나라의 현명한 신하로서 한 시대의 학자들이 스승으로 삼아 본받을 만한 자입니다. 도덕에 밝고 문장이 드러났으며 육경(六經)을 궁구하여 수십백만 언을 지어 선왕(先王)이 남긴 뜻을 전하였습니다. 바야흐로 천하가 말습(末習)에 빠지고 장구(章句)와 성률(聲律)이 유행하는 때가 되었으나, 공의 교화가 (세상에) 알려지자 온통 변하여 고문(古文)을 지으니, 모두 근본을 좇아 숭상해야 할 것을 알았습니다. 태사의 공이 교화(敎化)와 치도(治道)에서 가장 많으니 진실로 '문(文)'이라고 이를 만합니다. 《시법(諡法)》을 살펴보건대, 당(唐)나라의 한유(韓愈),[155] 이고(李翺),[156] 권덕여(權德輿),[157] 손적(孫逖)[158]과 송(宋)나라의 양억(楊億)[159] 등이 모두 '문(文)'으로 시호하였으니,

---

153 구양수(歐陽修): 《대학연의보》 권78 주) 51 참조.

154 이청신(李淸臣, 1032~1102): 자(字)는 방직(邦直)으로 위인(魏人)이다.

155 한유(韓愈): 《대학연의보》 권77 주) 33 참조.

156 이고(李翺, 772~841): 당나라 농서(隴西, 감숙성 秦安) 조군(趙郡) 사람으로 자는 습지(習之)고, 시호는 문(文)이다.

157 권덕여(權德輿, 759~818): 당나라 천수(天水) 약양(略陽) 사람으로 자는 재지(載之)고, 권고(權皐)의 아들이다. 시호를 문(文)이라 해서 당시에 권문공이라 일컬어졌다.

158 손적(孫逖, 696?~761?): 당나라 박주(博州) 무수(武水) 사람이다. 시호는 문(文)이다.

159 양억(楊億, 974~1020): 북송 건주(建州) 포성(浦城, 福建 建甌) 사람으로 자는 대년(大年)이고, 시호는 문공(文公)이다.

태사(太師)도 마땅히 '문(文)'으로 시호를 하여야 합니다.

그러나 공이 항상 천하의 정사에 참여하고 인종에게 진언하여 일찍 조서를 내려 황자를 세우기를 청하여 명분을 밝히고 정하여 인심을 편안하게 한 것과 두 번이나 미리 책모를 정하여 사직을 편안하게 한 공이 있습니다. 《시법(諡法)》에 도덕이 있고 식견이 넓은 것[道德博聞]을 '문(文)'이라고 하였고, 청렴하고 방정하며 공정하고 바른 것[廉方公正]을 '충(忠)'이라고 하였습니다. '문'을 고치지 않으면서 '충'을 전하는 것이 최선으로 논한 것이니, '문충(文忠)'이라 시호하기를 청합니다."[160]라고 하였다.

神宗時, 太子太師致仕歐陽修卒, 尙書省移太常請諡, 李淸臣爲諡議曰: "公惟聖宋賢臣, 一世學者所師法, 明於道德, 見於文章, 究覽六經, 述作數十百萬言以傳先王之遺意, 方天下溺於末習, 爲章句聲律之時, 聞公之風一變爲古文, 咸知趨尙根本, 太師之功於敎化治道爲最多, 眞可謂文矣. 考按《諡法》, 唐韓愈·李翺·權德輿·孫逖·宋楊億皆諡文, 太師宜以文諡. 然公常參天下政事, 進言仁宗乞早下詔立皇子, 使有明名定分以安人心, 及兩預定策謀, 有安社稷功. 《諡法》道德博聞曰文·廉方公正曰忠, 不改於文而傳之以忠, 議者之盡也, 請諡文忠."

영종(寧宗) 경원(慶元) 6년에 경당(京鏜)[161]이 죽자 '문목(文穆)'이라는 시호

160 공(公)은 … 청합니다: 《송문감(宋文鑑)》 권135 〈시의(諡議) 구양문충공시의(歐陽文忠公諡議)〉에 나온다.

161 경당(京鏜, 1138~1200): 자(字)는 중원(仲遠)으로 예장(豫章) 사람이다.

(諡號)를 내렸다. 이윽고 그 아들이 집안의 휘(諱)를 피하여 '문충(文忠)'으로 고쳐주기를 청하였다. 의견을 내는 자들이 말하기를 "양억(楊億)[162]은 큰 유학자여서 이미 '문(文)'이라고 시호하였는데, 논의하여 '충(忠)' 한 글자를 더하고자 하였으나 끝내 줄 수 없었습니다. 대저 한 글자를 더하고자 하였으나 오히려 할 수 없었으니, 하물며 두 글자 모두 지극히 아름답게 하려고 하는 것이겠습니까. 바라건대 유사(有司)에게 칙령을 내려 지금부터 시호의 논의에서는 그 실제에 합당하는 것에 힘쓰고, 혹 그렇지 않다면 마땅히 법을 적용하여 온갖 진실하지 못한 논의들을 가려야 합니다. 만약 시호를 정하여 이미 내렸는데, 그 자손들이 다시 시호를 고치자고 청하는 자들은 거역하는 법으로 논하소서."라고 하니, 따랐다.[163]

寧宗慶元六年, 京鏜卒, 賜謚文穆, 旣而其子請避家諱改文忠, 言者以爲楊億巨儒, 旣謚曰文, 議欲加一忠字, 竟不之與, 夫欲加以一字猶且不可, 況二字俱欲極美乎? 望敕攸[164]司, 自今謚議務當其實, 其或不然, 當推以法以選擧不實論, 若定謚已[165]下其子孫請謚[166]更易者, 以違制論. 從之.

신은 이렇게 생각합니다. 선정[先正: 사마광(司馬光)]의 말에, "국가가 신

162 양억(楊億, 974~1020): 북송 건주(建州) 포성(浦城, 福建 建甌) 사람으로 자는 대년(大年)이고, 시호는 문공(文公)이다. 《태종실록(太宗實錄)》 편수에 참여하고, 왕흠약(王欽若)과 함께 《책부원구(冊府元龜)》 편찬을 총괄했다.

163 영종(寧宗) … 따랐다: 《송사전문(宋史全文)》 권29 상(上) 〈송영종(宋寧宗)〉에 나온다.

164 攸: 《대학연의보(大學衍義補)》 사고전서본에는 '有'로 되어 있어, 번역에서는 이를 따른다.

165 已: 《대학연의보(大學衍義補)》 사고전서본에는 '以'로 되어 있어, 번역에서는 이를 따른다.

166 謚: 《대학연의보(大學衍義補)》 사고전서본에는 '再'로 되어 있어, 번역에서는 이를 따른다.

하들을 부리는 방법은 화복(禍福)과 영욕(榮辱)에 불과할 뿐이다. 선(善)을 행하는 자는 살아서 그 복을 누리고 죽어서는 그 영화로움을 받으며, 선하지 않은 자는 살아서 그 화를 만나고 죽어서는 그 욕됨을 입으니, 천하를 비록 잘 다스리고 편안하지 않게 하고자 하더라도 할 수 없는 것이다. 만일 선하지 않은 신하가 있어, 살아서는 그 작위를 훔치고 죽어서는 그 영화와 명성을 훔친다면 선한 자는 힘쓸 바를 알지 못하고 악한 자는 두려워할 바를 알지 못하여 선과 불선(不善)이 전도되어 회복하여 떨칠 수 없으니, 해로움을 이루 다 말할 수 있겠는가."[167]라고 하였습니다.

신은 생각건대, 살아 있는 자의 화복(禍福)은 한때에 임금의 은혜를 입거나 이목(耳目)을 가리며 대중의 논의가 공정하지 못하는 것에서 나옵니다. 중론이 하늘을 이겨 진실로 요행으로 구차하게 면할 수는 있지만 그리하여 일이 오래되면 논의가 정해지지만, 하늘이 정한 경우는 사람을 이기니 관 뚜껑을 덮으면 일이 정해집니다. 그러나 오히려 편애하는 마음으로 불공정한 논의를 하고 어리석은 자를 현명하다고 하고서는 마땅히 욕되게 하여야 하는데도 도리어 영화롭게 하니, 이는 끝내 천도(天道)가 없어진 것입니다.

이 때문에 삼대(三代)의 현명한 임금들이 《시법(諡法)》을 지어 사후에 영욕(榮辱)의 법전으로 삼아 선한 자에게는 아름다운 시호를 주고 악한 자에게는 악한 시호를 주었습니다. 맹자(孟子)가 "효자(孝子), 자손(慈孫)이라도 백세동안 (그 이름을) 고칠 수 없다."[168]라고 하였으나, 세

167 국가가 … 있겠는가: 《전가집(傳家集)》 권18 〈장주(章奏) 논하송시제일장(論夏竦諡第一狀)〉에 나온다.

상의 어리석은 임금과 간사한 신하들이 곧 한 개인의 사사로움으로 천하의 공(公)을 가렸으니, 세교에 죄를 얻었을 뿐만 아니라 진실로 천제(天帝)에게도 죄를 얻었습니다.

삼대 이전에, 임금의 시호는 하늘에게 명해 주기를 청하였고, 신하의 시호는 임금에게 명해 주기를 청하였으니, 하늘이 말해 주지 않으나 사람들이 대신하여 말하였고, 사람들이 하늘의 말을 대신하여 하늘의 도(道)를 돌이켰으니, 하늘이 반드시 그것을 다하였습니다. 임금이 스스로 (시호를) 정하지 않고 신하들에게 대신하게 함에, 신하는 임금의 명을 받들기는 하지만 임금의 부탁을 저버리고 하늘의 이치를 거스르며 나라의 법을 어기니, 비록 한때의 형벌은 피하더라도 천도(天道)를 어찌하겠습니까. 당(唐)나라와 송(宋)나라는 시호에 대한 논의를 태상박사(太常博士)에게 맡겼습니다. 무릇 법에서 응당 시호를 내려야 하는 경우는 그 행장을 참고하여 시문(諡文)을 가려 정하고 이부(吏部)에 이문하여 공(功)을 헤아리고 낭중이 다시 정합니다.

본조(本朝)에서 비록 태상박사(太常博士)를 두었으나 시호 논의를 맡기지 않았는데, 홍무(洪武) 연간에 처음으로 오직 무신에게만 시호를 내렸고, 영락(永樂) 연간에 이르러 문신이 비로소 시호를 받았으니, 대개 요광효(姚廣孝),[169] 호광(胡廣)[170]이 처음입니다. 이 이후로 문신들에게

168 효자(孝子) … 없다: 《맹자(孟子)》〈이루장구 상(離婁章句上)〉에 나온다. "백성에게 포악하게 함이 심하면 몸이 시해를 당하고 나라가 망하며, 심하지 않으면 몸이 위태롭고 나라가 줄어든다. 그리하여 유(幽)·여(厲)라 이름하면 비록 효자(孝子), 자손(慈孫)이 있더라도 백세토록 (나쁜 시호를) 고치지 못한다."

169 요광효(姚廣孝, 1335~1418): 장주(長洲) 사람으로 어렸을 때 이름은 천희(天僖)이고, 법명(法名)은 도연(道衍)이며, 자는 사도(斯道), 독암(獨闇)이고, 호는 독암노인(獨庵老人), 도허자(逃虛子)이다. 주체정난(朱棣靖難) 시에 요광효는 북평(北平)에 머물면서 주체에게 빠른 기마부대를 이

도 또한 많이 내렸으나 우리 조종(祖宗)의 시호는 모두 은혜에서 나온 것입니다.

그러나 신의 외람된 생각으로는, 구중궁궐에 계신 임금께서 신하들이 현명한지의 여부에 대해 모두 알기가 쉽지 않습니다. 청컨대 지금 이후로 응당 시호를 받아야 하는 자가 있다면 (시호를) 내리기 전에 먼저 유사에게 내려 살펴 정정하여 보고한 후에 적당한 것을 내립니다. 이와 같다면 그것을 받은 자는 영광으로 여길 것이고 마땅히 받아서는 안 되는 경우는 친척의 요청으로도 받지 못할 것이며, 마땅히 받아야 하는 자들은 붕당에게 가려지지 않을 것이니, 국가에서 신하들을 격려하고 권장하는 큰 단서가 여기에 있을 것입니다. 그 세교(世敎)에 도움이 되는 것이 어찌 작은 것이겠습니까.

臣按: 先[171]正有言, 國家所以馭臣下者不過禍福榮辱而已, 爲善者生享其福·死受其榮, 不善者生遇其禍·死蒙其辱, 天下雖欲不治安, 不可

끌고 남경을 먼저 취하라는 건의를 올려, 마침내 주체가 남경을 탈취하고 황제가 되었다. 그 공으로 요광효는 승록사좌선세(僧錄司左善世)가 되었다. 그 뒤에 태자태사(太子少師)를 지냈고, '흑의재상(黑衣宰相)'으로 일컬어진다. 사후에 추성보국협모선력문신(推誠輔國協謀宣力文臣), 특진영록대부(特進榮祿大夫), 상주국(上柱國), 영국공(榮國公)으로 추증되었고, 시호는 공정(恭靖)이다.

170 호광(胡廣, 1370~1418): 명나라 강서(江西) 길수(吉水) 사람으로 일명 정(靖)이라고도 한다. 자는 광대(光大)고, 호는 황암(晃庵)이며, 시호는 문목(文穆)이다. 성조(成祖)가 즉위하자 시강(侍講)에 발탁되고, 관직은 문연각대학사(文淵閣大學士)까지 올랐다. 두 차례 성조를 따라 북정(北征)했는데, 왕명을 받들어 《주역대전(周易大全)》과 《서전대전(書傳大全)》, 《시경대전(詩經大全)》, 《예기대전(禮記大全)》, 《춘추대전(春秋大全)》, 《사서대전(四書大全)》, 《성리대전(性理大全)》의 편수를 주관했다. 저서에 《호문목집(胡文穆集)》이 있다.

171 先: 《대학연의보(大學衍義補)》 사고전서본에는 '光'으로 되어 있다.

得也. 如有不令之臣生則盜其祿位·死則盜其榮名, 善者不知所勸, 惡者不知所懼, 臧否顚倒, 不可復振, 其爲害可勝道哉? 臣惟生者之禍福出於一時之蒙蔽·衆論之不公, 人衆者勝天, 固可[172]僥倖而苟免, 然而事久則論定, 天定則勝人, 至於蓋棺事則定矣, 然猶以偏愛之心持不公之論, 以愚而爲賢, 當辱而反榮, 是終無天道矣. 是以三代明王立爲《謚法》以爲死後榮辱之典, 善者予之以美謚, 惡者予之以惡謚, 孟子所謂"孝子慈孫百世不能改" 而世之昏君僻臣乃以一己之私而掩天下之公, 非惟得罪於世敎, 而實得罪於天帝也. 三代以前君之謚則請命於天, 臣之謚則請命於君, 天不言而人代之言, 人代天言而反天之道, 天必殛之; 君不足[173]定而俾臣代之, 臣承君命而負君之托·逆天之理·違國之法, 雖一時逭於人刑, 其如天道何? 唐宋議謚掌於太常博士, 凡於法應得謚者, 考其行狀, 撰定謚文, 移文吏部考功郎中覆定之. 本朝雖設太常博士而不掌謚議, 洪武初惟武臣有謚, 至永樂中文臣始得謚, 蓋自姚廣孝·胡廣始也, 自後文臣亦多有之, 然我朝之謚皆出恩賜. 然臣竊以謂, 九重之上於臣下之賢否未易盡知, 請自今以後, 有應得謚者未賜之先, 先下攸[174]司俾其考訂以聞, 然後從中賜下, 如此則得之者以爲榮, 不當得者不因其親故之囑託[175], 其當得者不爲朋黨之掩蔽, 國家激勸臣子之大端有在於是, 其爲世敎之助夫豈細哉?

172 可: 《대학연의보(大學衍義補)》 사고전서본에는 뒤에 '以'가 더 있어, 번역에서는 이를 따른다.

173 足: 《대학연의보(大學衍義補)》 사고전서본에는 '自'로 되어 있어, 번역에서는 이를 따른다.

174 攸: 《대학연의보(大學衍義補)》 사고전서본에는 '有'로 되어 있어, 번역에서는 이를 따른다.

175 託: 《대학연의보(大學衍義補)》 사고전서본에는 '托'으로 되어 있어, 번역에서는 이를 따른다.

이상 시호(諡號)를 내려 충성을 권함.

以上擧贈諡以勸忠

찾아보기

저자 소개

구준(邱濬, 1420~1495)

중국 명(明)나라의 유학자, 정치가이다. 자는 중심(仲深), 호는 경대(瓊臺). 구준(丘濬)으로도 쓴다. 현재의 하이난성[海南省] 출신이다. 경제(景帝) 경태(景泰) 5년(1454) 과거에 급제하였다. 한림원(翰林院)의 서길사(庶吉士)로 뽑혀 지리지인 《환우통지(寰宇通志)》, 《영종실록》 편찬에 참여하였다. 예부상서를 지냈고 이어 《헌종실록》 편찬에 참여했으며 문연각 대학사(文淵閣大學士)를 역임했다. 남송 시대 성리학자 진덕수(眞德秀, 1178~1235)의 《대학연의(大學衍義)》를 보충해 《대학연의보(大學衍義補)》 160권을 저술하였다. 이 외에도 《세사정강(世史正綱)》, 《가례의절(家禮儀節)》, 《오륜전비충효기(伍倫全備忠孝記)》, 《구문장집(丘文莊集)》, 《경태집(瓊台集)》 등의 저술을 남겼다.

역주자 소개

정재훈(鄭在薰)

서울대학교 국사학과, 동 대학원 졸업. 서울대 규장각한국학연구원, 인문학연구원을 거쳐 현재 경북대학교 사학과에 재직 중이다.

저서로 《조선전기 유교 정치사상 연구》, 《조선시대의 학파와 사상》, 《조선의 국왕과 의례》, 《조선 국왕의 상징》 등이 있고, 역서로 《동사(東史)》, 《용헌집(容軒集)》, 《동호문답(東湖問答)》, 《대학연의(大學衍義)》 등이 있다. 그 외 논문 40여 편이 있다.

大學衍義補